# Construye tu propia marca

APRENDE DE MANERA FÁCIL

# Construye tu propia marca
## for dummies®
A Wiley Brand

# Amy Will

AGUILAR

El papel utilizado para la impresión de este libro ha sido fabricado a partir de madera procedente de bosques y plantaciones gestionadas con los más altos estándares ambientales, garantizando una explotación de los recursos sostenible con el medio ambiente y beneficiosa para las personas.

# Un vistazo al contenido

# Tabla de contenido

## PARTE 3. CONSTRUYE UNA SÓLIDA PRESENCIA DE MARCA

### CAPÍTULO 11. Diseña experiencias en persona

### CAPÍTULO 12. Blogs, podcast y YouTube

# Introducción

En la actualidad, casi todo es una marca: de las grandes corporaciones a las personas; de los productos y servicios a las agencias gubernamentales; de los grupos con intereses particulares a las celebridades. Algunas organizaciones y personas tienen más de una marca, es decir, pueden tener una de negocios, una de producto y una personal, por ejemplo. Los blogueros, quienes hacen podcast y los youtubers las tienen. Y tú, te hayas dado cuenta o no, también tienes una, ya que tu reputación profesional o personal es justamente eso: una marca.

La gente construye y lanza marcas por todo tipo de razones: para vender productos o servicios, generar confianza, hacer progresar su carrera, promover una causa y para tener mayor visibilidad y acceder a nuevas oportunidades, entre muchas otras cosas. Desarrollar y lanzar una marca te permite enfocarte y tener claridad respecto a todo lo que haces: desde definir la esencia y el objetivo de lo que estás promoviendo, hasta decidir lo que harás para continuar esa labor. Por esta razón, todo lo que hagas para reforzar la imagen positiva que los otros tienen de tu marca tendrá un impacto favorable.

No sé por qué te interesa desarrollar y lanzar una marca, pero puedo contarte que mi esposo y yo lo hicimos con Color Me Book, un libro para colorear personalizado, porque queríamos presentar un producto cool, promocionarlo y recibir beneficios económicos. Yo lancé mi marca, Girl Gang, para promover el empoderamiento femenino y ponerme en contacto con mujeres que piensan de forma parecida a la mía. Sin importar cuál sea *tu* razón, estoy segura de que querrás hacerlo de la manera más eficiente y eficaz posible.

Bienvenido a *Construye tu propia marca for Dummies*.

## Acerca de este libro

Lanzar y construir una marca no es una labor sencilla. Algunas personas, sin embargo, parecen tener un talento especial para ello porque son extrovertidas y simpáticas. Tienen un carisma contagioso y, sin importar qué elijan promover, siempre logran atraer a una gran cantidad de entusiastas seguidores.

Los otros, en cambio, tenemos que batallar porque no sabemos por dónde comenzar y porque la tarea de desarrollo y lanzamiento suele ser tan abrumadora que nos paraliza sin remedio.

Por suerte, con las herramientas y la guía correcta, cualquiera puede construir y lanzar su propia marca. En este libro te ofrezco la asesoría que necesitas y también presento numerosas herramientas para simplificar el proceso. Con el objetivo de hacerlo más accesible, he dividido las instrucciones en cinco partes:

» **Parte 1: Fundamentos del *branding* o desarrollo de marca** presenta los temas clave que se cubren en el libro y te guía a través del proceso de creación, definición y financiamiento de la marca. Te ayuda a esclarecer los objetivos y a conocer mejor a tu audiencia, es decir, a la gente que tratarás de impresionar.

» **Parte 2: Ocúpate de los fundamentos de la marca** continúa en donde termina la parte 1. Aquí hablaremos de los aspectos básicos para lograr que la marca despegue: diseñar un logotipo, crear una guía de estilo, diseñar un sitio web y una cuenta de correo electrónico específicos para la marca, establecer colaboraciones estratégicas y dar los primeros pasos para el lanzamiento.

» **Parte 3: Construye una sólida presencia de marca** explica qué debes hacer para aumentar el reconocimiento y la conciencia de la marca. Aquí se incluyen acciones como la creación de experiencias en persona, publicaciones en blogs, producción de podcast, publicaciones en redes sociales, marketing a través de correo electrónico, compra de publicidad y construcción de la comunidad.

» **Parte 4: Nutre y cuida tu marca** cubre todo lo que necesitas saber para proteger tu marca y extender su alcance. En esta parte aprenderás a hacer crecer la marca, a construir a partir de la lealtad del cliente existente y a defender tu marca de la amenaza que representan tus competidores.

» **Parte 5: De diez en diez** cubre, como su nombre lo indica, 10 maneras de hacer que una campaña de marketing se vuelva viral; 10 maneras de diferenciar tu marca de la competencia, y 10 maneras de llevar gente a tu sitio web, tu blog u otras propiedades en línea.

Es imposible que te pierdas en este libro porque, adonde quiera que vayas, encontrarás información y consejos valiosos.

# Suposiciones básicas

En esta época en la que domina la información, todas las suposiciones son tontas porque, piénsalo: ¿quién necesita suponer si Google lo sabe *todo*? No obstante, para mantener el enfoque del libro en los lectores adecuados y asegurarme de que ofrezca la información y las reflexiones que necesitas para entender un tema tan complejo como el del desarrollo de marca, me pareció necesario hacer las siguientes suposiciones respecto a ti:

>> Tienes una idea genial para la creación de una marca, pero no sabes cómo empezar, o ya tienes una marca, pero te ha costado trabajo ganar terreno.

>> No tienes un título universitario de marketing y tampoco eres un experto autodidacta en esta área.

>> Deseas desarrollar tu marca de la manera correcta desde el principio para no perder ni tiempo ni dinero en un proceso de prueba y error.

>> Estás dispuesto a invertir tiempo y esfuerzo en desarrollar habilidades de marketing.

Debo ser honesta y decirte que, fuera de estas cuatro tontas suposiciones, no puedo dar por hecho gran cosa respecto a ti. Creo que podrías ser un adolescente o un septuagenario, un pasante universitario o un ejecutivo, una madre que trabaja en casa o un padre, médico, abogado, rico, pobre o algo en un punto intermedio. Podrías vivir en una casa en la playa, en un búngalo en un pueblito o en un departamento tipo estudio en una gran ciudad. No importa a qué grupo pertenezcas, celebro tu interés en el branding, tu entusiasmo y esa actitud de "lo puedo todo". Cuando tu marca se vuelva viral, ¡tu esfuerzo será recompensado en abundancia!

# Iconos usados en este libro

A lo largo del libro encontrarás en los márgenes iconos que sirven para destacar cierto tipo de información valiosa. A continuación te presento las imágenes y una breve descripción de cada una.

**RECUERDA**

Quiero que recuerdes todo lo que leas en este libro, pero, si no puedes, enfócate en los puntos esenciales marcados con este icono.

**CONSEJO**

Llevo más de 10 años desarrollando marcas para mí misma y para varios empleadores, y en ese tiempo he recopilado decenas de consejos y atajos de marketing. En este libro los comparto contigo, los encontrarás destacados con este icono para que no los pierdas de vista.

**ADVERTENCIA**

El desarrollo de marca no tiene nada de peligroso, sin embargo, durante el proceso hay algunos inconvenientes que valdría la pena evitar, por lo que he usado este icono para señalarlos.

# Más allá del libro

Además de los consejos para construir tu marca por ti mismo que se ofrecen en las 400 páginas de este libro, en la página de Dummies.com podrás encontrar aún más ayuda e información que no solo se limita a este tema. Hay todo tipo de artículos interesantes sobre una amplia variedad de temas.

Cuando visites la página échale un vistazo a mi *acordeón* de *Construye tu propia marca for Dummies*. No, no es que haya olvidado integrarlo al libro, más bien se trata de otro ingenioso ardid de marketing de la marca Para Dummies cuyo objetivo es vender más libros. Es una técnica que discutiré más adelante, y se llama *teaser* (señuelo) u obsequio.

# Ahora qué sigue

¿Adónde deberás dirigirte ahora? Todo depende de ti. Escribí este libro para que los lectores lo usaran como referencia, así que, por favor, muévete por todos lados y ve adonde te lleve tu curiosidad. Todas las partes, capítulos, secciones y subsecciones son componentes independientes, no es necesario que sigas un orden predeterminado.

No obstante, si nunca has desarrollado marcas, tal vez sea mejor que comiences por el capítulo 1, donde se presentan este y otros temas que se cubrirán con mayor detalle en los capítulos subsecuentes. Si ya lanzaste una marca y solo deseas mejorar el reconocimiento y la conciencia, ve al capítulo 6. Si quieres aprender trucos y leer consejos, lee los capítulos de la parte 5.

Si tienes prisa porque te enfrentas a una fecha límite o si necesitas ayuda urgente para enfrentar un problema, ve a la tabla de contenidos que se encuentra al principio del libro. Esta te servirá para dirigirte al lugar correcto.

Recuerda que el desarrollo de una marca no es un proceso lineal, puedes comenzar casi en cualquier lugar. Lo importante es el impacto colectivo de todo lo que hagas para promover la marca.

# 1

# Fundamentos del *branding* o desarrollo de marca

Conocerás los fundamentos del desarrollo de marca o *branding*: propósito del desarrollo de marca, diferentes tipos de marcas y de qué se trata la arquitectura de la marca. Decidirás si es necesario crear una marca y le echarás un vistazo al proceso de los 10 pasos.

Construirás una marca a partir de cero, comenzarás decidiendo alrededor de qué la construirás, luego identificarás el nicho de mercado, pasarás al proceso de creación de un negocio en torno a la marca y conocerás las maneras de obtener el dinero necesario para financiarlo.

Posicionarás y definirás tu marca. Esto implica diferenciarla de todo lo demás que ya existe en el mercado, identificarás su esencia, y encontrarás un nombre ingenioso y pegajoso que la describa con precisión.

Identificarás tus objetivos del desarrollo de marca, diseñarás un plan para cumplirlos y medirás el éxito de tus actividades para poder modificar tu estrategia y tácticas con base en datos reales.

Definirás los arquetipos de tus clientes (para esto, por supuesto, primero deberás averiguar qué diablos es un *arquetipo de cliente*). Todo comienza por conocer a la gente de tu mercado objetivo y describirla como grupo en un máximo de 50 palabras.

Capítulo **1**

# Comprende el desarrollo de marca

D ado que estás leyendo este libro, puedo dar por hecho que deseas desarrollar y lanzar una marca. Tal vez ya tengas una idea general de lo que eso implica. Tienes que crear algo que la gente valore: un negocio, producto, servicio o causa valiosa. Luego debes posicionarlo como algo único para que la gente haga lo que quieres: que compre tu producto, se suscriba a tu servicio, se una a tu causa, escuche tu podcast, vote por ti o cualquiera que sea tu objetivo.

De eso se trata el *branding* o desarrollo de marca. Sin embargo, para llevarlo a cabo necesitarás ahondar en el tema, y por eso ya estás leyendo este libro. En los capítulos subsecuentes te guiaré en sus profundidades. En este primer capítulo te animaré a adentrarte poco a poco para que comprendas de manera general lo que es el desarrollo de marca. De esta manera, cuando te enfrentes a temas más detallados, sabrás qué lugar ocupan en el panorama general.

Piensa en este capítulo como el Día de Orientación del Branding. Aquí te presentaré el tema principal, explicaré algunos conceptos clave y te guiaré en el proceso de 10 pasos para desarrollar y lanzar una marca.

# Comprende qué es y lo que hace una marca

Una *marca* es un constructo mental que nos permite identificar una entidad como algo especial, ya sea un negocio, producto, servicio, organización o persona. Como tal, la marca es intangible, no puedes verla, escucharla, tocarla, olerla ni probarla. Sin embargo, puede tener un fuerte impacto en la manera en que la gente percibe o se siente respecto a algo, ya sea una organización, una persona o un producto.

Aunque la marca en sí misma es intangible, hay varios componentes tangibles que contribuyen en su creación. Estos son algunos de ellos:

» Nombre de la marca.

» Misión y valores (en el caso de marcas corporativas o individuales).

» Personalidad.

» Rasgos distintivos (calidad, diseño, valor).

» Elementos de diseño visual (logotipo, color, tipografía, eslogan, imágenes, empaque).

» Contenidos (sitio web, publicaciones en blog, redes sociales, imágenes, video, libro blanco).

» Experiencia del cliente (ubicación, atmósfera, conveniencia, servicio al cliente).

Todos estos elementos y otros más contribuyen a la percepción que tienen los consumidores. Solo piensa en alguna marca popular, por ejemplo, Coca-Cola. Su nombre, la tipografía spenceriana en blanco y rojo, y la original forma de su botella han sido reconocibles desde hace más de 100 años en todo el mundo. La empresa tiene que ver con bebidas no alcohólicas, sin embargo, su marketing se enfoca en vender felicidad y camaradería, y en provocar en sus clientes una intensa respuesta afectiva.

El principal objetivo de una marca es desarrollar un vínculo emocional intenso con los clientes, sin embargo, también sirve para otros propósitos como:

» Diferenciar a una organización, producto o persona de sus competidores.

» Generar confianza.

» Desarrollar lealtad.

» Establecer credibilidad.

» Motivar a los clientes a actuar (comprar un producto o servicio, apoyar una causa, votar por un candidato, ver un video, etcétera).

» Generar un patrimonio o valor que finalmente pueda venderse.

## MARCAS vs. INSUMOS

Una de las maneras de entender lo que es y hace una marca consiste en compararla con un insumo:

- Los **insumos** son bienes y servicios indistinguibles que sirven para el mismo propósito sin importar quién los produzca, como la gasolina, las baterías, el detergente para lavar trastes, los granos de café, la banda ancha de internet y las aspiradoras. A menos que tengas una buena razón para comprar un insumo en lugar de otro, siempre adquirirás el más económico.

- Las **marcas** son propuestas que se diferencian de tal forma que se vuelven importantes para los clientes o compradores, como la gasolina Shell, las baterías Energizer, el detergente para lavar trastes Dawn, el café Starbucks, el servicio de internet Verizon y las aspiradoras Shark. En este caso, estarás dispuesto a pagar más por tus marcas favoritas porque, en tu opinión, son distintas a las de la competencia y también mejores.

Si no eres una marca, eres un insumo, y si eres un insumo, la única manera en que podrás competir en tu mercado será ofreciendo el precio más bajo.

**ADVERTENCIA**

No confundas los propósitos u objetivos del *branding* o desarrollo de marca con el propósito de la marca. El *propósito de la marca* es la razón de ser de la misma. El propósito de Starbucks, por ejemplo, es ayudar a facilitar las conexiones humanas. Walmart, aunque está comprometida con ofrecer precios bajos, tiene como propósito ayudar a la gente a proveerle una vida mejor a su familia. Para definir el propósito de tu marca deberás responder a la siguiente pregunta: "¿Por qué está aquí mi marca?". Una vez que definas el propósito, ya no tendrás que preocuparte demasiado por la competencia, solo deberás asegurarte de que todo lo que hagas coincida con el mismo.

# Reconoce distintos tipos de marca

Una de las primeras elecciones que deberás hacer cuando decidas lanzar una marca es qué vas a desarrollar. ¿Será tu negocio, un producto o servicio específico, o serás tú mismo? En esta sección describiré los tipos de marcas que puedes desarrollar y explicaré cómo se diferencia el proceso en cada caso.

## Marca de negocios o corporativa

Desde los negocios más pequeños hasta las corporaciones más grandes se desarrollan como marcas para:

» Diferenciarse de sus competidores.

» Aumentar el reconocimiento entre los compradores y clientes, inversionistas, proveedores, socios o asociados potenciales y otros interesados.

» Formarse una reputación sólida y positiva.

» Atraer solicitantes de empleo de alta calidad.

» Facilitar la introducción de nuevos productos.

» Generar cobertura de prensa.

» Cobrar una cantidad adicional por ofrecer algo distinto y mejor.

» Aumentar el valor del negocio en el mercado.

El desarrollo de marca corporativa se enfoca en la misión, los valores, las relaciones y la cultura del negocio. Sin importar su tamaño, el objetivo es posicionarse como un miembro valioso y respetado de su comunidad, es decir, de la industria o mercado en que opera, así como del mundo en general.

Las marcas corporativas se desarrollan y cambian de una manera muy lenta. Todo el tiempo que construyas el negocio también estarás desarrollando la marca. Todas las decisiones que tomes desde el momento en que le pongas nombre al negocio contribuirán al desarrollo de la marca, por ejemplo, los proveedores que elijas, la gente que contrates, la cultura que se vaya construyendo en el interior de la empresa y tu manera de interactuar con los clientes y los otros negocios con que elijas asociarte.

## Marca de producto

**RECUERDA**

Un *producto* es cualquier cosa que se fabrique para venderse a los consumidores. Una *marca de producto* es el valor distintivo que un producto específico tiene en la mente del consumidor. El producto se diferencia y es, de alguna manera, mejor que cualquier otra cosa en que el consumidor podría gastar su dinero. El objetivo de desarrollar la marca de un producto es:

- » Diferenciarlo de los productos competidores.
- » Lograr que sea reconocido con facilidad.
- » Aumentar la lealtad entre los consumidores.
- » Hacer que los consumidores paguen más por el producto.

El desarrollo de marca de un producto se enfoca en la *diferenciación*, es decir, en hacer que el producto destaque en el mercado. Esto se logra a través del desarrollo de producto, el empaque y el mensaje: todo lo que contribuya a la percepción que el consumidor tenga del producto.

**RECUERDA** Mientras que desarrollar y modificar marcas corporativas toma tiempo, el proceso para las marcas de productos nuevos es rápido y, a veces, incluso se puede llevar a cabo un *rebranding* (cambiar la imagen de la marca de alguna manera) o cambio total de la marca.

## Marca de servicios

Llevar a cabo un *servicio* implica hacer algo por alguien. Entonces, ¿cómo se desarrolla una marca de servicios? Por lo general, es necesario enfocarse en el proveedor, o sea, en el negocio o la persona que provee el servicio. Los objetivos de la creación de un servicio son similares a los de la creación de una marca de negocios o personal:

- » Diferenciar al servicio y al proveedor de sus competidores.
- » Desarrollar la credibilidad (demostrar que el proveedor está calificado).
- » Fortalecer la confianza (mostrar que el proveedor tiene buena reputación y es confiable).
- » Cobrar una prima por un servicio superior.

En el caso del desarrollo de una marca de servicios deberás enfocarte en las siguientes actividades para el fortalecimiento de la credibilidad y la confianza:

- » Obtener certificaciones, premios y otras acreditaciones, y presentarlos a los clientes por medio de publicaciones en tu sitio web o menciones en folletos.
- » Presentar contenido que demuestre que posees conocimiento y experiencia: artículos, publicaciones en blogs, publicaciones en redes sociales, fotografías, videos, podcast y libros blancos.
- » Entrar en contacto con clientes y prospectos para responder preguntas y resolver problemas que permitan demostrar tu conocimiento y experiencia a un nivel más profundo.

» Solicitar testimonios u opiniones positivas a clientes satisfechos y publicarlos.

» Obtener opiniones o reseñas positivas de periodistas, organizaciones de negocios y otras fuentes confiables.

**RECUERDA**

Al igual que con las marcas corporativas, desarrollar y modificar marcas de servicios suele tomar tiempo. La marca evolucionará al mismo paso que el servicio. La marca evolucionará a medida que presentes nuevos servicios o desarrolles maneras distintas de ofrecer los anteriores con mayor agilidad y conveniencia, o a un mejor precio.

## Marca personal

La *marca personal* es la que se desarrolla en torno a una persona. De hecho, ya cuentas con una: tu reputación. Es posible que la gente te conozca por ser una persona con logros extraordinarios que se viste de manera elegante y siempre es puntual; un creativo descuidado al que le encanta divertirse; una madre o padre devoto y respetado en la comunidad; o algo completamente distinto. En una carrera o negocio, la gente desarrolla marcas personales para:

» Aumentar la demanda del producto o servicio que provee.

» Hacer crecer su carrera.

» Acrecentar sus oportunidades.

» Generar credibilidad y confianza.

» Establecerse como líder de opinión.

Para desarrollar una marca personal, deberás enfocarte en las siguientes actividades:

» Descubrir quién eres en verdad y encontrar tus rasgos, conocimientos y habilidades más atractivos y solicitados.

» Expresar de manera genuina quién eres, qué haces y qué te hace tan especial.

**ADVERTENCIA**

Fingir ser algo hasta lograr serlo, el clásico *fake it until you make it*, no funciona porque, tarde o temprano, la gente descubrirá que se trata solo de una fachada.

» Ser tu mejor versión: tú eres tu propio negocio y tu producto así que necesitas abrirte hacia el aprendizaje y el desarrollo personal.

» Formar un portafolio sólido. Esto puede implicar obtener acreditaciones, desarrollar o reunir muestras de tu trabajo o solicitar testimonios u opiniones de clientes: cualquier cosa que demuestre que eres exitoso en tu campo.

>> Asistir a eventos de tu industria o dar conferencias en los mismos, así como aprovechar cualquier oportunidad para poner tu nombre y tu rostro en un lugar donde la gente pueda verlos.

>> Presentar contenidos que demuestren que posees conocimiento y experiencia: artículos, publicaciones en blogs, publicaciones en redes sociales, fotografías, videos, podcast y libros blancos, entre otros.

>> Entrar en contacto con clientes y prospectos para responder preguntas y resolver problemas que permitan demostrar tu conocimiento y experiencia a un nivel más profundo.

**RECUERDA** Siempre que hagas algo que afecte a otras personas en cualquier sentido, estarás desarrollando tu marca personal. No importa si trabajas como empleado o como profesional independiente, si estás lanzando tu propio sitio web, publicando contenidos en tus cuentas de redes sociales o si solo vas manejando por tu ciudad: todo contacto o interacción que tengas con otros contribuye al desarrollo de tu marca.

## Otros tipos de marcas

Hasta este momento solo he cubierto marcas de negocios y comerciales, sin embargo, existen otros tipos:

>> **Marca pública:** como el Servicio Interno Fiscal, la Oficina Nacional de Administración Oceánica y Atmosférica o la Agencia Central de Inteligencia (IRS, NOAA y CIA, respectivamente, por sus siglas en inglés), es decir, marcas que le pertenecen al gobierno.

>> **Marca de organización no gubernamental:** perteneciente a una ONG, organización no gubernamental, es decir, una organización que no está afiliada a ninguna institución del gobierno. Por ejemplo, Cooperative for Assistance and Relief Anywhere, Ceres y American Heart Association (AHA).

>> **Marca de evento:** creada para atraer a participantes, asistentes y patrocinadores, como Burning Man, Nascar, los Juegos Olímpicos o el Festival de Cine de Cannes.

# Comprende los cimientos de la arquitectura de una marca

Si planeas crear varias marcas relacionadas, necesitas elegir la arquitectura de dicha relación. Para esto tienes dos opciones:

» **Casa desarrollada (arquitectura monolítica):** consiste en una marca principal que, por lo general, es una compañía o empresa, y varias submarcas, las cuales suelen ser divisiones, familias de productos, productos individuales o servicios que aprovechan el éxito de la marca principal. Virgin, por ejemplo, tiene varias submarcas: Virgin Records, Virgin Atlantic, Virgin Mobile, Virgin Comics, Virgin Wines y Virgin Care.

» **Casa de marcas (marcas independientes):** consiste en varias empresas, familias de productos, productos o servicios independientes. Cada uno tiene su propia identidad de marca y no necesita referirse a la marca corporativa. Proctor & Gamble, por ejemplo, tiene una amplia variedad de marcas de consumo como Bounty, Charmin, Gillette, Puffs y Tide.

La mayoría de la gente y las organizaciones usa la arquitectura de la casa desarrollada porque ofrece las siguientes ventajas:

» **Es más económica y fácil de financiar:** solo necesitas desarrollar y administrar una marca.

» **Es más sólida:** todo lo que ofrezcas reforzará a una sola marca. Piensa que, de esta manera, no tienes una serie de marcas independientes que podrían disolver a la marca corporativa principal.

» **Ofrece un patrimonio de marca acrecentado:** una marca sola suele tener más patrimonio desarrollado y es más fácil de vender. Cuando tienes muchas marcas, cualquier comprador potencial del negocio podría decirte que desea adquirir algunas, pero otras no, y por lo tanto querrá pagar menos.

Estas son algunas de las situaciones en las que la arquitectura de casa de marcas podría ser una mejor opción:

» Tienes recursos suficientes o en demasía, y una corporación con diversas empresas, divisiones, o familias de productos o servicios.

» Quieres presentar un nuevo producto en el mercado, pero sabes que podría diluir o chocar con la identidad de tu marca existente. Imagina, por ejemplo, que un fabricante de automóviles que desarrolló su marca con base en vehículos de lujo decide ofrecer una línea económica. Vender vehículos económicos podría debilitar la reputación que tiene la empresa como diseñadora y fabricante de vehículos de lujo, por lo que, en este caso, lo mejor sería crear y desarrollar una marca independiente.

» Fundaste o planeas desarrollar una empresa con base en la adquisición de múltiples marcas independientes.

**RECUERDA** La consistencia es uno de los factores clave para el éxito en el desarrollo de marca, así que, si vas a introducir al mercado algo que no es congruente con la marca existente, mejor considera crear una marca separada e independiente para dicho producto o servicio.

# ¿Cuándo usar una marca?

¿En verdad necesitas crear y desarrollar una marca para alcanzar los objetivos de tu negocio u organización o tus objetivos de carrera? En realidad, no, pero, por lo general, hacerlo te permitirá lograr tus metas y aumentar tu nivel de logros más rápido. En esta sección explicaré las situaciones en que el desarrollo de una marca siempre resulta benéfico.

**RECUERDA** Siempre que hagas algo que afecte a otras personas en cualquier sentido, estarás desarrollando una marca, estés consciente de ello o no. Una marca es solo la percepción de los otros. La pregunta no es "¿Necesito una marca?" ni "¿Debería desarrollar una marca?", sino "¿Quiero tener más control sobre la marca que está siendo creada?". Cuando haces un esfuerzo consciente para desarrollar una marca también estás tomando la decisión de jugar un papel más deliberado en cuanto a la influencia que tendrás sobre la manera en que la gente perciba tu negocio, organización, productos, servicios o incluso a ti mismo.

## Al abrir un negocio nuevo

Cada vez que fundas o inauguras un nuevo negocio estás creando una marca, así que, incluso antes de ponerle nombre, reflexiona seriamente sobre la manera en que la desarrollarás. Presta especial atención a las tareas siguientes:

» Identifica tu nicho: ¿qué es eso que tu negocio planea hacer de una manera distinta y mejor que los negocios existentes en el mismo campo? (ver capítulo 2).

» Define la identidad de tu marca: la visión, la misión y los valores del negocio, así como aquello que lo hace especial (ver capítulo 3).

» Define con claridad tus objetivos de desarrollo de marca y establece formas de medir tu progreso en el camino hacia los mismos (ver capítulo 4).

**RECUERDA** Cuando creas un negocio también estás creando una marca, así que piensa en ambos de manera conjunta desde el inicio. El desarrollo de la marca no debe ser una ocurrencia de último minuto, sin embargo, si ya tienes un negocio, debes saber que nunca es demasiado tarde para aprovechar los beneficios del branding.

## Al promover un negocio que ya existe

La gente suele lanzar negocios exitosos sin que el desarrollo de marca le pase por la cabeza siquiera, esto sucede en particular con los freelancers o profesionistas independientes, así como con propietarios únicos u operaciones dirigidas por una sola persona o dueño. Tarde o temprano, estas personas llegan a cierto nivel interesante o, por el contrario, notan que están perdiendo oportunidades de negocio. Cualquiera que sea la razón, se dan cuenta de que necesitan algo para estimular su negocio y jugar un papel más activo en la promoción. En pocas palabras, necesitan una marca.

Crear una marca para un negocio existente es casi lo mismo que crearla para un negocio nuevo porque, en esencia, estás renovando la imagen. Puedes conservar el nombre del negocio para no confundir a los clientes que ya tienes, o cambiarlo por uno que se alinee mejor con tu visión de la marca. De cualquier manera, lleva a cabo los primeros pasos que ejecutarías para un negocio nuevo: identifica tu nicho, define la identidad de la marca y esclarece los objetivos del desarrollo.

**RECUERDA**

Los pasos iniciales del proceso de desarrollo de marca tienen que ver con el esclarecimiento de la visión que tienes para esta. Los pasos subsecuentes se enfocan en la ejecución de dicha visión. Para tener una visión general del desarrollo por etapas, ve a la sección "El proceso de branding paso por paso" que encontrarás un poco más adelante en este mismo capítulo.

## Al presentar un producto o servicio nuevo

Si ya tienes un negocio, pero vas a presentar un nuevo producto o servicio, tal vez no sea buena idea renovar la marca para adaptarla a este. No obstante, tendrás que pensar en la manera en que la nueva propuesta debería presentarse en el contexto de la marca:

» Decide si lanzarás el nuevo producto o servicio al abrigo de la marca que ya tienes o con una marca propia. Si el nuevo producto o servicio fortalece la marca existente, aprovecha y preséntalo bajo la misma. Si, por el contrario, crees que podría debilitar la marca existente, crea una aparte. Lee la sección presentada anteriormente: "Comprende los cimientos de la arquitectura de una marca".

» Identifica el nicho de mercado para la introducción del nuevo producto o servicio: ¿en qué sentido es diferente y mejor que lo que ya está disponible? Si decides presentarlo bajo la marca existente, ¿de qué manera la fortalecerá y hará crecer?

» Si vas a presentar el producto o servicio bajo una marca propia, asegúrate de posicionarla y definirla. Lee el capítulo 3 para más detalles.

**ADVERTENCIA**

Si un producto o servicio nuevo diluye tu marca existente o choca con ella, crea una nueva. No trates de aumentar tus propuestas con algo que no coincida con lo que ya desarrollaste.

# Cuando quieras impulsar tu carrera

Para beneficiarse de las bondades del branding no es necesario que eches a andar un negocio. Casi todas las personas que ejercen una actividad laboral y están tratando de mejorar su carrera pueden aprovechar los beneficios de la creación y el manejo de una marca personal:

>> Diseña tu sitio web o blog personal, y publica de manera regular para mostrar tu conocimiento, experiencia, compromiso y generosidad. En el capítulo 7 encontrarás la asesoría necesaria para esta labor.

CONSEJO

A menos que de manera consciente estés construyendo una carrera como crítico o comentarista político, no publiques contenidos negativos ni ataques a ningún grupo, persona u organización. Mantente positivo. Seguramente tus padres te dijeron alguna vez: "Si no puedes decir algo favorable respecto a alguien, mejor no digas nada".

>> Publica una biografía o semblanza original y cautivadora en tu sitio web o blog, así como en todos tus perfiles de redes sociales. En el capítulo 8 encontrarás información sobre cómo escribir copies para promover tu marca.

>> Escribe la dirección de tu sitio web o blog en todos tus perfiles de redes sociales.

>> Abre una cuenta de LinkedIn. Esta es la mejor plataforma para establecer contactos entre profesionales.

>> Únete a foros populares en internet y participa en las discusiones relevantes para tu industria o área de experiencia, sobre todo en LinkedIn.

>> Publica de forma regular en tus plataformas favoritas de redes sociales.

ADVERTENCIA

Antes de publicar cualquier cosa en una plataforma de redes sociales, da por hecho que la leerá un posible empleador, y pregúntate si tu publicación impresionará a esa persona o si le hará perder el interés.

>> Habla con las personas con las que has trabajado como colega o subordinado y solicítales testimonios. Publícalos en tu sitio web o blog y en tus cuentas de redes sociales.

# Cuando quieras convertirte en influencer o en celebridad

Si eres famoso o influyente, o si lo deseas ser, el desarrollo de una marca personal sólida podría ser la clave del éxito. Tu objetivo de branding es volverte popular, tener decenas de miles o incluso millones de seguidores en redes sociales y que la gente solicite tus contenidos debido a tu influencia o a tu estatus de celebridad.

La clave del desarrollo de una marca personal para volverse famoso radica en encontrar temas que resuenen entre las poblaciones extensas y que coinciden con tu personalidad y tus objetivos. De esta manera podrás desarrollar contenidos cautivadores, pero genuinos al mismo tiempo.

CONSEJO

Tener carisma ayuda muchísimo en el desarrollo de una marca personal. Piensa en la gente carismática que conoces. Son personas que confían en sí mismas, optimistas, accesibles, atractivas y llenas de energía. Cuentan historias geniales o hacen bromas divertidas. Tienen convicciones fuertes, no temen correr riesgos y viven la vida al máximo. Empieza a trabajar en esas cualidades y pronto irás camino al estrellato.

## Al recaudar fondos para una organización sin fines de lucro

La gente solo dona dinero a una organización cuando cree que se trata de una causa justa y cuando confía en que el dinero se usará de manera inteligente. Por esto, desarrollar una marca sólida es fundamental.

Cuando desarrolles una marca para una organización sin fines de lucro, enfócate en las siguientes tres áreas:

» **Storytelling o narración:** antes que nada, la gente necesita tener una razón que la fuerce a donar a la organización, necesita creer que esta logrará que el mundo sea mejor, de una manera que le interesa en lo personal.

» **Credibilidad:** la organización debe demostrar que usa el dinero de forma inteligente y que con él cumple su misión. Si los recursos o los proyectos no están bien administrados, nadie querrá donar.

» **Transparencia:** la organización deberá mantener informados a los donadores respecto al destino del dinero y al éxito o fracaso de los proyectos. La transparencia genera confianza, por esta razón, la gente no donará a una organización en la que no confía.

## Al recaudar capital para tu negocio

No importa si estás tratando de atraer a inversionistas privados o si planeas hacer que tu empresa cotice en la bolsa, en ambos casos el desarrollo de la marca es el primer paso y uno de los más importantes. Si deseas convencer a los inversionistas de que pueden esperar un retorno considerable a cambio de su inversión, necesitas desarrollar bien la marca.

Cuando inicias un negocio tienes que conseguir inversionistas privados, y ellos desearán ver lo siguiente:

>> Productos o servicios bien definidos con una esperanza razonable de ventas y de rentabilidad.

>> Un fuerte equipo de administración con un historial de éxitos o, por lo menos, con el conocimiento y la experiencia necesarios para echar a andar y dirigir un negocio exitoso.

>> Un sólido plan de negocios que muestre la manera en que la empresa planea alcanzar el éxito.

>> Una historia de marca clara y cautivadora.

>> Una cultura de innovación que impulse el crecimiento a futuro.

**RECUERDA**

Hasta que no hayas desarrollado una marca sumamente exitosa y popular, no deberás hacer que tu negocio cotice en la bolsa. El branding en esta etapa se enfoca en destacar la trayectoria de éxito de la empresa, sus ambiciones para el futuro (en cuanto a ganancias y proyección de rentabilidad), las innovaciones y su capacidad para ejecutar iniciativas planeadas.

## Al expandirte hacia nuevos mercados

Si ya tienes una marca y estás planeando expandirte hacia nuevos mercados, ya sea en distintas regiones del país o en otros países, considera la manera en que tu marca actual se desempeñará en esas ubicaciones y pregúntate si necesitarás hacer ajustes. Dependiendo de la cultura, por ejemplo, ciertos colores podrían provocar emociones diferentes. Tal vez necesites contratar una agencia de marketing en la nueva ubicación para que te dé indicaciones respecto a los elementos de diseño y los contenidos.

# El proceso de branding paso por paso

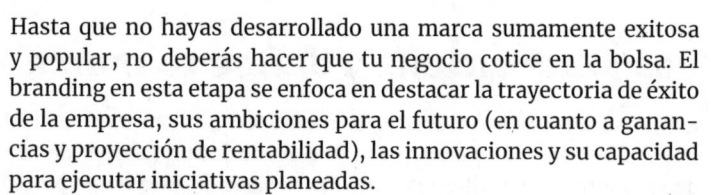

Aunque la forma de abordar el desarrollo y el lanzamiento varía dependiendo del tipo de marca y de su propósito, las acciones principales son casi siempre las mismas y pueden resumirse en 10 pasos. En esta sección te guiaré a través de este proceso, y en los subsecuentes hablaré de cada paso con mayor detalle.

# Paso 1: Crea algo que necesite una marca

Antes de desarrollar una marca necesitas tener algo que ofrecer o, por lo menos, el concepto: un negocio u otro tipo de organización, un producto o servicio, o tú mismo. Este primer paso implica las siguientes actividades (en el capítulo 2 encontrarás más detalles):

>> Decidir en torno a qué crearás y desarrollarás la marca.

>> Identificar un nicho de mercado.

>> Formalizar tu marca como negocio, es decir, establecer una sociedad o corporación de responsabilidad limitada.

>> Obtener los recursos económicos para crear y desarrollar la marca.

# Paso 2: Posiciona y define tu marca

Este paso implica esclarecer en tu mente lo que es tu marca: qué hace, por qué es distinta y por qué es mejor. Se trata de definir la identidad de la marca de tal suerte que se diferencie de los competidores o de otros productos o servicios que podrían atraer la atención de tu mercado objetivo. En el capítulo 3 encontrarás los detalles.

# Paso 3: Establece los objetivos de tu marca

En este paso establecerás los objetivos de la marca, entre ellos:

>> Aumentar la conciencia respecto a la marca.

>> Establecer un vínculo emocional con los clientes y los prospectos.

>> Diferenciar tu negocio, producto, servicio o tu persona de los competidores.

>> Desarrollar la credibilidad y la confianza.

>> Aumentar las ventas y la rentabilidad.

En esta etapa también deberás diseñar un plan para cumplir con tus objetivos de branding y decidir de qué manera medirás tu progreso hacia su cumplimiento. En el capítulo 4 encontrarás más detalles.

# Paso 4: Define el arquetipo de cliente de tu marca

Un *arquetipo* o *avatar de cliente* es un personaje ficticio que representa a tus clientes objetivo. Su propósito es darte una noción de quiénes forman parte de tu audiencia, y así inspirarte a crear elementos de diseño y contenidos capaces de persuadir a los clientes de que apoyen tu marca o incluso que la promuevan.

Este paso implica investigar y analizar para conocer a la gente que conforma tu mercado objetivo, describir su arquetipo con tus propias palabras y refinarlo para mantenerlo actualizado con la época y con cualquier cambio que se produzca en el mercado mismo.

RECUERDA

Puedes crear más de un arquetipo de cliente para representar a la gente de los distintos segmentos de mercado en los que estás tratando de penetrar. Sin embargo, no trates de ser todo para todos ni crees un arquetipo tan amplio que el diseño y los contenidos no tengan impacto mensurable en nadie. En el capítulo 5 encontrarás información sobre cómo crear un arquetipo de cliente.

## Paso 5: Diseña la guía de estilo de la marca

La congruencia es uno de los factores clave para el éxito en el desarrollo de marca. Cada vez que alguien encuentre tu marca tendrás la oportunidad de fortalecer la identidad de esta en su mente. Imagina que tu marca es una canción pegajosa que se le queda en la cabeza a quien la escucha. Una *guía de estilo de marca* es un manual que garantiza la congruencia y la coherencia a través de un control de todo lo que contribuye a que sean distintivos el aspecto de una marca y la percepción que se tiene de ella. En la guía encontrarás lo siguiente:

» Lineamientos corporativos que incluyen la declaración de la misión, los valores y la orientación demográfica.

» Colores.

» Tipografía (tipo de letra, tamaño y espaciamiento).

» Logotipos.

» Imágenes (fotografías, ilustraciones e infográficos).

» Tono de voz (divertido, profesional, cariñoso, etcétera).

En el capítulo 6 encontrarás lo necesario para crear tu guía de estilo de la marca.

## Paso 6: Construye el sitio web, la app y la cuenta de correo electrónico de la marca

Debido a que en la actualidad una gran cantidad de gente pasa la mayor parte de su tiempo en internet, tener una fuerte presencia en línea se ha vuelto un elemento esencial del branding. Para empezar a establecer dicha presencia deberás hacer lo siguiente:

>> Consigue un nombre de dominio único y original que refleje lo que la marca es. Por ejemplo, GirlGangtheLabel.com.

>> Establece en tu dominio un sitio web, un blog, una tienda en línea o un híbrido de estas tres posibilidades. Este sitio será tu centro de actividad principal. Después de eso podrás atraer tráfico a este centro desde otros sitios web como las plataformas de redes sociales o los foros de discusión.

>> Usa el dominio en tu dirección de correo electrónico (así: amy@girlgangthelabel.com) para fortalecer tu marca cada vez que envíes un correo electrónico.

>> (Opcional) Diseña una app o contrata a un desarrollador que lo haga. Esto reforzará aún más la marca y les permitirá a los clientes o compradores ordenar con mayor facilidad y permanecer conectados.

En el capítulo 7 encontrarás los detalles.

# Paso 7: Establece colaboraciones estratégicas

Una de las formas más efectivas de promover tu marca es a través del establecimiento de colaboraciones mutuamente benéficas con otras marcas. Esto es un poco como enganchar tu carretita a un tren. Una manera de hacerlo es, por ejemplo, logrando que tus productos se ofrezcan en cadenas populares de venta al menudeo, si es que dicho producto se comercializa de esa manera. Yo pude persuadir a Nordstrom de que ofreciera mi línea de moda Girl Gang the Label, y nuestra colaboración resultó benéfica para ambas partes. Generó ventas e ingresos para ambos participantes, le dio un mayor impulso al perfil de mi marca y le ayudó a Nordstrom a posicionarse como un lugar chic donde se pueden adquirir artículos populares.

CONSEJO

Siempre mantente alerta y en busca de colaboraciones potenciales. Incluso si eres independiente o solo tienes un pequeño negocio que no forma parte del ámbito de las ventas al menudeo, puedes encontrar oportunidades para colaborar, extender el alcance de tu marca e impulsar la conciencia entre la gente. En el capítulo 9 encontrarás más detalles.

# Paso 8: Lanza tu marca

Después de desarrollar la marca, cuando tengas todo en su sitio, estarás listo para lanzarla. Este paso implica hacer un cronograma para el lanzamiento, preparar incentivos para generar interés, conseguir cobertura de prensa y hacer lo necesario para facilitar que los usuarios compartan tus contenidos con toda la gente que conozcan. En el capítulo 10 encontrarás la asesoría necesaria para llevar a cabo una campaña de lanzamiento exitosa.

En esta etapa del proceso de branding tu objetivo es que la campaña se vuelva viral. Para lograrlo necesitarás ejercer una fuerte presión tanto en los medios tradicionales como en los de redes sociales: en cualquier lugar donde la gente de tu mercado objetivo busque información.

RECUERDA

## Paso 9: Promueve tu marca

La promoción de la marca incluirá todo lo que hagas durante el lanzamiento y después del mismo para extender su alcance y fortalecer la conciencia. Suele incluir las siguientes actividades:

» Marketing de contenidos: compartir contenido que promueva la marca de forma sutil, de una manera implícita (ver capítulo 8).

» Experiencias en persona como eventos, tiendas temporales, ubicaciones para venta al menudeo y conferencias (ver capítulo 11).

» Emisión de podcast: compartir presentaciones en audio y entrevistas (ver capítulo 12)

» Marketing en redes sociales (ver capítulo 13).

» Marketing a través de correo electrónico (ver capítulo 14).

» Publicidad (ver capítulo 15).

## Paso 10: Nutre y cuida tu marca

El proceso de *branding* o desarrollo de marca es un viaje que dura toda la vida. Es la vida de la marca en sí, eso es. Mientras la marca exista tendrás que cuidarla y protegerla, y eso implica realizar las siguientes actividades:

» Auditar y ampliar tu marca para aumentar su alcance y, al mismo tiempo, fortalecer la conciencia entre la gente.

» Fomentar la lealtad y longevidad de los clientes para transformarlos en promotores de la marca.

» Proteger tu marca de los competidores y de cualquiera que intente robar tu propiedad intelectual.

Actualmente, el periodo de atención es breve. Si no pones algo fresco frente a los clientes objetivo por lo menos un par de veces por semana, se olvidarán de ti.

RECUERDA

EN ESTE CAPÍTULO

» Descubrirás alrededor de qué estás desarrollando una marca en realidad.

» Estrecharás el enfoque para aumentar el impacto.

» Convertirás tu negocio/marca en una entidad legal.

» Encontrarás los medios de financiamiento para iniciar tu negocio/marca y hacerlos crecer.

Capítulo **2**

# Crea y financia tu marca

El branding da por sentado que tienes algo que ofrecer, una razón para crear la marca. Puede ser un negocio, un producto, un servicio o incluso tú mismo. Necesitas algo a lo que puedas pegarle una etiqueta o colgarle un letrero. Si ya tienes ese "algo" claro en tu mente, puedes saltarte este capítulo sin problemas, pero si tu visión continúa un poco borrosa en los bordes o si crees que te vendría bien algo de ayuda y asesoría para encontrar una idea o hacer despegar la que ya tienes, llegaste al lugar correcto.

En este capítulo te presentaré las distintas entidades para las que puedes crear y desarrollar una marca, y destacaré algunas de las diferencias entre los procesos para cada tipo. Te mostraré cómo encontrar o elegir un nicho que mejore tus oportunidades de éxito. Explicaré cómo registrar tu negocio marca y cómo elegir la estructura legal adecuada para el mismo. Por último, revelaré algunas maneras de lograr que otras personas te ayuden a financiar lo que podría ser una empresa riesgosa.

# Decide para qué crearás y desarrollarás una marca

Se puede crear una marca para casi todo: productos y servicios, negocios y corporaciones, artistas y grupos (piensa en el Cirque du Soleil), celebridades e influencers, entidades gubernamentales (incluyendo países) y organizaciones no gubernamentales (ONG), organizaciones sin fines de lucro, e incluso lugares (como I ♥ NY). Las cuatro cosas más promovidas a través de marcas son los negocios, los productos, los servicios y las personas (branding personal).

A veces, las fronteras que separan estos tipos de marcas se desdibujan un poco. Cuando *tú* eres el negocio, por ejemplo, ¿tienes que crear una marca de negocios o una personal? En esta sección te presentaré los cuatro tipos más comunes de marca para que puedas averiguar lo que estás promoviendo y la manera en que esta decisión afecta la forma en que deberás abordar el branding.

**RECUERDA** Saber qué vas a promover es fundamental porque te permite enfocarte y te guía cuando tienes que decidir lo que debes hacer para desarrollar la marca. El enfoque general y las actividades específicas pueden ser distintas dependiendo de si vas a promover un negocio, un producto, un servicio o a ti mismo.

## Marca de negocios o corporativa

Una marca de negocios o corporativa establece y comunica la identidad de la organización para todos los interesados, internos y externos. Eso incluye a los clientes, inversionistas, ejecutivos, administradores y al personal. El branding corporativo implica asegurarse de que todo lo que define la identidad de la organización coincida y esté alineado. Por ejemplo:

>> **Declaración de la misión:** propósito general de la organización.

>> **Visión del proyecto:** cómo planea la organización desarrollarse a medida que pase el tiempo.

>> **Valores:** creencias, filosofías y principios que rigen las decisiones y el comportamiento de la organización.

>> **Competencias esenciales:** serie de recursos y habilidades que le permiten a una organización llevar algo especial al mercado.

>> **Proposición de valor:** lo que la empresa lleva al mercado y genera la demanda por parte del consumidor.

>> **Cultura del entorno laboral:** la manera en que la gente de la organización piensa, se comporta e interactúa de manera general.

En una jerarquía, los empleados suelen hacer lo que les indican sus superiores, en tanto que, en una cultura más colaborativa, todos participan en la toma de decisiones y en el manejo y administración del entorno laboral.

» **Estrategia de negocios:** la forma en que la organización elige cumplir sus objetivos y mantenerse competitiva.

» **Actividades de negocios:** operaciones cotidianas que incluyen marketing, ventas, financiamiento, servicio al cliente y administración de la cadena de suministro.

» **Afiliaciones:** colaboraciones, asociaciones y relaciones con otros negocios y con los consumidores. La identidad de una organización la definen las personas y organizaciones de las que se rodea.

» **Historia de la marca:** la narrativa que cuenta los hechos sobre una marca, de tal forma que crea un vínculo emocional con la gente. (Ve al capítulo 8 para más detalles sobre cómo redactar una historia de marca)

» **Estilo de la marca:** lineamientos que establecen el aspecto y la percepción (*look and feel*) distintivos de la marca.

Nota que en este libro no se cubre en detalle el branding corporativo, sin embargo, algunos aspectos del branding de producto, servicio y personal que aquí se analizan son aplicables.

**RECUERDA** El desarrollo de la marca corporativa se realiza a largo plazo y tiene un espectro amplio. A diferencia del desarrollo de marca de producto que usa un discurso menor y con frecuencia ajusta su mensaje para dirigirse a distintos sectores y grupos demográficos de clientes, el corporativo se esfuerza por crear un atractivo universal con una consistencia estricta y a un plazo muy extenso.

# Marca de producto

Una *marca de producto* es una serie de cualidades únicas en diseño, empaque y publicidad, entre otros aspectos. Esta serie permite que un bien de consumo sea reconocido con facilidad y se vuelva algo especial en la opinión de los consumidores. El branding de producto implica las siguientes actividades:

» Diseñar un logotipo reconocible y atractivo (ver capítulo 6).

» Encontrar un nombre de marca ingenioso y pegajoso (ver capítulo 3).

» Establecer lineamientos de desarrollo de marca para garantizar que todo el marketing tenga un *look and feel* consistente, y ajustar los lineamientos para mantenerse al día con la época (ver capítulo 6).

» Investigar el mercado para entender mejor a los consumidores y los productos competidores (ver capítulo 3).

> » Ajustar el mensaje para que atraiga a distintos grupos demográficos de consumidores (ver capítulo 8).

> » Diferenciar tu producto de los de la competencia (ver "Identifica o crea un nicho de mercado" más adelante en este capítulo).

> » Lanzar campaña de marketing/publicidad a través de correo electrónico, sitio web, blog, cuentas de redes sociales, podcast, videos y otros (ver capítulos 7, 12 y 13).

## Marca de servicio

Una *marca de servicio* es una serie de cualidades únicas que incluyen el tipo de servicio y la calidad. La manera en que un proveedor de servicios se presenta, se vende y se entrega en el mercado es lo que hace que sea confiable y valioso en la opinión de los consumidores. En el branding de producto vendes insumos, en tanto que en el de servicio, el desarrollo de la marca depende más de vender una relación o una experiencia. El branding de servicio implica ser profesional, agradable y confiable en cada uno de los puntos de contacto:

> » Materiales de marketing, incluyendo tarjetas de presentación y folletos (ver capítulo 10).

> » Marketing en línea a través de correos electrónicos, sitio web, blog, redes sociales, podcast y videos (ver capítulos 7, 12 y 13).

> » Reuniones de ventas con clientes (ver capítulo 3).

> » Llamadas y otras maneras de proporcionar servicio (ver capítulo 3).

En resumen, los clientes elegirán al proveedor de servicios que conocen, que les agrada y en el que más confían. Por esta razón, el desarrollo de la marca de servicio necesita enfocarse en informar a los prospectos y, al mismo tiempo, infundirles confianza y simpatía.

RECUERDA

## Marca personal

La *marca personal* es la combinación única de habilidades, experiencia, destreza, personalidad y valores que definen la identidad y la reputación de una persona desde la perspectiva de los clientes, socios y asociados. La persona en cuestión utiliza esta combinación para hacer avanzar su carrera. Una marca personal sólida puede posicionar a alguien como experto en un campo o industria específicos o como autoridad en un tema de interés. El branding personal se usa con frecuencia para lanzar la carrera de una persona como coach, entrenador, conferencista, consultor, autor, actor o influencer, entre otros. De cierta forma, la marca personal es tres marcas en una —de negocio, de producto y de servicio—, más un toque personal.

El desarrollo eficaz de una marca personal exige lo siguiente:

» **Conocimiento, habilidades o experiencia:** ser bueno en lo que haces.

» **Valor:** comprometerse y transmitir valor a los consumidores en todo, desde los contenidos que uses para promocionarte a ti mismo hasta los productos y servicios que proveas o recomiendes.

» **Creatividad y originalidad:** para diferenciarte de la competencia debes ofrecer algo único.

» **Autenticidad:** sé real, evita la hipocresía.

» **Visibilidad:** publica en blogs, produce podcast, publica videos en YouTube, únete a comunidades relevantes de redes sociales y muéstrate disponible para dar entrevistas.

» **Consistencia:** encuentra tu nicho (como se explica en la siguiente sección), apégate a él y asegúrate de que todas tus actividades de branding personal sean congruentes.

Sigue los siguientes pasos para crear tu marca personal:

1. **Realiza una autoevaluación para averiguar quién eres y qué puedes ofrecerles de valor a otros.**

2. **Decide con quién y con qué deseas que te relacionen (con qué otras marcas, negocios, gente, productos y servicios).**

3. **Identifica tu mercado objetivo y estúdialo.**

   ¿Quién es tu audiencia? ¿Quién es probable que te siga y por qué?

4. **Sigue a líderes establecidos en el campo en que estás enfocado.**

   Averigua qué ofrecen de valor y de qué manera se diferencian. ¿Cómo puedes *tú* diferenciarte de ellos?

5. **Establece redes de contacto con otras personas de tu industria.**

   Involúcrate en las comunidades en las que puedas encontrar líderes establecidos, así como posibles seguidores a futuro. Al principio mantén un perfil bajo para comprender la cultura y los códigos.

   **ADVERTENCIA**
   Cuando comiences a desarrollar redes, asegúrate de no invadir el territorio de alguien más, al menos hasta que comprendas bien el comportamiento de la comunidad, y la gente empiece a conocerte y aceptarte.

6. **Preséntate poco a poco a través de publicaciones en blogs, podcast, redes sociales, videos y otros medios.**

# Identifica o crea un nicho de mercado

Uno de los aspectos más importantes del desarrollo de marca es la *diferenciación*, es decir, el proceso de identificación o creación, y posterior promoción de las características únicas de tu negocio, producto o servicio, o de ti mismo. Necesitas averiguar qué hace que lo que harás llegar al mercado sea diferente, especial y mejor que las otras opciones.

Una manera eficaz de diferenciarse es comenzar de a poco. En lugar de ser todo para todos, trata de ser algo especial para un pequeño segmento de tu mercado. Identifica o crea un *nicho*, es decir, una apertura reducida o una oportunidad única en el mercado más amplio que estás tratando de conquistar. Aunque parezca ilógico, estrechar tu enfoque no limita tus oportunidades, al contrario: aumenta tu impacto durante el proceso de expansión. Un enfoque reducido le permite a tu marca destacar en el mercado global que ya está repleto de competidores disputándose la atención de los consumidores.

Para encontrar un nicho, empieza por responder las siguientes preguntas:

» ¿Tu marca ofrece una solución única para un problema? De ser así, ¿en qué sentido es única?

» ¿Qué ofrece tu marca que las de los competidores no brinden?

» ¿Cuáles son los *casos de uso* de tu marca (las distintas maneras en que tus productos/servicios pueden ser utilizados)? Haz una lista de tus productos/servicios e identifica todos los casos de uso posibles para cada uno.

» ¿De qué manera tu marca es diferente y mejor que la de la competencia?

» ¿Tu marca atiende una necesidad insatisfecha en el mercado o le sirve a un grupo de consumidores no atendidos? De ser así, ¿cómo lo hace?

» En el caso de que tu marca sea personal, ¿qué es lo que te vuelve tan especial? Piensa en aspectos como apariencia, personalidad, conocimiento, experiencia o destreza, y habilidades. Todos los ingredientes que hacen que seas *tú*.

» ¿Quién va a comprar lo que vendes?

» ¿Por qué la gente necesita o valora lo que ofrece tu marca?

Examina tus respuestas y busca patrones o áreas donde los elementos se traslapen, es ahí donde usualmente se encuentra tu nicho. Para mi marca Girl Gang, yo sabía que el empoderamiento femenino era un movimiento que empezaba a crecer, y que a las mujeres les gusta expresarse a través de la moda. En la convergencia de estos dos factores reconocí una necesidad no satisfecha: las mujeres necesitaban una forma de expresarse y de mostrar su apoyo al empoderamiento, lo cual podían hacer con una declaración a través de la moda y, al mismo tiempo, apoyando negocios fundados por mujeres. Así descubrí mi nicho.

En las siguientes secciones cubriré maneras específicas de identificar o formar un nicho.

## Resuelve un problema complicado

La gente suele preguntarse en tono sarcástico: "¿Acaso buscas problemas?", como si buscar problemas fuera algo negativo. Sin embargo, quienes buscan problemas o dificultades son los visionarios y los inventores del mundo y, a menudo, también son la gente más rica y exitosa. ¿Por qué? Porque identificaron un problema, desarrollaron una solución y crearon un nicho lucrativo.

Solo piensa cuántos libros, cursos y seminarios han comprado las parejas que desean resolver sus problemas de comunicación. Piensa en todas las tecnologías comerciales que se han desarrollado para resolver problemas en solamente una reducida área: la seguridad de datos. Se han fundado industrias completas para resolver problemas que van desde no tener tiempo suficiente para comprar víveres hasta no poder detener un taxi o no saber cómo lidiar con la escasez de energía eléctrica o el cambio climático.

Todo problema conlleva una oportunidad.

## Atiende una necesidad no satisfecha (o crea una)

A menudo la gente necesita cosas que no puede conseguir o a las que no tiene acceso de forma económica ni conveniente. A veces, las personas ni siquiera saben que necesitan o desean algo sino hasta que les muestras lo mucho que podría mejorar su vida si tuvieran eso que les hace falta. En realidad, nadie necesitaba una cámara en un teléfono portátil, por ejemplo, sin embargo, en cuanto apareció este producto, *todos* quisieron tener uno.

Cuando descubres una necesidad no satisfecha o creas una, también estableces un nicho de mercado que puede ser muy lucrativo. Durante algún tiempo trabajé en Tower Paddle Boards, una empresa de tablas de surf con remo que vendía directo al consumidor. Todas las marcas de tablas de surf de este tipo en nuestra industria les vendían a las tiendas para surfistas y a los minoristas externos, por lo que los productos eran costosos. Sin embargo, Stephan Aarstol, fundador de esta empresa, descubrió una necesidad no cubierta: tablas de surf con remo de alta calidad y precio accesible.

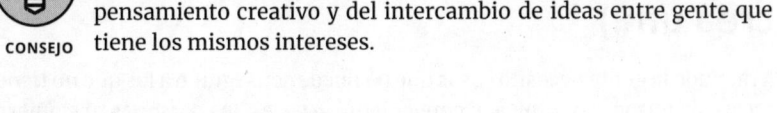

Al venderles de manera directa a los consumidores, Tower Paddle Boards eliminó el sobreprecio creado por los minoristas intermediarios y rebajó los precios sin sacrificar la calidad. Así es como se crea un nicho.

**RECUERDA**

## Especialízate en la creación de un nuevo nicho de mercado

Seguramente has escuchado la expresión: "El que a muchos amos atiende con alguno queda mal", y también es posible que hayas notado que la gente no prefiere a los proveedores que atienden a muchos amos, es decir, los negocios que ofrecen todo a todos. No obstante, hay algunos jugadores de grandes ligas que lo hacen y tienen éxito. Walmart, por ejemplo, ofrece una amplia selección de productos y servicios: en sus tiendas puedes hacerte un examen con un optometrista, encargar que reparen tu automóvil, cortarte el cabello, o incluso solicitar que preparen tu declaración de impuestos. ¿Por qué? Porque a pesar de todo, algunos jugadores de grandes ligas tienen un nicho y, en este caso, en lo que se enfoca Walmart es en la conveniencia y el precio.

Cuando estás desarrollando y lanzando una marca nueva, todavía no eres jugador de grandes ligas, así que no trates de ofrecer todo a todos. Con el paso del tiempo tal vez desees atender a un mercado más amplio, pero por el momento empieza de a poco y enfócate en las necesidades y deseos de un segmento pequeño de tu mercado. Este consejo es aplicable en todos los casos de desarrollo: negocio, producto, servicio o marca personal.

Para crear un mercado nicho colabora con gente a la que le apasione tu industria. La mayoría de las grandes ideas nacen a partir del pensamiento creativo y del intercambio de ideas entre gente que tiene los mismos intereses.

**CONSEJO**

## Ofrece algo único

Los mercados de nicho suelen ser resultado de la inspiración. De pronto, una idea surge en tu cabeza, es algo único y original, o una variación de algo que ha existido por años. Un ejemplo de ello es la bien arraigada industria del cuidado de la piel. Recientemente, a esta industria la empezaron a agitar los productos fabricados con ingredientes naturales. Los ftalatos y los parabenos quedaron fuera: lo de hoy son los frutos, las verduras y los extractos naturales. La demanda cambió, ahora se enfoca en productos naturales para el cuidado de la piel, lo cual creó una apertura en un mercado muy saturado y permitió que los negocios pequeños comenzaran a destacarse de manera importante.

Uno no puede forzarse a tener una idea, pero sí puede preparar un campo fértil para que estas surjan. Estos son algunos de los métodos que podrían servirte:

» **Métete de lleno en la industria o mercado que te apasiona.** Entre más información tengas y más comprendas, más material tendrá tu inconsciente para trabajar y generar ideas.

» **Sintonízate con las noticias y mantente atento a las nuevas tendencias.** Las ideas para la creación de productos naturales para el cuidado de la piel, por ejemplo, surgieron a partir de la preocupación respecto a químicos potencialmente dañinos en los alimentos y otros productos.

» **Amplía tus intereses, expande tu mente.** Las ideas para la creación de productos y servicios originales suelen ser producto de la diversidad o la convergencia, es decir, de ver algo desde una perspectiva distinta o de estudiar y comparar dos industrias o mercados distintos.

# Formaliza tu marca y conviértela en negocio... si aún no lo has hecho

Cuando estás desarrollando y lanzando una marca, por lo general también estás haciendo lo mismo con un negocio, sin embargo, este es un tema complejo al que no quiero someterte. Por otra parte, es necesario que conozcas los rudimentos para echar a andar una marca/negocio con el pie derecho, para evitar problemas legales o fiscales, y para asegurarte de que tu marca y tu demás propiedad intelectual estén protegidas.

En esta sección explicaré los rudimentos de la incorporación y registro de tu negocio y hablaré un poco sobre la protección de la marca y de otros tipos de propiedad intelectual, pero en el capítulo 19 encontrarás más información sobre este tema.

## Incorpora tu negocio

La *incorporación* es un proceso para el establecimiento de un negocio como una entidad independiente de ti como persona. El hecho de que tu negocio sea una corporación le permite obtener ciertos beneficios como protección legal y, quizá, ventajas fiscales. Desde la perspectiva del desarrollo de marca o *branding*, incorporar tu negocio puede ayudar a fomentar la confianza y la credibilidad entre los posibles clientes y compradores.

Al incorporar un negocio debes decidir su estructura, es decir, puede ser una compañía de responsabilidad limitada (LLC, por sus siglas en inglés), una corporación tipo C o una corporación tipo S. Si *tú* eres tu propia empresa (si eres autoempleado), entonces se considera que el negocio tiene un solo dueño, y te arriesgas a perder todas las ventajas que se les ofrecen a las corporaciones.

**RECUERDA** Elegir el tipo de corporación adecuado desde el principio puede evitarte dolores de cabeza y trabajo adicional más adelante, sin embargo, también puedes cambiar la estructura o tipo en cualquier momento. Cuando tuve mi primer negocio, una empresa de venta al mayoreo de artículos para recoger el cabello, empecé como propietario único, pero cuando comencé a trabajar con comerciantes con mayor alcance como Zazzle y Sephora, decidí cambiar y convertirlo en LLC para disminuir los riesgos financieros en caso de que alguien decidiera demandarme legalmente por alguna razón.

En las siguientes secciones evaluaré las ventajas y desventajas de cada tipo de entidad de negocios.

## Propietario único

La propiedad única es la estructura de negocio más rápida, sencilla y económica de establecer. No requiere ni tiempo, ni esfuerzo ni dinero, solo empiezas a hacer negocios y el gobierno considera que se trata de una empresa con un dueño único. Con este tipo de estructura tienes control absoluto sobre todas las decisiones, declaras tus ingresos y pagas impuestos como un contribuyente individual. Estas son las ventajas. Ahora hablemos de las desventajas posibles:

» **Responsabilidad personal ilimitada:** esta es una gran desventaja. En este caso, no hay nada que te separe de tu negocio, por lo que, si llegara a suceder cualquier percance, tú serías responsable de manera personal. Si tu negocio fracasa o alguien ejerce una acción legal y gana, puedes perder todo, incluso tu casa y tus bienes personales.

» **Dificultades en la recaudación de recursos económicos para hacer crecer el negocio:** no puedes vender acciones del negocio y los bancos no querrán prestarte dinero.

» **Fuerte carga de trabajo debido a la administración:** un control total implica responsabilidad total, lo cual podría ponerte en situaciones muy delicadas cuando surjan problemas.

Aunque seas propietario único no es necesario que le pongas tu nombre al negocio, puedes registrarlo bajo un nombre tipo DBA (*Doing Business as*), "Realización de negocios bajo el nombre de". Este estatus no te confiere ninguna protección legal, solo te permite presentarte al público como una entidad más formal de negocios. Más adelante en este mismo capítulo encontrarás más información al respecto, en la sección "Registra tu negocio".

**CONSEJO** Sin importar cuál sea la estructura de tu negocio te exhorto a que solicites un número de identificación de empleador (EIN, por sus siglas en inglés). Si tienes empleados deberás tener este número para declarar y depositar los impuestos por nómina. No obstante, para obtener un EIN no necesitas ser empleador ni corporación. Este número lo puedes usar también en lugar del de seguridad social cuando tengas que facturar a tus clientes y compradores, o para declarar impuestos. Es una maniobra que puede ayudarte a protegerte del robo de identidad. También es posible que algunas empresas sientan más confianza al hacer negocios contigo si cuentas con un EIN porque es una forma de mostrar que eres propietario del negocio, no empleado. Para solicitar un EIN visita la siguiente dirección:
https://www.irs.gov/businesses/small-businesses-self-employed/apply-for-an-employer-identification-number-ein-online.

## Sociedad

Si tienes un negocio con alguien más, considera formar una sociedad. En una sociedad las ganancias y las pérdidas pasan a través de la declaración de impuestos personal de los socios y, por lo tanto, la sociedad no paga impuestos en sí. Al formar una sociedad tendrás dos opciones:

» La Sociedad Limitada (LP, por sus siglas en inglés) tiene un socio general con responsabilidad ilimitada que tiene más control sobre el negocio y debe pagar el impuesto de autoempleo; y uno o más socios con responsabilidad y control limitados que no tienen que pagar impuesto de autoempleo. Todas estas condiciones se especifican en el acuerdo de la sociedad.

» La Sociedad de Responsabilidad Limitada (LLP, por sus siglas en inglés) es similar a la LP, pero les ofrece responsabilidad limitada a todos los socios.

## Compañía de Responsabilidad Limitada

La LLC (por sus siglas en inglés) ofrece dos ventajas clave:

» Protección contra la responsabilidad personal que, de otra manera, pondría en riesgo tus activos personales.

» Pase directo de las ganancias y pérdidas a tu declaración de impuestos personal para que la LLC no esté sujeta en sí a los impuestos corporativos. Sin embargo, como los miembros de una LLC son propietarios únicos, se les considera autoempleados y están sujetos a los impuestos de autoempleo (Social Security y Medicare).

Si tienes activos personales importantes y piensas llevar a cabo negocios riesgosos, es decir, cualquier cosa que te pudiera exponer a demandas costosas o incluso a una bancarrota, te exhorto a que operes como LLC o como Corporación S o Corporación C, las cuales explicaré a continuación.

## Corporación C

La *Corporación C* (o *C corp*, para abreviar) es una entidad independiente de los propietarios u operadores del negocio y está sujeta a impuestos corporativos. La fiscalización corporativa es una forma de fiscalización doble: primero, la corporación paga impuestos sobre las ganancias, y luego tú pagas impuestos sobre las ganancias de capital que recibes como inversionista de la corporación. Una C corp ofrece la protección más sólida contra la pérdida de activos personales del dueño en caso de bancarrota o demandas.

Una de las mayores ventajas de la C corp es que puede recaudar fondos a través de la venta de acciones a los inversionistas. Las mayores desventajas son el elevado costo y la complejidad que implica la formación y la administración de la estructura. Aunque esta opción puede ser la mejor para organizaciones de gran envergadura, las organizaciones más pequeñas tal vez deban mantenerse al margen.

## Corporación S

Una *Corporación S* (o *S corp*, para abreviar) es una versión simplificada de la C corp. Los costos de establecimiento, registro y administración son menores y, por lo tanto, resulta más atractiva para organizaciones más pequeñas. En la S corp las ganancias pasan por la corporación y llegan a los propietarios, así que no está sujeta a doble fiscalización.

Otra ventaja importante es que, como propietario, puedes recibir dinero de la corporación en forma de salario de empleado o de pago de dividendos para inversionista. El dinero que saques como salario está sujeto al impuesto sobre la renta y al impuesto por autoempleo, en tanto que el dinero que recibas como parte de la distribución a inversionistas está sujeto a las tasas de ganancias de capital, las cuales suelen ser menores que las del impuesto sobre la renta. Además, en este caso no pagas el impuesto de autoempleo.

Al compararla con la C corp, una de las desventajas importantes de la S corp es que solo puedes vender un máximo de 100 acciones, lo cual limita la capacidad de recaudación de capital a través de la venta de acciones a inversionistas para hacer crecer el negocio.

# Registra tu negocio

*Registrar* un negocio significa establecerlo como una entidad legítima de acuerdo con las autoridades estatales y locales de licencias y tributación. Si vas a crear una marca personal como propietario único, tal vez no sea necesario que te registres, todo dependerá de la jurisdicción correspondiente y de la naturaleza de tu negocio. Sin embargo, si vas a operar como corporación deberás registrarte forzosamente.

**RECUERDA** Ponte en contacto con las organizaciones de tu estado, condado o gobierno municipal, o con la sucursal local de la Small Business Association (SBA) para averiguar lo que necesitas hacer para registrarte y obtener la licencia adecuada para el tipo de negocio que piensas iniciar.

## Registra el nombre de un negocio

Como parte del proceso, cuando formas una corporación o una LLC debes elegir un nombre distinto al tuyo. Si vas a operar tu negocio como propietario único tienes la opción de usar tu nombre para el negocio o elegir un nombre DBA.

El nombre DBA no confiere ninguna protección legal, pero te permite operar bajo un nombre supuesto, lo cual podría resultar ventajoso para el proceso de desarrollo de la marca. Otra de las ventajas es que si cuentas con un DBA y un EIN, la mayoría de los bancos te permiten abrir una cuenta bancaria independiente para el negocio y aumenta la probabilidad de que consideren prestarte dinero.

**RECUERDA** Dependiendo del estado o de la zona en que operes, tal vez necesites registrar tu DBA con la secretaría del estado o alguna otra agencia estatal. Si no, tal vez sea necesario registrarte con el condado o la municipalidad locales.

## Registro ante las autoridades fiscales

Si operas como propietario único usarás tu número de seguridad social para pagar los impuestos federales, estatales y locales. Si estableces una corporación o solicitas un DBA, deberás registrar tu negocio bajo un nombre independiente y luego podrás solicitar un EIN, el cual te servirá para pagar impuestos o para retener y pagar impuestos a tus empleados.

## Obtener una licencia o no

Dependiendo de la ubicación y de la naturaleza de tu negocio tal vez necesites obtener una licencia para operar en ciertas jurisdicciones. Las reglas varían entre los distintos estados, condados y municipalidades. En la mayoría de los casos, los freelancers o profesionistas independientes como los escritores, editores y diseñadores gráficos no necesitan licencia para operar, pero si planeas abrir un restaurante o una tienda física de venta al menudeo o si eres agente de seguros o contratista en la industria de la construcción, vas a necesitar una licencia. Te repito que debes informarte cuáles son los requisitos para obtenerla en la sucursal local de la Small Business Administration o en la secretaría del estado.

## Obtener una marca registrada, patente o derechos de autor

Si vas a crear un producto o servicio único y original, necesitarás algo más que solo registrar tu negocio. También deberás registrar tus ideas para proteger tus derechos de propiedad intelectual. Dependiendo de qué sea eso "único y original" que pienses crear, necesitarás proteger derechos de autor (libros y otras publicaciones), registrar una patente (inventos) o registrar una marca (para negocio, nombre, logotipo o diseño). O tal vez necesites hacer los tres registros.

Tú mismo puedes registrar tu propiedad intelectual como marca, patente o bajo derechos de autor a través de la oficina de patentes y marcas registradas de los Estados Unidos (https://www.uspto.gov/trademarks) o contratar un abogado para que lo haga por ti. En internet puedes encontrar muchos bufetes de abogados que ofrecen servicios legales para la protección de la propiedad intelectual, solo busca con las palabras "cómo registrar" seguidas de "marca", "patente" o "derechos de autor" y verás aparecer una lista.

RECUERDA

Este tema lo cubro con mayor detalle en el capítulo 19, pero aquí lo menciono porque, dependiendo de tu negocio y marca, tal vez sea crucial que hagas estos trámites en el proceso para establecerte: estoy segura de que no quieres tener una idea multimillonaria y que alguien te la robe.

# Financia tu negocio/marca

Dependiendo del negocio/marca que estés desarrollando y vayas a lanzar, podrías trabajar con un presupuesto apretado de recursos propios o quizá necesites encontrar recursos adicionales. Si vas a crear una marca personal para promoverte a ti mismo como el experto más importante del mundo en el ámbito de la crianza de pollos, tal vez puedas realizar el desarrollo, o al menos empezar, con un sitio web, un blog y un podcast, los cuales no requieren de mucho dinero. En cambio, si tu objetivo es lanzar tu propia línea de ropa o establecer una franquicia internacional de cuidado estético para perros, necesitarás obtener dinero de socios, pedirlo prestado a individuos o bancos, o vender acciones de tu empresa a inversionistas.

En esta sección te presentaré varias fuentes de financiamiento, pero antes de siquiera pensar en explorar las opciones deberás hacer un presupuesto para saber con exactitud cuánto dinero necesitas.

# Haz un presupuesto para tu negocio/marca

Para hacer un presupuesto para tu negocio o marca primero deberás hacer una lista de todo lo que necesitarás para que sea un éxito. Investiga los precios de cada elemento y luego suma todo. En la tabla 2-1 encontrarás una lista de artículos para que puedas comenzar. Dependiendo del negocio/marca tal vez necesites añadir artículos o eliminarlos. Cuando tengas una lista exhaustiva, investiga el costo de cada artículo/servicio (en internet o llamando a los proveedores), y escribe el costo estimado en la columna de la derecha.

TABLA 2-1. **Presupuesto de negocio/marca**

| Artículo | Costo |
|---|---|
| Gastos legales (para incorporación, registro, licencias y protección de propiedad intelectual) | |
| Honorarios de contabilidad (si planeas contratar un contador) | |
| Diseño de marca (logotipo y gráficos) | |
| Sitio web/blog (diseño, construcción y servidor) | |
| Marketing/publicidad (anuncios en línea) | |
| Material/equipo/suministros | |
| Fabricación/fuente de obtención de productos (si vas a vender un producto original) | |
| Personal (si planeas contratar gente) | |
| Renta (en el caso de un negocio con tienda física o de minorista) | |

## Crea una marca financiada con recursos propios

Una *marca financiada con recursos propios* no es una marca autofinanciada, sino una marca que *tú* financias. Las ventajas de este tipo de marca es que tienes control total sobre las decisiones del negocio y de la marca misma, y puedes conservar el 100% de las ganancias. ¡Qué bien!

Por desgracia, las desventajas superan por mucho las ventajas potenciales:

- Eres responsable de todas las decisiones del negocio/marca.
- Debes enfrentar solo cualquier pérdida al 100%

- Tienes acceso limitado a financiamiento para hacer crecer el negocio o aprovechar oportunidades.

**CONSEJO** Si planeas vender un producto original que tú mismo fabricarás, podrías necesitar mucho dinero en poco tiempo, y a menos que estés completamente seguro de que el producto se venderá como pan caliente, fabricar miles de unidades puede implicar un riesgo financiero colosal. Para reducirlo, piensa en lanzar una campaña de prepedidos. Fabrica un lote limitado de pocas unidades y espera a que la gente empiece a ordenar el producto antes de fabricar más. Las desventajas de esta estrategia es que los clientes tal vez tengan que esperar un poco más para recibir sus productos, y quizá tú debas pagar más por la fabricación por unidad, sin embargo, es necesaria como prueba. Una vez que descubras cuán popular es tu producto podrás aumentar la escala de producción.

## Diseña un plan de negocios

Siempre que busques cualquier tipo de financiamiento para tu negocio/marca deberás contar con un plan de negocios. Salvo tus padres o tu millonaria tía Matilde, nadie te dará dinero por solo pedirlo. Los bancos, los inversionistas y las organizaciones desean asegurarse de que su dinero se usará de manera inteligente. Los bancos quieren asegurarse de que pagarás el préstamo que te otorguen, y los inversionistas querrán tener una expectativa razonable de que recibirán una ganancia por su inversión.

Si aún no has establecido un negocio/marca para demostrar con pruebas fehacientes una trayectoria exitosa, necesitarás un plan de negocios convincente. La redacción de este tipo de plan va más allá del alcance de este libro, pero asegúrate de que contenga los siguientes elementos:

» **Resumen:** deberá incluir una explicación respecto a lo que es y lo que hace tu negocio/marca, y deberá indicar por qué es mejor que el/la de la competencia. También deberá incluir tu biografía y tu experiencia (así como las de tus socios, colaboradores o asociados), los productos/servicios que ofreces y un texto sobre por qué piensas que tu negocio/marca tendrá éxito.

» **Estrategia, metas, objetivos y actividades:** tu estrategia es el gran plan o idea que tienes para alcanzar el éxito. Las metas son lo que necesitas lograr para llevar a cabo la estrategia. Los objetivos son indicadores mensurables que debes cumplir para alcanzar tus metas. Las actividades son todo aquello que harás para cumplir los objetivos.

» **Mercado/análisis competitivo:** este análisis describe tu industria o mercado, así como cualquier competidor existente. Muestra en qué sentido tu marca es distinta y mejor que lo que ya hay disponible.

>> **Proyecciones financieras:** este elemento es el presupuesto con el que empezarás y llevarás a cabo el negocio (costos), cuánto dinero esperas obtener (ingresos), ganancias proyectadas (ingresos menos costos) y cómo piensas pagar los préstamos que te hagan o cómo recompensarás a los inversionistas. Prepárate para cualquier eventualidad, costo inesperado y objetivos no cumplidos. De esta forma te protegerás y evitarás el incumplimiento. Fijarse puntos de referencia que dejan cierto margen de error te permite asegurarte de que cualquier persona involucrada entenderá el alcance total del plan.

Si deseas una guía detallada sobre cómo redactar un plan de negocios busca el libro *Creating a Business Plan for Dummies* de Veechi Curtis (John Wiley & Sons, Inc.).

## Obtén subvenciones

Dependiendo de tu negocio/marca, tal vez puedas obtener una subvención para financiarlo. Una *subvención* es dinero gratis, ¡dinero que nunca tendrás que devolver! Las organizaciones ofrecen subvenciones por todo tipo de razones: para estimular la economía, ayudar a las comunidades o empoderar a ciertos sectores demográficos. El de las mujeres empresarias, por ejemplo.

El primer paso para obtener una subvención es encontrar una para la que seas elegible. A continuación te presento una lista para que comiences a buscar:

>> **Subvenciones del gobierno:** las agencias gubernamentales federales y estatales insisten en el hecho de que no son fuentes de dinero gratuito para la mayor parte de los negocios tipo startup, sin embargo, ofrecen subvenciones limitadas para financiar investigación científica o médica, así como programas comunitarios, educativos y ambientales. En las siguientes páginas puedes averiguar más respecto a las subvenciones del gobierno:

- Página de las subvenciones de la Small Business Administration (sba: https://www.sba.gov/funding-programs/grants).

- Página del programa de Oportunidades de financiamiento de la Economic Development Administration (eda: https://eda.gov/funding-opportunities).

- Base de datos estatal de incentivos para negocios perteneciente al Council for Community and Economic Research (www.stateincentives.org).

- Base de datos de los Centros de Desarrollo de Pequeños Negocios de la Small Business Association (sba: https://www.sba.gov/local-assistance).

- El sitio web ".gov" de tu estado.

>> **Subvenciones para sectores demográficos específicos:** si eres propietario de un negocio y eres mujer, veterano o perteneces a una minoría, quizá seas elegible para subvenciones otorgadas por corporaciones, grupos de interés especial o por la misma SBA. Busca en internet "subvenciones de negocios para" seguido de la palabra que describa el sector demográfico al que perteneces. Por ejemplo: "subvenciones de negocios para mujeres".

>> **Subvenciones de corporaciones:** muchas corporaciones ofrecen subvenciones para pequeños negocios, patrocinan concursos para estimular la innovación en su industria o ayudan a empresarios de ciertos grupos a echar a andar negocios. Averigua entre los jugadores de grandes ligas de tu industria si existe algún programa de subvenciones o concurso. También puedes buscar en internet con las palabras "subvenciones corporativas para pequeños negocios".

**ADVERTENCIA**

Desconfía de cualquier persona u organización que te ofrezca su ayuda para obtener subvenciones. Algunas propuestas podrían ser legítimas, pero muchas son estafas.

Para más información sobre la obtención de subvenciones, busca el libro *Grant Writing For Dummies*, sexta edición, de Beverly A. Browning (John Wiley & Sons, Inc.).

# Financia a través de la deuda y el patrimonio

De manera tradicional, los negocios obtienen el dinero que necesitan para empezar a través de la deuda o de cierto patrimonio. Dicho de otra forma, piden prestado dinero a bancos o venden una participación del negocio/marca a inversionistas. Cuando fundes tu negocio o desarrolles tu marca, tendrás las mismas opciones.

## Financiamiento a través de deuda: pedir dinero prestado

Si no tienes suficiente dinero para fundar y lanzar tu negocio/marca, o si prefieres no arriesgar recursos propios, tal vez puedas solicitar un préstamo personal a alguien o a un banco. Ese alguien puede ser un familiar, un amigo o amiga, o un capitalista de riesgo (inversionista de *venture capital*). Primero deberás hacer una cita con la persona que elijas y venderle tu idea con una presentación o discurso de ventas (*pitch*). Si la persona piensa que el negocio tiene potencial para triunfar, y si te tiene confianza y cree que le devolverás el dinero, estará de acuerdo en prestártelo. Tal vez te cobre intereses, tal vez no.

Si no te agrada esta opción, puedes tratar de venderle tu idea a un banco, el cual sin duda *sí* te cobrará intereses. Antes de acercarte al ejecutivo de créditos prepárate y reúne los siguientes documentos e información para la reunión:

>> Tu plan de negocios.

>> La cantidad específica de dinero que necesitas que te presten.

>> Documentos legales de tu negocio, incluyendo las actas de incorporación o del nombre DBA; cualquier licencia que necesites para operar; tu EIN, y cualquier patente, registro de marca o registro de derecho de autor aplicable que tengas en curso o que hayas solicitado.

>> Tu documento de capacidad crediticia.

>> Tu valor neto (el valor de todo lo que posees menos lo que debes) junto con una lista de todos tus activos y deudas.

>> Comprobante de cualquier cantidad de dinero ahorrado que poseas. De preferencia, estados de cuenta bancarios recientes.

>> Comprobante de ingresos de fuentes como tu pago de nómina de tu empleo actual e inversiones (recibos de pago o copias de declaraciones de impuestos recientes).

**RECUERDA** Los prestamistas necesitan asegurarse de que podrás realizar los pagos mensuales del préstamo y de que al final del plazo habrás cubierto la totalidad. Para hacerlos sentir seguros de que así será, puedes ofrecer una presentación exhaustiva de tu plan de negocios o mostrarles que, si tu idea funciona, tendrás el dinero de la garantía para pagar el préstamo. La *garantía* es cualquier bien o valor que el banco pueda quitarte si dejas de pagar el préstamo, como tu casa vacacional en Los Hamptons, tu Tesla o tu avión privado.

## Financiamiento a través de patrimonio: venta de una participación en el negocio/marca

Si en lugar de solicitar dinero prestado prefieres otra estrategia, puedes vender una participación de tu negocio/marca a uno o varios inversionistas. Puedes, por ejemplo, ofrecerle a tu cuñada 30% del control de tu negocio de estanques para carpas a cambio de 50 000 dólares. Por supuesto, si haces algo así, te exhorto a contratar un abogado para que redacte un convenio.

También puedes vender acciones en tu negocio, pero esta estrategia va más allá del alcance de este libro. Puedo decirte, sin embargo, que para vender acciones tu negocio necesita estar incorporado bajo la estructura C corp o S corp. Puedes vender varios tipos de acciones, entre ellas, acciones comunes, acciones preferentes o acciones preferentes convertibles, por nombrar algunas. Si estás demasiado confundido, recuerda mi recomendación: consulta a un abogado o corredor de bolsa para que te explique las opciones y te sugiera lo mejor para tu situación y preferencias.

## Explora otras opciones de financiamiento

**CONSEJO**

Los individuos y los bancos no son la única fuente de préstamos para negocios. Aquí tienes otras opciones de financiamiento que tal vez te gustaría considerar:

» **Adelanto de efectivo comercial:** si vendes artículos en línea y necesitas algo de efectivo rápido para cubrir un gasto imprevisto como el costo adicional de un producto que surgió durante un alza en las ventas, considera el adelanto de efectivo comercial. Se trata de una opción de financiamiento que ofrecen empresas como Kabbage (https://www.kabbage.com) a través de Shopify. Kabbage funciona de la siguiente manera: solicitas un préstamo y, si lo aprueban, la empresa deposita el dinero en tu cuenta bancaria. Luego toma un porcentaje de tus ventas en Shopify hasta que se cubra el préstamo.

» **Línea de Crédito Empresarial por internet (LOC, por sus siglas en inglés):** los bancos ofrecen líneas de crédito empresarial, pero si tu negocio necesita un flujo de efectivo adicional pronto, considera la LOC por internet. Es más rápido y sencillo obtenerla. Con una LOC te aprueban una cantidad máxima de préstamo y luego sacas el dinero que necesites. Solo pagas intereses sobre la cantidad que pidas prestada. OnDeck (https://www.ondeck.com) es una de las empresas que ofrece líneas de este tipo. Te pueden otorgar una opción de financiamiento instantánea con acceso de hasta 10 000 dólares.

» **Tarjetas de crédito empresariales:** una opción común para el financiamiento a corto plazo que ignoramos con frecuencia son las tarjetas de crédito, en especial las empresariales. Estas tarjetas son iguales a las de crédito personal, pero se otorgan a través del negocio o empresa. Busca en internet "tarjeta de crédito empresarial" y encontrarás muchas opciones.

» **Micropréstamos:** los *micropréstamos* son préstamos mínimos con tasas de interés relativamente bajas. Los ofrecen los prestamistas tradicionales, individuos o colectividades. Estos préstamos son una buena opción si no cuentas con una garantía sólida o un buen historial crediticio. Suelen dar preferencia a empresarios de países en vías de desarrollo, a comunidades y a propietarios de negocios provenientes de un grupo minoritario. Puedes encontrar microprestamistas a través de organizaciones como Headway Capital (https://www.headwaycapital. com/microloans) y Accion (https://www.accion.org).

» **Financiamiento colectivo o *crowdfunding*:** a través del *crowdfunding* o microfinanciación puedes obtener fondos de mucha gente que dona, presta o invierte cantidades pequeñas de dinero en tu negocio.

Uno de los sitios más importantes de *crowdfunding* para negocios es Kickstarter (https://www.kickstarter.com). En Kickstarter puedes publicar tu proyecto, tu objetivo de financiamiento y la fecha límite. Los miembros pueden elegir donar un poco de dinero para que lo logres. La gente que te respalda económicamente no recibe nada a cambio. Si acaso, una camiseta, una muestra de tu producto o una copia de un libro que hayas escrito. En general, solo obtienen la satisfacción de haber ayudado a que se fabricara o diseñara algo valioso, divertido o interesante para el público.

EN ESTE CAPÍTULO

» Explorarás las estrategias de posicionamiento de marca.

» Diferenciarás tu marca destacando sus atributos únicos.

» Redactarás una declaración de posicionamiento de marca.

» Esclarecerás la identidad de tu marca para ti mismo y para otros.

» Crearás un nombre de marca pegajoso y descriptivo.

Capítulo **3**

# Posiciona y define tu marca

Para cuando llegues al punto en que pienses desarrollar y lanzar una marca, quizá ya tendrás una en mente, sin embargo, el concepto aún será un poco o muy vago. Tal vez tengas una visión clara del negocio, producto o servicio que piensas presentarle al mundo, pero no habrás reflexionado demasiado en la manera en que tu marca competirá con todas las otras que luchan por captar la atención... y el dinero de la gente.

¿De qué trata tu marca? ¿Cuál es su esencia? ¿En qué sentido es distinta y mejor de lo que la gente ya puede conseguir? ¿Qué quieres que tus actividades de desarrollo de marca inspiren a la gente a hacer (comprar tu producto, contratarte, unirse a tu causa o pasar las vacaciones en tu estado)?

Para responder a estas preguntas debes posicionar, definir y darle nombre a la marca. Esclarece el concepto en tu mente para que luego puedas hacerlo también en la mente de otros. En este capítulo te explicaré cómo hacerlo.

# Posiciona tu marca

"Jockey a posición" es una antigua frase proveniente del ámbito de las carreras de caballos. Significa "tratar de sacar ventaja" justo antes del inicio de la carrera. Cuando desarrollas y lanzas una marca necesitas colocarla en una posición que le ofrezca las mayores probabilidades de éxito. Este proceso suele implicar la identificación o desarrollo de los atributos de la marca que te permitirán superar a las ya disponibles.

Imagina que planeas abrir un restaurante en tu vecindario y ya hay bastantes: gourmet, de comida rápida, comida china, mexicana, italiana, tailandesa, griega, japonesa; cafés, bares y parrilladas, buffets, lo que gustes. ¿Cómo vas a competir con eso? Busca maneras de hacer que tu restaurante sea distinto y superior. Aquí te presento algunas:

» Comida de mejor calidad

» Porciones más generosas

» Servicio superior

» Atmósfera relajada

» Ubicación conveniente

» Precios más bajos

» Entretenimiento gratuito

Luego puedes empezar a hacer marketing alrededor de estos atributos para desarrollar el reconocimiento y la conciencia de la marca entre los consumidores (el *reconocimiento* implica la capacidad de identificar la marca por su logotipo, los colores, el eslogan, el mensaje, el *jingle* u otro atributo; la *conciencia* es un conocimiento más profundo de la marca, como lo referente a su misión y los productos o servicios que ofrece).

En esta sección te guiaré a través del proceso de posicionamiento de la marca.

## Elige una estrategia de posicionamiento de marca

El proceso de posicionamiento de marca se inicia al elegir una o más estrategias. La *estrategia de posicionamiento de marca* es una manera de diferenciar algo de lo que ya hay disponible. La estrategia podría consistir en ofrecer los precios más bajos o el producto de mayor calidad de su clase.

Al elegir una estrategia de posicionamiento de marca piensa en la propuesta única de venta o USP, por sus siglas en inglés. Es decir, aquello que hace que tu marca sea diferente, mejor y más atractiva para los consumidores.

En esta sección destacaré varias estrategias de posicionamiento, pero la lista no es de ninguna manera exhaustiva.

Algunas estrategias de posicionamiento de marca son aplicables sin importar de qué negocio/organización o producto/servicio se trate. Otras dependen en gran medida del tipo de entidad cuya marca pienses desarrollar. La ubicación puede ser importante para los negocios con tienda física, por ejemplo, pero no para los que operan principalmente en línea.

## Rasgos y ventajas del producto/servicio

El posicionamiento de marca suele enfocarse en el producto o servicio mismo, y en especial en los siguientes atributos:

>> **Rasgos:** características del producto o servicio que lo diferencian y lo hacen mejor de lo que ya hay disponible.

>> **Ventajas:** la manera cómo, lo que es distinto y mejor respecto al producto/servicio, le ofrece ventajas al cliente.

Piensa, por ejemplo, en un vehículo híbrido: gasolina-corriente eléctrica. El rasgo radica en que se trata de un vehículo que usa gasolina para generar la electricidad que lo impulsa. Las ventajas clave radican en que le permite al conductor viajar más lejos con un solo tanque de gasolina y ahorrar dinero, es más limpio para el medio ambiente y requiere menos mantenimiento del motor.

## Clase de producto

La *clase de producto* es una categoría. Los videojuegos es una clase de producto con varias subclases entre las que encontramos juegos de acción, de aventura, de rol y de estrategia. Puedes competir en el marco de una clase de producto, de una subclase, o al margen, sin embargo, solo estarás compitiendo por la clase de producto cuando lo hagas al margen de la clase o subclase, es decir, cuando, por ejemplo, posiciones un videojuego de estrategia como una mejor alternativa a un juego de mesa de estrategia como el ajedrez. O cuando posiciones videojuegos como una mejor alternativa a otras formas de entretenimiento como las películas.

## Aplicación o uso

Cuando un producto o una versión casi idéntica del mismo tiene varias aplicaciones o usos, las marcas suelen desarrollarse alrededor de estos. Piensa, por ejemplo, en Gatorade y Pedialyte. Ambas bebidas se usan para rehidratar y para reponer electrolitos, sin embargo, Gatorade tiene más azúcar y se comercializa como una bebida deportiva para adolescentes y adultos, en tanto que Pedialyte tiene menos azúcar y más potasio y sodio, además de que se comercializa como un producto que evita la deshidratación en niños que sufren de fiebre, diarrea y vómito.

## Servicio al cliente

Algunos negocios se precian de ofrecer un servicio al cliente superior al de los competidores. Tenemos, por ejemplo, a Nordstrom, Visa y Trader Joe's. Naturalmente, proveer un servicio al cliente de gran calidad es una prioridad para cualquier negocio u organización, pero debes decidir hasta qué grado deseas promover la superioridad de tu servicio al cliente como una de las cualidades esenciales de la marca.

**RECUERDA**

Sin importar si deseas hacer destacar el servicio al cliente o no, necesitas, como mínimo, ofrecer un servicio al nivel estándar de tu industria. De no ser así, la gente empezará a asociar tu marca con un servicio al cliente *mediocre*.

## Conveniencia

En algunas industrias, como las de los restaurantes de comida rápida, las tiendas de conveniencia, los servicios de entrega y los bancos, el rasgo de la conveniencia es fundamental. La conveniencia puede tener que ver con elegir una ubicación accesible, ofrecerle al cliente la posibilidad de hacer algo más fácil o rápido, eliminar una tarea que consume demasiado tiempo o dinero, reacomodar los artículos en una tienda u optimizar el proceso de compra en línea o en tiendas físicas.

## Calidad

Si tomas la decisión consciente de ofrecer productos o servicios premium, la calidad será fundamental para tu marca y, por lo tanto, deberás darle prioridad en el marketing.

**CONSEJO**

Esta estrategia de posicionamiento de marca te permite cobrar más que tus competidores y atraer clientes más conscientes de la calidad. Hay otra estrategia aún más enérgica que combina la calidad con el bajo costo. Si puedes ofrecer productos de mayor calidad por menos dinero, los clientes no tendrán razones para comprarles a tus competidores.

## Costo y valor

Muchas marcas eligen competir simplemente ofreciendo los precios más bajos. Algunas tienen éxito, Walmart, por ejemplo. Esta estrategia, sin embargo, suele debilitar el propósito del branding. Si vendes un insumo (algo que es más o menos lo mismo sin importar quién lo fabrique o lo venda), esta puede ser una buena manera de abordarlo, pero suele ser una mala estrategia para una marca, es decir, para algo original y diferente por lo que la gente está dispuesta a pagar más.

Competir en el contexto del valor suele ser una estrategia más eficaz, siempre y cuando tomes en cuenta lo que te costará. Con la estrategia de valor le ofreces a la gente más por su dinero, sin embargo, añadir valor no necesariamente te costará más *a ti*. Podrías introducir un producto o servicio superior que no te cueste más fabricar u ofrecer, pero por el que sí podrías cobrar más.

**ADVERTENCIA**

Competir de manera exclusiva en el aspecto del costo suele ser un juego donde siempre se pierde porque fomenta un decremento en los ingresos de toda la industria, sin embargo, con la estrategia correcta, puede funcionar.

## Credibilidad y confianza

Para carreras, servicios y algunas marcas personales, la credibilidad y la confianza son la mayor prioridad y se encuentran en uno de los primeros renglones de la lista de estrategias para posicionamiento de marca. La credibilidad se fomenta demostrando tu conocimiento, experiencia y pericia a través de un sitio web, contenidos en redes sociales, conferencias, podcast y videos. La confianza se fomenta siendo confiable y responsable, demostrando que has atendido a tus clientes con éxito hasta el momento, obteniendo buenas calificaciones, opiniones positivas y testimonios deslumbrantes.

## Analiza lo que hace tu competencia

Cuando posicionas una marca siempre lo haces en relación con los competidores, es decir, cualquier persona o cosa que le pueda quitar atención y dinero a tu marca. Los competidores pueden ser directos o indirectos:

>> Un *competidor directo* ofrece más o menos lo mismo que tú.

>> Un *competidor indirecto* presenta alternativas a lo que tú ofreces.

Para una aerolínea, otra aerolínea sería un competidor directo. En cambio, un tren de alta velocidad sería un competidor indirecto porque ofrece una alternativa a volar.

Cuando creas una marca necesitas saber a qué te enfrentas, así que analiza lo que hacen tus competidores. Aquí encontrarás algunas maneras de identificarlos y averiguar cómo posicionan sus marcas:

>> Busca en internet lo que ofrece tu marca. Así encontrarás marcas que ofrecen lo mismo que tú o algo similar.

>> Después de encontrar competidores potenciales en internet, explora sus sitios y observa cómo se posicionan. Lee sus declaraciones de misión y de valor, sus elementos gráficos, las publicaciones en blogs y cualquier testimonio que hayan compartido.

>> Usa Similarweb (https://ww.similarweb.com) para identificar sitios similares a los de las marcas que ya identificaste como competidoras (o sitios similares al tuyo). Similarweb ofrece análisis de sitios populares, pero si estás investigando marcas más modestas, tal vez encuentres poca o ninguna información al respecto.

>> Visita las redes sociales de tus competidores y analiza sus perfiles y publicaciones, así como los comentarios de los seguidores o admiradores.

>> Compra en las tiendas de tus competidores, adquiere y usa sus productos o servicios. Vivir la experiencia de tus competidores como cliente te puede proveer una visión fresca y permitirte detectar qué hacen mejor que tú o qué haces tú mejor que ellos.

# Identifica qué hace que tu marca sea diferente y mejor

El posicionamiento de marca se basa en la *diferenciación*, es decir, en demostrar que lo que ofreces es especial. Piensa en el contexto de tu industria, en el segmento específico del mercado que te has propuesto atender, en los rasgos y ventajas de lo que ofrece tu marca y en la emoción que quieres que la gente sienta al encontrarla. Completa el formato que se muestra en la tabla 3-1 para identificar lo que hace especial a tu marca (diferente y mejor). Cuando lo hagas, toma en cuenta las siguientes descripciones para llenar cada campo:

>> **Nombre:** más adelante, en este mismo capítulo le pondrás nombre a tu marca. Por el momento solo escribe un nombre tentativo o provisional, algo que la describa.

>> **Clasificación de lo que ofreces:** escribe la industria, mercado o clase de producto/servicio. Por ejemplo, servicio de entrega de abarrotes, consultorio dental familiar o apuestas deportivas en línea.

>> **Elementos distintivos:** escribe una palabra o frase que distinga a la marca en su clase como *primera, mejor, la más rápida, la mejor calificada, la más cool.*

>> **Ventajas y rasgos únicos:** describe brevemente lo que hace a tu marca distinta en términos de rasgos y ventajas. Para más detalles, consulta la sección "Rasgos y ventajas de producto/servicio" que se presentó anteriormente.

» **Perfil de tus clientes objetivo:** describe brevemente el tipo de gente que deseas que más se entusiasme con tu marca: padres comprometidos con la salud de sus hijos, mujeres fuertes dedicadas a proteger el medio ambiente, adultos mayores que quieren mantenerse en buena forma física o gente que teme ataques o robos a su hogar.

» **La emoción que quieres que experimenten tus clientes cuando encuentren tu marca:** especifica cómo quieres que los clientes se sientan respecto a la marca: seguros, confiados, exitosos, cómodos, consentidos.

Una vez que el formato esté completo te mostrará lo que hace a tu marca distinta y mejor en opinión de quienes más importan: tus clientes objetivo.

TABLA 3-1. **Define qué hace especial a tu marca**

| ¿Qué hace especial a tu marca? | |
|---|---|
| Nombre: | |
| Clasificación de lo que ofreces: | |
| Elementos distintivos: | |
| Ventajas y rasgos únicos: | |
| Perfil de tus clientes objetivo: | |
| La emoción que quieres que experimenten tus clientes cuando encuentren tu marca: | |

# Identifica tu lugar en un mapa de posicionamiento de marca

Una de las herramientas más eficaces para el posicionamiento es el *mapa de posicionamiento de marca* (o mapa perceptual). Este mapa ilustra la posición relativa de dos o más marcas respecto a dos atributos clave para el éxito de ambas o de todas. Puede ser el precio y la calidad, sus beneficios para la salud y su excelente sabor, la confiabilidad y el lujo, o la experiencia del cliente y la ubicación.

La figura 3-2 muestra un mapa de posicionamiento de marca para varios fabricantes de automóviles. En él se ven las posiciones relativas en cuanto a la manera en que los consumidores podrían percibir su precio y confiabilidad.

Precio

PORSCHE

Audi

INFINITI

MINI          BMW

→ Confiabilidad

Volkswagen      Ford

TOYOTA

KIA            HONDA

FIGURA 3-2. Mapa de
posicionamiento de marca

Sigue estos pasos para hacer un mapa de posicionamiento de marca:

1. **Elige los dos atributos más importantes para tu marca en el marco
   del ambiente competitivo en que existe o existirá.**

2. **Dibuja un eje vertical y uno horizontal para los atributos, y escribe
   los nombres en la parte superior y derecha.**

   Al final de un eje puedes escribir "costoso", y al final del otro
   "económico", por ejemplo.

3. **Traza en el cuadro puntos para tu marca y para las de tus
   competidores, y muestra de esta manera las posiciones que cada
   una ocupa respecto a los dos atributos.**

Repite este ejercicio usando varios atributos esenciales.

CONSEJO

Puedes trazar dos puntos para tu marca. Así mostrarás en dónde
se encuentra ahora y dónde te gustaría que estuviera en unos 6 o
12 meses. El espacio entre los puntos te proveerá un cálculo general de cuánto debes avanzar y en qué direcciones.

## Redacta la declaración de posicionamiento de tu marca

Después de analizar tu marca y las de tus competidores, así como sus posiciones relativas, deberás tener una idea bastante clara de la manera en que
querrás posicionarla como algo especial. Estás listo para redactar la declaración de posicionamiento y así definir con precisión lo que hace singular a
la marca. En este documento deberás:

- » Definir el mercado o audiencia objetivo.
- » Especificar la clase de la marca.
- » Resaltar los rasgos únicos de la marca y las ventajas para el cliente.
- » Describir la emoción que deseas que el cliente sienta respecto a la marca.

Aquí te muestro algunos ejemplos de declaración de posicionamiento de marca:

> Para gente que desea opciones de alimentos saludables para regímenes alimenticios alternativos, Super Healthy Foods ofrece a sus clientes una amplia variedad de abarrotes que satisfacen diversas necesidades nutricionales.

> Para clientes con poco tiempo, Express Shopping Today ofrece una tienda única para adquirir todo lo que necesitan sin estresarse. Entrega veloz y procesos de devolución sencillos.

> Electric Motors le ofrece a la gente conocedora de la tecnología y consciente del medio ambiente una alternativa de vanguardia con cero emisiones y alto desempeño frente a los vehículos tradicionales de gasolina.

Usa el siguiente formato con campos vacíos para hacer tu propia declaración de posicionamiento de marca:

> [*Nombre tentativo de tu marca*] es la [*primera, mejor, única*] [*clase de marca*] en ofrecer [*rasgos y ventajas únicos*] a [*perfil del cliente*] para hacerlo sentir [*emoción respecto a la marca*].

**RECUERDA** Tú declaración de posicionamiento de marca no tiene que ser tan estructurada, solo trata de que sea breve, y de detallar lo que hace especial a la marca para tus clientes objetivo.

# Define la identidad de tu marca

La *identidad de la marca* es la personalidad y la manifestación física de una marca, lo que la hace reconocible en la mente de la gente. Piensa que es como tu propia identidad, es todo lo que te define: apariencia física; la manera en que te mueves, vistes y hablas; tus valores, intereses, conocimiento y habilidades; tu personalidad; tu propósito en la vida, y todo lo demás.

**RECUERDA** También te encontrarás con el término *imagen de marca*. La *identidad* se refiere a la manera en que deseas que la gente perciba tu marca, en tanto que la *imagen de marca* se relaciona más con la manera en que la gente realmente la percibe. La definición de la identidad es un proceso en el que defines cómo quieres que la gente perciba la marca.

Toma en cuenta que mucha gente relaciona la identidad con los elementos de diseño visual como el logotipo, los colores y la tipografía. Sin embargo, no toda la gente vive la marca de forma visual. Algunos la viven a través de los activos auditivos, como el *jingle*, a través de los mensajes o del involucramiento directo. Los aspectos visuales son solo una manera de expresar la identidad.

# Establece la misión y los valores de tu marca

Cuando piensas respecto a tu propia identidad, por lo general buscas la respuesta a la pregunta "¿Quién soy?". Estás tratando de descubrir tu esencia, lo que te hace *tú*. Y eso es algo muy difícil. Necesitas evaluar tu sistema de creencias, tus valores esenciales y el propósito de tu vida.

Con la marca pasa lo mismo. Trata de sumergirte en una profunda búsqueda que te permita averiguar de qué se trata. Explora la misión, la visión y los valores... o define cuáles quieres que estos sean.

## Describe la misión de tu marca

Todo negocio y toda marca debería tener una declaración de misión que describa su propósito, es decir, por qué existe y cuál es su mayor meta u objetivo. Te exhorto a que escribas esta declaración. Aquí tienes algunos ejemplos:

**Google:** organizar la información del mundo y hacerla útil y accesible para todos.

**Starbucks:** inspirar y nutrir el espíritu humano: una persona, una taza de café y un vecindario a la vez.

**Sony:** ser una empresa que inspire y satisfaga tu curiosidad. Usar nuestra infinita pasión por la tecnología, los contenidos y los servicios para ofrecer entretenimiento y diversión innovadores de la manera que solo Sony puede hacerlo.

**Water.org:** hacer llegar agua y saneamiento al mundo.

¿Cuál es la misión de tu marca?

Misión: _____

_____

_____

## ¿MISIÓN O VISIÓN?

Algunas marcas usan una declaración de misión o de visión y las consideran intercambiables. Otras separan estos conceptos. Desde su perspectiva, la declaración de misión describe los objetivos actuales de la marca y la manera en que se abordarán las metas a corto plazo, en tanto que la declaración de visión expresa las aspiraciones para el futuro. El propósito de una declaración de misión es mantener a todos los miembros de la organización en sintonía respecto al propósito de la marca, y el propósito de la declaración de la visión es más bien inspirar.

LinkedIn es una de esas marcas que tiene los dos tipos de declaraciones:

- **Misión:** conectar a los profesionales del mundo para hacerlos más productivos y exitosos.

- **Visión:** crear oportunidades económicas para todos los miembros de la fuerza de trabajo global.

En realidad, el hecho de tener una declaración de misión o de visión, o ambas, no es tan importante, pero debes redactar por lo menos una para esclarecer el propósito de tu marca, su razón de ser.

# Define los valores de tu marca

Los *valores* son principios o estándares que rigen el pensamiento y los comportamientos. Los valores de una marca controlan las decisiones, las políticas, las operaciones cotidianas y el compromiso con los clientes, vendedores y socios. Mientras la misión y la visión describen *qué* es la marca y *por qué* existe, los valores influyen en *cómo* opera.

Haz una lista de los aspectos que más valora tu marca, luego organízalos del más al menos importante. Entre los distintos aspectos puedes incluir los siguientes:

» Satisfacción del cliente

» Innovación

» Mejoría continua

» Rentabilidad

» Transparencia

» Flexibilidad

» Personalización

» Trabajo en equipo

» Integridad

» Diversidad, patrimonio e inclusión

» Relaciones

Otra manera de abordar los valores es escribirlos en forma de declaración, es decir, como principios o políticas. Aquí algunos ejemplos:

» Hacer lo correcto.

» Divertirse.

» Ofrecer los productos de la más alta calidad y el mejor servicio posible al cliente.

» Tratar a los clientes como les agradaría que los trataran.

» Proteger y preservar el medio ambiente.

# Explora la personalidad de tu marca

Si tu marca fuera una persona, ¿cómo sería? ¿Sexy y sofisticada? ¿Joven, en onda e impertinente? ¿Temeraria y apasionada por las actividades al aire libre? ¿Osada y creativa? La *personalidad de la marca* es la serie de rasgos humanos que se le atribuyen.

Necesitas que tenga una personalidad identificable que atraiga a tu mercado objetivo. Estas son algunas marcas con personalidades bien definidas:

| Marca | Personalidad |
|---|---|
| Amazon | Responsable, confiable, atenta |
| Apple | Desenfadada, creativa, elegante |
| Coca-Cola | Entusiasta, divertida, sociable, accesible |
| Harley-Davidson | Temeraria, rebelde |

Una de las maneras en que puedes identificar la personalidad de tu marca es analizar los distintos prototipos (tipos comunes de personalidades):

» Artista/inventor

» Cuidador

» Explorador

» Amigo

» Intelectual

» Héroe

» Inocente

» Mago

>> Minimalista

>> Confiado

>> Líder

# Redacta la declaración de identidad de tu marca

Cuando tienes una comprensión profunda de "quién" es tu marca, es decir, cuál es su misión, su visión, sus valores y su personalidad, estás listo para formalizarla y redactar una declaración de identidad. En esta sección te guiaré a través del proceso.

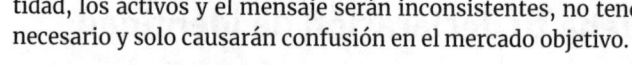

**RECUERDA** Es fundamental que tengas clara la identidad en tu mente y que también sea clara para todos los miembros del equipo, porque la identidad de la marca es lo que rige su *look and feel* (aspecto y sensación distintivos), y lo que garantiza que todo lo que hagas para proyectarla sea congruente. Si no tienes una idea clara de la identidad, los activos y el mensaje serán inconsistentes, no tendrán el impacto necesario y solo causarán confusión en el mercado objetivo.

## Elementos esenciales

Cuando escribas la declaración de la identidad de la marca asegúrate de incluir los siguientes elementos esenciales:

>> **Nombre final o tentativo:** hablaremos más sobre este tema en la sección "Ponle nombre a tu marca".

>> **Punto de diferenciación de la marca:** aquello que ofrece que es mejor que las alternativas para el cliente.

>> **Mercado objetivo:** la gente que más quieres que se entusiasme respecto a la marca.

>> **Misión o visión de la marca:** su propósito.

>> **Valores de la marca:** uno o dos de los más importantes de tu lista.

>> **Personalidad de la marca:** rasgos que expresas con palabras o en el tono de la declaración de identidad.

## Estructura la declaración de identidad de la marca

La identidad es la esencia de la marca, su alma. Esta identidad la comunicas a través del nombre, el logotipo, el lema, los contenidos del marketing, la publicidad, los carteles y la relación con el público.

La declaración es tu guía para todo lo que hagas con el fin de desarrollar la identidad que deseas proyectar. Esta declaración debe cubrir de manera clara y breve todas las bases esenciales que enumeramos en la sección anterior. Aquí tienes un formato para estructurar tu declaración de identidad de marca, pero no te sientas obligado a seguirlo al pie de la letra:

> [Nombre de la marca] ofrece [punto de diferenciación] a [mercado objetivo]. Estamos comprometidos a [misión] a través de [valores] con nuestra [personalidad de la marca].

Y aquí un ejemplo:

> Athletipro ofrece una experiencia de compra en línea rápida y sencilla, entrega ágil de equipamiento y suministros para los atletas aficionados y profesionales, y para todos los demás. Estamos comprometidos con nuestros clientes para empoderarlos con el fin de que alcancen su nivel óptimo de salud, condición física y desempeño a través de la investigación y la innovación que realizamos con pasión y energía inigualables.

## Pon a prueba tu declaración de identidad de marca

Antes de invertir tiempo o esfuerzo en desarrollar una marca congruente con tu declaración de identidad, pon la declaración a prueba. Solicita opiniones y retroalimentación de otras personas de tu organización e incluso externas a ella. De preferencia busca a clientes actuales o potenciales de tu mercado objetivo. Si no tienes acceso a ellos, puedes consultar a tus amigos y familiares.

Cuando recibas la información úsala para responder las siguientes preguntas:

» ¿La declaración de identidad de la marca hace eco en la gente y evoca lo que más les llama la atención? De no ser así, averigua qué es lo que cautivaría su atención.

» ¿La promesa (misión) que transmite la declaración es realista? ¿Tu marca puede cumplirla de manera consistente? Si puedes hablar con clientes actuales, pregúntales si creen que la marca cumple con su promesa.

» ¿Cómo es la personalidad de la marca que percibe la gente? ¿Coincide con la que deseas transmitir?

» ¿Qué crees que necesitas hacer para hacer coincidir más la percepción de la gente con la identidad de marca que concebiste?

# Ponle nombre a tu marca

Ahora más que nunca necesitas atraer con rapidez la atención de los clientes potenciales y conservarla por varios segundos. La gente recibe ofertas y publicidad de manera constante, así que tu marca necesita destacarse. Elegir el nombre es una de las decisiones más importantes que tomarás en el proceso de branding.

Tal vez ya tienes un nombre en mente, o quizá no. De cualquier manera, trabaja con los pasos que se explican en esta sección. Si no has pensado un nombre, el proceso estimulará tu creatividad, y si ya tienes uno, podrás ponerlo a prueba y, quizá, encontrar uno muchísimo mejor.

El proceso de ponerle nombre a una marca puede influir en las decisiones que tomes respecto al posicionamiento y la identidad, puede elevar tu concepto de la marca, así como la misión y los valores. Outdoor Voices, una marca deportiva, encontró su inspiración en adultos que animaban a sus hijos a usar su "voz interior". Outdoor Voices te anima a hacer lo contrario. Su misión es "hacer que la gente se mueva" usando artículos y prendas para realizar actividades recreativas en interiores y exteriores. La marca se dirige a adolescentes y adultos que desean ir más allá de su zona de confort.

## Obedece los parámetros para ponerle nombre a la marca

Antes de que empieces a pensar en ponerle nombre a tu marca, toma en cuenta las siguientes características que debe tener todo buen apelativo:

» Posiciona la marca de forma ventajosa.

» Comunica la identidad con claridad.

» Refleja la promesa o la oferta de la marca.

» Fácil de pronunciar y deletrear.

» Único y original, disponible para registrarse como marca y como nombre de dominio (para el uso de una dirección de internet y como parte de tu dirección de correo electrónico).

» Es memorable y conciso.

» Se integra bien a tu expansión en el futuro.

» Es congruente con la arquitectura que elegiste para la marca: casa desarrollada o casa de marcas (información en el capítulo 1).

Aquí tienes algunos ejemplos de nombres de marca descriptivos que podrían inspirarte:

» **AutoZone:** refacciones y suministros para vehículos.

» **Energizer:** baterías.

» **Drano:** líquido destapador de desagües.

» **Mr. Clean:** líquido para la limpieza del hogar.

» **Ziploc:** bolsas para almacenamiento.

» **Windex:** limpiador de vidrios.

» **Dairy Queen:** helado.

**RECUERDA**

Un nombre de marca descriptivo puede ayudar, pero no es esencial. Hay muchas marcas exitosas que no tienen nombres descriptivos, por ejemplo, Google, Target y Louis Vuitton.

## Lluvia de ideas para proponer nombres

La *lluvia de ideas* es una actividad creativa en la que suspendes el pensamiento crítico y sueltas las riendas de tu cerebro. En general se lleva a cabo en grupo y en ella participan varios miembros del equipo que se reúnen en una sala de juntas con un pizarrón blanco y marcadores. Proponen y anotan ideas que les surgen de forma espontánea.

Te invito a que practiques esta actividad solo o con otros miembros de tu equipo. Hagan una lista larga de nombres posibles. Durante este proceso deja de pensar de forma crítica, solo anota lo que les pase por la cabeza a todos. No debe haber críticas, y no se debe ignorar, atacar ni descartar ninguna propuesta.

**CONSEJO**

Anima a todos a participar, toma en cuenta opiniones alternativas como las de tus clientes objetivo y trata de explicar la forma en que piensan. A veces, ahondar en el proceso de pensamiento detrás de un nombre sugerido puede estimular el surgimiento de más ideas.

## Elige el mejor nombre de marca

Cuando tengas una lista extensa de nombres posibles, acórtala hasta quedarte con tres o cinco. En ese momento pasa del hemisferio derecho (creativo) al hemisferio izquierdo (crítico) de tu cerebro.

Puedes empezar descartando los nombres que peor suenen, pero, a medida que avances, verás que la competencia para llegar a los primeros lugares se dificulta. Evalúa los nombres restantes con base en los criterios que se presentaron en la sección "Obedece los parámetros para ponerle nombre a la marca".

Cuando solo queden algunos nombres podrás empezar a debatir la calidad de cada uno para hacer más corta la lista. Si esto no te funciona, tal vez necesites realizar otra sesión de lluvia de ideas.

**ADVERTENCIA** Evita elegir un nombre por el que todos voten porque, en general, esto solo te lleva a un nombre que no es tan malo como los otros. Mejor continúa debatiendo cuál es la mejor opción o lleva a cabo otra sesión de lluvia de ideas para generar propuestas frescas.

**ADVERTENCIA** Una vez que hayas encontrado el nombre que te gustaría usar para tu marca tendrás que asegurarte de que no haya sido registrado y que podrás usarlo legalmente. Para más información sobre el registro de marcas ve al capítulo 19.

Capítulo **4**

# Esclarece tus objetivos de desarrollo de la marca

Uno de los errores más grandes que comete la gente cuando empieza el desarrollo de marca es que empieza a desarrollarla. Sé que suena extraño, pero lo que quiero decir es que la mayoría de las personas comienzan diseñando un sitio web, un blog o un podcast antes de tener idea de lo que están tratando de lograr. El problema de esta estrategia es que trabajan demasiado, nada de lo que hacen tiene un impacto importante, no han establecido ningún sistema para averiguar por qué no avanzan, y luego empiezan a preguntarse qué estarán haciendo mal. Lo que hicieron mal fue que empezaron directamente con el desarrollo en lugar de planear las cosas.

Steven Covey, autor del bestseller *Los 7 hábitos de la gente altamente efectiva*, recomienda lo siguiente: "Empieza pensando en el final" porque, después de todo, ¿cómo esperas llegar adonde quieres llegar si ni siquiera sabes adónde vas?

En este capítulo te animaré y te guiaré a través del proceso de comenzar pensando en el final. Para esto necesitarás establecer metas de branding y averiguar cuáles son los mejores métodos para lograrlas. Luego te explicaré cómo implementar un sistema para medir tu éxito e identificar lo que funciona y lo que no para que puedas llevar a cabo ajustes a partir de información verificada y continuar avanzando.

# Identifica las metas/objetivos de tu desarrollo de marca

A final de cuentas, mucha gente tiene los mismos objetivos cuando lleva a cabo el branding: tener una vida mejor y más abundante, tener más dinero, más tiempo libre, un empleo disfrutable y satisfactorio, así como clientes y compradores felices. Todos tenemos derecho a soñar, ¿no es verdad? Por desgracia, entre las metas del desarrollo de marca no podemos incluir "tener una vida mejor y más abundante" porque no sería ni preciso ni inteligente. En inglés diríamos que esta meta no es *smart* porque estas letras son el acrónimo de las siguientes cinco características:

» **Específica (*Specific*):** la meta de "tener una vida mejor y más abundante" es vaga. De manera específica, ¿qué es lo que deseas lograr? ¿Aumentar tus ventas? ¿Ofrecer conferencias lucrativas? ¿Conseguir más y mejores clientes para tu negocio de consultoría? ¿Lograr contratos para publicar libros con editoriales importantes?

» **Mensurable (*Measurable*):** establecer una meta mensurable y cuantificable te permite evaluar el éxito. Por ejemplo, en lugar de proponerte "aumentar las ventas", podrías fijarte la meta de "aumentar 10% respecto a las ventas del año pasado".

» **Asequibles (*Attainable*):** sueña en grande, pero asegúrate de ir estableciendo metas a lo largo del camino. Las metas modestas que te ayudarán a cumplir tu objetivo final son esenciales para mantener el impulso mientras estés desarrollando la marca. Tener metas ambiciosas es posible, solo recuerda diseñar un mapa para alcanzarlas.

» **Relevantes (*Relevant*):** asegúrate de que tu meta fortalecerá la marca. Debes contar con una buena respuesta a la pregunta: "¿De qué manera mejorará mi marca si cumplo esta meta?". Recuerda que a medida que la marca evolucione, también deberán hacerlo tu relevancia y tus metas.

> » **Lógicas en términos temporales (*Time based*):** fija una fecha límite para cumplir las metas porque, de otra manera, podrías procrastinar con mucha facilidad.

En las siguientes secciones presentaré cinco metas/objetivos de branding que deberás tomar en cuenta, y la manera de lograr cada uno. Estas metas/ objetivos son solo una breve muestra para lanzarte en la dirección correcta y estimular tu creatividad.

**RECUERDA** Las metas y los objetivos son casi lo mismo. Aquí uso los términos de forma intercambiable, pero en el contexto del planeamiento para cumplirlos hago una ligera distinción: una *meta* es ese ambicioso punto o momento al que quieres llegar al final, en tanto que un *objetivo* es una meta más modesta que necesitas cumplir para alcanzar la meta ambiciosa. Imagina que tu meta es aumentar las ventas 20% sobre las del año anterior. Los objetivos podrían ser aumentar el tráfico que llega a mi sitio en 10%, ampliar la lista de correos electrónicos de contactos en 5% y reforzar las recomendaciones de boca en boca a través de redes sociales en 20 por ciento.

# Aumenta el reconocimiento y la conciencia de la marca

Una de las metas principales del desarrollo de marca es aumentar el reconocimiento y la conciencia entre el público. El *reconocimiento de marca* es la capacidad de los consumidores de identificar una marca debido a sus atributos, como el logotipo o los colores distintivos. Podrías, por ejemplo, ver el logotipo blanco y verde de la sirena y reconocer de inmediato que se trata de Starbucks. La *conciencia de la marca* es el punto en el que los consumidores comprenden lo que esta representa o significa. Al ver el logotipo de Starbucks sabes que representa café de calidad y una experiencia relajante y disfrutable.

El reconocimiento y la conciencia son fundamentales para el éxito porque, después de todo, si la gente no está enterada y no sabe gran cosa al respecto, una marca no es una marca. El reconocimiento y la conciencia pueden abrirte las puertas a más clientes, oportunidades y colaboraciones. Estos factores son en especial importantes si deseas trabajar con corporaciones grandes, ya que estas querrán pruebas en redes sociales del valor intrínseco de tu marca, como la cantidad de amigos o seguidores.

**CONSEJO** Si quieres formar una colaboración estratégica o llevar tus productos a los minoristas de las grandes tiendas departamentales, necesitas desarrollar el reconocimiento y la conciencia de tu marca.

Las siguientes actividades son en particular útiles para este propósito:

» **Hacer regalos:** un *regalo* es justo eso: mercancía o servicios gratuitos para los clientes. Los regalos pueden incluir productos promocionales como plumas, llaveros, fundas térmicas para bebidas y bolsas de compras, muestras de productos o servicios, suscripciones gratuitas de prueba o concursos. Puedes dar regalos por tu cuenta o en colaboración con otras marcas (ver capítulo 9). Puedes hacerlo en ubicaciones físicas (ver capítulo 11), por internet a través de tu sitio o blog (ver capítulo 12), o a través de las redes sociales (ver capítulo 13).

» **Dar comunicados de prensa:** aprovechar el impacto de la prensa (impresa, televisión, radio, noticias en línea) es una excelente manera de hacer ruido con poco esfuerzo. Lo único que necesitas hacer es planear algo relevante, como un evento o lanzamiento de producto, y distribuir un comunicado de prensa (en el capítulo 10 encontrarás más información sobre cómo trabajar en equipo con los medios de comunicación).

» **Campaña de influencer:** una *campaña de influencer* es una táctica de marketing que consiste en reclutar o contratar individuos conocidos en los mercados objetivo y en quien la audiencia confía, y solicitarles que respalden tu producto o servicio. En el capítulo 13 encontrarás información sobre cómo lanzar tu propia campaña de influencer.

Cada vez que añado un producto a mi marca Girl Gang llevo a cabo una modesta campaña orgánica de este tipo. Con el paso del tiempo he desarrollado relaciones sólidas con un pequeño grupo de influencers que contribuyen de manera significativa al éxito de cada nuevo lanzamiento de producto.

**CONSEJO** Tal vez podrías extender el alcance de tu marca con uno o varios *macroinfluencers*. Un *macroinfluencer* es alguien con estatus de celebridad, un nombre famoso, alguien con miles o millones de seguidores en redes sociales. Un *microinfluencer*, por otra parte, tiene entre 10 000 y 50 000 seguidores. Los *microinfluencers* cobran bastante menos por sus servicios e incluso podrían promover de forma gratuita una marca que en verdad les agrade.

» **Hacer colaboraciones de marca:** una *colaboración de marca* es un acuerdo entre por lo menos dos negocios que se quieren ayudar entre sí a aumentar su visibilidad. Hacer equipo con alguien que cuenta con una audiencia a la que te gustaría llegar puede resultar muy útil. Una colaboración estratégica con otra marca podría generarte audiencias nuevas, oportunidades de ventas y visibilidad para ambas empresas. (Ve al capítulo 9 para conocer más detalles sobre las colaboraciones estratégicas).

Impossible Foods, una empresa de alimentos veganos famosa por sus tortitas de masa de verduras para hamburguesas, hizo equipo con Burger King para crear la Impossible Whopper. Esta colaboración es un gran acierto porque, gracias a ella, ambas empresas han logrado llegar a un mercado nuevo. Burger King añadió a su menú un artículo para clientes vegetarianos a quienes no les interesaba la oferta de hamburguesas de carne, en tanto que Impossible Foods llegó a los clientes de una popular cadena de comida rápida que, de otra manera, tal vez no habrían probado su producto jamás.

» **Publicidad tradicional:** dependiendo del producto o servicio que ofrezcas, la publicidad tradicional podría ser el medio correcto para ayudarte a generar conciencia de marca. Si vas a lanzar un negocio de coaching, poner un anuncio en una revista o periódico popular en tu industria podría darte visibilidad precisamente en el mercado al que estás tratando de llegar.

Antes de comprar un espacio de publicidad averigua cuál es la circulación de la publicación. Esto te dará una idea del número máximo de personas que verán el anuncio y del grupo demográfico, es decir, de la audiencia objetivo. Usa esta información para asegurarte de que el alcance y el objetivo demográfico coincidan con tus objetivos. Esta métrica (medida de valor) será fundamental para tu propósito de aumentar la conciencia de marca.

## EL IMPACTO DE LA PRENSA

Para promover la marca de mi esposo, Color Me Book (libros personalizados para colorear), redactamos un comunicado de prensa y lo publicamos en un medio: *BuzzFeed Books*. En cuanto la gente empezó a leer el comunicado y a hacerlo tendencia en el sitio web principal de BuzzFeed, atrajimos más interés para realizar entrevistas y artículos.

Para facilitarle a la gente la discusión sobre el lanzamiento en línea de nuestra empresa (en sus sitios, blogs y cuentas de redes sociales) publiqué nuestro comunicado y el kit de medios en la sección "Quiénes somos" de nuestro sitio. En este material incluí el tipo de información básica, logotipos y fotografías de alta resolución necesarios para producir de manera rápida y sencilla artículos y otros contenidos respecto a la marca Color Me Book.

También incluí una dirección de correo electrónico para preguntas de la prensa, a la que los periodistas y los blogueros podían escribirnos para solicitar entrevistas. En cuanto la noticia del producto llegó a la prensa, se volvió viral y los pedidos empezaron a llovernos.

# Establece un vínculo emocional

En muchos sentidos, crear una marca vigorosa y sólida depende de fortalecer relaciones. Las personas se relacionan entre sí, no tanto por lo que piensan, sino por lo que sienten una respecto a la otra. Entre la gente y la marca que le gusta, sucede lo mismo. Que los clientes continúen adquiriendo y respaldando tu marca no depende tanto de lo que sepan de ella, sino de cómo se sientan al respecto.

Una de tus metas más importantes de branding debería ser establecer un vínculo emocional con los clientes y compradores existentes y los potenciales. Deja de pensar en lo que tu marca es y lo que ofrece, y enfócate en la manera en que la gente se siente al respecto. ¿De qué manera tu marca afecta su vida? Hazlo algo personal. Acercarte de una manera más íntima te permite nutrir un vínculo afectivo entre los clientes y tu marca.

A continuación te presento algunas sugerencias para lograr que los clientes, compradores y prospectos se conecten de una manera más emotiva con lo que ofreces:

» **Conéctate con la gente en tu mercado.** Cuando te vinculas con otros, entras en sintonía con sus necesidades y deseos, con lo que les agrada y les desagrada, y con quién eres. Los "comprendes" y, a partir de ese momento, sabes de manera intuitiva qué hacer y qué decir para que amen tu marca. Tal vez les agrade reír con ganas. Tal vez tengan miedo de lo que está sucediendo en el mundo. Tal vez tengan una causa común.

Cuando sabes lo que mueve a tus clientes puedes realizar un marketing mejor dirigido. Si atiendes a una comunidad comprometida con problemas ambientales, podrías publicar entradas de blog respecto a estos temas y, quizá, ofrecer productos fabricados con materiales reciclados.

» **Comparte historias reales.** A la gente le agrada ver a las marcas en el contexto de la vida real, así que busca oportunidades de contar historias de clientes. O mejor aún, anima a la gente a contar su experiencia con tu marca. Este tipo de contenidos lo puedes aprovechar en redes sociales, en tu sitio web y en los boletines informativos (ver capítulo 13).

» **Añade un toque personal.** Nada hace que una persona se sienta más vinculada con una marca que el hecho de que esta la reconozca y la aprecie de manera individual. Añadir un toque personal puede ser muy sencillo. Puedes dirigirte a los clientes por su nombre, llamarles por teléfono cuando tengan alguna queja, o puedes darles *Me gusta* o compartir las publicaciones que hagan sobre tu marca en redes sociales.

**RECUERDA** Esfuérzate por personalizar la voz de tu marca de la manera que se explica en el capítulo 8, en especial cuando estés creciendo y tengas que delegar o subcontratar el manejo de una parte, o de todo tu marketing. Como se discute en el capítulo 6, crear una guía de estilo de marca puede garantizar la congruencia de la voz cuando tengas que distribuir la carga de trabajo.

# Diferencia tu negocio, producto, servicio o persona

La *diferenciación de la marca* consiste en separar tu marca de la de tus competidores y es una de las metas más importantes del branding. El objetivo es plantar, en la mente y el corazón de tus clientes actuales y los potenciales, la noción de que tu marca es distinta y mejor que las alternativas. De otra manera, la gente no tendrá razones para hacer negocios contigo en lugar de con tus competidores.

Para diferenciar tu marca, encuentra o diseña una propuesta de venta original y una propuesta de valor. La *propuesta única de venta* o USP, por sus siglas en inglés, es una declaración respecto a lo que hace que tu marca sea distinta y mejor que las de tus competidores. Una *propuesta de valor* es una declaración nítida de las ventajas tangibles de tus productos y servicios.

A continuación encontrarás algunas maneras de diferenciar tu marca a través de la UPS y del valor añadido:

» **Reduce tu objetivo demográfico.** Tal vez las marcas nuevas no puedan ganar una guerra contra marcas mayores y más arraigadas, pero pueden ganar algunas batallas para establecer un punto de apoyo y empezar a generar impulso. Reducir tu objetivo demográfico te permite diferenciar a tu marca en un mercado más modesto.

» **Establece un punto de precio distinto para un producto popular.** Por favor nota que dije *distinto*, no *más bajo*. Tu precio puede ser menor para atraer a los clientes conscientes de su presupuesto, o mayor para atraer a los más enfocados en la calidad.

⚠️ **ADVERTENCIA** No inicies una guerra de precios con marcas bien establecidas. ¿Por qué? Porque, para empezar, vas a perder y, para colmo, en ese proceso también perderán los actores de tu industria porque todos estarán tratando de vender más barato que los demás.

» **Enfócate en el servicio al cliente.** Prometer y dar un servicio al cliente superior es una excelente manera de diferenciar tu marca cuando esta es casi idéntica a las de tus competidores.

Como lo expliqué en el capítulo 2, la diferenciación se basa en la creación de un nicho de mercado.

## Genera credibilidad y confianza

La gente solo compra las marcas en que cree y confía, por eso, una de tus metas en el branding debería ser generar credibilidad y confianza, y evitar cualquier cosa que pueda socavarlas. A continuación te presento algunas maneras de hacerlo para tu marca:

» **Demuestra tu conocimiento y experiencia.** Usa contenidos de marketing (contenidos valiosos y relevantes que no promuevan tu marca de forma explícita) para mostrar que sabes de lo que hablas. Estos contenidos los puedes distribuir a través de páginas web, publicaciones en blogs, correos electrónicos, boletines, comunicados de prensa, podcast y videos, entre otros.

» **Cumple tus promesas.** Los vendedores tienen un lema: "Promete poco y cumple mucho". No hagas que tu cliente espere más de lo que podrías cumplir de manera razonable. Haz lo que dijiste que harías. Si lanzas una campaña de prepedidos, asegúrate de que la fecha en que prometas enviar el producto sea realista, y envía el producto ese día o antes si puedes. Si llegara a surgir un imprevisto, infórmales a tus clientes para que sepan que deberán esperar un poco más.

» **Usa testimonios de clientes y compradores.** Publica testimonios y citas positivas sobre tu marca en tu sitio web o blog, y en tus materiales de marketing. Los testimonios son particularmente eficaces para las marcas que trabajan en el formato "empresa a empresa" o "negocio a negocio" (B2B) porque prueban que a lo largo de tu trayectoria has hecho llegar al cliente productos y servicios de calidad.

Los negocios "empresa a consumidor" o "negocio a consumidor" (B2C) también pueden aprovechar los beneficios de los testimonios. Después de que nosotros lanzamos nuestra marca Color Me Book nos pusimos en contacto con los clientes para solicitar testimonios que luego publicamos en nuestro sitio.

» **Acoge la transparencia.** Sé abierto y honesto. Si dices o haces algo incorrecto, acéptalo, discúlpate y trata de enmendar cualquier daño. Negar los hechos y culpar a otros tal vez funcione en la política, pero en los negocios podría destruirte.

# Promueve las ventas

A menudo, el objetivo de las actividades del desarrollo de marca es promover las ventas. Algunas actividades te permiten hacerlo de forma directa, y otras de forma indirecta. A continuación te muestro algunas maneras directas de motivar a tus clientes y compradores a comprar lo que vendes:

» **Anuncia tu marca.** La publicidad tradicional y por internet es perfecta para generar reconocimiento y conciencia de marca al mismo tiempo que se promueven las ventas. En el capítulo 15 encontrarás detalles sobre cómo usar la publicidad para hacer promoción.

» **Ofrece regalos, cortesías y gangas.** La mejor manera de persuadir a los prospectos de comprar tu producto es permitiendo que vivan el valor de tu marca, y para lograrlo tienes que hacer que te abran su puerta. Ofrece una muestra de tus productos, una consulta gratuita o una garantía de devolución de 100%. Esto reduce el riesgo que corren los clientes y facilita que te den una oportunidad.

» **Establece un programa de lealtad.** Un programa de lealtad recompensa a los clientes que compran de manera reiterada. Recuerda que cada encuentro que tengas con un cliente o comprador será una oportunidad más de probar el valor de tu marca.

# Diseña un plan de desarrollo de marca de un año

Una vez que hayas fijado tus objetivos de branding podrás diseñar un plan para lograrlos. Para empezar, crea un documento que incluya las siguientes secciones:

» **Metas:** lo que esperas lograr al final del año. Puede ser tener 25 clientes nuevos u obtener 100 000 dólares en ingresos por ventas. Como lo expliqué anteriormente, en el apartado "Identifica las metas/objetivos de tu desarrollo de marca", deberás asegurarte de que tu objetivo sea *SMART*, es decir, inteligente y claro.

» **Objetivos:** son las metas menores que debes cumplir para lograr tu gran meta final, la cual podría ser lograr reconocimiento y conciencia entre el mercado de los millennials.

» **Estrategia:** una *estrategia* es solo un plan en grande. Imagina que tu meta es aumentar la participación de tu marca en el mercado 10% en relación con el año anterior. Podrías usar distintas estrategias para lograrlo, por ejemplo, posicionando tu marca como la de mayor calidad o promoviéndola como la más consciente en el aspecto social.

» **Táctica:** las *tácticas* son actividades específicas para llevar a cabo la estrategia, como lanzar un sitio web, crear cinco propiedades de redes sociales o comprar 5 000 dólares de publicidad en internet.

» **Cronograma:** divide el plan de un año en metas más manejables. ¿Qué necesitas lograr en tres, seis, nueve y doce meses para cumplir tu meta? ¿O qué objetivos necesitas cumplir cada mes para alcanzar tu meta?

» **Presupuesto:** ¿cuánto dinero planeas invertir en tu marca en el próximo año? Si apenas estás comenzando, esta cantidad podría ser una cantidad fija, y más adelante podría ser un porcentaje de los ingresos por ventas.

# Supervisa y evalúa el éxito de tus actividades para el desarrollo de marca

Sin importar que tus metas sean personales, profesionales o de negocios, es esencial que cuentes con una manera de medir tus logros. De otra manera, estarás avanzando a ciegas, no sabrás si lo que estás haciendo para lograr tus objetivos funciona, y tampoco podrás hacer una reflexión respecto a lo que podrías hacer de manera distinta o mejor.

Para medir el éxito necesitas dos cosas: métricas y análisis de datos. Las *métricas* son medidas cuantitativas que se usan para monitorear el desempeño como los ingresos por ventas, la retención de clientes y la tasa de conversión de ventas en línea. El *análisis de datos* consiste en examinar las métricas de distintas maneras para entender qué puedes hacer para mejorar el desempeño.

En las siguientes secciones explicaré cómo usar las métricas y el análisis de datos para monitorear y evaluar el éxito de tus actividades de desarrollo de marca.

**RECUERDA** El propósito de las métricas y del análisis de datos es permitirte tomar decisiones con base en información en lugar de confiar en corazonadas o suposiciones.

## Elige las métricas y los indicadores clave de desempeño

El primer paso para medir y monitorear el desempeño es averiguar qué es lo que vas a medir. Estas son algunas métricas importantes del branding:

» **Reconocimiento de marca:** la medida en que la gente de tu mercado reconoce la marca al ver tu producto o logotipo.

» **Conciencia de la marca:** la medida en la que la gente de tu mercado entiende lo que representa o significa tu marca.

» **Consideración de la marca:** porcentaje de clientes que estarían dispuestos a comprar tu marca.

» **Calidad percibida:** la medida en que la gente de tu mercado relaciona tu marca con alta calidad.

» **Ventas:** métricas que reflejan el éxito, entre ellas:

  • Cantidad de ventas

- Tasa de conversión de ventas

- Valor del tiempo de vida del cliente

- Valor promedio de pedido

» **Puntuación neta del promotor (o NPS, por sus siglas en inglés):** el NPS es una medida de lealtad de la marca en una escala de 1 a 10. Puede medirse en devolución de ventas, clientes referidos o respuestas a las preguntas de encuestas (como "En una escala de 1 a 10, ¿qué tan probable es que recomiende nuestra marca a un amigo o a un familiar?).

Nota que las métricas no tienen valores específicos, son solo mediciones, como las pulgadas o los kilos. Para que sean significativas y te sirvan para monitorear el éxito de tus actividades de desarrollo de marca necesitas convertirlas en *indicadores clave de desempeño*, o KPI, por sus siglas en inglés. Es decir, las métricas tienen que transformarse en objetivos específicos, como 10% de aumento en la consideración de la marca o un NPS de ocho puntos o más.

## Recopila y analiza los datos: las herramientas del oficio

Para usar las métricas y el análisis de la manera más eficaz posible, deberás familiarizarte con las herramientas del oficio para la recolección y el análisis de datos. Estas son algunas de ellas:

» **Google Analytics** (https://analytics.google.com) es excelente para recopilar y analizar datos en sitios web y en blogs. Lo único que tienes que hacer es insertar un renglón de código en el encabezado de tu sitio, y Google Analytics empezará a recopilar información que incluirá cantidad de usuarios, usuarios nuevos y tiempo promedio de estancia en el sitio.

» **SurveyMonkey** (https://www.surveymonkey.com) te permite generar encuestas y recopilar y analizar datos en un santiamén. Las encuestas son valiosas para analizar las métricas clave como el reconocimiento y la conciencia de marca.

» **Sprout Social** (https://sproutsocial.com) es una de las muchas plataformas de administración de redes sociales. Te permite optimizar y ampliar las actividades de interacción a través de distintas plataformas de redes sociales; planear, crear, programar y publicar contenidos en las redes sociales de tu marca, y analizar datos sobre la interacción con los clientes.

» **Asana** (https://asana.com) es una plataforma multifuncional de administración de proyecto que incluye varias herramientas específicas para el marketing, entre ellas, una plataforma de marketing por correo electrónico, Journey Builder (para rastrear el desarrollo de tus relaciones con los clientes), Interaction Studio (para visualizar, rastrear y administrar experiencias con clientes en tiempo real) y Datorama (para administrar datos de marketing, KPI y decisiones). También incluye herramientas para administrar cuentas de redes sociales, personalizar interacciones en teléfono celular y enviar publicidad a los clientes de manera individual.

» **Geckoboard** (https://www.geckoboard.com) es un panel de análisis de datos que te permite visualizar y compartir datos, métricas y KPI. (El rubro Data Visualization presenta datos en gráficas, mapas y otras formas visuales para que la información sea más significativa).

EN ESTE CAPÍTULO

» Averiguarás qué son los arquetipos de cliente y por qué los necesitas.

» Conocerás a tus posibles clientes.

» Escribirás una descripción detallada de tus clientes ideales.

» Estudiarás y modernizarás tus arquetipos de cliente.

» Usarás los arquetipos de cliente para impulsar el desarrollo de la marca y el marketing.

Capítulo **5**

# Define y refina tus arquetipos de cliente

E l principal objetivo del branding es establecer un lazo afectivo entre la marca y los consumidores. Para lograr esta hazaña necesitas conocer a tus posibles clientes: qué les agrada, qué les desagrada, dónde buscan información, dónde compran, qué hacen para ganarse la vida, qué les gusta hacer en su tiempo libre, cuáles son sus valores y sus posturas políticas, y mucho más. Entre mejor los conozcas, más eficaz será la manera en que los contactes a través de los medios que frecuentan, y mejor podrás conectarte con ellos con tu marketing y publicidad.

Una manera de conocer a tus clientes objetivo es a través del proceso de creación de *arquetipos o avatares de cliente*: personajes ficticios que representan a tu cliente ideal. En este capítulo te guiaré en este proceso.

Los arquetipos de cliente son útiles para el marketing y el desarrollo de marca, para el desarrollo de producto y para el rebranding. Pueden inspirar productos nuevos y ayudarte a guiar su diseño y

**RECUERDA** desarrollo.

# Descubre quiénes son tus clientes objetivo

El primer paso para crear un arquetipo de cliente consiste en identificar quiénes son tus clientes potenciales y reunir información sobre ellos. Imagina que este proceso es una misión de reconocimiento: vas a inspeccionar el mercado en busca de un nicho y luego averiguarás todo lo posible sobre los consumidores que lo conforman. A medida que reúnas la información empezarás a reconocer patrones en ese grupo de consumidores y podrás usarlos para crear los arquetipos.

Por último, tendrás que diseñar por lo menos tres arquetipos distintos de clientes para dar cabida a un mercado suficientemente amplio. Enfocarse en uno solo tipo de cliente en cada nicho podría hacerte perder oportunidades. Si tratas de promover tu marca entre toda la gente, tus mensajes carecerán de impacto, se dispersarán y difícilmente harán eco con un grupo específico.

Si no conoces a la gente a la que dirigirás tu marketing, te costará más trabajo diseñar contenidos y campañas para atraer clientes.

**RECUERDA**

A medida que vayas reuniendo los datos que se describen en las siguientes secciones, llena un formato como el que se muestra en la ilustración 5-1 para llevar un registro de los intereses y valores de tus clientes, dónde buscan su información, etcétera.

**Nombre:**
**Edad:**
**Sexo:**

| OBJETIVOS Y VALORES | FUENTES DE INFORMACIÓN |
|---|---|
| Objetivos:<br><br>Valores: | Libros:<br>Películas:<br>Programas de televisión:<br>Fuentes de noticias<br>Cuentas de redes sociales: |

| PROFESIÓN Y ESTUDIOS | GUSTOS Y AVERSIONES |
|---|---|
| Empleo:<br>Ingresos:<br>Estudios: | Gustos:<br><br>Aversiones: |

ILUSTRACIÓN 5-1. Reúne información sobre tus clientes objetivo.

# Identifica a tus clientes objetivo

En las primeras etapas de la creación y el lanzamiento de la marca tal vez necesites depender de tu intuición y tus corazonadas para identificar a tus clientes objetivo, al menos, de forma tentativa. Por esta razón deberás enfocar tus activades de investigación en un grupo específico. Anota detalles respecto a quien creas que es, o podría ser, tu cliente objetivo. Estas son algunas de las áreas que deberás explorar:

» Profesión o negocio.

» Información demográfica (edad, sexo, nivel de ingresos, nivel de estudios, estatus familiar, ubicación geográfica).

» Información psicográfica (intereses, pasatiempos, estilo de vida, opiniones, aspiraciones).

» Desafíos, problemas o puntos neurálgicos.

» Lugar donde la persona busca información (programas noticiosos, plataformas de redes sociales, sitios web, libros, revistas y otros).

» Lugar donde compra (tiendas físicas al menudeo, sitios web, tiendas específicas).

» Razones por las que el cliente podría no comprar tu marca.

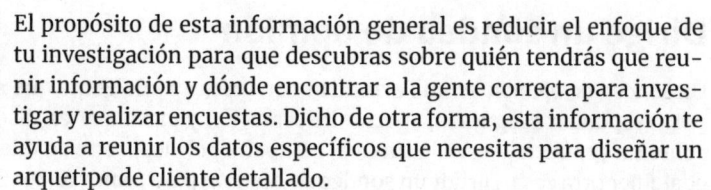

**RECUERDA** El propósito de esta información general es reducir el enfoque de tu investigación para que descubras sobre quién tendrás que reunir información y dónde encontrar a la gente correcta para investigar y realizar encuestas. Dicho de otra forma, esta información te ayuda a reunir los datos específicos que necesitas para diseñar un arquetipo de cliente detallado.

# Reúne y analiza los datos de tus clientes objetivo

Sin importar si ya lanzaste tu marca y tienes datos internos de clientes para realizar un análisis, o si no tienes ninguna fuente, siempre puedes reunir información sobre el cliente objetivo.

Si tienes clientes, puedes usar las siguientes técnicas para reunir su información y recibir retroalimentación:

» Es probable que los asociados de ventas y marketing y el personal de servicio al cliente tengan datos valiosos, producto de sus interacciones con los clientes.

» Entrevista o realiza una encuesta entre los clientes existentes para averiguar lo que piensan.

» Inspecciona tu sitio web y tus análisis de datos de redes sociales para conocer mejor a la gente que visita tus propiedades en línea. (En el capítulo 7 encontrarás información sobre análisis de datos de internet, y en el capítulo 13, los detalles sobre el análisis en redes sociales).

Si todavía no has lanzado tu marca, no cuentas con datos internos, pero puedes analizar cierta información externa para averiguar más sobre tu cliente objetivo. Estas son algunas técnicas que deberías considerar:

» Realiza una encuesta entre amigos y seguidores en redes sociales.

» Inspecciona el blog y las propiedades de redes sociales de tus competidores para averiguar qué tipo de personas se involucran con sus marcas.

» Participa en blogs y foros de la industria para darte una idea general de quién se mantiene activo en esas comunidades.

» Identifica a los influencers de redes sociales (ver capítulo 13) en el mercado que estás trabajando y ve quiénes son sus seguidores y admiradores. También puedes seguir a los influencers y entrar en contacto con ellos para empezar a tener una mejor percepción de quiénes podrían ser tus clientes.

## Dirige un sondeo de opinión

Un *sondeo de opinión* es una actividad con un grupo de gente que se reúne para responder preguntas, aportar información y participar en discusiones sobre un producto, servicio, marca, campaña política, serie de televisión o cualquier otra cosa. Dirigir un sondeo de opinión para reunir retroalimentación sobre tu marca es una excelente manera de obtener información sobre tus clientes objetivo.

Estos son los pasos para formar y dirigir un sondeo de opinión:

**1.** **Haz una lista de preguntas para los miembros del sondeo de opinión.** Aquí hay algunos ejemplos:

- ¿Cuáles son tus programas de televisión, películas o podcast favoritos?

- ¿Qué haces los fines de semana?

- ¿En qué plataforma de redes sociales eres más activo?

- ¿Cuál es tu nivel máximo de estudios?

- ¿Cómo serían tus vacaciones soñadas?

- ¿Cuáles son tus revistas preferidas?

- ¿En dónde realizas la mayor parte de tus compras?

- ¿Actualmente cuál es el mayor desafío que enfrentas o tu mayor fuente de preocupación?

Si los miembros del sondeo de opinión son clientes ya, haz preguntas más enfocadas a la marca:

- ¿Cómo te enteraste de nosotros?

- ¿Cuándo, cómo y dónde usas nuestros productos o servicios?

- ¿Qué hace que nuestros productos se destaquen de los de nuestros competidores?

- ¿Qué otras marcas consideras cuando piensas en nuestro producto?

- ¿Le recomendarías nuestra marca a un amigo?

**2. Crea un incentivo para los participantes.** Puedes elegir pagarle a la gente para que participe (con dinero o tarjeta de regalo); ofrecer un producto gratuito o descuento; o regalar un producto promocional como un bolso de compras, un paraguas, una camiseta o una taza para café.

**CONSEJO** Si estás reuniendo retroalimentación sobre un producto específico o sobre posibles cambios, regalar dicho producto y obtener opiniones honestas es una excelente manera de averiguar si tu marca va en la dirección correcta.

**3. Elige una ubicación conveniente para los participantes. Un lugar cómodo en el que no haya interrupciones ni distracciones.** Si cuentas con una ubicación física, genial. Otra opción es realizar el sondeo en línea, lo cual le permitiría a la gente participar de forma remota a través de alguna plataforma de conferencias.

**4. Implementa una manera de grabar la sesión del sondeo de opinión** para que más tarde puedas analizar con detenimiento lo que dijeron los participantes, la manera en que lo hicieron y cómo interactuaron entre ellos y con el moderador.

**5. Recluta participantes.** Puedes reclutar gente a través de correo electrónico, teléfono, mensajes de texto, redes sociales, o por medio de una agencia de reclutamiento como FieldworkHub (https://fieldworkhub.com) o Focus Insite (https://focusinsite.com), en caso de que desees ponerte en contacto con participantes que reúnan los criterios que buscas.

**6. Programa tu sondeo de opinión y envía las invitaciones especificando la fecha, la hora y la ubicación.**

**7. Realiza tu sondeo.** Aquí tienes un esquema muestra:

- *Introducción:* preséntate, agradece a los participantes por estar ahí, describe el propósito del sondeo y explica cómo se llevará a cabo la sesión.

- *Rompe el hielo:* haz que los participantes se presenten y digan algo interesante sobre sí mismos, como qué superpoder les gustaría tener.

- *Preguntas/discusión:* presenta las preguntas al grupo y dirige la discusión. Asegúrate de que todos participen y nadie monopolice la conversación.

- *Cierre:* agradece a todos por participar en el sondeo y distribuye los incentivos que prometiste.

## Dirige una encuesta

Las encuestas te permiten obtener retroalimentación sin tener que reunir a la gente y organizar una discusión. Lo único que tienes que hacer es llamar, enviar un correo electrónico o presentar las preguntas en línea o en una ubicación, y dar a los participantes las instrucciones para responder.

Puedes reclutar participantes a través de los mismos métodos que usarías para el sondeo de opinión, y también hacer las mismas preguntas tal como se explicó en la sección anterior. Hay varias plataformas en línea que facilitan el proceso de creación y distribución de encuestas, así como la tabulación de resultados:

>> SurveyMonkey (https://www.surveymonkey.com)

>> SoGoSurvey (https://www.sogosurvey.com)

>> SurveyAnyplace (https://surveyanyplace.com)

## Evalúa los intereses de tus clientes

Evaluar los intereses de tus clientes te permite crear productos y contenidos que disfrutarán y valorarán. Si tienes una marca tipo *athleisure* (atletismo y esparcimiento), y si sabes que es popular entre los entusiastas del yoga, puedes incorporar imágenes, artículos y tutoriales de esta actividad en tus contenidos de marketing. (En el capítulo 8 encontrarás más información sobre el tema). Si planeas hacer una sesión de fotos para tus productos, considera la posibilidad de hacerla en un estudio de yoga.

CONSEJO

Conocer los intereses de tus clientes también te permite dirigir con mayor precisión campañas de publicidad pagadas. En lugar de hacer publicidad para toda la gente, solo te dirigirás a quienes sea más probable que respondan de forma positiva. Además, puedes diseñar anuncios más atractivos para tus clientes objetivo. (En el capítulo 15 encontrarás más información sobre la publicidad pagada).

Para reunir información sobre los intereses de un cliente, haz preguntas respecto a un espectro amplio de categorías en tu sondeo de opinión o en las encuestas. Las categorías pueden incluir alimentos y bebidas, entretenimiento, viajes, moda, decoración del hogar, salud y fitness, pasatiempos y valores/causas. Formula preguntas específicas para obtener más detalles de parte de cada participante. Para la categoría de alimentos y bebidas podrías preguntar lo siguiente:

» ¿Consideras que eres amante de la gastronomía?

» ¿Prefieres los restaurantes locales o las franquicias de gran alcance?

» Al elegir un restaurante, ¿qué es lo que más te importa: el sabor o la alimentación saludable?

» ¿Tienes alguna restricción alimentaria?

» ¿Cuál es tu platillo favorito?

» ¿Cuál es tu bebida no alcohólica preferida?

CONSEJO

A medida que evalúes los intereses de los clientes piensa en la manera en que coinciden con la identidad de tu marca y en cómo podrían influir en la identidad que estás tratando de diseñar. En 2013, como respuesta a una petición de alimentos más saludables, McDonald's empezó a trabajar con la Alliance for a Healthier Generation para facilitar a sus clientes el acceso a frutas, verduras, productos lácteos bajos en grasa y agua, en especial en las Cajita Feliz que se venden para los niños. En lugar de solo cambiar su marketing, McDonald's adaptó su marca.

RECUERDA

Vincular tus contenidos de marketing y la publicidad pagada con sus intereses les muestra a tus clientes de base que les prestas atención y que estás comprometido con atender sus necesidades y preferencias. Esto también puede comunicarles de una manera sutil que forman parte de algo mayor, de una comunidad que se construye en torno a tu marca. Si no intentas ser atractivo para los intereses específicos de los clientes, tus actividades podrían tener un bajo nivel de resonancia en tu mercado objetivo.

## NO PUEDES COMPLACER A TODOS

No puedes complacer a todo mundo, y si lo intentas, no podrás atraer a los clientes que podrían estar más interesados en lo que vendes y dispuestos a pagar más por ello. Tus mensajes podrían carecer de impacto o incluso confundir. Enfócate en las necesidades de tus arquetipos de cliente, en sus intereses y sus problemas para que puedas comunicarte con la audiencia objetivo respecto a lo que le interesa a *ella*.

Cuando mi esposo y yo lanzamos Color Me Book, un libro personalizado para colorear, esperábamos ofrecer precios competitivos, tiempos de entrega cortos y un producto de calidad. Sin embargo, hacer todo esto es imposible en el caso de un producto hecho a la medida, por lo que decidimos enfocarnos en servir a dos tipos de clientes y averiguar de qué manera podríamos satisfacer sus necesidades:

- **Arquetipo de cliente 1, cliente negocio a negocio (B2B)**. Creamos nuestro primer arquetipo para enfocarnos en un cliente que ordena nuestro producto al mayoreo para eventos y para iniciativas de marketing. Queríamos enfocarnos en clientes de alto nivel y pudimos atraer a las tiendas de Pebble Beach Resorts y del hotel The Beverly Hills, entre otros. Para este tipo de cliente el factor más relevante es la calidad. Son clientes que están dispuestos a pagar un precio más elevado con tal de obtener productos de alta gama. El tiempo de entrega no fue un problema porque la mayoría de estos clientes planeaba todo con anticipación y pudimos entregarles en un plan de producción de tres semanas con una opción de pago para entregas adelantadas.

- **Arquetipo de cliente 2, cliente que compra el producto para regalo.** El segundo cliente al que decidimos atender fue el que compraba el Color Me Book como regalo. También nos enfocamos en ocasiones específicas en las que la gente podría dar este obsequio: fiestas de fin de año, aniversarios de boda de un año (porque son las bodas de papel) y el Día de las Madres. Al igual que con el primero, el arquetipo de cliente 2 se enfoca principalmente en la calidad. Cuando el regalo es para un ser amado, la gente suele estar dispuesta a pagar un poco más con tal de ofrecer un regalo mejor. Una vez más, el tiempo de entrega no fue un problema porque las fiestas y las ocasiones especiales reciben publicidad con por lo menos un mes de anticipación, dentro de nuestros límites de producción.

Al enfocarnos en estos grupos específicos y dejar de lado la idea de complacer a clientes que buscan el producto más económico y rápido de conseguir, pudimos hacer nuestro negocio más rentable y crecer con un equipo más reducido.

# Averigua adónde van los clientes y qué hacen

Adónde van y qué hacen tus clientes, en línea y fuera de internet, es más importante que lo que puedan decirte, así que esfuérzate en realizar una buena investigación de su comportamiento. Una manera de investigar esto consiste en hacerles preguntas como:

» ¿En dónde se ubica?

» ¿Qué hace en su tiempo libre?

- » ¿Cuáles son sus principales fuentes de noticias e información?
- » ¿Cuál es su forma favorita de ejercitarse?
- » ¿Dónde socializa cuando está en línea?
- » ¿Dónde socializa fuera de línea?

También puedes ahondar en los comportamientos de tus clientes comprando y analizando datos sobre ubicación y transacciones como los que ofrecen Exact Data (https//www.exactdata.com) y Complementics (https://www.complementics.com). Sin embargo, para extraer reflexiones precisas sobre esta información, necesitas tener un programa de análisis de datos y saber cómo usarlo.

**RECUERDA** Las acciones valen más que las palabras. Poco antes del inicio de la pandemia de covid-19 los medios de comunicación hicieron creer que los consumidores estaban divididos en dos grupos: los conscientes de la seguridad y los indiferentes que violaban las reglas de manera repetida y deliberada. No obstante, la información sobre ubicación recopilada a través de los teléfonos celulares mostraba algo completamente distinto. Al principio de la pandemia la mayoría de la gente iba a la tienda, volvía a casa y se mantenía encerrada de forma voluntaria o no. Lo que quiero decir es que, si en lugar de preguntarle a la gente, analizas los datos, podrías obtener respuestas distintas a tus preguntas de investigación.

# Describe tus arquetipos de cliente en tus propias palabras

Después de reunir los datos de tus clientes estarás listo para describir los arquetipos con tus propias palabras. Redáctalos de la misma manera que redactarías la semblanza de alguien a quien conoces y amas, e incluye todos los detalles que te sea posible a partir de la información que reuniste. Aquí tienes un ejemplo:

> Jenae Greene tiene 30 años y vive en Los Ángeles, California. Se graduó como licenciada de marketing de la Universidad Estatal de San Diego. Es empresaria y directora de proyecto para una empresa que desarrolla productos que mejoran la meditación. Su objetivo es servir a otros y, al mismo tiempo, tener la estabilidad económica necesaria para viajar en su tiempo libre. Cuando no está trabajando le agrada practicar yoga, pasar tiempo en exteriores y pasear cerca del mar.
>
> Las películas y los programas de televisión favoritos de Jenae son comedias. También le agrada escuchar podcast de suspenso.

Le gusta leer cuando le es posible y encontrar maneras de optimizar su tiempo para poder hacer más las cosas que disfruta. Es una gran admiradora de la comedia tipo standup y la ha explorado de manera superficial como carrera.

Sus restaurantes favoritos son Jones Italian Food y Veggie Grill.

Escucha a Alabama Shakes.

Cada vez que tiene tiempo libre va a la playa o compra un boleto de avión para visitar un país al que nunca ha ido.

Publica con regularidad en Instagram y tiene 2 500 seguidores.

Le encanta comprar en Nordstrom.

Incluye la mayor cantidad posible de detalles sobre tu arquetipo y luego úsalo para armar campañas de branding, desarrollar productos o servicios nuevos o crear contenidos.

# Redefine los arquetipos de cliente a medida que evolucionen

De cierta forma, tus primeros arquetipos de cliente son una especie de fotografías preliminares de tus clientes objetivo. A medida que empieces a vender y a entrar en contacto con la gente, los arquetipos deberán evolucionar y volverse cada vez más reales gracias a los detalles. Entre más información obtengas de tus clientes, más podrás matizar tus arquetipos. Además, los tiempos cambian y la gente con ellos. Los arquetipos de cliente que diseñes hoy podrían dejar de ser relevantes en un año o 18 meses. Continúa revisándolos a medida que tu negocio y el mundo en general evolucionen. De esa forma te asegurarás de atender las necesidades y preferencias de tus clientes en cada momento.

Girlboss (https://www.girlboss.com), por ejemplo, es una bolsa de trabajo en línea y ha evolucionado con el paso de los años. Ha cambiado respecto a la marca, tanto como a su arquetipo de cliente. En un principio, Girlboss vendía boletos a mujeres que deseaban ser empresarias para que asistieran a eventos que les ayudarían a obtener las herramientas y recursos necesarios para triunfar. El marketing se dirigía a las mujeres millennial y la marca era conocida por haber creado un tono de rosa que más tarde la gente llamaría "rosa millennial". Aunque Girlboss sigue atrayendo a empresarias, se ha extendido para atender a mujeres que han triunfado con negocios alternativos y desean cambiar de carrera. Ahora la marca es para mujeres de diversas edades que se encuentran en distintas etapas de sus carreras. A medida que el arquetipo ha evolucionado, la voz y los contenidos también se han extendido más allá del grupo demográfico inicial, lo cual le permite a Girlboss estar en contacto con nuevos grupos de clientes que antes eran ignorados y no recibían atención.

**RECUERDA** Si estás en un proceso de rebranding o si te estás preparando para lanzar un producto nuevo, realiza más sondeos y encuestas. Haz los ajustes necesarios para continuar siendo relevante en el mercado actual. Recuerda que la velocidad del cambio aumenta de manera constante.

# Pon a trabajar tus arquetipos de cliente

Ahora que tienes arquetipos de cliente más sustanciosos, estás listo para ponerlos a trabajar para tu marca. Imagina que los arquetipos son clientes reales a quienes consultarás cada vez que tomes decisiones como las siguientes:

» Desarrollar un nuevo producto o servicio, o mejorar uno existente.

» Llevar a cabo un proceso de rebranding.

» Desarrollar contenidos como publicaciones en blogs o redes sociales, artículos, podcast, imágenes o videos.

» Desarrollar una campaña de publicidad pagada.

» Priorizar tu enfoque de marketing (decidir, por ejemplo, si invertirás más esfuerzo y recursos económicos en marketing para Instagram o para Facebook).

» Identificar oportunidades potenciales de colaboración con otras marcas.

**RECUERDA** Tus arquetipos te permiten ponerte en contacto con los clientes de una manera más eficaz. El arquetipo de Jenae Greene que presenté en "Describe tus arquetipos de cliente en tus propias palabras", en este mismo capítulo, me indica que tal vez los anuncios divertidos podrían atraer a mis clientes objetivo de la misma manera que algunas escenas del mar y la música de Alabama Shakes. Y como a mi arquetipo le encanta comprar en Nordstrom, lograr que mi marca se venda en las tiendas de este centro comercial se volverá una prioridad.

# 2

# Ocúpate de los fundamentos de la marca

Crearás un logotipo, guía de estilo, kit de medios y plantillas, y los usarás para darle a tu marca un aspecto y sensación distintivos, su *look and feel*. La guía de estilo establece los lineamientos para el color, fuentes, gráficos, voz, tono y muchos otros aspectos.

Diseñarás un sitio web, una aplicación y una cuenta de correo electrónico para que todo el branding que lleves a cabo en internet dirija a tu audiencia a la dirección que elijas para el sitio, blog, tienda en línea o los tres.

Redactarás contenidos valiosos y relevantes para fomentar el reconocimiento y la conciencia de la marca. Este proceso incluye contenidos para marketing, es decir, contenidos gratuitos que atraerán a clientes y compradores, mostrarán el valor de la marca y probarán que la gente puede confiar en ella.

Te involucrarás y colaborarás con otras marcas fuertes para promover sinergias impactantes de marketing que las beneficien mutuamente. Aprenderás a vender tu marca a socios potenciales, a redactar un contrato y a mantenerte alejado de las fallas comunes que surgen en las colaboraciones.

Planearás y llevarás a cabo un lanzamiento de marca exitoso y aumentarás la probabilidad de que se vuelva viral. Este proceso incluye programar todas tus actividades de branding, involucrar a la prensa y administrar con maestría tu campaña de lanzamiento.

EN ESTE CAPÍTULO

» Diseñarás el *look and feel* de tu marca.

» Garantizarás la consistencia con la guía de estilo de la marca.

» Armarás un kit de medios para ofrecer tu marca a través del discurso de ventas.

» Diseñarás plantillas de la marca para simplificar tu trabajo.

Capítulo **6**

# Diseña la guía de estilo, el kit de medios y las plantillas de la marca

El desarrollo de marca exitoso consiste en proyectar un aspecto y una sensación distintivos (*look and feel*) a todo lo largo y ancho de los contenidos y materiales de marketing y publicidad, desde las tarjetas de presentación y los membretes del papel, hasta los sitios web y las cuentas de redes sociales. La consistencia refuerza a tu marca en todos los puntos de contacto, ya sea al interactuar con los clientes o al entrar en contacto con los medios.

Para garantizar la congruencia, empieza por crear una guía de estilo de marca clara y abarcadora, un kit de medios y plantillas. Estos tres artículos impedirán que te salgas del camino. También te ahorrarán tiempo, energía y enfoque cuando tengas que comunicar tus especificaciones de diseño a los comerciantes, dar a conocer tu marca con rapidez a los periodistas o generar activos de marketing como tarjetas de presentación y sitios web.

En este capítulo te guiaré a través del proceso de desarrollo de tu propia guía de estilo, el kit de medios y las plantillas de tu marca. Con estos elementos construirás la base para las iniciativas de marketing y publicidad que realices en el futuro.

# Diseña una guía de estilo de la marca

La *guía de estilo de la marca* es un manual que rige todo lo que contribuye al *look and feel* de la marca, esto es, al aspecto y a la sensación distintivos de esta, como:

» Lineamientos corporativos que incluyen la declaración de la misión, los valores y la orientación demográfica.

» Colores.

» Tipografía (tipo de letra, tamaño y espaciamiento).

» Logotipos.

» Imágenes (fotografías, ilustraciones e infográficos).

» Tono de voz (divertido, profesional, cariñoso, etcétera).

A menudo, a la guía de estilo se le llama *biblia de la marca*. Contiene todas las especificaciones necesarias para garantizar la congruencia y fortalecer el impacto e influencia de tu marca en el mercado.

**RECUERDA** Durante el proceso de diseño de la guía de estilo de la marca, enfócate en tu misión y en la manera de hacerla cobrar vida. (En el capítulo 3 hay más información sobre cómo definir la marca). Los valores que la marca representa y su estética son tan importantes como los productos y los servicios que vendes y los contenidos de marketing que produces.

# Aprende a apreciar el valor de una guía de estilo

El principal objetivo de una guía de estilo de la marca es garantizar la congruencia, pero también tiene otras ventajas: fortalece la identidad de la marca, te ayuda a mantener el control de calidad mientras tu organización crece y respalda tu estrategia de branding de manera general.

En esta sección describiré estas ventajas con más detalle.

## Fortalecimiento de la identidad de la marca

Mientras me deslizo por mi página de Instagram, con frecuencia reconozco la marca detrás de una fotografía incluso antes de ver quién la publicó. La imagen tiene un aspecto y genera una sensación únicos y representativos de la marca, expresan su personalidad. Esto es señal de una identidad de marca fuerte, pero no es casualidad.

La gente que crea marcas sólidas o, en su caso, los diseñadores contratados, se esfuerzan por encontrar la combinación correcta de colores, elementos visuales, tipografía y estilo editorial para transmitir la personalidad de la marca que desean proyectar. Drybar, una cadena de salones de estilismo que se enfoca en el secado del cabello, usa el color amarillo para realzar la identidad de la marca. Además del logotipo y los activos, el tono específico de amarillo de la marca se puede encontrar en todo lugar donde esta esté presente. Desde la experiencia al menudeo, hasta en sus publicaciones en redes sociales y sus productos, esta empresa se asegura de que la marca siempre esté vinculada al amarillo Drybar.

El color es una manera divertida de darle personalidad a una marca porque se puede usar de muchas formas en el marketing, ya sea en el decorado de la tienda y los uniformes de los empleados, o en las tarjetas de presentación, los empaques y el sitio web, entre muchas otras cosas. Incluso puedes organizar eventos que tengan como base el color de la marca.

## Facilita el control de calidad

Cuando concibes el *look and feel* (apariencia y sensación distintivos) de tu marca dejas de tener problemas para mantener una visión congruente. A partir de este momento sabes qué colores usar, cómo quieres que luzca el logotipo y de qué tono deberán ser los fondos de los contenidos que elijas publicar o compartir. Sin embargo, a medida que la empresa crezca y empieces a delegar tareas a tus empleados o a subcontratar a otras organizaciones para llevar a cabo algunas de tus responsabilidades de branding, mantener la consistencia se volverá cada vez más difícil.

Una guía de estilo de la marca te ayuda a enfrentar este desafío, ya que garantiza que todos los involucrados en la producción de materiales de marketing estén en sintonía. Todos van a trabajar a partir del mismo manual.

## Selección de socios y oportunidades

Cuando te llegas a conocer bien, es decir, cuando sabes quién eres, qué representas y qué deseas, desperdicias mucho menos tiempo en relaciones improductivas, labores sin futuro o búsqueda de oportunidades infructuosas. Asimismo, cuando tienes una marca bien definida puedes tomar decisiones de una manera mucho más rápida y sencilla. Puedes identificar de inmediato cuáles socios y oportunidades van bien con tu marca y cuáles no. Cuando llegas a una bifurcación en el camino, tu marca te muestra la dirección correcta.

Para Girl Gang establecimos en nuestra guía de estilo de la marca que solo deseábamos entrevistar a mujeres para el podcast y trabajar con empresas que también solo les pertenecieran a mujeres. Esta decisión nos permitió reducir el enfoque de *Girl Gang the Podcast: A Show by Women for Women*, y decidir los tipos de oportunidades de colaboración en las que deseábamos enfocarnos: con empresarias que compartieran nuestros valores y supieran a qué comunidades deseábamos llegar. Al trabajar con empresas pertenecientes a mujeres, nuestras colaboraciones tienen más éxito porque nuestra base de clientes compartida valora al mismo tipo de marcas.

Tu guía de estilo te puede brindar argumentos lógicos para esforzarte en desarrollar ciertas colaboraciones y mantenerte al margen de otras. Si eres propietario de una empresa de botellas de agua reutilizables, por ejemplo, y si la sustentabilidad es tu valor clave, cuando decidas colaborar con influencers podrás reducir con rapidez el grupo de candidatos y enfocarte en los que publican con frecuencia respecto a problemas ambientales. Si buscas una colaboración con otros negocios, puedes dejar fuera a los que tienen antecedentes cuestionables en cuanto a la sustentabilidad.

## Establece los lineamientos corporativos

Los lineamientos corporativos incluyen todo lo que define tu marca y la manera en que haces negocios (el capítulo 3 contiene los detalles de esto):

>> Misión

>> Valores

>> Diferenciadores de marca

>> Valla de contención de marca: con qué tipo de organizaciones deseas hacer negocios y con cuáles no, lo que tu marca hace y lo que no, y en qué áreas no transigirás

>> Cliente objetivo

Los lineamientos corporativos son la esencia de tu marca. Operan tras bambalinas, pero influyen en todos los aspectos, desde la selección de la paleta de color, hasta la voz y el tono de todos los contenidos que publiques.

## Crea una paleta de color

Piensa en los colores de tu secundaria. Lo más probable es que no tengas que esforzarte demasiado porque los tienes grabados en la memoria. Esta es la misma manera en que quieres que los colores de tu marca permanezcan en la mente de tus clientes para que sea reconocible.

## Haz un repaso de las asociaciones de color

Los colores comunican y evocan pensamientos y emociones específicas, por lo que al crear tu paleta deberás tener cuidado con las asociaciones:

| Color | Asociación |
|---|---|
| Amarillo | Rayos de sol, calidez, positividad, felicidad, precaución |
| Rojo | Acción, aventura, agresión, peligro, energía, amor, pasión, vigor |
| Azul | Fiabilidad, éxito, confianza, tranquilidad, serenidad |
| Verde | Crecimiento, frescura, serenidad, curación, riqueza, naturaleza |
| Morado | Realeza, nobleza, fantasía, sofisticación |
| Anaranjado | Calidez, energía, entusiasmo, relajación |
| Rosa | Romance, suavidad, inocencia, gratitud, amabilidad |
| Café | Tierra, riqueza, simplicidad, sutileza, utilidad |
| Negro | Poder, misterio, secretos, autoridad, clase, distinción, formalidad, seriedad, tradición, muerte |

## Entiende las tonalidades, tonos, tintes y sombras

Cuando elijas los colores, haz un repaso de los siguientes conceptos y términos relacionados con las variaciones de color:

>> **Tonalidad:** la *tonalidad* es una variación de color. El azul celeste, el azul verdoso, el cerúleo y el turquesa son tonalidades del azul.

>> **Tono:** el *tono* es una versión más clara u oscura del mismo color, se crea añadiéndole blanco o negro.

> » **Tinte:** el *tinte* es una versión más clara del color, se crea añadiendo blanco.

> » **Sombra:** la *sombra* es una versión más oscura del color, se crea añadiendo negro.

# Elige tus colores

En internet hay varias herramientas que te pueden ayudar a elegir colores que combinan. El generador de paletas de color de Canva (http://www.can va.com/colors/color-palette-generator) ofrece varias maneras de crear una paleta de cuatro colores.

» Carga una imagen y haz que el generador extraiga de ella cuatro colores que combinen.

» Explora una biblioteca de combinaciones de color.

» Crea una paleta base. Para esta opción puedes elegir un color con el cual comenzar, y luego una de las siguientes opciones que te permita generar los otros colores de la paleta:

- *Complementaria*: los colores complementarios son opuestos en la rueda de color, por ejemplo, verde y rojo, azul y anaranjado, o amarillo y morado.

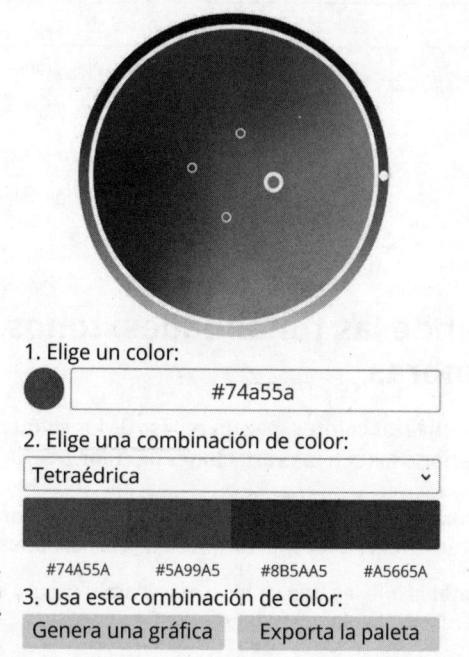

1. Elige un color:

#74a55a

2. Elige una combinación de color:

Tetraédrica ⌄

#74A55A   #5A99A5   #8B5AA5   #A5665A

3. Usa esta combinación de color:

Genera una gráfica    Exporta la paleta

**ILUSTRACIÓN 6-1. Generación de una paleta de color personalizada en Canva.**

- *Monocromática*: una paleta de color monocromática consiste en distintas sombras de un solo color, por ejemplo, azul oscuro, azul y azul claro.

- *Análoga:* los colores análogos se encuentran lado a lado en la rueda de colores, por ejemplo, amarillo y anaranjado, morado y azul, verde y amarillo.

- *Triádica:* un esquema triádico de colores usa tres colores equidistantes en la rueda de color, como amarillo, rojo y azul.

- *Tetraédrica*: un esquema de color tetraédrico usa cuatro colores que forman un rectángulo en la rueda de colores.

**RECUERDA** Nota que el generador de paletas de color incluye tanto el nombre de cada color como su código *hex* (código de seis caracteres que identifica el color, como #ff0000 para el rojo puro). Cuando generes una paleta para tu guía de estilo de la marca asegúrate de incluir estos códigos para los colores que elijas. Esto garantizará que los colores sean consistentes en todos los activos que crees.

## Elige colores dominantes y de acento

Al crear la paleta de tu marca especifica cuáles colores son dominantes y cuáles deberán usarse como acentos:

» *Colores dominantes*, uno o dos colores principales utilizados en el logotipo y el diseño.

» *Colores de acento* son todos los colores de la paleta, salvo los dominantes. Los colores de acento pueden ser complementarios o análogos a los dominantes, pero también pueden ser distintas tonalidades, tintes o sombras de estos.

## Establece lineamientos tipográficos

Si el diseño de tu marca exige texto, como su nombre o el del negocio, necesitarás especificar cómo deseas que este sea presentado. Da especificaciones para todos los aspectos de la tipografía y el formato:

» **Fuente:** la *fuente* es el tipo de letra, como Times New Roman, Arial o Calibri. Elige solo unas cuantas y especifica cómo deberán usarse. Tal vez quieras tener una fuente en las páginas del sitio web y otras en los artículos del kit de medios, ya que no siempre lo que se ve bien en papel luce igual al leerlo en una pantalla de computadora o en un dispositivo móvil.

» **Tamaño:** el *tamaño* se refiere a la impresión y suele expresarse en puntos. Si eliges 72 puntos, por ejemplo, tendrás el tamaño de una pulgada. Especifica los tamaños o el rango de los mismos, y explica cómo se deberá usar cada uno. Tal vez en las tarjetas de presentación quieras usar tamaños más pequeños, y los más grandes usarlos en los infográficos, por ejemplo.

» **Peso:** el *peso* se refiere a lo delgado o grueso de la impresión. Lo normal es 400, pero puede ser entre 100 y 900. En tu guía de estilo de la marca especifica los pesos permitidos y los preferidos, así como la manera en que deberá ser usado cada uno. Podrías, por ejemplo, especificar un peso de 800 para los encabezados y de 300 para el texto normal.

» **Color:** el *color* es algo obvio, pero asegúrate de elegir los que aparezcan en tu paleta aprobada, y especifica cómo se usarán en el texto. Podrías usar distintos colores dependiendo de si el fondo es claro u oscuro.

» **Alineación:** la *alineación* especifica en qué situación el texto podría o debería alinearse a la izquierda, la derecha o al centro, y de qué manera debe envolver las imágenes.

» **Espaciamiento:** el *interletraje* determina la distancia entre los caracteres, es decir, el espacio que dejarás si los quieres apretados, con una separación agradable o distanciados. Ciertos pares de letras, como "tr", suelen aparecer demasiado junto o demasiado separados, por eso tal vez sea necesario ajustar el espacio entre ellos. De ser así, incluye este requerimiento en tu guía de estilo.

La mayoría de los programas de procesamiento de texto, diseño gráfico y de composición incluyen una amplia selección de fuentes, pero si buscas algo original, visita sitios como FontSpace (https://www.fontspace.com) y Dafont (https://www.dafont.com). FontSpace también puede ponerte en contacto con diseñadores de fuentes si tienes algo especial en mente.

**CONSEJO** Nota que en la mayoría de los casos las fuentes gratuitas no se pueden usar en contextos comerciales sin pagar, tal vez necesites comprar una licencia para usarlas de forma legal en tu sitio web y en cualquier otro artículo de la marca.

# Diseña un logotipo

Diseñar un logotipo para tu marca es sencillo, lo puedes hacer tú mismo o contratar a alguien por un precio muy accesible. La parte más difícil es la conceptualización del diseño. Para que tu creatividad empiece a fluir, empieza observando los logotipos de otras marcas de tu industria o de industrias relacionadas. Luego haz garabatos y experimenta con algunas ideas. El objetivo es diseñar un logotipo que sea:

» **Congruente:** el logotipo debe ser congruente con los colores, las fuentes y el tono de la marca. ¿Quieres que transmita una sensación de diversión o que la gente perciba que tu marca es muy seria?

» **Distintivo:** el logotipo necesita ser original y hacer que la marca destaque entre la multitud.

» **Memorable:** un vistazo al logotipo debería permitir que quede impreso en el recuerdo de la persona. Piénsalo, los mejores logotipos dejan una fuerte impresión. Entre los ejemplos podemos mencionar a Shell, McDonald's, Coca-Cola y Starbucks. Es el tipo de sensación que deberías tratar de provocar.

» **Representativo:** diseña un logotipo que transmita de qué se trata la marca. El de IBM es un logotipo totalmente orientado a los negocios. La "palomita" de Nike da una sensación de velocidad y es congruente con el nombre, ya que en la mitología griega Nike es la diosa alada de la victoria. El logotipo de BP tiene forma de sol, y los colores son distintas sombras de amarillo y verde para evocar varios tipos de energías. Por otra parte, es cierto que no todos los logotipos contienen un significado más profundo, algunos solo son una o más letras del nombre de la empresa.

» **Simple:** la mayoría de los logotipos son sencillos, consisten en una forma básica, algunas letras y uno o dos colores. Mantén el tuyo simple, si es demasiado intricado podría perder impacto.

» **Versátil:** el logotipo debería verse bien en cualquier situación que lo uses: en un letrero afuera de tu local, en tus tarjetas de presentación, en la página web, en los productos, el empaque, donde sea.

» **Visible:** un buen logotipo destaca a la vista y es fácil de discernir incluso cuando detrás hay un fondo que pudiera distraer.

**RECUERDA** Si formas parte de un equipo, haz una sesión de lluvia de ideas. Si trabajas solo, habla con amigos, familiares y socios para que te den su opinión. Si ya tienes una marca y cuentas con algunos clientes, podrías realizar un concurso tipo "Diseña nuestro logotipo". De esta manera aprovechas la creatividad colectiva de tus clientes e impulsas su involucramiento con la marca al mismo tiempo.

## Diseña el logotipo tú mismo

Si tienes buen ojo para el diseño gráfico, puedes aprovechar la gran cantidad de herramientas gratuitas en línea para diseñar tu propio logo. Wix.com (https://www.wix.com) sirve para construir sitios web y tiene opciones para diseñar tu propio logo. El diseñador de Canva (https://www.canva.com/create/logs; ver ilustración 6-2) y el de Vistaprint (https://www.vistaprint.com/logoMakerService) son muy buenos. Solo busca en la red "herramienta para diseñar logotipos" y encontrarás muchas entre las cuales escoger.

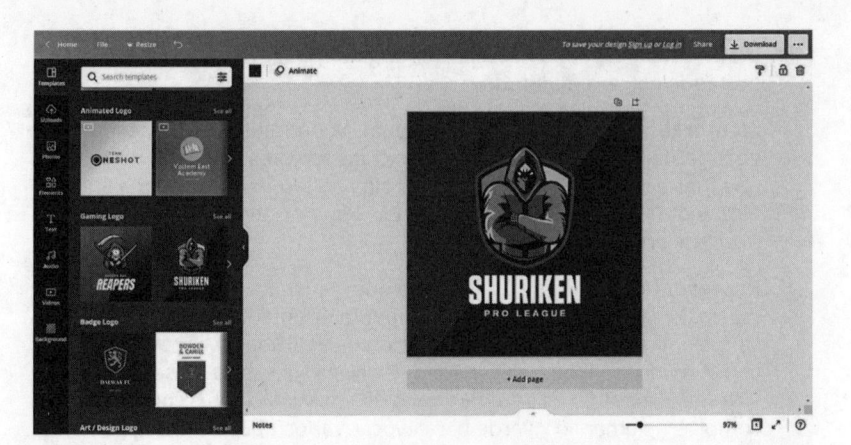

FIGURA 6-2. Creador de logos de Canva.

Si buscas una herramienta con elementos visuales de alto nivel para satisfacer todas tus necesidades de branding, te recomiendo Adobe Creative Cloud (https://www.adobe.com/creativecloud). Es un paquete de poderosos programas que te pueden ayudar a manejar fotografías, diseño gráfico, producción de video, ilustración, diseño de interfaz de usuario y mucho más. Sin embargo, si no estás familiarizado con los rudimentos del diseño gráfico por computadora, tendrás que invertir una buena cantidad de tiempo para aprender.

## Contrata a un diseñador

Contratar a un artista talentoso para que diseñe tu logotipo o para que se haga cargo de cualquier proyecto de diseño nunca había sido tan fácil ni económico. En internet hay varios servicios de diseño que te permiten especificar tus preferencias, incluyendo los colores del frente y el fondo, fuentes e industria, para que uno o más diseñadores te presenten distintas opciones. En general, si no te gusta ninguna puedes pedirle al diseñador que te proponga algo más, de todas formas, no te cobrarán en este caso.

Otra opción es evitar a los intermediarios y contratar directamente a un diseñador freelance a través de una plataforma como Upwork (https://www.upwork.com) o Fiverr (https://wwwfiverr.com).

Servicio de diseño de logotipo o diseñador freelance no importa, cualquiera de los dos puede ser una alternativa económica si no puedes contratar una agencia de creativos para que diseñen tu logotipo y los otros activos de la marca. Sin embargo, si tienes un presupuesto abundante y deseas un toque más personal, la opción de la agencia es sin duda la más recomendable.

# Especifica los lineamientos para las fotografías, las ilustraciones y otros tipos de material gráfico

Llegado el momento de elegir fotografías, ilustraciones y otros tipos de material gráfico, tal vez ya tengas una idea clara de lo que sería apropiado para tu marca, sin embargo, las otras personas que colaborarán en la creación o aportarán material seguramente no. Cuando redactes la guía de estilo sé específico respecto a los contenidos y al *look and feel* (aspecto y sensación distintivos) de todos los elementos gráficos. Aquí te presento una lista de criterios por los que puedes comenzar:

» **Composición:** incluye la cantidad mínima posible de detalles para comunicar el concepto o tus ideas.

» **Punto de vista:** las escenas no deberán parecer fabricadas, todos los sujetos en primer plano deberán estar bien enfocados.

» **Estado de ánimo:** las fotografías deberán ser positivas y desenfadadas, deben transmitir una sensación de confianza y diversión.

» **Iluminación:** la iluminación deberá ser natural. Evita las escenas lóbregas.

» **Retratos:** todas las fotografías de retratos deberán ser casuales y espontáneas, incluir un fondo consistente y luz natural.

» **Comunidad:** las fotografías de dos o más personas deberán transmitir una sensación de diversidad e inclusión en un entorno casual, cálido y acogedor.

» **Eventos:** todas las fotografías de eventos deberán enfocarse en una persona u objeto específico para evitar el hacinamiento.

» **Capas:** usa las capas de la marca con moderación, limítate a uno o dos de los colores dominantes que hayas elegido.

» **Ilustraciones:** usa la cantidad mínima necesaria de detalles y, cuando te sea posible, incluye colores de la paleta de la marca.

Los lineamientos para fotografías e ilustraciones también deberán incluir los estándares mínimos de calidad. Quizá desees especificar que cualquier material gráfico digital usado para la impresión deberá tener una resolución mínima 300 puntos por pulgada (*dots per inch* o DPI), y cualquier imagen presentada en internet deberá tener por lo menos 72 DPI. Tal vez también quieras especificar el formato de archivo que prefieras: JPG, PNG o TIF.

# Establece los lineamientos de la voz y el tono

Entre tus lineamientos de branding deberás especificar la voz y el tono de todos los materiales de comunicación (texto, audio y video):

» **Voz:** la *voz* es la personalidad de tu marca: ingeniosa, amable, genuina, divertida, amigable, positiva o elegante. La voz de tu marca debe mantenerse congruente en todos los mensajes.

CONSEJO

Imagina que eres el embajador de tu marca y tienes que hablar con un cliente. (En el capítulo 12 encontrarás información sobre la manera en que los embajadores de marca participan en tu estrategia de contenidos de marketing.) ¿Cómo describirías tu personalidad? ¿Eres amigable y servicial? ¿Haces reír a tu cliente? ¿Eres serio y te enfocas en el negocio? ¿Qué tipos de personalidad atraen más a tus clientes? ¿A cuáles responden mejor?

» **Tono:** el *tono* es el estado de ánimo de tu marca: reflexivo, contento, confiado, seguro o temeroso. El estado de ánimo puede cambiar dependiendo del mensaje. Cuando redactes contenidos para promover tu marca toma en cuenta el estado de ánimo que deseas transmitir. ¿Estás emocionado por el nuevo producto que ofreces? ¿Estás seguro de que tu servicio puede ayudar a los clientes a resolver un problema? ¿Qué estado de ánimo quieres expresar o evocar?

La empresa de renta de prendas Fashion Pass utiliza la voz y el tono de una manera muy eficaz en su publicidad. Le habla directo a su objetivo demográfico: mujeres jóvenes y conscientes del estilo al vestir. En sus publicaciones en redes sociales con frecuencia se despide utilizando la palabra "chica", es una manera en que la empresa establece su voz y hace sentir a sus clientas como si estuvieran charlando con una amiga, en lugar de escuchando un discurso de ventas.

Imita el estilo de Fashion Pass y adopta algunas palabras y frases emblemáticas que comuniquen la voz de tu marca.

CONSEJO

# Arma y usa un kit de medios

Un *kit de medios* es un documento o serie de materiales que ofrecen toda la información clave acerca de la marca, incluyendo la misión y la visión de la empresa, detalles sobre los productos o servicios que ofrece e información de contacto.

En las primeras etapas del lanzamiento de la marca deberás armar un kit de medios para enviarlo a periodistas y a cualquier socio o colaborador en potencia. Es algo parecido a entregarle una tarjeta de presentación a alguien en una fiesta. Contar con este kit te permite responder a solicitudes de los medios de comunicación casi en tiempo real sin tener que preocuparte por no haber incluido algo importante.

En esta sección te explicaré cómo armar el kit de medios y te diré cómo detectar el momento oportuno para hacerlo.

## Crea tu propio kit de medios

Un kit de medios puede tener una sola página o ser una carpeta llena de documentos. Incluso puede contener un video digital o más (o los enlaces para llegar a ellos) en los que se le presente la empresa o marca al espectador.

Arma un primer kit *all inclusive*, incluye todo lo que te gustaría enviar a los medios o socios potenciales. Una vez que lo tengas podrás editarlo y reducirlo de acuerdo con tus necesidades. La versión *all inclusive* incluye los siguientes elementos:

» **Información de contacto:** esta información deberá incluir número telefónico, dirección de correo electrónico y dirección postal.

» **Biografía de la empresa:** la biografía o semblanza es una descripción breve de tu empresa o marca.

» **Dirección del sitio web:** un sitio web puede ofrecer información que no esté incluida en el kit de medios. (En el capítulo 7 encontrarás información para diseñar un sitio web, blog o tienda en línea).

» **Misión:** la misión de tu marca es su *raison d'être*, su razón de ser. La declaración de misión o principios la puedes incluir en la semblanza de la empresa o en una sección aparte.

**CONSEJO**

Si tu misión está relacionada con una causa caritativa, presenta la declaración separada de la semblanza de la empresa. De esta manera destacarás la misión.

» **Cobertura de medios:** incluye cualquier cobertura de medios destacada que haya recibido tu marca recientemente. Indica el medio e incluye una cita del artículo. *Girl Gang the Podcast*, por ejemplo, fue presentado en la revista *Marie Claire* como uno de "Los mejores 33 podcast de 2020", así que lo mencioné en el kit de medios. También trato de destacar esta información cada vez que le presento un discurso de ventas de la marca a gente que me gustaría que apareciera como invitada en el podcast.

» **Logotipos:** incluye todas las formas de tu logotipo: colores, versión monocromática, logotipo solo, las fuentes solas y logotipo más fuentes.

» **Fotografías de estilo de vida:** si este rubro es aplicable para tu marca, incluye algunas fotografías de estilo de vida o contenidos generados por los usuarios en los que se vea a los clientes utilizando tu producto en la vida real.

» **Testimonios de clientes:** si tu negocio ofrece servicios, incluye testimonios de los clientes que los han probado.

» **Enlaces a videos:** si tienes videos en los que alguien presente tu marca, incluye los enlaces.

## Adapta tu kit de medios a tu audiencia

Un kit de medios es como un currículum, debes adaptarlo cada vez que lo envíes para que le hable de manera directa a tu audiencia y aumente tus probabilidades de obtener el resultado que deseas. Si piensas enviar el kit a expertos de reclutamiento para que participen en tu podcast como invitados, podrías incluir estadísticas respecto a cuántos escuchas se han suscrito. Si tienes una marca de ropa y piensas enviar el kit a editores de revistas especializadas, incluye fotografías de tus diseños o líneas más recientes.

**RECUERDA**

Toma en cuenta las necesidades de la persona que va a recibir el kit de medios e incluye todo lo que le hará falta. Si vas a enviar el kit a una publicación por internet, necesitarás enviarle al editor toda la información que necesite para escribir un artículo decente. Incluso tal vez debas redactar el artículo para facilitarle la publicación lo más posible. Incluye fotografías y citas destacadas, y ofrece dar una entrevista.

También deberías aprovechar el impulso que ofrece la cobertura de medios recibida. Si ya cuentas con cierta cobertura, inclúyela en el kit. La gente quiere saber lo que otros dicen sobre tu marca. Si no tienes, incluye los testimonios de clientes. Obtener testimonios de usuarios reales de tu producto o servicio puede ser muy eficaz.

**RECUERDA**

La gente está muy ocupada, más vale que tu kit de medios sea breve. Mi kit típico es un documento PDF de una página con un enlace al sitio web. A partir de ahí, el destinatario puede buscar más información.

## Decide en qué momento enviar un kit de medios

Ahora que cuentas con un kit de medios, seguramente estás ansioso por enviárselo a *todo mundo*, pero te voy a recomendar algo: no lo hagas. Para un primer contacto (o llamada en frío), da un discurso breve y cautivador sin utilizar el kit. ¿Por qué? Por dos razones:

>> Dar demasiada información puede desmotivar.

>> Un primer correo electrónico en frío con un documento adjunto puede ser considerado spam o correo indeseable, y en ese caso, tal vez el destinatario no lo vea jamás.

Mantén tu discurso breve y termina ofreciendo más información si te la piden. Puedes decir: "Me encantaría enviarle más detalles y nuestro kit de medios, en caso de que esté interesado". De esta forma, le darás al destinatario libertad para decidir si quiere recibir la información y aumentarás la probabilidad de que la lea.

Si tienes una lista de periodistas que ya te conocen, envía el kit cada vez que lances una nueva marca.

**CONSEJO**

Extiende el uso del kit más allá de los medios. Un kit de medios es útil cuando das un discurso en el que propones una colaboración estratégica, después del contacto inicial. El kit puede proveer un atisbo a la misión y los valores de la marca, y contener información adicional que el destinatario podría necesitar para decidir si desea asociarse contigo.

# Crea tus propias plantillas de marca

La congruencia es fundamental para construir una marca sólida, y las plantillas pueden simplificar las tareas que necesitas realizar para desarrollar dicha congruencia. Una plantilla de marca contiene el logotipo y obedece todas las especificaciones de diseño que estableciste previamente. Por esta razón, lo único que tienes que hacer ahora es modificar el contenido. Te exhorto a diseñar plantillas para todos los materiales de marketing que crees:

>> Anuncios

>> Banderolas

>> Folletos

>> Correos electrónicos

>> Volantes

>> Infográficos

- » Invitaciones

- » Facturas

- » Membretes

- » Memes

- » Menús

- » Boletines

- » Presentaciones

- » Comunicados de prensa

- » Publicaciones y anuncios en redes sociales

- » Introducciones de videos

Tienes varias opciones para diseñar las plantillas de tu marca:

- » Algunos programas de publicidad en línea como Google Ads y Facebook Ads ofrecen sus propias plantillas.

- » Las herramientas de marketing a través de correo electrónico como MailChimp ofrecen una selección de plantillas.

- » Puedes contratar a un diseñador para que diseñe una serie de plantillas que cubran tus necesidades.

- » Puedes usar aplicaciones de diseño en línea para crear tus propias plantillas.

Mira lo sencillo que es diseñar una plantilla personalizada en Canva:

1. **Visita** https://www.canva.com/templates.

2. **Explora la lista de categorías y elige la que más se acerca al artículo que deseas crear. Puede ser un infográfico, un meme o una historia en Instagram.**

3. **Selecciona el tema que quieres personalizar como se muestra en la ilustración 6-3, y selecciona la opción "usar esta plantilla" (*use this template*).**

   En este momento aparecerá la plantilla seleccionada y en el lado izquierdo de la pantalla te mostrarán las opciones para personalizarla (ver ilustración 6-4).

4. **Sigue las invitaciones que aparezcan en la pantalla para usar las herramientas disponibles para personalizar el tema.**

5. **Da clic en "descargar" (esquina superior derecha) y descarga tu nueva plantilla.**

**RECUERDA**

Cuando diseñes plantillas nuevas, siempre sigue los lineamientos del branding. Apégate a la paleta de color que especificaste y, si te parece apropiado, incluye tu logotipo para reforzar la identidad de la marca.

ILUSTRACIÓN 6-3. Selecciona una plantilla prediseñada.

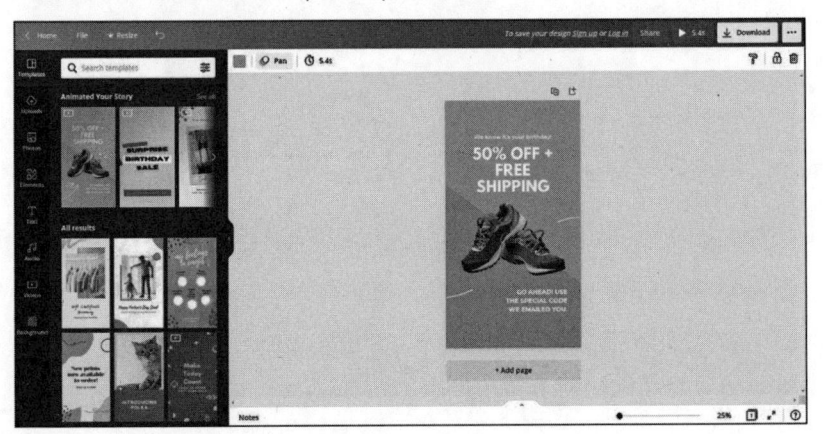

ILUSTRACIÓN 6-4. Personaliza tu plantilla.

EN ESTE CAPÍTULO

» Registrarás un nombre de dominio que promueva tu marca.

» Diseñarás tu propio sitio web o contratarás a alguien más para que lo haga.

» Utilizarás las herramientas de análisis del sitio web para monitorear el tráfico.

» Obtendrás una dirección de correo electrónico que coincida con el nombre de tu dominio.

» Diseñarás una app de tu marca o contratarás a un desarrollador.

Capítulo **7**

# Construye el sitio web, la app y la cuenta de correo electrónico de la marca

Para que cualquier marca tenga éxito en el mundo de hoy, debe contar con una fuerte presencia en línea. Cuando le cuentas a la gente sobre tu marca, lo primero que te preguntan es "¿Tienes sitio web?", y la respuesta siempre es "Claro: GirlGangTheLabel.com. Deberías visitarla". Luego, por supuesto, también les entregas tu tarjeta de presentación con las direcciones del sitio y el correo electrónico.

Incluso si la mayor parte de las transacciones que realizas son en una ubicación física, contar con un sitio web te permite mantener a tus clientes existentes informados y atraer gente nueva. Si tienes una tienda física, los sitios web que cuentan con herramientas de comercio electrónico te dan la oportunidad de vender tus productos y servicios a personas en ubicaciones lejanas, y a quienes no pueden o no desean desplazarse hasta tu tienda. En pocas palabras, un sitio web extiende tu alcance de forma significativa.

En este capítulo te explicaré cómo iniciar el proceso para establecer tu presencia en línea a través del desarrollo de un sitio web, una tienda virtual, de un blog o de una combinación de los tres; de la creación de una dirección de correo electrónico (como amy@girlgangthelabel.com), y, si en verdad eres ambicioso, porque es lógico que lo seas, del lanzamiento de tu propia aplicación móvil.

**RECUERDA**

No permitas que la tecnología te intimide. En este capítulo te ofrezco la asesoría necesaria y numerosas herramientas y servicios que pueden simplificarte los proyectos mencionados.

# ¿Por tu cuenta o con un desarrollador?

Una vez que decidas construir un sitio web, una tienda virtual o un blog, tendrás que preguntarte si harás el trabajo tú mismo o si contratarás un diseñador/desarrollador para que lo haga por ti. La respuesta suele depender de los recursos económicos y del tiempo:

> » **Si tienes tiempo y no cuentas con suficiente dinero para contratar a un profesional, hazlo tú mismo.** Si nunca has diseñado un sitio web, debes saber que puedes encontrar una gran cantidad de herramientas y recursos para lograrlo, y que muchos de ellos son gratuitos. Sin embargo, aprender a utilizarlos podría tomarte mucho más tiempo que si solo contrataras a un profesional.

> » **Si tienes el dinero, contrata a un profesional sin importar si cuentas o no con tiempo para hacerlo tú mismo.** Un diseñador/desarrollador profesional podría construir un sitio mejor y más rápido que tú, pero de todas formas necesitarás proveerle asesoría y casi todo el contenido, si no es que todo. La diferencia es que el profesional aporta su experiencia y hace la mayor parte del trabajo pesado.

En las siguientes secciones analizaré con más detalle la pregunta respecto a diseñar tú mismo el sitio web o contratar a un profesional.

# Hacerlo por tu cuenta

Tú mismo puedes construir, de manera rápida y sencilla, un sitio web, un blog o una tienda en línea a un nivel decoroso y que luzca bien. Ya hay disponibles temas, elementos visuales y herramientas que te pueden facilitar el proceso e incluso son gratuitos. A continuación te presento una lista de lo que necesitas para hacerlo:

» **Un servidor para el sitio web:** el *servidor* o *host* es el lugar donde se almacenan de forma virtual todos los archivos y funciones necesarias para que opere tu sitio. Más adelante, en este mismo capítulo, encontrarás una sección llamada "Reclama el nombre de tu dominio y elige un servicio de hosting", donde te doy más información sobre los servicios de los servidores.

» **Sistema de Gestión de Contenidos:** un *sistema de gestión de contenidos* o CMS, por sus siglas en inglés, es un software que te permite, a ti o a tu desarrollador, diseñar un sitio web, blog o tienda en línea, y les presenta tu sitio a los visitantes. WordPress es un ejemplo de CMS. Imagina que el CMS es un programa de publicación en el escritorio, diseñado específicamente para crear y publicar sitios, como Microsoft Publisher.

» **Tema:** un *tema* (plantilla) controla el diseño y la apariencia de los contenidos del sitio, y te facilita cambiar la apariencia como si te cambiaras de ropa. Hay miles de temas disponibles para ser utilizados en diversos CMS, como es el caso de WordPress.

**RECUERDA** Elige un tema compatible con los teléfonos celulares, es decir, que ajuste de manera automática el formato o disposición del sitio para que luzca y funcione bien sin importar el dispositivo donde lo vea el cliente. En la actualidad, más de la mitad de los usuarios navegan en internet desde sus teléfonos celulares, por eso es fundamental que tu sitio se adapte a sus necesidades y preferencias.

» **Plug-ins o apps:** muchos proveedores externos desarrollan plug-ins o apps para los CMS más populares. Puedes usarlos de forma gratuita o pagando una modesta suma, y añadir a tu sitio funciones como comercio electrónico para que la gente pueda comprar en línea, seguridad y respaldo de tu sitio, o foro de discusiones.

» **Contenido:** el contenido es todo lo que aportas para que tu sitio sea efectivo, como textos, tu logotipo, gráficos, audios, videos, catálogos de productos y cualquier otra cosa que desees incluir.

Algunas plataformas contienen casi todo lo que necesitas para empezar, solo añade tus contenidos. Estas son algunas de mis soluciones multifuncionales favoritas:

» **Shopify** (https://www.shopify.com/domains) es genial para desarrollar una tienda de comercio electrónico. La cuenta básica cuesta 29 dólares mensuales e incluye una selección de temas gratuitos, panel con resumen de actividades, reportes financieros, perfiles de clientes, gestión de productos y pedidos, bandeja de correo electrónico, tarjetas de regalo, códigos de descuento y mucho más. Shopify también cuenta con más de 6 000 aplicaciones integrables que añaden herramientas y funciones a tu negocio.

Shopify Lite cuesta 9 dólares al mes. Es un plan para comerciantes que venden en persona o que simplemente desean añadir un botón de compra a su sitio actual. Con Lite puedes transformar cualquier sitio web en tienda, aceptar pagos con tarjeta de crédito desde cualquier dispositivo iOS o Android y preparar y enviar facturas. Pero toma en cuenta que no puedes construir una tienda en línea con esta versión.

» **Squarespace** (https://www.squarespace.com) es una combinación de servicio de hosting para sitios web y CMS. Ofrece temas atractivos para construir un sitio de apariencia profesional, tienda en línea, blog o portafolio. El portafolio, por cierto, les permite a los freelancers mostrar su creatividad. También incluye herramientas de optimización para buscadores que mejoran·el rango de búsqueda de tu sitio y análisis de datos que te muestran de dónde viene tu tráfico de internet, qué buscan tus visitantes y cómo navegan e interactúan con tu sitio. Los planes son "personal", con un costo de 12 dólares mensuales; "negocios", con costo de 18 dólares; "comercio básico", por 26 dólares, y "comercio avanzado", por 40 dólares mensuales.

» **WordPress** (https://wordpress.com) es una combinación de servicio de servidor y CMS. Al igual que Shopify y Squarespace, te ofrece las herramientas que necesitas para construir y gestionar un sitio web, blog o tienda en línea. Ofrece varios planes, desde el gratuito; el personal, por 4 dólares mensuales; el premium, que cuesta 8 dólares; el de negocios, con un costo de 25 dólares, y el de comercio electrónico, con un costo de 45 dólares mensuales.

**RECUERDA** Las plataformas populares de comercio electrónico como Shopify integran con facilidad sitios construidos con WordPress. Por ejemplo, con unos cuantos clics puedes generar un código especial en Spotify y pegarlo en una página en tu sitio de WordPress para mostrar el producto que vendes en esta plataforma de música, junto con un botón de compra para que los clientes puedan ordenarlo.

En las secciones "Reclama el nombre de tu dominio y elige un servicio de hosting" y "Los rudimentos de la construcción de un sitio web", en este capítulo, encontrarás más información sobre diseño de sitios, blogs o tiendas en línea.

# Contratar a un desarrollador

Si prefieres comisionar a alguien más la tarea de diseñar y construir tu sitio web, necesitas buscar un desarrollador calificado. Empieza por hacer una lista de todo lo que quieras que tu sitio contenga y haga. En ella deberás incluir los siguientes puntos:

» **Antecedentes de tu negocio o marca:** incluye datos demográficos de los clientes, una descripción de tu industria y nombres de tus competidores.

» **Objetivos primarios y secundarios de tu sitio:** tal vez tu objetivo principal sea construir una identidad sólida de marca, y el secundario sea vender mucha mercancía. Si eres proveedor de servicios, tu objetivo principal debería ser difundir las noticias e información respecto a tu sitio, y el segundo fomentar la confianza.

» **Mapa del sitio:** un *mapa del sitio* es un esquema en el que se enlistan todas las páginas que deseas y la manera en que estarán organizadas.

» **Algunos ejemplos de sitios que te encantan:** haz una lista de las direcciones y escribe lo que te agrada y te desagrada de cada uno.

» **Alcance del proyecto, funcionalidad y productos finales:** haz una lista de todo lo que esperas que tenga el sitio:

- Contenido estático en unas 10 o 12 páginas

- Funciones para bloguear

- Funciones para comercio electrónico

- Posibilidad de que los clientes elijan una ubicación preferida de tienda física

- Desarrollo de contenidos (¿piensas proveer los textos y elementos visuales o esperas que el desarrollador lo haga?)

- Capacidad para recopilar información a través de formatos

- Optimización para buscadores o SEO, por sus siglas en inglés

- Migración de contenidos

CONSEJO

Una manera de ahorrarte tiempo, dinero e irritación, a ti mismo y a tu desarrollador, es describir con gran precisión todo lo que necesitas antes de comenzar. De otra manera, podrías tener un crecimiento incontrolable o *scope creep*, un fenómeno en el que el proyecto sigue mutando y creciendo mucho más de lo planeado.

» **Fechas límite y metas:** especifica la fecha en que te gustaría lanzar tu sitio y haz un cronograma realista para completar las distintas etapas del proyecto.

» **Presupuesto:** sé honesto respecto a cuánto estás dispuesto a gastar. Cuando empieces a buscar un desarrollador calificado también puedes ajustar tu presupuesto o el alcance del proyecto de acuerdo con lo que averigües sobre los honorarios de estos profesionales.

En cuanto tengas una visión bastante clara del sitio, estarás preparado para buscar y contactar a distintos desarrolladores. Si no tienes a nadie en mente aún, considera las siguientes fuentes:

» Busca un mercado de freelancers como 99designs (https://99designs.com) o Toptal (https://www.toptal.com).

» En la misma plataforma donde deseas construir y almacenar tu sitio puedes buscar desarrolladores familiarizados con este entorno. Squarespace Marketplace te puede poner en contacto con un desarrollador de acuerdo con tus necesidades y preferencias, pero también puedes echarle un vistazo a su directorio. Shopify Experts Marketplace también te puede dar la información de contacto de un freelancer confiable o de una agencia.

» Busca entre tu red de conocidos, pide recomendaciones en redes sociales como LinkedIn, Instagram y Facebook.

Examina con detenimiento los portafolios de los candidatos para determinar si cuentan con las habilidades necesarias para desarrollar el sitio que imaginas. ¿Han diseñado tiendas virtuales? ¿Qué tan efectivos son los sitios que han diseñado en cuanto a la proyección de la identidad de la marca? Revisa sus referencias y averigua lo que dicen otros clientes sobre su trabajo.

**RECUERDA**

No esperes que el desarrollador haga *todo*. Tú necesitarás contribuir con contenidos brutos para el sitio (información, imágenes y video), textos, tu base de datos de productos (en el caso de una tienda en línea), y ofrecer toda la ayuda y retroalimentación necesarias.

# Reclama el nombre de tu dominio y elige un servicio de hosting

Elegir un nombre de dominio y de servicio de hosting es como comprar un terreno para construir una casa. El nombre del dominio será la dirección única de tu sitio, y el servicio de hosting será el servidor en el que lo construirás. El nombre de dominio para mi marca Girl Gang, por ejemplo, es GirlGangTheLabel.com, y el sitio está almacenado en servidores de Shopify. El nombre de mi dominio también forma parte de mi dirección de correo electrónico (amy@girlgangthelabel.com), lo cual fortalece la identidad de la marca.

En esta sección explicaré cómo elegir y registrar un nombre de dominio, y cómo buscar un servicio de hosting confiable y de buena reputación que satisfaga tus necesidades de branding.

# Elige y registra un nombre de dominio

Si tu objetivo es fomentar el reconocimiento, necesitarás elegir un dominio que refleje o coincida con el nombre de la marca. También necesitas un nombre corto, fácil de recordar, fácil de escribir en un teclado y difícil de escribir con errores. Incluir el ".com" al final es una ventaja, pero si no puedes conseguir este tipo de nombre, no te preocupes.

Para encontrar y registrar un nombre de dominio conveniente, usa una plataforma de registro. Yo uso GoDaddy (https://www.godaddy.com) para registrar y administrar mis dominios, pero hay muchísimas más de renombre:

» Squarespace (https://www.squarespace.com/domain-name-search)

» Shopify (https://www.shopify.com/domains)

» WordPress.com (https://wordpress.com/domains)

» Bluehost (https://www.bluehost.com/domains)

» HostGator (https://www.hostgator.com/domains)

» Google Domains (https://domains.google)

En cualquiera de estos sitios te recibirán con un formato de búsqueda. Escribe el nombre del dominio que quieres, incluyendo ".com", ".org" o lo que desees como extensión, y da clic en "buscar" (*search*) o el botón equivalente que encuentres. Los resultados de la búsqueda te indicarán si el dominio está disponible, y si ya está ocupado, te ofrecerán alternativas. Tal vez tengas que buscar varias veces hasta encontrar el nombre adecuado.

CONSEJO

Sé flexible y creativo. Si el dominio que quieres ya está ocupado, busca algo similar. Si winecircle.com ya está tomado, podrías buscar winecircle.net o winecircle.store. Buscar un nombre de dominio puede ser una buena oportunidad de repensar el nombre de tu marca y usar algo completamente distinto, como Wine Sprites en WineSprites.com.

# Elige un servicio de hosting y un plan

El servicio de hosting en la red ofrece servidores de internet para albergar sitios. Cada vez que alguien visita el tuyo, los servidores entregan el contenido y los códigos que el buscador del visitante necesita para ver lo que hay en tu sitio de la manera en que tú lo diseñaste para que luciera.

La mayoría de los servicios de hosting son similares y ofrecen planes parecidos, sin embargo, pueden variar un poco o mucho en cuanto a velocidad, confiabilidad, seguridad, características y costo. A continuación te presento una lista de características que puedes usar para asegurarte de conseguir un proveedor de hosting y un plan que satisfaga tus necesidades y sea capaz de gestionar el crecimiento de tu marca:

» **Respetable:** busca en internet y en tus cuentas de redes sociales calificaciones, opiniones de clientes y testimonios. Si alguien tiene algo malo que decir respecto a un servicio de hosting, lo más probable es que surja en una búsqueda general.

» **Confiable:** cada vez que tu sitio se cae, pierdes oportunidades y clientes. Averigua cuál es el porcentaje de operación real del servicio de hosting, y saca de tu lista a cualquier candidato que tenga menos de 99.9%. Los tiempos de funcionamiento pueden aparecer en artículos o incluso en el sitio web del mismo proveedor.

» **Rápido:** hay varios factores que determinan la rapidez con que se carga tu sitio en un dispositivo, entre ellos, la manera en que está construido, el tamaño de los archivos que se deben transferir, la velocidad de los servidores del proveedor, la velocidad de conexión entre el servidor que alberga el sitio y el cliente que lo visita, y la velocidad del aparato del cliente. Naturalmente, lo último que deseas es que tu servicio de hosting sea el bache en toda esta cadena de entrega. Compara las velocidades promedio de todos los servicios de hosting de tu lista. En general, puedes encontrar la velocidad promedio, medida en milisegundos (ms), haciendo una búsqueda simple en internet.

» **Expansible:** los proveedores de hosting deben estar preparados para crecer y satisfacer tus necesidades, pero también las necesidades de una base de clientes que irá creciendo. No hay una manera sencilla de verificar la capacidad de expansión, pero si un proveedor no crece de manera eficaz, los clientes empezarán a quejarse en internet de la confiabilidad y la velocidad.

ADVERTENCIA

Ten cuidado con los proveedores que limitan el ancho de banda (cantidad de datos que transfiere tu sitio) y restringen el acceso o desaceleran el flujo de los datos cuando el sitio excede cierto límite de ancho de banda. Busca proveedores que ofrezcan ancho de banda ilimitado.

» **Seguro:** tú mismo puedes realizar acciones para proteger tu sitio, tus datos y a tus clientes de los piratas y los programas malignos, pero los proveedores de hosting también pueden ayudarte. Elige uno que haga énfasis en la seguridad y ofrezca funciones como escaneo gratuito de programas malignos o *malware*, actualizaciones automatizadas de software, respaldo de sitios, certificados Secure Sockets Layer (SSL), y mitigación de ataques de denegación de servicio (DDoS). En realidad, no necesitas comprender qué son todas estas cosas, solo debes cerciorarte de que en la información que encuentres sobre el proveedor sea evidente que se preocupa por la seguridad.

» **Capaz de gestionar comercio electrónico:** la mayoría de los proveedores de hosting cuentan con herramientas para construir tiendas virtuales, pero algunos están más enfocados en el comercio electrónico que otros. Shopify y Squarespace, por ejemplo, se ocupan de manera específica de clientes que venden productos y servicios.

» **Fácil de usar:** todos los proveedores de servicios tienen un panel de control o algún otro tipo de interfaz que simplifica el acceso a lo que ofrecen. Por lo general, puedes encontrar información o tutoriales en el sistema de ayuda del proveedor. Los tutoriales te muestran cómo navegar y aprovechar las herramientas y funciones más populares. Antes de suscribirte, visita estas guías para evaluar el desempeño.

» **Abundante en herramientas:** antes de elegir un proveedor de hosting, asegúrate de que ofrezca todo lo que necesitas: registro y gestión del nombre del dominio, cuentas de correo electrónico, almacenamiento suficiente, capacidad de hacer migrar tu sitio con facilidad (si es que ya tienes un sitio almacenado con otro proveedor), y ayuda para el CMS que deseas usar, como en el caso de WordPress.

» **Apoyo técnico de calidad:** cuando tu sitio se cae o tienes problemas para que una herramienta o característica funcione como debería, necesitas acceso rápido y sencillo al apoyo técnico. Si estás analizando distintos candidatos como proveedores, investiga cuánto les interesa el respaldo técnico y ve lo que sus clientes actuales y pasados han dicho al respecto en internet.

» **Accesible:** la mayoría de los proveedores de hosting ofrecen distintos planes y precios. Cuando los compares, presta atención a los planes similares. Estos suelen basarse en la cantidad de sitios que tienes, la cantidad de almacenaje y de ancho de banda que requieras, y en si deseas características especiales como respaldos automáticos y análisis del sitio.

Todos los servicios de hosting ofrecen promociones en forma de crédito y servicios gratuitos temporales para que puedas comparar tus opciones. Sin embargo, es mejor que compares lo que tendrás que pagar *una vez que expire* el **ADVERTENCIA** periodo de prueba promocional. También asegúrate de transferir con facilidad el sitio que estás desarrollando a otro servicio si en el que estás no funciona como esperabas.

 Uno de los factores más importantes al elegir un plan es qué tipo de servidor quieres o necesitas:

**RECUERDA**

» **Servidor compartido:** en un *servidor compartido*, tu sitio comparte almacenamiento y recursos informáticos con muchos otros, por lo que, si alguno de ellos acapara recursos, el desempeño del tuyo podría verse afectado.

» **Servidor virtual privado:** un *servidor virtual privado* (VPS, por sus siglas en inglés) dedica una porción de los recursos del servidor compartido a tu sitio web para ayudar a reducir la competencia por estos. El servidor es compartido, pero actúa más como si estuviera consagrado a tu sitio.

» **Servidor dedicado o exclusivo:** en un servidor *dedicado*, tus sitios web no comparten recursos con otros. Esta es la mejor opción, pero también es la más costosa.

» **Servidor en nube:** algunos servicios de almacenamiento funcionan en enormes servidores públicos en nubes como Amazon Web Services y Microsoft Azure, los cuales tienen prácticamente un espacio de almacenamiento y recursos informáticos ilimitados, y pueden expandirse o reducirse de forma automática para satisfacer los cambios solicitados.

# Los rudimentos de la construcción de un sitio web

Una vez que tengas un nombre de dominio y un proveedor de hosting, estarás listo para empezar a construir tu sitio web, blog, tienda virtual o una combinación de los tres. Este proceso no lo puedo cubrir en detalle por dos razones:

» Necesitaría un libro completo aparte.

» Varía de manera considerable dependiendo del servidor, el tipo de sitio que desees construir y las herramientas que uses. Construir un sitio en Shopify es muy distinto a construir uno en WordPress.com, por ejemplo.

Lo que sí puedo hacer es guiarte en los rudimentos para que tengas una idea general de lo que implica, antes de que pongas manos a la obra.

## Elige el tipo correcto de sitio y los elementos que debes incluir

Los sitios web varían mucho, de acuerdo con la forma, la función y el contenido. Un artista o arquitecto podría diseñar un sitio que le sirva como portafolio digital, en tanto que un minorista tratará de construir una tienda virtual para vender su mercancía, y un consultor se enfocará en un blog para establecerse como líder de opinión en la industria. Estos sitios lucirían y funcionarían de manera muy diferente a pesar de que todos se pueden usar para construir la identidad de la marca.

Cuando tengas una idea general de lo que quieres que sea y haga tu sitio, empieza a pensar en el propósito y en los componentes que necesita para cumplirlo:

- » Páginas para presentar información.

- » Blog para publicar artículos con regularidad y permitir que los visitantes hagan comentarios.

- » Catálogo de productos y canasta de compras para que los visitantes ordenen, compren y paguen la mercancía.

- » Portafolio para mostrar tu creatividad y experiencia.

- » Forma de contacto para que los visitantes puedan ponerse en contacto contigo a través de correo electrónico.

- » Calendario para programar citas.

- » Formatos (registro, solicitud, solicitud de cita, solicitud de información adicional y otros).

- » Foro de discusión para formar una comunidad y que los miembros puedan interactuar.

CONSEJO

Piensa por qué los clientes y los prospectos van a visitar tu sitio. Si tienes un producto y ofreces prepedidos, necesitarás un diseño minimalista que solo contenga algunas páginas. Si vendes varios productos necesitarás una plantilla que te facilite la creación de un catálogo. Para un negocio que se basa en los servicios tal vez solo requieras una página de aterrizaje en la que se describan estos, una página de testimonios y una forma de contacto. Explora algunos sitios de marcas parecidas a la tuya y acumula ideas sobre lo que deberías incluir en tu sitio.

# Instalar, o no, un sistema de gestión de contenidos (*Content Management System* o CMS)

Dependiendo de lo que ofrezca tu proveedor de hosting y de la manera en que esté configurado, tal vez no necesites instalar un CMS en su servidor para empezar a construir tu sitio. Algunos proveedores tienen CMS integrado, solo necesitas elegir la opción de construcción de sitio. Si crees que necesitas instalar uno, el proceso puede ser complicado, pero casi todos los proveedores ofrecen asistentes de instalación que hacen el proceso tan simple como instalar un software nuevo en una computadora. En Bluehost, por ejemplo, solo tienes que ingresar, dar clic en *advanced*, dar clic en WordPress Manager by Softaculous, dar clic en *install* y completar el formato de instalación (ver ilustración 7-1).

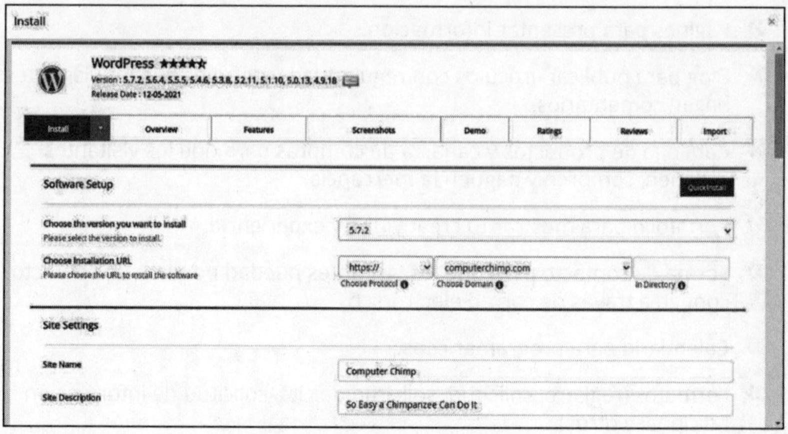

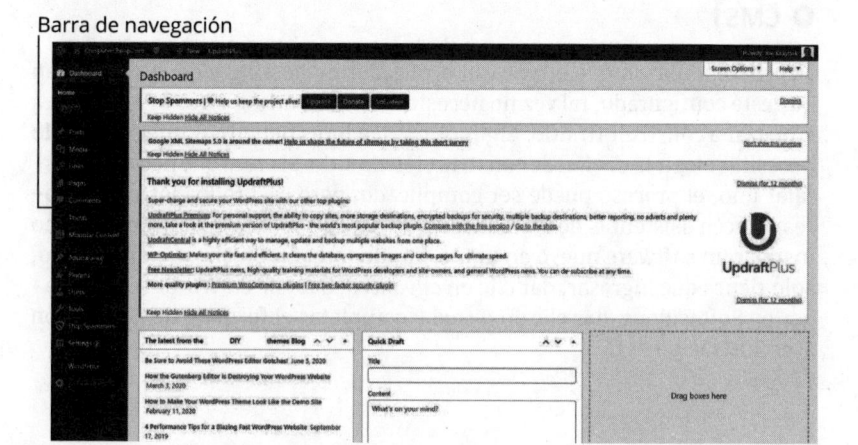

ILUSTRACIÓN 7-1. Instalación de WordPress en Bluehost.

El formato te invita a escribir tus preferencias, como la URL del sitio (dirección), nombre y descripción; nombre de usuario, contraseña y dirección de correo electrónico; los plug-ins que desees instalar para añadir funciones, y el tema con el que quieras iniciar. Este lo puedes cambiar más adelante, como lo explicaré en la siguiente sección, "Elige un tema".

En la parte inferior del formato se encuentra el botón de instalación, da clic para iniciar.

Después de realizar la instalación puedes ingresar al panel de tu sitio (ve la ilustración 7-2) para crear páginas y publicaciones, modificar la apariencia, instalar plug-ins, monitorear los comentarios publicados por los visitantes y mucho más. Usa la barra de navegación a la izquierda de la pantalla para elegir en qué deseas trabajar.

Barra de navegación

ILUSTRACIÓN 7-2. El panel de control de WordPress.

# Elige un tema

Un *tema* es una plantilla que controla la disposición y la apariencia de tu sitio: colores, fuentes, cantidad y tamaño de las columnas, espaciamiento, márgenes, todo lo que puedas imaginar. Algunos temas añaden características y funciones a tu sitio, como el formato de correo electrónico, los botones para compartir, los formatos de encuestas y los constructores de páginas *drag-and-drop*, es decir, una herramienta con la que puedes añadir imagen, texto u otros contenidos a tu página, arrastrándolos desde tu computadora y dejándolos caer donde te indique el sistema. WordPress ofrece acceso a miles de temas gratuitos, y también hay disponibles miles más que puedes comprar.

Para cambiar los temas en WordPress da clic en *appearance*, en la barra de navegación a la izquierda, da clic en *themes*, y elige el que deseas usar. Para ver más o para instalar uno propio, da clic en *add new*. Verás aparecer una serie de temas como se muestra en la ilustración 7-3. Usa la barra de navegación sobre la serie para ver los temas populares (*popular*) o los recientes (*latest*), fíltralos por características o busca otros. Puedes, por ejemplo, buscar temas para comercio electrónico, para consultores o para músicos.

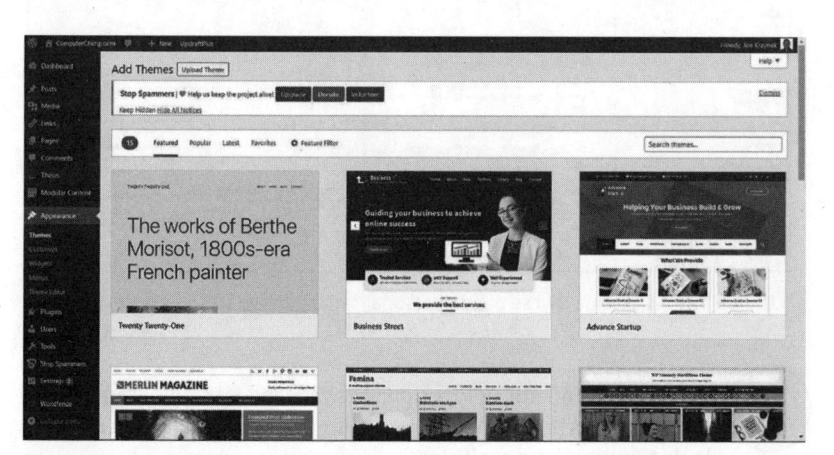

ILUSTRACIÓN 7-3. Serie de temas en WordPress.

# Integra tu logotipo y otros activos de la marca

Uno de los aspectos más relevantes para la elección de un tema es cuánto te facilita el branding en tu sitio, es decir, cambiar colores y fuentes, y añadir el logotipo, sobre todo para el encabezado o *header* del sitio, que es el bloque en la parte superior de todas las páginas. En algunos temas necesitarás programar escribiendo código para que todo luzca bien. El objetivo de los temas es que todas estas acciones complicadas pasen a segundo plano y no tengas que convertirte en programador o desarrollador para controlar el *look and feel* de tu sitio. Sin embargo, ciertos temas son mejores que otros para este propósito. Asimismo, algunos exigen más conocimiento de programación que otros.

Divi es un tema de la serie *elegant* de WordPress y es excelente para mantener la programación al margen. En WordPress, cuando eliges personalizar la apariencia de este tema, tu sitio se ve como en la ilustración 7-4, con una barra de navegación a la izquierda que te permite controlar todo, desde el encabezado hasta los pies de página, los esquemas de colores, los menús y mucho más. A medida que vas ingresando las preferencias, la apariencia del sitio va cambiando, así que puedes prever los efectos de cada modificación antes de aceptarlas. Cuando todo luzca como quieres, da clic en el botón de publicar (*publish*) que se encuentra arriba de la barra de navegación, y guarda los cambios.

Opciones para personalizar el tema

ILUSTRACIÓN 7-4. El tema Divi se puede personalizar con facilidad.

Asegúrate de añadir tu logotipo al encabezado y cambiar el esquema de colores para cumplir con los lineamientos de la guía de estilo de tu marca (ver capítulo 6).

**RECUERDA**

Nota que en la parte inferior de la barra de navegación en la ilustración 7-4 hay un botón llamado *additional css*. Si sabes manejar las hojas de estilo en cascada (*Cascading Style Sheets* o css) y quieres ajustar tu sitio más allá de las opciones que te ofrece el menú de Divi, puedes dar clic en este enlace e ingresar tu css personalizado.

# Publica contenidos

Cuando tengas el esbozo completo del sitio podrás empezar a publicar contenidos como páginas web, entradas de blog, imágenes, audio, videos y mucho más. El CMS facilita la publicación, es como trabajar con una aplicación de procesador de palabras o de publicación en escritorio. Solo necesitas ingresar el contenido y darle forma usando las herramientas de composición del CMS. En las siguientes secciones te hablaré sobre lo que puedes esperar de esta herramienta.

## Creación de páginas web

El CMS y el tema que elijas determinarán las herramientas que tendrás para diseñar, formatear y publicar páginas web, sin embargo, el proceso general es bastante similar en todos los casos. En WordPress pasas el ratón sobre *pages* y das clic en *add new*. Entonces aparecerá una página en blanco con una invitación para que añadas el título y comiences a escribir el contenido. Ve la ilustración 7-5.

Escribe un título.

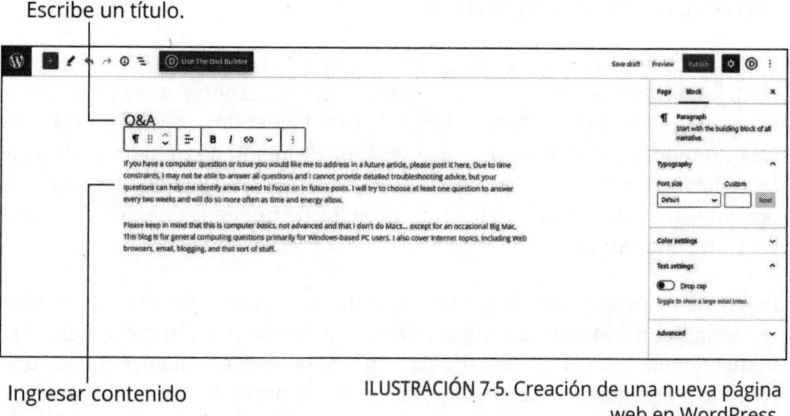

Ingresar contenido

ILUSTRACIÓN 7-5. Creación de una nueva página web en WordPress.

La configuración del tema controla el formato del título, por eso no puedes cambiarlo mientras estás creando o editando la página. Sin embargo, cuando empieces a escribir en el campo de contenido y selecciones texto, aparecerá una barra de herramientas justo arriba del campo y te ofrecerá opciones para formatear el texto, crear enlaces y añadir contenido. Del lado derecho de la pantalla aparecerá otra barra con más opciones para controlar atributos específicos de la página o del bloque de texto en que estés trabajando.

Cuando acabes de diseñar la página puedes dar clic en el botón *preview*, en la parte superior derecha, para ver cómo lucirá cuando lo publiques, o puedes dar clic al botón de *publish* para añadir la página al sitio.

Puedes editar las páginas en cualquier momento, solo debes regresar al panel de WordPress, *pages* y dar clic en la que quieras modificar.

# Entradas de blog

En WordPress, el proceso para publicar una entrada de blog es casi idéntico al de publicación de páginas. La principal diferencia es el inicio. Para crear una nueva publicación ve al panel de WordPress, pasa el mouse sobre *posts* y da clic en *add new*. Sigue los pasos descritos en la sección anterior, "Creación de páginas web" para añadir título, y para añadir y formatear el texto.

Quizá veas algunas opciones distintas en la barra de herramientas del lado derecho de la pantalla. En la pestaña "página de un blog", por ejemplo, la opción que te permite asignar la publicación a categorías específicas se llama, tal cual, *categories*. Esta opción les ayuda a los visitantes a encontrar publicaciones sobre temas de interés específicos y les permite a los buscadores indexar de forma adecuada el contenido que publiques.

# Adición de imágenes

Para añadir una imagen a una página o publicación, coloca el punto de inserción donde deseas que aparezca, y luego da clic en el botón *add media* que se encuentra en la barra de herramientas sobre el lugar donde estás ingresando el contenido. Entonces aparecerá la ventana de añadir contenido con la pestaña *media library* seleccionada. Da clic en la pestaña *upload files* y usa las opciones para arrastrar y depositar archivos de imágenes o selecciónalos a partir de una carpeta.

Da clic en la pestaña de biblioteca de contenidos (ver ilustración 7-6) y selecciona la imagen que deseas insertar. Añade información adicional sobre la imagen en el formato del lado derecho de la pestaña, incluyendo alt text (para la gente que no puede ver la imagen), un título, pie de foto o descripción, y la manera en que deseas que el texto envuelva la imagen. Luego da clic en el botón para seleccionar o insertar.

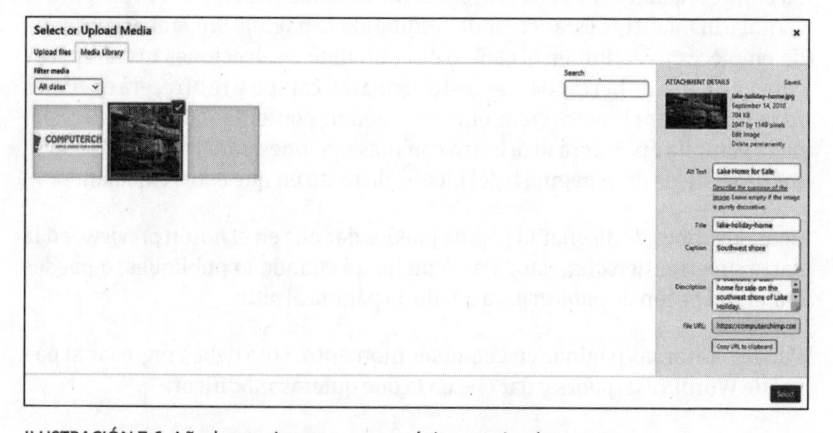

ILUSTRACIÓN 7-6. Añade una imagen a una página o entrada.

## Adición de videos

Para añadir un video a una página o entrada, primero sube el video a YouTube, Vimeo, TikTok o un sitio similar especializado en reproducción de este medio (ve el capítulo 12). Luego ingresa al video en el sitio y busca la opción para incrustar el código. El *código incrustado* es un texto pegado a una página o entrada de blog que trae contenido de otro sitio. Si no encuentras esta opción, busca ayuda en el sistema de la plataforma que comparte los videos.

Para añadir el video a una página, entrada o publicación en tu sitio, copia el código incrustado como se muestra en la ilustración 7-7. Luego regresa a la página o entrada que estés creando y elige la opción de edición de la página o publicación en modo HTML (*Hypertext Markup Language*), el cual despliega todas las complejas etiquetas de formateo que quieres mantener ocultas. Coloca el punto de inserción donde quieres que aparezca el video y copia el código incrustado. Luego cambia de nuevo al modo *edit visually* (edición visualizada) para ocultar los códigos HTML.

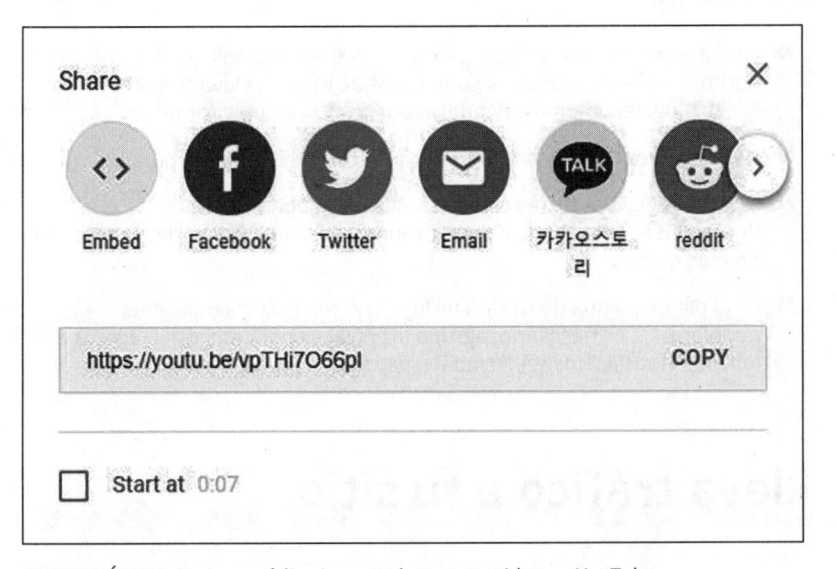

ILUSTRACIÓN 7-7. Copia un código incrustado para un video en YouTube.

## Haz que tu sitio sea fácil de navegar

En cuanto hayas publicado algunos contenidos podrás generar uno o más menús para permitirles a los visitantes navegar tu sitio. El CMS o tema contiene una herramienta para diseñar y editar menús (ver la ilustración 7-8). Puedes usarla para hacer un menú a partir de los nombres de las páginas que creaste, cambiar el nombre de los artículos del menú, reacomodarlos o incluso crear submenús.

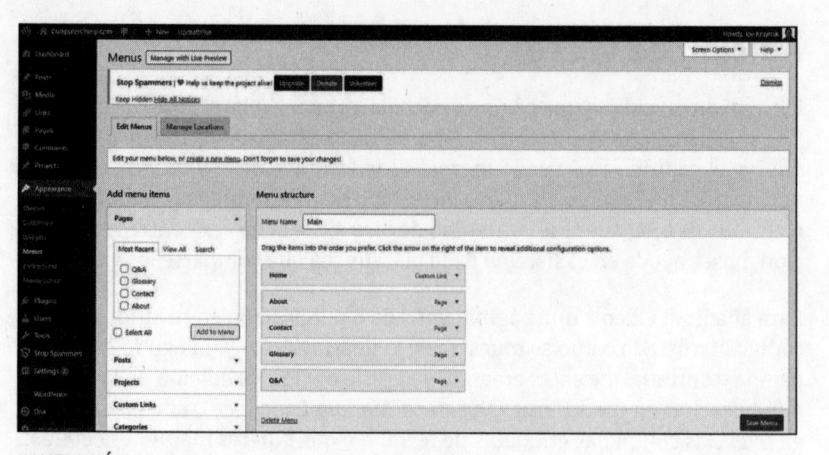

ILUSTRACIÓN 7-8. Puedes generar menús a partir de los nombres de páginas existentes.

Al crear un menú, obedece los siguientes lineamientos para que tu sitio sea fácil de navegar:

» Limita el menú del nivel superior a los siete elementos que los visitantes oprimirán para entrar a los contenidos de mayor relevancia en tu sitio: inicio, blog, testimonios, tienda, ayuda, contacto, ubicaciones.

» Usa nombres claros y concisos para los elementos del menú.

» Sigue la regla de los tres clics: los visitantes deberán obtener lo que desean en tu sitio con la menor cantidad posible de clics, de preferencia no más de tres.

» En el pie de página de tu sitio incluye enlaces a las páginas más populares. Si es necesario, agrupa los enlaces por categoría: "acerca de" (*about*), "noticias" (*news*), "ayuda" (*support*).

# Lleva tráfico a tu sitio

Cuando tu sitio esté lo más cercano posible a la perfección, empieza a promoverlo. No estamos en aquella película con Kevin Costner, *Campo de sueños*, en la que la voz del más allá decía "Si lo construyes, vendrán". Puedes construir un sitio formidable, pero si no le ayudas a la gente y a los buscadores a encontrarlo, nadie lo visitará.

En esta sección te ofrezco algunas sugerencias para empezar a llevar tráfico a tu sitio.

# Haz que tu sitio sea atractivo para los buscadores

Los clientes potenciales tienen más probabilidades de encontrar tu sitio por medio de alguno de los buscadores más importantes como Google, Bing, Yahoo! y DuckDuckGo. Piensa que el buscador es un híbrido de sección amarilla y agencia de referencias. Si quieres que la gente te encuentre, los buscadores necesitan incluir tu sitio en un índice y colocarlo en un lugar de importancia entre sitios similares en cuanto a contenido, producto y servicios.

Todos los desarrolladores buscan la receta secreta para mejorar su ranking o jerarquía en el buscador, pero las técnicas más eficaces suelen ser las más básicas:

» **Privilegia el diseño de tu sitio para dispositivos móviles.** No puedo insistir lo suficiente en la importancia de diseñar un sitio amigable para los aparatos móviles, un sitio que se ajuste de manera automática para verse y funcionar bien en cualquier dispositivo que el usuario utilice para visitarlo. Un diseño de este tipo no solo hace que tu sitio sea accesible a más usuarios, también facilita las cosas con los buscadores, ya que, si estos no lo registran como accesible para dispositivos móviles, no lo incluirán en los resultados para los usuarios que te visiten desde este tipo de aparatos.

» **Publica contenidos relevantes y de calidad.** En internet siempre ganan los sitios con los mejores contenidos. Los buscadores observan cuánto tiempo pasan los usuarios en tu sitio y con cuánta frecuencia regresan. Si pocos usuarios te visitan y solo se quedan unos minutos o segundos, los buscadores lo tomarán como indicador de que no ofreces nada valioso. Lo que necesitas es atraer la atención de la gente y conservarla.

» **Mantén tu sitio actualizado.** Actualiza tu sitio con regularidad añadiendo contenidos nuevos. Una de las mejores maneras de tener contenidos frescos es añadiendo un blog y publicando algo interesante y relevante para tu marca por lo menos dos veces por semana. Si la gente comenta las publicaciones, mucho mejor, así mantendrán el contenido actualizado sin que tú necesites mover un dedo. Pero no olvides interactuar con quienes comenten, debes responder para mostrar que estás escuchando y te interesa lo que tengan que decir.

» **Aprovecha la optimización para buscadores (o SEO), pero no exageres.** Usa términos de búsqueda relevantes en tus textos, en especial en los títulos y los encabezados de las páginas y entradas de blog. También usa metatexto para describir cada página y publicación. El *metatexto* es contenido descriptivo que los visitantes no ven, pero que los buscadores revisan para identificar la naturaleza de los contenidos. Tu CMS o tema proveen campos de metatexto para que los llenes cada vez que crees una página o publiques.

**ADVERTENCIA**

No exageres con la SEO. Retacar de forma artificial una página o publicación con sus metadatos y palabras clave para engañar a los buscadores y hacer que coloquen tus contenidos en un nivel más elevado del que mereces (técnica llamada *sobrecarga de palabras clave* o *keyword stuffing*) puede ser contraproducente. Si los buscadores sospechan que un sitio usa esta técnica, lo penalizan, así que no lo hagas. En el capítulo 8 encontrarás más información sobre la optimización para buscadores o SEO.

» **Categoriza los contenidos con encabezados.** Cuando redactes páginas y publicaciones en blogs, desglosa el texto con varios encabezados que describan el contenido con precisión. Por lo general, entre más alto sea el nivel del encabezado (*heading* 1, *heading* 2, etcétera), mayor importancia tendrá para los buscadores.

» **Usa alt text para imágenes, audio y video.** A la gente que tiene problemas para ver o escuchar podrían dificultársele ciertos contenidos, como algunos elementos visuales, audio o video, y por esta razón, dependerán de tus descripciones verbales de los contenidos, es decir, del texto alternativo o *alt text*. Cada vez que añadas medios a una página o publicación, asegúrate de llenar los campos alt text. También las transcripciones de contenidos en audio o video son útiles porque los buscadores dependen mucho del texto para determinar los contenidos de los medios no textuales.

## Construye enlaces de entrada

Los buscadores con frecuencia determinan el estatus de un sitio dependiendo de su compañía o "amigos", es decir, del estatus de los otros sitios con que se ha vinculado. Estas son algunas maneras de empezar a crear enlaces de entrada:

» **Publica contenidos asombrosos.** Cuando tu sitio se establezca como líder de pensamiento en un ámbito o industria específico, la gente empezará a usarlo como referencia en sus propios blogs y cuentas de redes sociales.

» **Añade tu sitio a tus perfiles y páginas de redes sociales.** La mayoría de las plataformas de redes sociales les permiten a sus miembros incluir la dirección de su sitio web o blog. Revisa tus perfiles y todas tus páginas o propiedades, y asegúrate de haber incluido las direcciones.

» **Enlaza tu blog a tu sitio web y viceversa.** Si tu blog y tu sitio web o tienda virtual aún son independientes, vincúlalos.

» **Añade la dirección de tu sitio a todos los listados de negocios posibles.** Si tienes un listado de negocios en Yelp, por ejemplo, asegúrate de incluir la dirección de tu sitio web.

» **Enlaza a tu sitio cualquier contenido con que hayas contribuido en sitios ajenos.** Si escribes artículos para publicaciones en línea, solicita o exige como condición para realizar la colaboración que el contenido incluya un enlace a tu sitio.

» **Intercambia enlaces.** Si conoces a otras personas con sitios que publiquen contenidos relevantes para el tuyo, pregúntales si les interesa hacer un intercambio: añadir un enlace a tu sitio en el suyo y viceversa.

## Promueve tu sitio

En cuanto tu sitio web esté listo para el gran desafío, organiza una inauguración y dalo a conocer entre toda la gente que puedas. Estas son algunas maneras de empezar a promoverlo:

» **En tu firma de correo electrónico agrega un enlace que lleve a tu sitio.** Toda cuenta o *cliente de correo electrónico* (*email client*) te permite crear una firma que se inserta de forma automática en la parte inferior de los mensajes que envíes. Incluye un enlace a tu sitio en esta firma. Busca en el sistema de ayuda de tu cliente de correo la palabra "firma" para averiguar cómo crear tu rúbrica virtual.

» **Cuéntales a todos sobre tu sitio.** Envía un correo electrónico a todos tus contactos, escribe en tu blog sobre el nuevo sitio y publica la información en todas tus cuentas de redes sociales. Cuando la gente te pregunte a qué te dedicas, asegúrate de incluir la dirección del sitio en tu *elevator pitch*. Recuerda que este tipo de discurso es una descripción oral suficientemente breve para decirla completa mientras subes o bajas de un piso a otro en un elevador.

» **Añade la dirección de tu sitio electrónico a todos tus materiales de marketing.** La dirección de tu sitio deberá aparecer en tu tarjeta de presentación, en los paquetes de datos de prensa y en los comunicados, en todos los paquetes que envíes, en los vehículos de tu empresa, en tus anuncios en línea y fuera de línea, y en todo lugar que se te ocurra.

» **Lanza una campaña de anuncios en línea.** Crea un anuncio pagado en Google, Facebook o cualquier otro anunciante virtual, y ofrece un descuento o cualquier otra promoción para la gente que visite el sitio. Comienza con Google Ads en https://ads.google.com.

# Usa las herramientas de análisis de redes (*web analytics*) para mejorar tus actividades de desarrollo de marca en línea

Las herramientas de análisis de redes o *web analytics* se encargan de recopilar, reportar y analizar el tráfico que ingresa a un sitio o se mueve alrededor de este. El objetivo es comprender el comportamiento de los usuarios, la eficacia de los contenidos, el alcance de las campañas publicitarias y otras métricas. Ponderar y analizar estas métricas te da acceso a la información que necesitas para aumentar la cantidad de visitantes a tu sitio y mantenerlos involucrados. Al usar el análisis de redes podrías descubrir lo siguiente:

» La cantidad de gente que visita tu sitio todos los días.

» Cuáles páginas de tu sitio web atraen más tráfico y mantienen cautivos a los visitantes más tiempo.

» De dónde vienen quienes visitan tu sitio y adónde van cuando parten.

» El porcentaje de rebote o *bounce rate* de tu sitio. Este dato se refiere al porcentaje de visitantes que aterrizan en una página, pero luego se van sin haber hecho nada en el sitio.

» La eficacia de tus campañas de publicidad con anuncios.

La mayoría de los servicios de hosting ofrece una o más herramientas de análisis de redes. Estas podrían estar ya integradas a la plataforma, o tal vez necesites ingresar a ellas a través del panel de control del proveedor, una vez que ya hayas ingresado con tu contraseña. Tu CMS, tema o los plug-ins disponibles también podrían ofrecerte medios para añadir análisis de redes a tu sitio y tener acceso a datos y reportes.

Una de las herramientas más populares de análisis de redes es Google Analytics. En las siguientes secciones explicaré cómo añadirla a tu sitio y cómo usarla para comprender más sobre el desempeño y otras métricas que podrías usar para mejorar tus actividades en línea para fortalecer y desarrollar tu marca.

 Antes de tomarte la molestia de añadir Google Analytics a tu sitio, verifica si tu proveedor de hosting, tu CMS, tema o plug-ins no te ofrecen métodos más sencillos.

CONSEJO

## Instala Google Analytics

Para empezar a usar Google Analytics debes copiar y pegar un código único en el encabezado o pie de página de tu sitio para que este se añada de forma automática a todas las páginas. Google Analytics usa este código para medir, recopilar y analizar el tráfico que ingresa y sale de tu sitio, o se mueve alrededor de este.

Este procedimiento para añadir el código puede variar dependiendo de cómo esté configurado tu proveedor de hosting o del CMS que uses. Los pasos para obtener un código de rastreo y añadirlo a un sitio de WordPress son los siguientes:

1. **Ve a https://analytics.google.com, abre una cuenta de Google Analytics e ingresa los detalles sobre el sitio que deseas rastrear.**

   Para obtener orientación sobre cómo crear una cuenta y agregar tu sitio, haz clic en el icono del signo de interrogación en la esquina superior derecha de Google Analytics.

2. **Entra a tu cuenta y elige *admin*.**

3. **Selecciona la propiedad (sitio) que deseas rastrear.**

4. **Selecciona < > ID de seguimiento (*tracking info*), y luego el código de seguimiento (*tracking code*).**

   Aquí Google mostrará el código de seguimiento que deberás copiar en tu sitio.

5. **Copia el código de seguimiento (ver ilustración 7-9).**

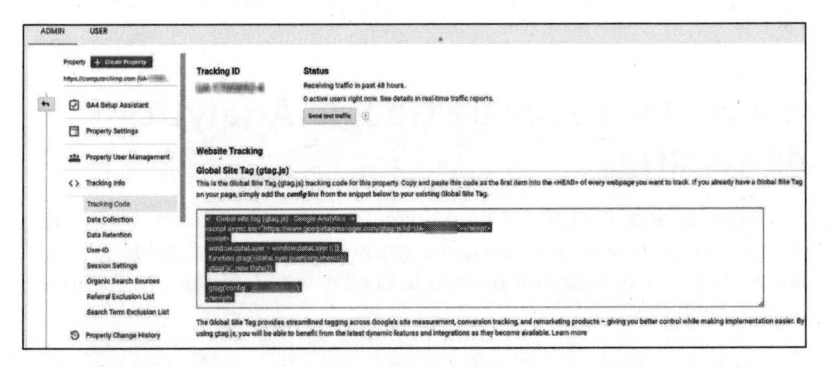

ILUSTRACIÓN 7-9. Copia el código en el campo Global Site Tag (gtag.js).

6. Entra a tu sitio como administrador.

7. Pega el código Global Site Tag como primer artículo tras abrir la etiqueta *head* en todas las páginas y publicaciones de tu sitio.

   Este procedimiento podría variar dependiendo de la configuración de tu sitio. El tema Divi, por ejemplo, tiene una pestaña de integración que incluye un campo especial para añadir códigos a los encabezados (ver ilustración 7-10). También puedes encontrar plug-ins de Google Analytics para WordPress, así como otros CMS que simplifican el proceso.

8. Da clic en *save* para guardar los cambios en tu sitio.

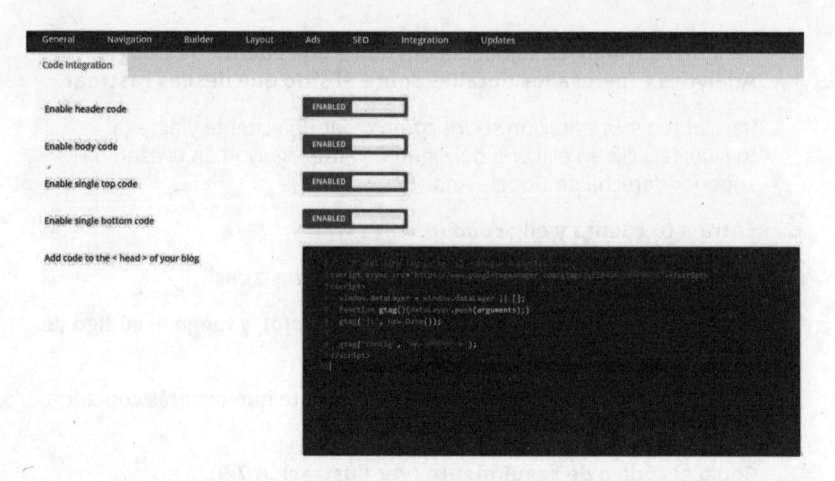

ILUSTRACIÓN 7-10. Añade el código Global Site Tag (gtag.js) de Google Analytics al <head> de tu sitio.

# Revisa los datos de Google Analytics de tu sitio

En cuanto añadas el código de seguimiento de Google Analytics a tu sitio, Google empezará a monitorearlo y a reunir la información sobre los visitantes y el tráfico. Esta información la puedes ver al entrar a tu cuenta de Google Analytics:

**1.** Ve a https://analytics.google.com **y entra con tu contraseña si todavía no lo has hecho.**

**2.** Abre el menú a la derecha de *analytics*, **en la esquina superior derecha de la página, y selecciona la cuenta y la propiedad (sitio). Ve lo que desees, como se muestra en la ilustración 7-11.**

Puedes tener varias cuentas de Google Analytics con múltiples propiedades (sitios) en cada una. También puedes crear distintos tipos de vistas para cada propiedad, lo cual te permitirá filtrar la información.

**3.** Usa la barra del menú que se encuentra al lado izquierdo de la pantalla para ver los reportes de varias métricas y para acceder a otras funciones de Google Analytics (ver ilustración 7-12).

Prepárate para pasar un buen rato explorando los diversos reportes, funciones, *add-ons* y posibilidades de personalización. Consulta el sistema de ayuda para obtener mayores detalles. Para ingresar a él solo da clic en el icono en forma de signo de interrogación que está cerca de la esquina superior derecha del panel.

Selecciona
la cuenta

Selecciona la propiedad

Selecciona la vista

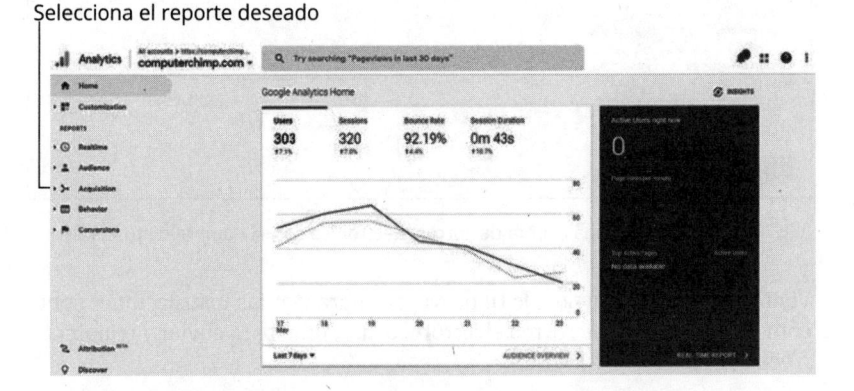

ILUSTRACIÓN 7-11. Selecciona tu cuenta, propiedad y vista de la cuenta de análisis.

Selecciona el reporte deseado

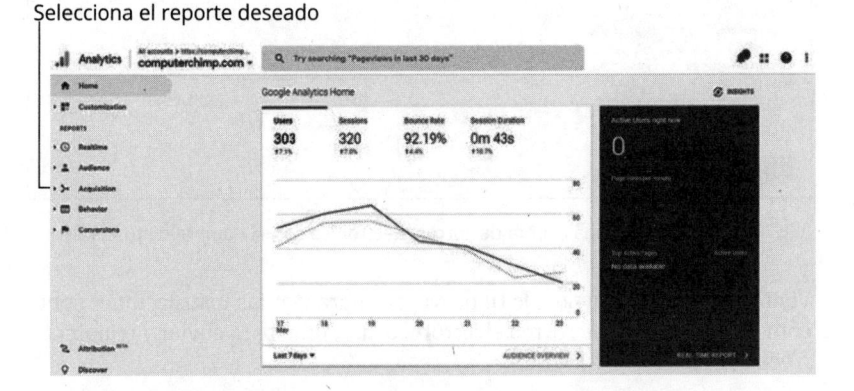

ILUSTRACIÓN 7-12. Google Analytics despliega las métricas del sitio.

# Establece una cuenta de correo personalizada para tu marca

Con frecuencia conozco gente cuya dirección de sitio web es congruente con el nombre del sitio, pero que continúa usando su cuenta de Gmail para la correspondencia. Es un gran error y, sobre todo, muy común. Después de todo el trabajo que invertiste en buscar y registrar un nombre de dominio para tu marca, también deberías usarlo para la dirección de correo electrónico. La dirección del sitio de Girl Gang the Label es GirlGangTheLabel.com, y mi dirección de correo electrónico es amy@girlgangthelabel.com

Todos los proveedores de hosting que conozco les permiten a los usuarios establecer múltiples cuentas de correo electrónico para los dominios que albergan. El proceso para establecer nuevas cuentas de correo varía entre los diversos proveedores. En Bluehost, por ejemplo, seleccionas "email" en el panel de control, das clic a *create new* (crear nueva), y usas la forma que se muestra en la ilustración 7-13 para especificar la dirección y la contraseña.

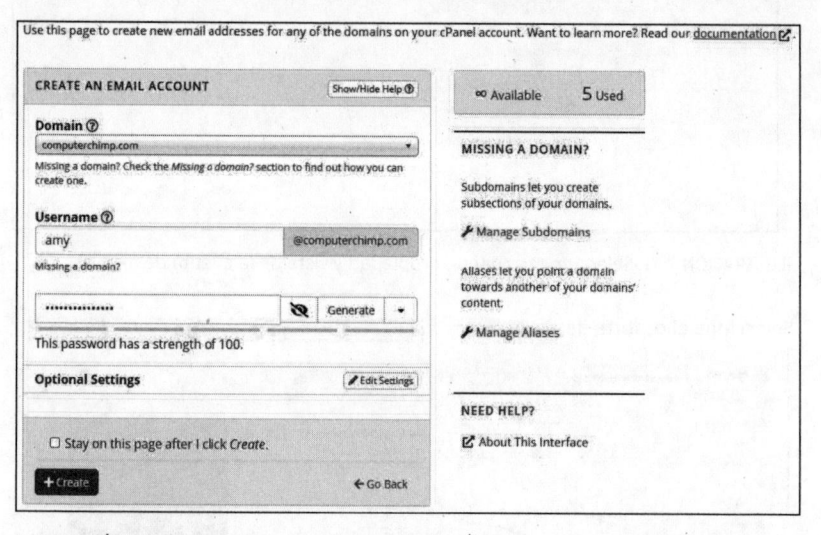

ILUSTRACIÓN 7-13. Crea una cuenta de correo electrónico con el nombre de tu marca.

Visita el sistema de ayuda de tu proveedor para leer las instrucciones sobre cómo crear cuentas de correo electrónico, así como para enviar y recibir correos con ellas.

# Lanza una app de tu marca

Diseñar y lanzar una aplicación puede ser una excelente manera de diferenciarte de tus competidores, ofrecer una experiencia única a tus clientes y aumentar de manera significativa su involucramiento con tu marca. Asimismo, una app te ofrece una manera sencilla de contactar a tus clientes, a través de las notificaciones, y de recopilar más datos analizables sobre su comportamiento.

Mi empresa, Girl Gang, creó un directorio de negocios de mujeres. Ahora estoy desarrollando una aplicación que les facilite a los usuarios encontrar este tipo de empresas cerca de ellos, es decir, los negocios listados en nuestro directorio. Para vivir la experiencia completa de la aplicación, los usuarios deben aceptar la opción de compartir su ubicación, lo cual nos permite recopilar datos de geolocalización. Esta aplicación la vamos a monetizar a través de una colaboración con los negocios. Ofreceremos descuentos y otros incentivos que serán enviados a los usuarios a través de notificaciones en tiempo real.

Estas son algunas de las herramientas disponibles en línea para desarrollar y distribuir apps personalizadas:

» **Appery.io** (https://appery.io) es un desarrollador de aplicaciones en nube que sirve para crear aplicaciones capaces de operar en diversas plataformas y funcionar en iOS, Android y otros aparatos. La anuncian como una plataforma de desarrollo de aplicaciones de nivel reducido de exigencia en programación (*low-code*) con posibilidad de crear y editar a través de sistemas visuales arrastre y depósito (*drag-and-drop*).

» **Mobile Roadie** (https://mobileroadie.com) es un servicio de desarrollo de aplicaciones a la medida. Presentas tu idea y el equipo de desarrollo trabaja contigo para desarrollar una aplicación con operatividad en aparatos iOS y Android.

» **GoodBarber** (htpps://www.goodbarber.com) es una herramienta de desarrollo con nivel reducido de exigencia en programación (*low-code*) para creación de aplicaciones para comercio electrónico. Puedes ofrecer tu aplicación en la App Store de Apple o en Google Play, o incluso crear una aplicación web progresiva (progressive web app o PWA) diseñada para funcionar en cualquier aparato: smartphone, tableta o escritorio. Solo necesitas inscribirte a la plataforma por un precio inicial de 25 dólares mensuales dependiendo del plan, y esto te da acceso a la herramienta de desarrollo y al equipo de apoyo.

» **Appy Pie** (https://www.appypie.com) se presenta como la plataforma de desarrollo número uno con cero exigencias en cuanto a programación. Esta empresa se jacta de su simplicidad y ofrece una plataforma de desarrollo con sistema de arrastre y depósito (*drag-and-drop*) que te permite crear aplicaciones móviles, sitios web, tareas automatizadas, chatbots y aplicaciones para chatear en vivo. Incluso puedes transformar un sitio web existente en app.

**CONSEJO** Si prefieres contratar a alguien más para que desarrolle tu aplicación, encontrarás una gran cantidad de hábiles profesionales del desarrollo ansiosos por trabajar en proyectos, y que ofrecen precios accesibles. Algunas plataformas pueden ponerte en contacto con ellos, pero también puedes buscar freelancers en sitios como DevTeam.Space (https://www.deveteam.space) y Toptal (https://www.toptal.com).

EN ESTE CAPÍTULO

» Usarás varios tipos de contenido para promover tu marca.

» Elegirás redactar tus propios copies o contratar a alguien para que lo haga.

» Permanecerás organizado y al día con un calendario editorial.

» Redactarás copies que atraigan y mantengan involucrado a tu mercado objetivo.

» Llevarás tráfico a tus contenidos a través de los buscadores.

Capítulo **8**

# Redacta copies que respalden el mensaje de tu marca

P ara construir y lanzar una marca exitosa deberás producir buen copy, es decir, "redacciones creativas", que puedes escribir tú mismo o en colaboración con editores o copywriters. Después de todo, todos los contenidos de marketing requieren de texto: páginas web, entradas de blog, redes sociales, anuncios, libros blancos, podcast e incluso los videos. Todos estos contenidos empiezan por cierto manejo de los conceptos y las palabras, y deben ser capaces de lo siguiente:

» **Seducir:** para que sea efectivo, el copy debe capturar la atención de la audiencia y seducirla. Si esta no está interesada, tu probabilidad de causar una impresión positiva se reduce a cero.

» **Cautivar/entretener:** cautivar o entretener significa apoderarse de la atención de una persona. Esto se puede lograr de diversas maneras que van, desde la creación de contenidos legibles en forma de narrativas o *storytelling* en una historia de Instagram, hasta la organización de un taller en tu área de especialidad que atraiga a tu audiencia.

» **Educar:** la mayoría de los copies de marketing educa a los clientes de una u otra manera. Puede, por ejemplo, informarles sobre un nuevo producto/servicio, o sobre una nueva tecnología de la que no estaban al tanto.

» **Impresionar:** un buen texto deja una huella positiva de la marca en la mente de los clientes.

» **Influir:** por último, todo texto de marketing está diseñado para influir en el pensamiento o el comportamiento del cliente. También puedes considerarlo una forma de persuasión.

En las siguientes secciones presentaré los tipos de contenido necesarios para promover una marca, te ayudaré a decidir si debes escribir tus propios copies o encargarlos, te guiaré en el proceso de la creación de un calendario editorial, te ofreceré sugerencias sobre cómo escribir texto que cumpla con los cinco criterios mencionados, y te explicaré cómo integrar la optimización para buscadores (seo) en tu copy para lograr que llegue a más gente.

# Explora los tipos de copies que puedes usar para promover tu marca

Si te digo que debes redactar un copy, tal vez te preguntes a qué me refiero de manera específica. Hablo de lo que se conoce como *marketing copy* (texto de marketing): cualquier texto utilizado para promover tu marca o influir en el pensamiento, comportamiento o proceso de toma de decisiones de una persona. El texto incluye, desde anuncios y mensajes de correo electrónico, hasta guiones de podcast y videos, o libros blancos o libros comunes.

En las siguientes secciones cubriré todo el espectro de texto de marketing que puedes usar para promover tu marca.

**RECUERDA** Es probable que todo lo que escribas termine publicado en internet en algún momento y en cierto formato, así que, cuando redactes, asegúrate de incluir palabras clave que instarán a la gente a buscar y tratar de encontrar el mismo tipo de contenidos. En la sección "Maximiza tu alcance a través de la optimización para buscadores", que aparece más adelante, encontrarás más información sobre cómo incluir palabras clave en tus textos para volverlos más accesibles para los buscadores.

## Copy para publicidad

El tipo de texto más obvio para la promoción de una marca es el *texto para publicidad*, es decir, el texto o copy que se usa en los anuncios pagados y que incluye los siguientes elementos:

» Encabezados o títulos y subtítulos

» Eslóganes

» Texto del cuerpo o texto central

Por lo general, cuando redactas texto de publicidad no tienes mucho espacio ni tiempo, por eso debe ser suficientemente relevante, conciso y atractivo para causar el máximo impacto. En el capítulo 15 encontrarás más información sobre cómo aumentar la conciencia de la marca con anuncios pagados.

## Guiones de audio/video

Los copies con audio y video deben tomar en cuenta el hecho de que la mayoría de la gente estará *escuchando* las palabras, no leyéndolas. Aquí te presento algunas sugerencias para aprovechar esta diferencia fundamental:

» Incluye indicaciones de voz para instar cambios en la inflexión. Puedes hacerlo usando itálicas o subrayando las palabras y frases que deberán enfatizarse.

» Cuenta historias para expresarte de tal forma que logres entretener y mantener cautiva a la audiencia, pero asegúrate de que sean fáciles de entender.

» Usa metáforas y símiles para ilustrar tus ideas, compara lo conocido con lo extraño. Las metáforas y los símiles son útiles en todo tipo de textos, pero funcionan particularmente bien en los guiones porque cuando la gente procesa contenido en audio, mantener la sencillez es esencial.

» Cuando te parezca relevante, usa la técnica de imitación o *mirroring*, la cual te permite mostrar que entiendes las necesidades y preocupaciones de tus escuchas. Puedes contar una historia sobre algún desafío común que hayas enfrentado, una historia que resuene con tu audiencia. Al final, habla de la solución que encontraste o desarrollaste para superar el obstáculo.

» Mantén involucrados a tus escuchas con un ejercicio de visualización que los inste a imaginar cómo superarían el problema o desafío que describes en la historia.

No des por sentado que todos escucharán las palabras. Hay mucha gente con problemas de audición que depende de las transcripciones. Cuando publiques contenidos en audio o video asegúrate de incluirlas.

# Entradas de blog

Las entradas de blog ofrecen un medio muy valioso para compartir información y, al mismo tiempo, te permiten fomentar la confianza y la credibilidad. También son útiles para fortalecer la presencia en internet porque los buscadores adoran los blogs. Y cómo no adorarlas. Las entradas de blog suelen presentar contenidos frescos que atienden las necesidades y deseos de una audiencia específica.

## ¿DÓNDE DIABLOS HAY SUP?

Cuando trabajé para Tower Paddle Boards, la empresa de tablas de surf con remo, estábamos comprometidos con el hecho de ser pioneros en nuestra industria. El modelo de negocio se basaba en vender las tablas de surf directamente a los clientes en lugar de hacerlas pasar por tiendas minoristas como las que ofrecen artículos deportivos.

Para establecernos como líderes en la industria creamos un blog que publicaba una columna llamada "¿Dónde diablos hay SUP?". SUP son las siglas en inglés de *stand-up paddleboard*. Cada segmento se enfocaba en una o más empresas de tablas de surf con remo existentes en el mundo, y de esa manera les informábamos a los lectores sobre el crecimiento de este deporte. El blog comunicaba de una manera muy sutil nuestro involucramiento con la comunidad que se estaba formando alrededor de la industria, así como nuestra generosidad al compartir con algunos de nuestros competidores la plataforma que estábamos construyendo.

Como todas las publicaciones tenían que ver con la industria de SUP, el blog atrajo la atención de los buscadores y mejoró nuestro nivel en los listados en cuanto a las palabras clave relacionadas SUP y *stand-up paddleboard*.

En especial en el caso de los blogs, los contenidos de calidad son la clave del éxito. La gente se siente atraída por los blogs que publican entradas novedosas, relevantes e informativas como consejos, trucos, técnicas, reflexiones, entretenimiento, asesoría e inspiración, en fin, todo lo que le interesa y no puede leer en otro lugar. Sin embargo, estos contenidos deben redactarse bien y editarse de manera minuciosa para que reflejen el cuidado de los autores. En el capítulo 12 encontrarás más información sobre el blogueo.

El *blogueo por invitación* significa contribuir con contenidos para otros blogs importantes. Esta es otra excelente herramienta de marketing: te permite extender el alcance de tu marca a audiencias que otros blogueros han logrado convocar, establecerte como líder de opinión y trabajar en redes con otras personas de tu industria. Para iniciarte en el blogueo por invitación deberás seguir los siguientes pasos:

1. Haz una lista de los principales blogs de tu industria, es decir, de los que aparecen en los primeros lugares de resultados de cualquier búsqueda que hagas relacionada con tu área.

2. Lee y sigue los blogs a los que te gustaría que te invitaran. De esta forma te familiarizarás con los contenidos que suelen publicar y el tipo de audiencia a la que se dirigen.

3. Obtén la información de contacto de todos los blogs de tu lista, incluye el nombre del bloguero y su dirección de correo electrónico.

4. Escribe una propuesta de valor en la que expliques qué puedes aportar. Describe la manera en que podrías beneficiar al blog y atender las necesidades e intereses de su audiencia.

5. Envíale por correo electrónico tu propuesta de valor al dueño del blog.

Cada vez que contribuyas con contenidos a otro blog, publícalo en el tuyo, y en tus redes sociales. El objetivo es llevar tráfico al otro blog. Esta técnica cumple dos propósitos: aumentar el tráfico para mostrar el valor que puedes aportar como bloguero invitado, y anunciar que estás disponible para participar en más proyectos. La colaboración también puede generar solicitudes para que compartas contenidos en otros sitios.

# Libros

A pesar de que la mayoría de la gente no considera que los libros puedan ser texto de marketing, son herramientas muy útiles para este propósito. Algunos expertos de marketing consideran que los libros son tarjetas de presentación de negocios en esteroides. Si quieres que te reconozcan como experto y líder de opinión en la industria de la captura y almacenamiento de carbono, ¿qué mejor manera de hacerlo que escribiendo un libro sobre este tema y que una editorial importante lo publique? Luego puedes escribir entradas sobre el libro en tu blog, vender o distribuir ejemplares en eventos relevantes de tu industria, y usarlo como apalancamiento para conseguir invitaciones como orador y apariciones en medios.

RECUERDA

Cuando escribas un libro para establecerte como experto o líder de opinión, la clave será presentar información valiosa, reflexiones y asesoría, de tal forma que a tu audiencia le resulte accesible. Si alguna vez te has preguntado por qué la marca Para Dummies ha tenido tanto éxito, he aquí la respuesta.

## Copy de catálogo: descripciones y listas de productos

Sin importar que vendas tus productos o servicios en línea o en persona, necesitarás describirlos con palabras. Las descripciones más eficaces son por lo general las que le permiten al consumidor imaginar las características y los beneficios. La descripción de tu producto o servicio deberá responder la pregunta más vehemente de los consumidores: ¿de qué manera mejorará mi vida?

CONSEJO

La mayoría de los listados de productos/servicios son aburridos porque solo describen las características. Busca maneras de innovar y hacer más interesantes tus listados. Esto lo puedes lograr ayudándole al lector a imaginar la manera en que los productos o servicios podrían mejorar su vida. En lugar de describir un artefacto que ahorra electricidad como un "intensificador de desempeño", escribe algo como "Disminuya su factura de electricidad en 30%" o "Imagine pagar 30% menos de electricidad cada mes".

## Correos electrónicos

El correo electrónico es una manera muy eficaz y económica de mantener tu marca en la mente de los clientes que ya tienes y los que podrías atraer. Muchos equipos de ventas usan campañas automatizadas de correo electrónico para guiar a los nuevos clientes de forma gradual a través de su *embudo de ventas*, es decir, el camino que recorren desde que cobran conciencia por primera vez de la existencia de una solución, hasta que toman la decisión de comprar. Puedes usar una estrategia similar para fomentar conciencia e interés en tu marca, y luego guiar a los clientes hasta lograr que den el paso que tu call to action tiene como propósito sin importar cuál sea: comprar tu producto o servicio, suscribirse a tu boletín informativo mensual, unirse a tu causa u otra cosa. En el capítulo 14 encontrarás más información sobre marketing a través de correo electrónico.

## Comunicados de prensa

Cada vez que redactas un comunicado de prensa estás generando texto de marketing para otros productores de contenido, en especial para los periodistas. Esta relación ofrece beneficios recíprocos: tú les das algo sobre qué escribir, o hablar, en el caso de la radio, los videos o podcast, y ellos le hacen publicidad a tu marca ¡de forma gratuita!

Al escribir comunicados de prensa sigue estos lineamientos:

>> Sé breve, solo una página de máximo 500 palabras. Los destinatarios podrán contactar si necesitan más información.

>> Facilítales el trabajo. Escribe tu comunicado como historia noticiosa para que el periodista pueda usarla casi como se encuentra, y solo ampliarla si necesita cumplir con algún requisito en cuanto a la cantidad de palabras.

>> Incluye un encabezado atractivo que describa tu tema de manera clara y concisa. El encabezado debe tener entre 50 y 150 caracteres.

>> Incluye la información sobre la ubicación y la fecha del comunicado de prensa.

>> Escribe entre tres y cinco párrafos, y haz que tus respuestas lleven a las preguntas ¿quién?, ¿qué?, ¿dónde?, ¿por qué? y ¿cómo? Da seguimiento con material de apoyo como estadísticas y citas de expertos.

>> Añade al final tu información de contacto: nombre, título, número telefónico, dirección de correo electrónico y dirección de tu sitio o blog.

CONSEJO

Piensa que cada comunicado de prensa es una oportunidad de expresar la personalidad de tu marca: profesional sin reservas, divertida e insolente, enérgica, o lo que sea. En el capítulo 3 hay más información sobre la personalidad de la marca.

# Perfiles y publicaciones en redes sociales

Cada vez que usas las redes sociales para promover tu marca (ver capítulo 13), todo lo que redactas se convierte en texto de marketing. Claro, esta máxima es aplicable a los contenidos que publicas y a las respuestas que das a los comentarios de tus seguidores, pero también a tus perfiles. Todo, desde el nombre de tu marca y tu biografía, hasta tu sitio web o la URL de tu sitio, es una oportunidad de reforzar la identidad de la marca en la mente de los lectores.

## Páginas web

Construir y administrar un sitio web enfocado en el desarrollo es una manera excelente de promover tu marca, en especial si a todo lo que ahí publiques le das el mismo tratamiento que a los textos de marketing. Cuando hagas páginas web sigue las siguientes instrucciones para asegurarte de que todos los textos proyecten la identidad que deseas:

» Cuando estés escribiendo finge que conversas con tus arquetipos: con los clientes "ideales". Esta técnica sirve para redactar textos atractivos, claros y relevantes para los intereses y necesidades de tus clientes.

» Sigue los lineamientos de tu guía de estilo de la marca en cuanto la voz y el tono. Si vas a proyectar una imagen lúdica, evita palabras secas, serias o demasiado enfocadas en el negocio. En el capítulo 6 aparece la información sobre las guías de estilo.

 La voz y el tono expresan la personalidad de tu marca.

**RECUERDA**

» Incluye palabras clave que representen a tu marca para que los buscadores puedan indexarlas de forma adecuada y colocar tu sitio en un nivel elevado en los resultados para esas palabras.

» Edita y corrige de manera meticulosa. Si conoces a alguien hábil para la ortografía y la gramática, pídele que revise todo lo que escribas para las páginas web. Los periodistas profesionales suelen advertir: "Nunca corrijas tus propios textos".

Aunque todos los textos en tu sitio web son copies, hay tres páginas en particular que ofrecen oportunidades ideales para el desarrollo de la marca: la página "Acerca de", la página del producto o servicio y la página de "Preguntas frecuentes" (FAQ). En las siguientes secciones hablaremos de ello en detalle. Para más información sobre cómo construir un sitio web, ve al capítulo 8.

## Página "Acerca de"

Si tienes un sitio web, blog o tienda en línea, estos deberán contar con una página "Acerca de" que también se llama "Acerca de nosotros" (*about us*). Esta página te ofrece una oportunidad única de hablarles a los visitantes sobre tu negocio y tu marca, y de darles información que va más allá de lo que vendes, como:

» La historia de tu marca.

» La declaración de misión o de principios (ver capítulo 3).

» Tus certificaciones profesionales y áreas de experiencia, en el caso de una marca personal.

» Tu semblanza y la de otros miembros del equipo, junto con una fotografía de cada persona.

» Ubicación e información de contacto.

## Página de productos o servicios

Tu página de productos/servicios muestra lo que vendes, ya sea coberturas naturales para helado o viajes en hidrodeslizadores en los pantanos de Luisiana. Aquí es donde describes tus productos o servicios con palabras, fotografías e incluso video, y debes incorporar palabras y frases congruentes con la identidad de tu marca.

**CONSEJO** Sé conciso. Si crees que los visitantes querrán más información sobre una característica o ventaja, puedes crear un enlace a la página FAQ que se explica a continuación.

## Página "Preguntas frecuentes" o FAQ

Tu página FAQ responde a las preguntas más frecuentes que hace la gente sobre la marca o sobre otros aspectos que ya te esperas como:

» ¿Cuándo recibiré mi orden?

» ¿Cómo manejan las devoluciones, los reembolsos y los cambios de mercancía?

» ¿Adónde puedo ir para recibir ayuda en caso de problemas con el producto?

**RECUERDA** Escribe respuestas claras y concisas para cada pregunta, usa la voz y el tono de tu marca. Si tienes recursos suficientes, considera incluir la opción de chat en vivo o un enlace a un correo electrónico en caso de que los visitantes no encuentren respuesta a sus preguntas en el FAQ. Lleva un registro de estas nuevas preguntas y añádelas a la página si te las envían con bastante frecuencia.

# Libros blancos

Un *libro blanco* es un reporte profundo y acreditado sobre un tema específico. Por lo general, sirve para educar a los lectores respecto a un problema, y explica o promueve tecnologías o metodologías para enfrentarlo y superarlo. Claro, se trata de las tecnologías o metodologías que tu negocio vende. A menudo, las empresas usan los libros blancos para generar clientes potenciales y capturar información de contacto. Un negocio puede ofrecerle un libro blanco descargable a cualquier persona dispuesta a escribir su nombre y una dirección de correo electrónico válida, por ejemplo. Esta técnica también la puedes usar para distribuir un libro electrónico breve o *e-book*.

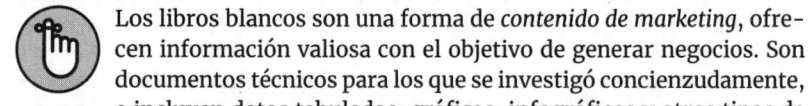

**RECUERDA** Los libros blancos son una forma de *contenido de marketing*, ofrecen información valiosa con el objetivo de generar negocios. Son documentos técnicos para los que se investigó concienzudamente, e incluyen datos tabulados, gráficas, infográficos y otros tipos de material visual. Mucha gente y negocios en los ámbitos de la consultoría, las finanzas y la tecnología los usan para tratar de posicionarse como líderes de opinión.

**ADVERTENCIA**

Evita cualquier técnica de venta de alta presión. Usar los libros blancos para generar clientes potenciales es una forma de venta no agresiva. Tu objetivo es ofrecer información valiosa que mejore algún aspecto de la vida o el negocio del lector, por lo que cualquier referencia a lo que vendes deberá ser muy sutil.

# Decide hacer un copy por tu cuenta o contratar a un redactor creativo

Como sucede con la mayor parte de las actividades de branding, la decisión de escribir las redacciones creativas tú mismo o contratar un *copywriter* (redactor creativo) dependerá del tiempo, el talento y el dinero:

» ¿Tienes *tiempo* para escribir los textos tú mismo? Si tienes tareas más importantes o de mayor nivel, como desarrollar productos nuevos o establecer colaboraciones rentables, contrata un redactor.

» ¿Tienes *talento* para escribir textos de calidad? Si eres excelente para escribir y esta actividad te apasiona, tal vez quieras hacerlo tú mismo, en especial si ya trataste de contratar a alguien y no recibiste textos que cumplieran con tus estándares.

» ¿Tienes *dinero* para pagarle a alguien más y que lo haga? Si apenas comienzas, tal vez seas un negocio unipersonal. En ese caso, las finanzas dictarán lo que puedes hacer, sin importar lo que te parezca que sería mejor.

**RECUERDA**

Rara vez es posible contratar a alguien más para que cubra todas tus necesidades de copy. Por lo general, tienes que brindarle información y guía al redactor, y esa información, como seguramente ya adivinaste, es texto también. Asimismo, al principio deberías revisar a conciencia todo lo que se redacte antes de publicarlo. De esta manera te cerciorarás de que sea preciso y congruente con los lineamientos de tu branding. Cuando logres una relación bien establecida con un redactor que cuente con conocimiento profundo de tu industria, tu marca y tus clientes, podrás empezar a relajar la supervisión.

Si buscas copywriters freelance, puedes encontrarlos en sitios como Upwork (https://www.upwork.com) y Fiverr (https://www.fiverr.com). Si buscas copywriters de medio tiempo o tiempo completo, considera poner un anuncio de vacante en LinkedIn (https://www.linkedin.com) o Indeed (https://www.indeed.com).

Sin importar que contrates un copywriter como freelancer o como emplea-do, entrégale una copia de tus lineamientos de branding (ver capítulo 6). Cada vez que delegues un proyecto de escritura, sé claro respecto a tu audiencia, la cantidad de palabras, la fecha de entrega y el pago. Asimismo, incluye suficiente tiempo para una conversación para intercambiar opinio-nes durante el proceso de revisión.

# Haz un calendario editorial

Un *calendario editorial* es un programa para generar y publicar contenidos (ver ilustración 8-1). Este programa garantiza que publicarás de forma re-gular para que tu marca se refuerce de manera continua y congruente en la mente de los clientes que ya tienes y de los prospectos.

ILUSTRACIÓN 8-1. **Muestra de programa editorial**

Programa editorial

| FECHA DE PUBLICACIÓN | TIPO DE CONTENIDO | TÍTULO | ESTATUS |
|---|---|---|---|
| Agosto 2 | Publicación de blog | Negocios de mujeres en Portland | Completado |
| Agosto 4 | Boletín informativo | Boletín semanal, número 13 | Diseño final |
| Agosto 10 | Publicación de blog | Resumen de podcast con Teressa Foglia | Completado |
| Agosto 14 | IGTV | Preguntas y respuestas con Trish Fausset | En vivo (programa agosto 14) |

En su nivel más básico, un calendario o programa editorial contiene los si-guientes detalles para cada publicación:

» Título o encabezado

» Fecha de publicación

» Nombre del autor (quién es responsable de la redacción)

CONSEJO Considera añadir detalles a tu programa editorial, como la audiencia a la que estará dirigida la publicación, en caso de que esta tenga varios segmentos, palabras clave que deberán incluirse, estatus y nombre de la campaña a la que está vinculado cada contenido.

# Redacta copies para potenciar tu marca

Cuando redactas copies para promoción, tu objetivo principal es hacer lucir bien a tu marca. Dependiendo del contenido que estés escribiendo, quizá también tengas otros objetivos como animar a los lectores a hacer un pedido, capturar su información de contacto, educar a la audiencia respecto a un tema de interés, persuadir a la gente de adoptar cierto punto de vista, etcétera.

Para aumentar la probabilidad de cumplir tus objetivos en cuanto al copy, sigue estos pasos antes de empezar a redactar:

**1.** **Identifica el propósito u objetivo del contenido.**

¿Qué quieres que la audiencia piense, sienta o haga cuando termine de leer?

**2.** **Define tu audiencia objetivo.**

¿A quién te diriges? Imagina a un miembro de tu audiencia sentado frente a ti. En el capítulo 5 encontrarás detalles sobre cómo definir tus *arquetipos de cliente*, es decir, los personajes ficticios que representan a las personas de tu mercado objetivo.

**3.** **Elije la voz y tono que deseas usar.**

¿Cuáles son la voz y el tono de tu marca? Revisa tus lineamientos de branding (ver capítulo 6) para recordar estos conceptos. También toma en cuenta el tema sobre el que escribirás y pregúntate qué tipo de tono exige: serio, crudo, solidario o lúdico.

**4.** **Escribe un call to action.**

¿Qué quieres que hagan los lectores cuando terminen de leer el contenido? ¿Deberían contactar tu oficina para solicitar una cita, registrarse para recibir tu boletín informativo, publicar un comentario o responder las preguntas de una encuesta?

No hay manera de cubrir todo lo que implica la redacción de textos de marketing eficaces en una sección breve sobre este tema, pero te puedo ofrecer las siguientes sugerencias:

- » Sé claro y conciso.

- » Elige las mejores palabras. Usa un diccionario común y uno de sinónimos para encontrar las palabras que expresen de manera más nítida y contundente lo que tratas de decir. Entre más precisas sean, menos palabras necesitarás.

- » Escribe usando la voz activa. Trata de empezar todas las oraciones con un sustantivo descriptivo seguido de un verbo de acción específico que no sea *ser* o *estar*. Evita iniciar las oraciones con formas inútiles como "hay" o "es".

- » Finge que estás conversando con un cliente sentado frente a ti.

- » Incluso si técnicamente no estás contando una historia, piensa que cada contenido es una narración con inicio, trama y final.

- » Expresa o evoca emociones, en especial si vas a terminar el contenido con un call to action. La gente estará más dispuesta a pensar, sentir o hacer lo que deseas si se siente conmovida y recibe una respuesta emocional intensa.

Aquí te presento algunas fórmulas para redactar copies que te ayuden a estructurar contenidos con un call to action:

- » **Atención, Interés, Deseo, Acción (AIDA):** capta la *atención* del lector, fomenta su *interés* en lo que ofreces, aumenta su *deseo* (imagina de qué manera mejorará su vida con tu marca) y luego haz un call to action.

- » **Problema, Agitación, Solución (PAS):** describe el *problema*, *agita* al lector para que sienta cuán frustrante o doloroso es y, por último, bríndale una *solución*.

- » **Características, Ventajas, Beneficios (CVB):** describe tu producto/servicio indicando sus *características*. Explica las *ventajas* en relación con las versiones antiguas del mismo y con las marcas de los competidores, y demuestra de qué manera dichas características y ventajas *benefician* a los clientes y mejoran su vida.

**CONSEJO** Si estás desarrollando una marca juguetona y divertida, trata de usar palabras y frases atrevidas para reflejar su personalidad. En Girl Gang the Label, nos dirigimos a mujeres que confían en sí mismas y tienen sentido del humor, así que nos dirigimos a ellas con palabras como "nena" o "chica". Cuando guiamos a las clientas en el proceso de compra, en lugar de añadir frases como "añadir a la canasta" o "pago y salida", decimos "ya lo llevas" y "no te detengas". Crear un lenguaje congruente con la marca y usarlo en tu comunidad puede impulsar el involucramiento de los clientes y las ventas.

# Maximiza tu alcance a través de la optimización para buscadores

La *optimización para buscadores* (*search engine optimization* o SEO) es todo aquello que se hace para aumentar en los buscadores la cantidad de tráfico orgánico y la calidad hacia sitios específicos. En este sentido, *orgánico* significa natural, lo contrario al tráfico producto de anuncios pagados. Otra forma de ver la SEO es como una manera de mejorar el nivel de un sitio web en los buscadores cuando los usuarios buscan las palabras clave relevantes al mismo.

Cuando redactes copies, necesitas intercalar palabras claves relevantes a tu marca para que, cuando la gente las busque, tu sitio aparezca en el primer lugar de los resultados de búsqueda, o lo más cerca posible.

**RECUERDA**

La SEO es mucho más que palabras clave. Depende de que logres que tu sitio sea adecuado para los dispositivos móviles y que otros sitios se vinculen a él, así como de publicar contenidos de calidad que la gente solicite con avidez, y hacerlo con regularidad, por lo menos dos veces por semana. En el capítulo 7 te ofrezco una cobertura general de la SEO.

En esta sección me enfocaré más en integrar la SEO a tus copies.

## Reconoce la diferencia entre descubrimiento y búsqueda

Antes de lanzarme de lleno al tema de la SEO, quiero hablarte de la diferencia que suelo establecer entre descubrimiento y búsqueda. Ambos forman parte de una estrategia de marketing, pero comprender esta distinción puede ayudarte a priorizar tu tiempo y enfoque:

» **El descubrimiento** ocurre cuando alguien encuentra tu marca por casualidad, ya sea de forma física o digital. Los clientes pueden descubrirla al pasar por tu local de venta al menudeo, al escuchar a un amigo o influencer (recomendación de boca en boca) o cuando una recomendación con base en sus compras recientes aparece en su pantalla. El descubrimiento suele sentirse natural y constante.

» **La búsqueda** ocurre cuando alguien busca de forma activa lo que tu marca ofrece. Dependiendo del producto o servicio, las búsquedas pueden variar en importancia. Si eres estilista en Santa Barbara y te especializas en bodas, la búsqueda es una prioridad enorme porque la gente en esta ciudad y cerca de ahí suele buscar "estilistas cerca de mí" o servicios similares. Por otra parte, si estás presentando un revolucionario producto nuevo al mercado y nadie ha escuchado al respecto, la búsqueda no te será muy útil.

**RECUERDA** Si nadie busca el producto o servicio que ofreces, invierte tu tiempo en el descubrimiento. A medida que crezca la conciencia y la demanda de lo que ofreces, podrás hacer una transición a una estrategia más enfocada en la búsqueda (SEO).

## BÚSQUEDA VS. DESCUBRIMIENTO: EJEMPLOS DE LA VIDA REAL

La diferencia entre búsqueda y descubrimiento es más clara al analizar ejemplos de la vida real:

- **Búsqueda:** yo dirijo el marketing digital para la marca Color Me Book (www.mycolormebook.com), fundada por mi esposo, Cory Will. Los clientes envían sus fotografías y la empresa de Cory las transforma en un libro para colorear personalizado. Nos enfocamos mucho en la búsqueda porque tenemos un producto y una clientela específicos. Cuando empezamos a ver que la demanda aumentaba de forma drástica porque algunos negocios querían hacer pedidos al por mayor de nuestros libros para colorear para promover sus marcas, modificamos nuestra estrategia y nos enfocamos más en B2B, o negocio a negocio, y menos en B2C, negocio a consumidor. Ajustamos nuestra SEO y añadimos palabras y frases clave como "pedidos al mayoreo de libros para colorear personalizados". De esa manera logramos colocar la marca frente a estos clientes potenciales.

- **Descubrimiento:** una de mis amigas más cercanas es dueña de la marca Sintillia (https://www.sintillia.com), la cual empezó fabricando cintas con frases originales para lentes de sol. Cuando lanzó su marca, fue una de las primeras en realizar una innovación de diseño para un accesorio clásico. Primero se enfocó en el descubrimiento, es decir, en la manera en que los clientes potenciales podrían encontrarla. Al enfocarse en el marketing con influencers, en sesiones fotográficas y tiendas temporales o *pop-up* (ver capítulo 11), logró aumentar sus ventas y llegar a más de 100 tiendas al menudeo, entre ellas, Free People. El éxito que tuvo en el descubrimiento aumentó la conciencia entre los consumidores, así como la demanda de sus cintas con frases para lentes de sol. En cuanto el producto "se puso de moda", mi amiga pudo empezar a usar más SEO con palabras y frases clave como "cintas con frases para lentes de sol"

## ¡Hora de diseñar una estrategia!

Diseñar una estrategia exitosa de marketing en internet que incorpore SEO no es un desafío insuperable, no consume demasiado tiempo ni cuesta tanto como crees. Lo único que necesitas es proveerles a los buscadores lo que quieren ver. Aquí te presento algunas sugerencias con base en mi experiencia:

» **Construye tu sitio en una plataforma amigable para los buscadores.** Busca una plataforma que se cargue con rapidez, que tenga temas que privilegien a los dispositivos móviles, servidores seguros y una manera sencilla de añadir metatexto (el texto descriptivo que los visitantes no ven, pero que los buscadores usan para indexar de manera correcta los contenidos de la web). Los buscadores como Google suelen desplegar las descripciones de metatexto en los resultados de búsqueda, lo cual tiende a aumentar los índices de cliqueo (*click-through rates* o CTR).

**CONSEJO**

Mis plataformas preferidas son Shopify (https://www.shopify.com) para comercio electrónico, y Squarespace (https://www.squarespace.com) para todo lo demás.

» **Identifica y prioriza el valor que planeas ofrecerle a tu mercado objetivo.** Las prioridades de mi marca Girl Gang son 1) comunidad, 2) contenidos y 3) mercancías de la marca. Si la mercancía es nuestra fuente principal de ingresos, ¿por qué no es nuestra prioridad? Porque no estamos en este negocio solo para obtener ganancias. Sin embargo, debes saber que poner a la comunidad y los contenidos en primer lugar también es una manera interesante de generar ventas. Construir una comunidad sólida y ofrecer contenidos valiosos nos permite impulsar más ventas que si nos concentráramos únicamente en vender nuestra mercancía. La comunidad y los contenidos son el alma de Girl Gang. De cierta forma, la mercancía solo es un artificio. Al construir una comunidad próspera de mujeres ambiciosas que se desempeñan en áreas creativas, nuestras oportunidades de crecer y hacer de este un mundo mejor aumentan de forma exponencial.

» **Aprovecha todas las oportunidades que tengas de crear y compartir contenidos relevantes, cautivadores y congruentes con tu marca.** Publica contenidos en tu sitio web, blog, tienda virtual y cuentas de redes sociales; ponte a disposición de los periodistas para ofrecer entrevistas, y ofrécete a contribuir con contenidos a blogs populares de tu industria. Cada oportunidad que tengas de crear y compartir contenidos relevantes te permitirá aumentar el alcance de tu marca y la conciencia entre la gente.

» **Usa varias palabras clave en todo lo que escribas: texto para páginas web, entradas de blog o redes sociales, descripciones de productos, libros blancos, ¡todo!** Te recomiendo combinar palabras clave populares con palabras originales que tengan un enfoque más reducido. Tal vez tus contenidos no aparezcan en tantos resultados de búsqueda si usas palabras de enfoque reducido, pero cuando alguien las busque, es más probable que se desplieguen en un punto más alto de la lista.

**CONSEJO**

Hay varias herramientas que te permiten averiguar cuáles son las palabras clave más populares. Si tienes una cuenta de Google Ads, puedes entrar a su herramienta de búsqueda de palabras en https://ads.google.com/home/tools/keyword-planner (ver ilustración 8-2).

| Palabra clave (por relevancia) | Promedio de búsquedas mensuales | Competencia |
|---|---|---|
| Palabras clave provistas por ti | | |
| ☐ Comida vegana | 100K – 1M | Baja |
| ☐ Chocolate libre de lácteos | 10K – 100K | Alta |
| ☐ Hamburguesas de verduras | 10K – 100K | Baja |
| ☐ Postres veganos | 10K – 100K | Baja |
| ☐ Comida rápida vegana | 1K – 10K | Baja |

ILUSTRACIÓN 8.2. Usa una herramienta de búsqueda de palabras clave para encontrar palabras y frases comúnmente buscadas.

» **Haz que tus imágenes y videos también sean amigables para los buscadores.** Asígnales a tus fotografías nombres con palabras clave descriptivas en lugar de algo genérico como pic0001.jpg. Usa alt text: texto que describa la imagen para la gente que elija o no pueda ver las imágenes o video. Usa etiquetas meta para añadir título, subtítulos y descripción. Una *etiqueta meta* es texto que ha sido insertado en el código fuente de un sitio web, pero no es visible para los usuarios. Los buscadores lo usan para indexar y asignar rangos a los contenidos de los sitios.

» **Publica contenidos en todas las plataformas populares de redes sociales.** Entre estas plataformas se encuentran Pinterest, Instagram, Reddit, Twitter y Facebook. En el capítulo 13 encontrarás más información sobre cómo promover tu marca en redes sociales.

Los buscadores son excelentes para analizar contenidos y determinar cómo indexarlos y asignarles rango en los resultados de búsqueda que les presentan a los usuarios, sin embargo, uno siempre puede ayudarles un poco. Usa palabras clave al frente (en los contenidos) y al fondo (en las etiquetas meta) para describir con precisión cada uno de los elementos que publiques.

**ADVERTENCIA** Ten cuidado con repetir palabras clave en un mismo elemento de contenido. Los buscadores no favorecen la *sobrecarga de palabras*, es decir, repetir de forma artificial palabras clave en los contenidos y en las etiquetas meta para tener una ventaja injusta. Los buscadores penalizan a los contenidos sospechosos asignándoles un rango menor o no incluyéndolos en los resultados de búsqueda.

EN ESTE CAPÍTULO

» Ponderarás las ventajas y desventajas de las oportunidades de colaboración.

» Elegirás a los colaboradores adecuados para tu marca.

» Persuadirás a prospectos para que colaboren con tu marca.

» Negociarás un acuerdo de colaboración.

Capítulo **9**

# Establece colaboraciones estratégicas

En el mundo de los negocios todos coinciden en que el desarrollo de una red de contactos profesionales es fundamental para la carrera de cualquier persona. La gente puede lograr mucho más trabajando en equipo que sola. Sin embargo, cuando surge el tema de las colaboraciones, muchos propietarios de marcas se muestran renuentes a considerarlas siquiera. En un ambiente de negocios competitivo, las colaboraciones pueden parecer más riesgosas que benéficas, y a veces, la inquietud respecto a los peligros resulta pertinente. Los socios o colaboradores no siempre actúan en beneficio de la alianza o el bien mutuo.

No obstante, si eres capaz de desarrollar sinergias con otras marcas, tomando las precauciones necesarias para disminuir los riesgos, puedes lograr mucho más en equipo que con la suma de lo que tú y tus colaboradores lograrían por separado. Lo único que necesitas es encontrar las marcas adecuadas. Antes de comenzar, haré una lista de los posibles beneficios y desventajas de las colaboraciones para que tengas todo lo necesario para explorar las oportunidades informado y con los ojos bien abiertos.

# Considera los beneficios y riesgos potenciales de las colaboraciones estratégicas

Establecer colaboraciones estratégicas podría parecer juego de niños. Salvo los cálculos erróneos y los errores, casi todo lo que se describe como *estratégico* tendría que resultar exitoso, ¿no es cierto? Bueno, no del todo. Al igual que lo que sucede con otros proyectos empresariales, el establecimiento de colaboraciones implica riesgos y recompensas. Antes de que empieces en este campo, sopesa las ventajas y desventajas.

## Beneficios potenciales

Cuando dos marcas generan las sinergias adecuadas, ambas pueden cosechar los siguientes beneficios:

» **Aumento en el alcance de la marca:** si cada marca se enfoca en distintos segmentos del mercado, pueden extender su alcance a la audiencia de la otra. Por su parte, dos marcas que atienden a los mismos segmentos pueden beneficiarse con las oportunidades de la cooperación o *branding colaborativo* si logran identificar los factores únicos que cada una aporta y pueden superponerse para generar nuevo valor para sus clientes.

» **Aumento en la conciencia de la marca:** dependiendo del éxito de las iniciativas de cooperación, la audiencia objetivo tendrá la oportunidad de averiguar más sobre cada marca.

» **Aumento en ventas e ingresos:** la cooperación entre marcas puede aumentar las ventas y los ingresos de diversas maneras. Algunas marcas crean un nuevo producto o línea de productos como parte de la colaboración, otras tienen más éxito al realizar el marketing en conjunto que por separado y hay algunos socios que extienden su alcance hacia el mercado del otro.

» **Conocimiento y experiencia adicionales:** los socios pueden elegir compartir conocimiento y experiencia, y colaborar para superar desafíos.

» **Incremento en la eficiencia y reducción de costos:** a veces, las colaboraciones ofrecen oportunidades para compartir recursos y optimizar operaciones.

» **Aumento de capital:** en algunos casos, una marca tiene recursos económicos y la otra no, pero cuenta con algo valioso que ofrecer.

» **Capacidad de ofrecer a los clientes algo más:** idealmente, los socios de una colaboración ofrecen productos o servicios distintos pero relacionados, o incluso complementarios. Esto les permite a las marcas ofrecer más a sus clientes en conjunto que como entidades independientes.

» **Riesgos, responsabilidades y recompensas compartidos:** cuando ambas marcas arriesgan algo, comparten los riesgos, las responsabilidades y las recompensas. De esta manera, la carga del proyecto se comparte, y ambas marcas pueden recibir beneficios.

## Posibles riesgos

Las colaboraciones entre marcas pueden conllevar ciertos riesgos como:

» **Conflictos de interés:** cuando los objetivos de los colaboradores difieren, a veces empiezan a trabajar en favor de lo que más les conviene, lo cual conduce a dificultades en la relación porque lo que le conviene a una de las marcas afecta a la otra de alguna manera.

» **Pérdida de autonomía:** a menudo, los colaboradores tienen que consultarse entre sí antes de tomar ciertas decisiones o de realizar alguna acción. Cuando tienes un socio, no puedes solo actuar por tu cuenta, ni con la rapidez o agilidad que te gustaría.

» **Aumento en la complejidad:** las cooperaciones entre marcas exigen colaboración y coordinación, y esto añade un peso a la complejidad operacional. Asimismo, las colaboraciones aumentan las exigencias en los procesos de administración, creación de informes y evaluaciones.

» **Aumento en la exigencia de recursos:** aunque algunos socios podrían ganar eficiencia en ciertas áreas, también podrían experimentar presión en cuanto a recursos en otras. Esto se debe al aumento en la exigencia que implica gestionar la cooperación y cualquier proyecto o empresa colaborativa.

» **Aumento en el riesgo de crisis de relaciones públicas que podrían estar fuera de tu control:** a tu marca se le juzga con base en las marcas de las que te hagas acompañar, por eso, si una marca socia dice o hace algo controvertido, el efecto negativo te puede dañar.

# Encuentra y elige un socio para el desarrollo de marca en equipo

Ya ponderaste las ventajas y desventajas de realizar una cooperación de marca y decidiste que es una idea excelente: justo lo que tu marca necesita para pasar al siguiente nivel. ¿Ahora qué?

Bien, el primer paso es encontrar la marca adecuada para establecer la colaboración. En esta sección te guiaré a través de este proceso.

## Identifica tu porqué

Toda colaboración tiene un propósito claro, una razón lógica para llevarse a cabo. Por supuesto, los objetivos esenciales deberían ser mejorar la capacidad de ambas marcas de ofrecer más y mejores productos y servicios a su base de clientes, y expandir dicha base. Sin embargo, estoy hablando de un propósito, de un *porqué*, que es más específico, algo como:

>> Crear un nuevo producto original (colaboración para desarrollo de producto).

>> Optimizar la cadena de suministro (colaboración para la cadena de suministro).

>> Obtener el capital necesario para impulsar el crecimiento (colaboración financiera).

>> Obtener los recursos técnicos para impulsar la innovación (colaboración tecnológica).

>> Aumentar el alcance y la conciencia de la marca (colaboración de marketing).

Como puedes ver, hay muchos tipos de colaboraciones disponibles. Cada uno implica hacer coincidir a las marcas de tal suerte que ambas salgan beneficiadas.

## Desarrolla una lista de criterios de selección

Una colaboración es como un matrimonio en el sentido de que depende de la compatibilidad. Si las marcas no son compatibles, la colaboración está destinada a fracasar desde el principio. Claro, tomando en cuenta que pase al menos la etapa de cortejo.

Para garantizar la compatibilidad, usa los siguientes criterios al momento de evaluar a los posibles socios o colaboradores:

» **Valor complementario comparable:** asegúrate de que ambas marcas aporten algo que beneficie al otro de una manera distinta, pero en términos iguales o casi iguales.

 No solo te enfoques en lo que requiere tu marca. Si no le puedes aportar un beneficio a tu socio, la colaboración se disolverá en cuanto se dé cuenta de que no va a obtener
**ADVERTENCIA** nada.

» **Valores y cultura similares:** compara tus declaraciones de misión, tus valores y cultura para asegurarte de que coincidan con los de la marca con que piensas colaborar. Las "personalidades" pueden diferir, pero ambas marcas deben estar en sintonía y contar con códigos de conducta similares. Si una tiene mentalidad de "ganar a toda costa", y la otra privilegia la colaboración y la equidad, lo más probable es que haya un desencuentro.

» **Cercanía física:** pon especial atención a las marcas que se encuentran cerca de ti geográficamente. Colaborar con alguien local siempre es más sencillo y suele dar mejores resultados.

» **Confiabilidad:** asegúrate de poder confiar en el colaborador que elijas para cumplir y entregar cualquier cosa que ofrezcas. Tienes que estar seguro de que no solo "es capaz" de cumplir: también lo hará.

» **Honestidad:** los colaboradores o socios deben ser claros y honestos entre sí para que ambos tengan la información que necesitan para tomar decisiones basadas en datos duros. Si la marca que colabora contigo retiene información o altera la narrativa, podrías tomar decisiones dañinas.

» **Integridad:** solo asóciate con marcas que muestren *integridad*, es decir, apego estricto a su código de ética. Quienes ven las reglas como algo flexible podrían manipularlas en detrimento de tu marca. Por otra parte, este tipo de colaboradores podrían decir o hacer algo que genere prensa negativa y tenga un efecto dañino en el branding *colaborativo*.

» **Lealtad:** elige colaborar con una marca considerada, que no solo tome decisiones que le beneficien en lo personal.

# Evalúa a los socios potenciales

Una vez que tengas en las manos la lista de criterios, estarás preparado para buscar y elegir un colaborador estratégico. Sigue los siguientes pasos:

**1.** **Identifica marcas que cumplan con tus criterios.**

Busca áreas de coincidencia o intereses comunes, marcas que compartan tu visión, objetivos de negocios y objetivo demográfico (ver ilustración 9-1). Estas marcas estarán más inclinadas a ofrecer oportunidades de servir mejor a los mismos clientes que tú.

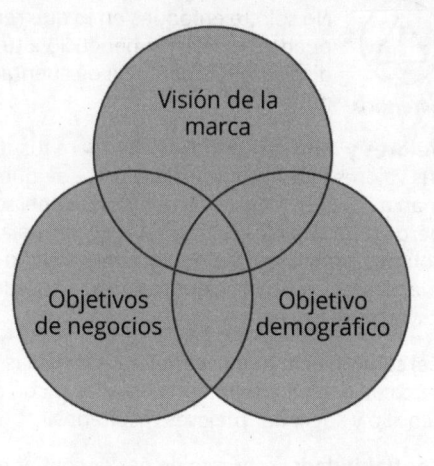

ILUSTRACIÓN 9-1. Encuentra el lugar preciso en el que la visión, los objetivos y el objetivo demográfico se superponen.

## 2. Ordena las marcas de tu lista de acuerdo con su reputación.

En los primeros lugares de tu lista coloca a las marcas que tengan antecedentes de confiabilidad, honestidad, integridad y lealtad. Tacha cualquiera cuya reputación no sea inmaculada.

## 3. Averigua si hay conflictos probables en colaboraciones en curso.

Si un candidato de tu lista ya tiene una cooperación en curso con un competidor tuyo, no lo pongas en la incómoda situación del conflicto de intereses.

## 4. Toma en cuenta la cercanía geográfica.

Tener un colaborador o marca cercana puede tener beneficios. Juntos pueden, por ejemplo, mejorar la comunidad en su región y reunirse con frecuencia en persona para discutir los términos de la colaboración.

## 5. Elige entre los candidatos restantes.

Es probable que no elijas al candidato que quedó en el primer lugar de tu lista. Asegúrate de identificar los factores más relevantes entre los beneficios que ya identificaste.

## ¿TE SIENTES DE MARAVILLA?

Cuando busques un colaborador para hacer branding colaborativo, no descartes a las marcas de tu misma industria. Te daré un ejemplo: Recess, una empresa que fabrica bebidas y productos que les ayudan a los consumidores a sentirse relajados y tranquilos, estableció una colaboración con Alfred Coffee, una

RECUERDA

boutique de café en Los Ángeles. Alfred usa el producto Recess Mood como aditivo en sus bebidas y ofrece las bebidas de Recess en los refrigeradores de cada local. De esta manera, ambas empresas pudieron enfocarse en las marcas que habían creado y lanzaron una experiencia original, producto de un esfuerzo colaborativo y de la innovación.

Como lo muestra este ejemplo, incluso las marcas de la misma industria pueden establecer colaboraciones con beneficios recíprocos, lo que significa una recompensa para cada una y, lo más importante, un beneficio para la base de consumidores compartida.

## Analiza casos exitosos de branding colaborativo

A continuación te presento algunos ejemplos de colaboraciones exitosas:

» **GoPro y Red Bull:** estas dos marcas representan productos diferentes. GoPro vende videocámaras digitales portátiles, Red Bull vende bebidas energéticas. No obstante, ambas tienen como objetivo consumidores activos y temerarios, y por eso realizan eventos de *branding colaborativo* como competencias de deportes extremos. GoPro provee videocámaras para los atletas y Red Bull patrocina los eventos.

» **Bonne Belle y Dr. Pepper:** ¿puedes imaginar un bálsamo para labios con sabor a Dr. Pepper? Los creativos de Bonne Bell y Dr. Pepper reunieron estos elementos para forjar una relación única de branding colaborativo y un producto: el bálsamo para besos inolvidables sabor Dr. Pepper. Es genial, ¿no? Bonne Bell les presentó el sabor inigualable de Dr. Pepper a generaciones de usuarios de bálsamo labial y usó la popularidad de esta bebida para promover su propio producto. Uno de los anuncios de Bonne Bell dice: "Dr. Pepper Lip Smacker. El superbrillo labial con sabor a besos inolvidables... como la bebida más original del mundo".

» **Uber y Spotify:** la playlist para viajes es parte de la fibra cultural estadounidense, por esta razón, no es de sorprenderse que un servicio de streaming de música establezca una relación de branding colaborativo con una empresa de viajes compartidos. Cuando los usuarios de Uber se dirigen a su punto de encuentro con el conductor, se les invita a conectarse a Spotify para mejorar su experiencia de viaje escuchando una playlist existente o creando una propia.

» **Kanye West y Adidas:** ¿qué tienen en común el rapero Kanye West y la empresa alemana de artículos deportivos Adidas? Nada. Sin embargo, eso no les impidió colaborar y crear Yeezy, una nueva marca de calzado y prendas deportivas exclusivos. El estatus de celebridad de Kanye y la reputación de Adidas como fabricante de calzado deportivo de alta gama resultaron ser una combinación triunfadora. La nueva marca fue lanzada en 2015, y para 2020 las ventas de los tenis de lona Yeezy habían alcanzado ventas de 1 700 millones de dólares.

» **Levi Strauss & Co. y Pinterest:** establecer una relación de branding colaborativo con una plataforma fundamental de redes sociales, siempre es buena idea, esta es la esencia del vínculo entre Pinterest y Levi's, la marca más antigua y reconocida de jeans. Esta relación dio paso a Styled by Levi's, una marca que les ofrece a los usuarios una experiencia de estilismo en línea con recomendaciones personalizadas. Con base en las respuestas a un cuestionario visual y el análisis de estilo generado por la actividad de los usuarios en Pinterest, Styled by Levi's produce un board de Pinterest que les ayuda a los clientes a crear estilos únicos que incluyen jeans Levi's.

**RECUERDA** Al elegir una marca para colaborar, siempre ten en mente a tus clientes. ¿Cómo les afectará la relación? Si tu colaboración tiene potencial para beneficiarlos a ellos, entonces puede beneficiar a tu marca. En el capítulo 5 encontrarás una guía para evaluar a tu base de clientes.

# Desarrolla y da un discurso para establecer una colaboración estratégica

Establecer una colaboración estratégica es como desarrollar un producto: comienza como una idea para capitalizar una oportunidad. Por lo general, esto sucede en un nanosegundo, a la velocidad del pensamiento mismo. Es probable que el o la genio a quien se le ocurrió la idea del bálsamo para labios sabor Dr. Pepper no haya trabajado durante horas en ello, la idea le llegó de manera natural y sin esfuerzo, como un destello. Fue un momento de inspiración.

El tiempo y el esfuerzo los necesitarás más a la hora de desarrollar y dar el discurso de ventas a la marca con que deseas trabajar, pero descuida, el proceso se facilitará porque, en general, una idea formidable se vende sola. Solo necesitarás presentarla de la manera correcta a la persona o grupo de gente indicada, para que disciernan el valor potencial para su marca. En esta sección te guiaré a través de este proceso.

**RECUERDA** Una colaboración estratégica es una relación de negocios entre dos o más marcas que generan valor recíproco. La relación comienza cuando una le presenta un discurso de ventas a la otra. Hasta que no preguntes, no podrás saber quiénes estarán abiertos a la idea de trabajar contigo. La marca que estás construyendo no tiene que ser tan grande como la que deseas que colabore contigo, pero es necesario que muestres el valor. Tu discurso será el vehículo de la propuesta de valor y, por lo tanto, tiene que ser claro respecto a los objetivos de la colaboración y a lo que tu marca aportará.

## Determina qué esperas de la colaboración

El primer paso para establecer una colaboración consiste en averiguar qué deseas de ella, cuál es tu objetivo, y qué necesitaría aportar tu socio para que eso suceda, es decir, qué le hace falta a tu marca, pero a la otra no. Para averiguarlo, responde a esta pregunta:

¿Qué le hace falta a tu marca que otra podría proveer para ayudarte a lograr el nivel deseado de éxito?

En efecto, lo que deseas es aumentar el alcance de tu marca y su reconocimiento, y también las ventas e ingresos, pero sé más específico. Aquí tienes algunos ejemplos de respuestas precisas:

"Mi marca necesita la credibilidad de una marca bien establecida".

"Necesito capital para financiar mis actividades de marketing".

"Necesito distribución a través de un canal de menudeo bien establecido".

"Mi marca necesita diseño de producto y capacidades de fabricación".

Cuando el fabricante de pinturas para el hogar Sherwin-Williams colaboró con el minorista Pottery Barn, especialista en mobiliario, la relación les proveyó a ambas empresas un aumento de visibilidad en el mercado objetivo compartido: la gente que adora amueblar y decorar sus espacios familiares. Las marcas desarrollaron una línea exclusiva de pinturas para complementar el mobiliario de Pottery Barn e implementaron una herramienta en el sitio web del minorista para coordinar los colores de la pintura con los muebles y la decoración.

**RECUERDA**

Identificar lo que tu marca necesita te permite enfocar tu búsqueda de socios para *branding colaborativo* en marcas que pueden cumplir lo que prometen.

## Define tu propuesta de valor

En general, el término *propuesta de valor* se refiere al valor que una empresa o marca les promete a los clientes, es la razón por la que estos eligen gastar dinero en un producto o servicio en lugar de otro. Cuando das un discurso de propuesta de colaboración, también necesitas presentar una propuesta de valor clara. En este caso, deberás comunicar el valor que tu marca aportará o que la colaboración le brindará a la otra marca.

Prepárate para cambiar tu propuesta de valor para que satisfaga las necesidades de la marca a la que le ofrezcas la colaboración, y para que coincida con el propósito del esfuerzo de branding colaborativo. Como todas las marcas son distintas, lo que atraiga a una tal vez no resulte de interés para la otra. Si una marca tiene una audiencia en redes sociales mucho mayor que la tuya, es probable que tu modesta cantidad de seguidores en Instagram no le interese.

Identifica tu propuesta de valor con los siguientes pasos:

**1. Describe tu producto o servicio, y piensa qué lo hace valioso.**

Si tienes una empresa de artículos para el cuidado del cabello veganos, el valor que ofrezcas será en forma de productos de este tipo y en una base de clientes conscientes respecto a la ecología. Si estás ofreciendo una oportunidad de colaboración estratégica a un minorista importante de productos de belleza y de cuidado del cabello, como parte de tu propuesta podrías destacar el enraizamiento de tu marca en la comunidad vegana.

**2. Vincula el valor de tu marca con los puntos neurálgicos de los clientes de tu marca prospecto.**

Tu propuesta de valor podría destacar la demanda de productos para cuidado del cabello veganos, así como algunas historias de consumidores que hayan tenido problemas para encontrar este tipo de productos en los lugares donde suelen hacer sus compras.

**3. Destaca lo que puede aportar tu marca.**

Presenta todo lo que ofrece, y lo que puede complementar o mejorar a la otra. Aquí tienes algunos ejemplos:

- *Una comunidad fuerte:* si tu marca tiene una comunidad extensa y activa de amigos, seguidores y admiradores en una o más plataformas de redes sociales, esta puede ser un punto importante de ventas. Asegúrate de incluir métricas específicas como cantidad de amigos, seguidores y admiradores, así como estadísticas de interacción que muestren los comentarios y clics para compartir. Construir una comunidad es difícil, así que, si la marca a la que le estás ofreciendo la colaboración casi no tiene presencia en redes sociales, estará ansiosa por participar en cualquier oportunidad que le permita conseguir más visibilidad invirtiendo poco.

- *Diseño inigualable:* elementos como un diseño único o inigualable, una marca registrada capaz de otorgar licencias o ciertos colores contundentes de branding pueden contribuir a una propuesta de valor eficaz. Girl Gang the Label estableció una colaboración estratégica con *Peanuts* (sí, la tira cómica) para producir una colección de prendas exclusiva para Nordstrom. Nuestra frase e identidad de marca enfocadas en el empoderamiento de las mujeres coinciden a la perfección con los populares personajes femeninos de *Peanuts*. En la etiqueta se presenta a ambas marcas para dar a conocer esta colaboración creativa.

## BORED APE YACHT CLUB

La colección de token no fungibles llamada Bored Ape Yacht Club (BAYC) ha formado una próspera comunidad de entusiastas del arte y la cultura que ha hecho de la marca un activo sumamente valioso. Por cierto, un *token no fungible*, o NFT por sus siglas en inglés, es un activo digital que puede ser comprado, vendido e intercambiado en internet, como pinturas y otras obras originales en el mundo real.

Hay muchas marcas tradicionales ansiosas por colaborar con entidades como BAYC porque está imponiendo tendencia en su industria. Estas empresas quieren formar parte de la ebullición y participar para ganar apreciación por medio del branding colaborativo. BAYC ha trabajado con marcas de ropa, creó unos zapatos para los miembros de la comunidad, lanzó una colección de vino en España y curó una subasta en conjunto con Sotheby's.

Para proponerle una oportunidad de branding colaborativo a una marca como BAYC, que ya cuenta con una comunidad grande y participativa, tal vez la cantidad de seguidores en redes sociales que has logrado acumular no sea un punto fuerte de ventas. Sin embargo, si tienes un producto que coincide con BAYC y pertenece a una industria en la que no se ha aventurado, quizá tengas algo a tu favor.

# Explica tu propuesta

Dar un discurso de ventas y explicar en él tu propuesta de colaboración es como usar una red de contactos para obtener un empleo. Enviarle tu propuesta por correo electrónico al dueño o director ejecutivo de la marca sería tan eficaz como enviar tu currículum. Si estableces una relación *antes* de explicar la propuesta, tendrás más probabilidades de que esta sea aceptada. A continuación te presento algunos aciertos y errores al presentar tu idea a quienes tomarán la decisión:

> » **Encuentra a la persona idónea para presentar la propuesta.** Esto dependerá del tamaño del negocio/marca y del departamento más importante para el acuerdo de colaboración que tienes en mente. Si vas a contactar a un negocio pequeño o al dueño de una marca, dirígete a la persona a cargo. En empresas grandes busca a alguien en el nivel intermedio de administración o del departamento con el que trabajarías, como el gerente de marketing o ventas. Si no puedes ponerte en contacto con alguien de los niveles intermedio o superior, trata de hablar con alguien más de la empresa. Un empleado apasionado por tu marca podría influir en el liderazgo de la organización.

CONSEJO

Para obtener información de contacto visita el sitio web, el blog y los perfiles de redes sociales de la marca o la persona. No te recomiendo hacer un primer contacto en línea a menos que no tengas otra opción, pero toma en cuenta que las fuentes en internet pueden ser muy útiles para rastrear a la gente.

» **Primero establece una relación.** Si las dos marcas tienen misión y valores compartidos, establecer una relación con el probable colaborador debería ser sencillo, pero podría tomar tiempo. Busca en línea al dueño o al director ejecutivo de la marca y contáctalos de manera informal a través de redes social.

**CONSEJO**

Si la otra marca tiene empleados, también contáctalos. Tal vez no sean ellos quienes tomen las decisiones, pero están en el interior y podrían defender tu propuesta de colaboración y ponerla frente a quienes dirán la última palabra.

» **No presentes tu propuesta por primera vez por correo electrónico a menos de que no tengas otra opción.** Si vas a explicar tu idea de colaboración a una marca popular, da por hecho que no eres el único, y que la persona que reciba tu correo electrónico no lo hará con gusto. Un correo electrónico es el equivalente a una llamada de ventas en frío. No envíes un correo sino hasta que la persona muestre algo de interés y tú estés en posición de dar un discurso más formal.

**RECUERDA**

A pesar de que no deberías enviar una propuesta de colaboración por correo electrónico, contar con una plantilla anticipadamente te permite dar seguimiento rápido a las marcas que muestren interés. En la siguiente sección encontrarás detalles sobre cómo crear una plantilla eficaz de correo electrónico.

» **Conéctate por LinkedIn y otras redes sociales, pero no presentes tu propuesta ahí.** Busca a quienes toman las decisiones y a otras personas de la empresa en LinkedIn y otras redes sociales, ponte en contacto con ellos y conócelos, pero evita presentar tu idea hasta que te sientas cómodo con las relaciones establecidas.

**RECUERDA**

Las redes sociales hacen énfasis en el aspecto *social*. En algunas redes como LinkedIn, hablar de negocios es apropiado e incluso bien recibido, pero no uses las redes para tratar de hacer negocios o vender algo fuera de las funciones designadas para ese propósito. Vender en redes sociales es tan mal visto como vender suplementos dietéticos en reuniones familiares.

» **De ser posible, reúnete en persona.** No hay nada como el contacto en persona, así que busca oportunidades de reunirte con la gente, como eventos de la industria o conferencias. Si estás cerca, invita a tu contacto a comer o a tomar un café y continúa desarrollando la relación. Si tienes un podcast o blog popular, ofrécele la oportunidad de dar una entrevista o participar como articulista invitado en tu blog.

» **Sé genuino.** Expresa interés genuino en la otra marca. Si en realidad no te interesa, tendrás dificultad para fingir que sí, y la otra persona se dará cuenta muy pronto de que no estás siendo honesto.

» **No vendas de forma agresiva.** Idealmente tu propuesta para la colaboración debería surgir ante tu contacto de una forma tan sutil que crea que a él o ella se le ocurrió primero. Si te parece que este escenario es demasiado optimista en tu caso, por lo menos presenta tu idea de manera natural durante una conversación, y como dándola por hecho. De esta forma sembrarás la oportunidad en la mente de tu contacto.

**RECUERDA**

En lugar de presentar tu propuesta de colaboración con prisa, puedes hacerlo de forma gradual. Date tiempo para conocer a tu posible colaborador, hasta que ambos entiendan a fondo el negocio, la marca, la misión, los valores y los desafíos mutuos. Asegúrate de consumir la mayor cantidad posible de información sobre las marcas e industrias con las que quieres trabajar en equipo. Esto lo puedes hacer comprando libros, asistiendo a seminarios y eventos, acercándote para hacer preguntas y analizando los sitios web. Entre más sepas, mejor equipado estarás para presentar tu propuesta de forma eficaz.

## Diseña una plantilla de correo electrónico

Contar con una plantilla de correo electrónico para propuestas de branding colaborativo puede ser útil cuando estés listo para darle seguimiento a los posibles colaboradores de marca que han mostrado interés. En la plantilla querrás mencionar lo que puedes aportar a la colaboración y, al mismo tiempo, evocar tus logros. Haz una plantilla agradable en lo visual y fácil de digerir.

Uno de mis puntos de venta más sólidos para Girl Gang the Label es mi podcast, el cual se enfoca en las mujeres exitosas. Cuando doy mi discurso o le presento mi idea a alguna fundadora de marca para que participe como invitada en el podcast, siempre incluyo información clave sobre invitadas anteriores, así como una plantilla que muestre cómo lucirá su participación en correo electrónico (ver ilustración 9-2).

ILUSTRACIÓN 9-2. Muestra de plantilla de correo electrónico para presentación de propuesta de colaboración estratégica

Todos los discursos de propuesta en correo electrónico son distintos, pero aquí te presento algunas ideas para estructurar tu presentación. Espero que inspiren tu creatividad:

» Presenta un plan con viñetas para describir cómo lucirá la colaboración: lo que cada marca aportará, cómo se complementarán entre sí y de qué manera se beneficiarán ambas. Haz un plan breve y sencillo. La redacción de un acuerdo de trabajo se puede llevar a cabo más adelante.

» Da un *elevator speech* en el que describas tu visión de la colaboración, es decir, un discurso suficientemente conciso para decirse completo en el tiempo que un elevador va de un piso a otro.

» Da seguimiento a tu plan de viñetas o discurso de elevador con cualquier ejemplo relevante de colaboraciones anteriores que hayan resultado exitosas para tu marca.

» Redacta un discurso de tres oraciones que incluya:

  • Tu visión de la colaboración.

  • Lo que aportarás.

  • Un ejemplo de colaboración exitosa actual o previa.

» Piensa en incluir un párrafo breve en el que describas la manera en que coinciden las dos marcas en cuanto a base de clientes, misión o valores.

# Llega a un acuerdo respecto a los términos de la colaboración

**ADVERTENCIA** Aunque las colaboraciones a menudo se concretan con un apretón de manos, en realidad son importantes acuerdos legales que pueden tener un impacto trascendental en tu marca y tu negocio. Para evitar cualquier conflicto en el futuro y para resolver los que no puedas evitar, te exhorto a que contrates un abogado para que redacte un acuerdo de colaboración o revise a conciencia cualquier documento que proponga tu futuro colaborador.

Asegúrate de que el acuerdo cubra los siguientes términos:

» Objetivos de la colaboración y objetivos de cada socio, en caso de que estos difieran.

» Duración de la colaboración.

» Descripciones y calendarios de todo proyecto de branding colaborativo, producto, actividad y evento.

» Lo que cada colaborador promete hacer o contribuir para que se logren los objetivos establecidos, es decir, las tareas o aportaciones de capital u otras fuentes.

» Una cláusula de no competencia para evitar que cualquiera de los socios realice acuerdos con marcas de competidores.

» Una cláusula de confidencialidad para proteger toda información sensible o de propiedad obtenida durante el curso del proyecto conjunto.

» Acuerdos de propiedad y compartición de datos que cubran toda la información recopilada a través de las actividades de branding colaborativo.

» Lineamientos de licencias de marca que especifiquen la manera en que podrán usarse los logotipos, marcas registradas y derechos de autor de cada una de las marcas.

» Responsabilidad de cada parte en caso de un proceso legal.

» Cláusula de terminación que les permita a ambas marcas dar fin al acuerdo bajo ciertas condiciones como incumplimiento de desempeño, incumplimiento de los objetivos de la colaboración para cierta fecha o cualquier acción que pudiera dañar a tu marca.

# Mantente alejado de las fallas comunes de las colaboraciones

Si damos por hecho que tú y tu colaborador de desarrollo de marca redactaron y firmaron un acuerdo, y analizaron y discutieron en detalle los términos, este documento será la manera más eficaz de evitar las fallas más comunes en el branding colaborativo.

Ambas partes están conscientes de sus respectivas responsabilidades mutuas, ahora el éxito depende de que ambas cumplan lo que prometieron.

Incluso teniendo un acuerdo de colaboración tan sólido como el concreto, los proyectos pueden fracasar. Estas son algunas de las causas más comunes, mantente alerta para evitarlas:

» **Mala comunicación:** la comunicación es uno de los factores clave del éxito en cualquier relación. No des nada por hecho. Pide que te aclaren cualquier cosa de la que no estés seguro. No se puede funcionar como equipo si las partes actúan de manera independiente.

» **Falta de transparencia:** muchas colaboraciones fracasan porque los socios no son honestos ni transparentes en cuanto a lo que podría afectar el proyecto: falta de recursos esenciales, malas decisiones o tratos de negocios realizados debajo del agua. Tú y tu colaborador no tienen por qué contarse todo, pero es importante que mencionen cualquier cosa que pudiera afectar su aventura de branding colaborativo.

» **Pésima gestión:** cuando estableces una alianza estratégica, a menudo formas una tercera entidad que funciona casi como un negocio independiente, y como todos los negocios, este debe administrarse de manera adecuada para que tenga éxito. Establece metas, objetivos mensurables y tácticas detalladas para cumplir todo lo que se propongan. Planea y haz un presupuesto minucioso para toda iniciativa de branding colaborativo, y provee toda la supervisión necesaria para una ejecución exitosa.

» **Visiones divergentes**: las colaboraciones suelen comenzar con una visión compartida y objetivos claros. Con el paso del tiempo, a medida que uno de los socios, o ambos cambian, las visiones del proyecto también mutan. Presta atención a la posibilidad de que se presenten divergencias y comunícate de manera clara y honesta con tu colaborador a lo largo de la iniciativa. Date cuenta de que, en algún momento, los intereses y objetivos podrían dejar de coincidir y, en ese caso, disolver la colaboración tal vez sería lo mejor para ambas marcas.

» **Falta de flexibilidad:** tú y tu colaborador deben mantener la flexibilidad y estar dispuestos a adaptarse cuando los planes no salgan como se esperaba, cuando las condiciones del mercado cambien o cuando no estén de acuerdo en la forma de abordar las estrategias para cumplir las metas comunes. Una vez más, la apertura y la comunicación impecable serán la clave para realizar ajustes a tiempo y cambiar de curso.

EN ESTE CAPÍTULO

» Redactarás tu plan de acción.

» Elegirás el momento óptimo para lanzar tu marca.

» Obtendrás algo de publicidad gratuita por parte de la prensa.

» Aumentarás la probabilidad de que tu marca se vuelva viral.

Capítulo **10**

# Lanza tu marca

El proceso de lanzamiento representa la concreción de todo lo que has preparado, es el momento en que estás a punto de arrancar. Tienes una visión clara de la identidad de tu marca, de lo que la hace especial, una noción de tu propósito. Conoces a tu audiencia y cuentas con una sólida guía de estilo, presencia en internet y una cuenta de correo electrónico. Todos los sistemas están encendidos, listos para el lanzamiento.

## Planea tu campaña de lanzamiento

Planear tu campaña de lanzamiento implica averiguar qué hacer, en qué momento hacerlo, cuánto dinero invertir y de qué manera medir el progreso y el éxito. En esta sección te guiaré a través del proceso de planeamiento de la campaña. En resumen, se trata de llevar a cabo todo lo siguiente:

1. **Decidir dónde lanzar.**

2. **Confirmar tus audiencias objetivo clave.**

3. **Hacer una lista de pendientes para el lanzamiento.**

4. **Hacer un cronograma para causar mayor impacto.**

5. **Programar tus actividades de lanzamiento.**

6. **Preparar los incentivos para tus primeros clientes.**

7. **Elegir métricas para el éxito y establecer tus puntos de referencia.**

8. **Hacer un presupuesto.**

9. **Lanzar la marca de forma interna y hacer los ajustes necesarios antes de lanzar para el resto del mundo.**

CONSEJO

Tu objetivo final es lanzar la marca al mundo exterior. Sin embargo, te recomiendo que primero hagas un lanzamiento interno como una especie de ensayo y para aclarar la visión para todos los integrantes de tu equipo. Más adelante encontrarás los detalles en la sección "Lanza tu marca de forma interna".

# Decide dónde hacer el lanzamiento

Cuando hablo de dónde lanzar, me refiero a los lugares o ubicaciones tanto físicos como en línea. Es decir, el lugar donde elijas tirar la casa por la ventana y armar un gran alboroto. Las ubicaciones en línea y físicas pueden incluir una o más de las siguientes:

» Una o más tiendas *pop-up* o temporales (ver capítulo 11).

CONSEJO

Si vas a lanzar en una ubicación física, analiza a fondo dónde podrías tener la mayor cantidad de tráfico peatonal, en especial de la gente que más podría interesarse en tu marca.

» Tiendas al menudeo (ver capítulo 11).

» Ubicaciones públicas como aeropuertos o al lado de carreteras y vialidades (anuncios espectaculares).

» En tu sitio web, blog o tienda virtual (ver capítulo7).

» En una plataforma de comercio electrónico que le pertenezca a un tercero, como Etsy (https://www.etsy.com). Aunque no tendrás un dominio propio, puedes establecer una tienda y abrirla a millones de clientes a través de la red de Etsy.

» Plataformas de redes sociales como Facebook, Instagram y Twitter (ver capítulo 13).

» Publicaciones: periódicos, revistas o publicaciones profesionales.

» Un sitio web para recaudación de fondos como Kickstarter (https://www.kickstarter.com). ¿Qué tiene que ver la recaudación de fondos con el branding? Si tienes una idea formidable, la recaudación podría ser una herramienta de marketing muy eficaz.

> » En una agencia de oradores o conferencistas, como APB (https://www.apbspeakers.com) o en un directorio de redes sociales de influencers como Find My Influencer (https://www.findmyinfluencer.com), en caso de que vayas a lanzar una marca personal.

## Confirma tu audiencia objetivo clave

Cada vez que lances o relances tu marca, o, en general, cada vez que lances una campaña de marketing, confirma tus audiencias objetivo clave. En el capítulo 5 te guie en el proceso de definir uno o más arquetipos de cliente, los cuales se crean a partir de toda la gente que forma parte de tu mercado clave. ¿Tus arquetipos siguen representando a esas personas? De no ser así, ha llegado el momento de hacer ajustes. Si continúan siendo representativos, pídeles a todos los integrantes de tu equipo que vuelvan a analizar los arquetipos para que tengan una idea clara de a quién se van a dirigir.

**RECUERDA** A tus audiencias objetivo clave las pueden definir la ubicación, los datos demográficos (edad, sexo, ocupación, nivel de ingresos, estado civil), los psicográficos (valores, pasatiempos, estilo de vida, personalidad, actitud, comportamiento), industrias, hábitos de compra, puntos neurálgicos, motivación, etcétera.

## Haz una lista de pendientes

Lanzar una marca suena sencillo, después de todo, solo implica anunciarle tu marca al mundo. O al menos a la reducida parte del mundo a la que tratas de llegar. Las cosas se complican cuando te preguntas "¿cómo?". De manera específica, ¿qué harás para promover tu marca durante el lanzamiento?

La respuesta a esta pregunta depende de varios factores, como el tipo de marca (de producto, personal, etcétera), el producto o servicio que vendas, tus audiencias objetivo, el presupuesto y tus recursos. Si vas a lanzar una marca personal para promoverte como consultor, necesitarás construir un sitio web y establecer tu presencia en redes sociales, escribir artículos y entradas en blogs, generar contactos en medios, trabajar en equipo con la gente que tome las decisiones y tratar de obtener invitaciones destacadas para presentarte como conferencista. Si vas a lanzar una marca de producto, tendrás que diseñar una tienda virtual, establecer presencia en redes sociales, redactar y distribuir un comunicado de prensa, y enviar muestras de productos a influencers, entre otras cosas.

Haz una lista exhaustiva de pendientes que incluya las acciones específicas que tendrás que realizar para lanzar la marca. Aquí te presento algunas ideas para estimular tu creatividad (la buena noticia es que no tienes que hacer todo esto):

» Redactar, diseñar o fabricar los materiales de marketing necesarios: anuncios, señalización, posters, banderolas, folletos, tarjetas postales, tarjetas de presentación, casos de estudio, hojas de ventas, testimonios, volantes, tarjetas de lealtad, camisetas de la marca y artículos promocionales (plumas, tazas, llaveros, etcétera).

» Date suficiente tiempo para diseñar, editar, aprobar e imprimir, de ser necesario. Ve los detalles en la sección "Haz un calendario de lanzamiento" que aparece más adelante en este capítulo.

» Redacta y distribuye un comunicado de prensa. Ve los detalles en la sección "Aprovecha la fuerza de la prensa para lanzar tu marca", más adelante.

» Haz transmisiones en vivo en tu sitio web, blog, tienda virtual.

» Publica contenidos promocionales en tus cuentas de redes sociales: contenidos de texto, códigos de descuento, podcast, audio, video, libros blancos, etcétera.

» Lleva a cabo una campaña de marketing a través de correo electrónico (ver capítulo 14).

» Lanza campañas de publicidad *pago por clic*.

» Anúnciate en los medios tradicionales: periódicos, revistas, televisión y radio.

» Dependiendo de la distribución y disponibilidad de tus productos y servicios, puedes crear campañas de publicidad locales, regionales o nacionales.

» Realiza demostraciones de producto en tiendas.

» Lleva a cabo campañas promocionales en que se ofrezcan descuentos, regalos, muestras o pruebas gratuitas.

» Enlaza y coordina tu lanzamiento con influencers. Ve el capítulo 13 para más información sobre cómo hacer equipo con ellos.

» Instala un puesto o haz una presentación en algún evento popular de la industria como una conferencia o show de comercio que obtenga una fuerte cobertura mediática, como Comic Con o el Consumer Electronics Show (CES). Tal vez estos eventos sean algo ambiciosos para una marca modesta, pero en todas las industrias hay eventos grandes y pequeños.

» Organiza una fiesta de lanzamiento.

» Haz una campaña de prelanzamiento en los días, semanas o meses previos a la fecha oficial de lanzamiento. Una campaña de prelanzamiento es una versión más modesta del lanzamiento oficial, está diseñada para generar algo de ruido y lograr que la gente se emocione con la marca. Tal vez necesites hacer una página web llamada "Muy pronto", escribir en blogs sobre el producto nuevo que pronto será presentado, y recolectar direcciones de correo electrónico para hacer una campaña de marketing por este medio como parte de tu lanzamiento oficial.

**CONSEJO**

Diviértete y trata de generar ideas divertidas para el lanzamiento. Entre más convencido y emocionado estés, más se entusiasmará tu audiencia con la marca.

# Elige un momento propicio para que el lanzamiento tenga el máximo impacto posible

¿Cuál es la décima razón más importante por la que una startup fracasa? De acuerdo con una encuesta reciente realizada por la Small Business Administration (SBA), hacer un lanzamiento en un momento poco propicio o inadecuado. Si presentas tu producto o servicio demasiado pronto, cuando los clientes aún no estén preparados, no causarás una buena reacción. Si te tardas demasiado, tus competidores podrían darte una paliza. Esta estadística solo contempla el caso de marcas con productos o servicios innovadores, pero en general, el momento de lanzamiento puede influir de manera dramática en el éxito.

Cuando elijas una fecha de lanzamiento, toma en cuenta los siguientes factores:

» **Prontitud:** el mejor momento para lanzar cualquier marca es lo más pronto posible, es decir, cuando esté lista y tú también lo estés.

» **Temporadas:** algunos productos y servicios son más populares en ciertas temporadas. Si vas a presentar una línea nueva de kayaks, tal vez sea mejor que programes el lanzamiento durante la temporada de shows de botes, es decir, a finales del otoño o principios de la primavera. Asimismo, la mejor temporada para lanzar un producto de desarrollo personal es cerca de los primeros días del año porque en ese momento la gente está haciendo sus propósitos de Año Nuevo.

» **Eventos y ciclos de la industria:** la mayoría de las industrias tienen ciclos anuales y eventos específicos que dirigen el interés hacia los productos y servicios innovadores. En la industria de la edición, BookExpo, a finales de mayo o principios de junio, suele generar bastante alboroto.

» **Tus propios ciclos de producto:** cuando un producto llega a la cúspide y ya desarrollaste la novedad siguiente, es momento de relanzar la marca.

» **Vacaciones y fiestas religiosas:** hay días, semanas e incluso meses específicos que ofrecen excelentes oportunidades para lanzar una marca, y no solo me refiero a Halloween, al Día de Acción Gracias, Navidad, Hanukkah o Kwanzaa. En Estados Unidos también se celebra el Día Nacional de Aprecio a las Mascotas, el Día Nacional de las Donas, el Día Nacional del Yoga, el Día del Libro para Colorear; la

Semana de Conciencia sobre las Termitas, la Semana de las Madres que Trabajan en Casa, la Semana Internacional de los Payasos (no, no bromeo); el Mes Nacional de la Historia Negra, el Mes Nacional de Regreso a la Escuela, y el Mes de Locos por los Diseños Escoceses. Aquí te presento una lista de festividades que se celebran tan solo en la primera semana de enero:

Día Nacional del Bloody Mary (1 de enero)

Día Nacional del Buffet (2 de enero)

Día Nacional de los Pastelillos Rellenos de Crema Pastelera (2 de enero)

Día del Lanzamiento de Pastel de Frutos Secos (3 de enero)

Día Nacional de las Cerezas Cubiertas de Chocolate (3 de enero)

Día Nacional del Espagueti (4 de enero)

Día Nacional de la Crema Batida (5 de enero)

Día Nacional de los Manzanos (6 de enero)

Día Nacional de los Frijoles (6 de enero)

Día Nacional de las Galletas de Mantequilla (6 de enero)

Día Nacional de la Tempura (7 de enero)

Para encontrar días festivos y conocer la observancia de celebraciones religiosas importantes para tu marca, busca en internet el tipo de producto/servicio que mejor te represente y añade las palabras "días festivos y fiestas religiosas" o "celebraciones y observancia de fiestas religiosas", y explora la lista que arroje el buscador. También puedes buscar en Google cuál sería la mejor temporada para tu producto.

**CONSEJO** Si vas a realizar un lanzamiento en fecha festiva o fiesta religiosa, asegúrate de usar hashtags para hacer correr la voz. Por ejemplo, #SemanaDelAprecioAlMaestro. Los hashtags extienden tu alcance porque permiten un aumento en la capacidad para compartir la información.

# Haz un calendario de lanzamiento

Cuando tengas una lista exhaustiva de pendientes y la fecha fijada, estarás listo para programar las actividades de lanzamiento, asignar las tareas a cada responsable de manera individual o en equipo, y hacer *backdating*. *Backdating* es una práctica que consiste en establecer metas en fechas previas a aquella en que el proyecto necesite completarse para tener más tiempo y terminar con anticipación. Si una de tus actividades es realizar demostraciones en tiendas, primero estableces las fechas de las demostraciones y luego estableces fechas anteriores para tener tiempo para prepararte.

Puedes usar un programa de gestión de proyectos o colaboración como Google Workspace (https://workspace.google.com), un calendario en línea como Google Calendar (https://calendar.google.com), un sistema tradicional de planeamiento diario o calendario de 12 meses o una tabla de Excel para diseñar un calendario de lanzamiento. Asegúrate de incluir los siguientes detalles:

» Nombre descriptivo de cada actividad o proyecto.

» Fechas en que deberá completarse cada proyecto o realizarse cada actividad, junto con algunas metas anticipadas a dichas fechas.

» La persona responsable de cada proyecto o actividad. Por supuesto, este detalle no es necesario si tú eres el responsable de todo.

**RECUERDA** Si tienes tu propio equipo de marketing o colaboraciones estratégicas con otras marcas, considera usar un calendario albergado en nube, un administrador de proyectos o algún programa de colaboración para que todos en el equipo tengan acceso a la misma información.

## Prepara los incentivos para tus primeros clientes

Una excelente manera de animar a tus audiencias objetivo a participar en el lanzamiento de marca es ofreciendo un incentivo como los siguientes:

» Productos promocionales de la marca como camisetas, gorras de beisbol, llaveros, imanes para refrigerador, plumas o botellas de agua. Si vas a abrir un gimnasio nuevo, puedes regalar una bolsa con botella de agua, una toalla del gimnasio, una barra de proteínas y un cupón para una membresía de un mes gratis.

**CONSEJO** Varios negocios en línea se especializan en la fabricación y venta de artículos promocionales como Swag.com (https://swag.com) y DiscountMugs (https://www.discountmugs.com). También puedes ordenar estos productos en mercados más generales como Etsy (https://www.etsy.com) y Zazzle (https://www.zazzle.com). Puedes realizar una búsqueda con frases como "artículos promocionales con logotipo".

» Una muestra de producto o prueba gratis. Puede ser una muestra de una crema rejuvenecedora para la piel fabricada con productos naturales que hayas desarrollado o una suscripción gratuita a un boletín informativo mensual sobre inversiones.

» Un cupón, tarjeta de descuento o código que solo esté disponible para cierta cantidad de clientes que te contacten primero. Si vas a vender en línea membresías de un gimnasio, podrías ofrecer una prueba gratuita de un mes a cualquier persona que ingrese el código JOESGYMVIP a la hora de pagar. Todos los sitios de comercio electrónico (incluyendo Amazon.com, Shopify o eBay) cuentan con una función para crear códigos de descuento. Busca los detalles en el sistema de ayuda de tu sitio.

» Loterías y premios. Por cada compra mínima de 20 dólares, puedes inscribir a tus clientes en un sorteo para que tengan la oportunidad de ganar 100 dólares en mercancía gratuita, por ejemplo.

» Producto adicional por compra. Puedes, por ejemplo, regalar un espejo con logotipo de la marca por cada compra mínima de 100 dólares en productos de belleza.

Imagina lo que te gustaría que te regalaran si fueras cliente. ¿Qué sería suficientemente valioso para instarte a realizar una primera compra y contarles a tus amigos sobre la genial oferta promocional?

# Elige métricas para tener éxito y establece tus puntos de referencia

Antes de lanzar tu marca, identifica qué métricas usarás para medir el éxito o impacto de cada actividad, así como el lanzamiento general. Si se trata de un relanzamiento, incluye puntos de referencia de prelanzamiento para cada métrica. De esta manera podrás comparar el estatus de prelanzamiento con el posterior al lanzamiento. Incluso tal vez quieras comparar las métricas del "poslanzamiento" con los puntos de referencia de prelanzamiento a ciertos intervalos como una semana, dos semanas o un mes después de lanzar la marca.

Estas son algunas de las métricas que tal vez te interese monitorear:

» **Impresiones en redes sociales:** las *impresiones* son la cantidad de veces que tu marca es mencionada en redes. Si algún influencer va a participar en tu lanzamiento, monitorea las impresiones que generen sus publicaciones. Monitorear esta información es una excelente manera de calcular la *conciencia de la marca*, es decir, el grado al que una marca es reconocida entre los integrantes de un grupo objetivo.

» **Tráfico del sitio web:** usa Google Analytics (https://analytics. withgoogle.com) o un sitio similar de recopilación de datos y herramienta de análisis para monitorear el impacto de tu lanzamiento en la cantidad de visitas a tu sitio.

» **Cobertura de prensa:** activa las alertas de noticias de Google para el nombre de tu marca. Esto te permitirá recibir alertas cada vez que la mencionen en las noticias. Para activarla ve a https://www.google.com/ alerts, escribe el nombre de tu marca en el campo cerca de la parte superior de la página y da clic en el botón "crear alerta".

**CONSEJO**

Si contactaste a algunos periodistas o medios de comunicación específicos, síguelos tras el lanzamiento para ver si publicaron algo. De ser así, copia el enlace a la publicación y compártelo en tu sitio web, blog y cuentas de redes sociales. Tal vez también quieras hacer una captura de pantalla de la noticia y usarla en tu marketing. En la sección "Aprovecha la fuerza de la prensa para lanzar tu marca", más adelante en este capítulo, encontrarás más información sobre cómo trabajar con la prensa.

» **Ventas:** monitorea la cantidad de productos vendidos, clientes nuevos, membresías o suscripciones nuevas, y cualquier otra métrica que refleje ventas importantes para tu marca. Para medir las ventas de productos en línea puedes exportar un reporte directamente de tu servidor de comercio electrónico. Busca información en su sistema de ayuda.

Las métricas mencionadas ofrecen buenos indicadores generales sobre el éxito de tu marca, pero hay otras más difíciles de monitorear como consideración de la marca, calidad percibida y lealtad a la marca. En el capítulo 4 encontrarás más información sobre cómo monitorear estas y otras métricas.

## Haz un presupuesto para el lanzamiento

Usa la lista de pendientes que escribiste (busca la sección "Haz una lista de pendientes", presentada en este capítulo) para hacer un presupuesto para el lanzamiento. Te recomiendo usar una aplicación con hojas de cálculo o una de las plantillas para presupuestos del programa de finanzas personales o de negocios que utilices, para que realice los cálculos.

Aquí tienes algunos de los gastos que deberás incluir en el presupuesto:

» **Compensación para asistente:** es el gasto para cubrir un o una asistente real o para encargarle parte del trabajo a un asistente virtual.

» **Materiales de marketing:** anuncios, posters, banderolas, folletos, tarjetas postales, tarjetas de presentación y volantes, en fin, la mayor parte de los materiales impresos, pero también los equivalentes digitales en algunos casos.

» **Anuncios en medios de comunicación masivos:** anuncios en periódicos y revistas, así como en televisión y radio.

» **Anuncios tipo *pago por clic*:** anuncios en buscadores, en redes sociales, publicaciones financiadas, etcétera.

» **Marketing de contenidos:** videos, podcast, libros blancos, libros electrónicos, casos de estudio, infográficos, seminarios web (*webinars*), blogueo e invitados a blogs, boletines, entre otros.

» **Relaciones públicas:** honorarios para proveedores de servicios de marketing por correo electrónico, campañas para capturar direcciones de correo y costos de diseño.

» **Artículos promocionales de la marca:** camisetas, gorras de beisbol, llaveros, imanes para refrigeradores, plumas, botellas de agua y otros recuerdos que planees regalar.

» **Desarrollo de sitio web/blog:** gastos para cubrir cualquier cambio necesario para el lanzamiento, si no se han considerado aún en el presupuesto de branding.

» **Eventos en persona:** tienda *pop-up* o temporal, artículos promocionales (si no los has incluido aún), letreros, personal, renta de local.

» **Influencer:** honorarios, costo de la plataforma de marketing de la o el influencer y, en algunos casos, los viáticos.

» **Costo del evento de la industria:** ingreso al local, alimentos, bebidas, música y aspectos divertidos como videos, mascota, sorteos.

**CONSEJO**

Si vas a realizar colaboraciones con marcas que tienen más recursos económicos, podrías pedirles que patrocinen tu fiesta de lanzamiento.

## Lanza tu marca de forma interna

Tal vez la fase más importante de cualquier lanzamiento de marca sea el lanzamiento interno, es decir, cuando presentas la marca a todas las personas de tu organización. Un lanzamiento interno eficaz genera la emoción necesaria a nivel corporativo para que el lanzamiento externo sea un gran éxito.

**RECUERDA**

El desarrollo de marca no solo tiene que ver con el marketing, es un proceso mucho más profundo. Cada encuentro con un cliente es una oportunidad de promover o degradar tu marca en la opinión de clientes potenciales. Por esta razón, todos en tu organización deben aceptar la misión, la visión y los valores, y obedecer las políticas y procedimientos.

Tu lanzamiento interno deberá ser divertido y atractivo, pero también necesitas enfocarte en los negocios. El objetivo es generar apoyo y entusiasmo por la marca y, al mismo tiempo, eliminar cualquier resistencia a la misma. En algún momento, cuando te enfoques en los negocios durante el lanzamiento interno, da los siguientes pasos:

1. Señala con precisión el valor de la marca (ver capítulo 1).
2. Haz una revisión de la misión, visión y valores de tu marca (ver capítulo 3).
3. Revela la identidad.

Muestra el logotipo y el eslogan, y explica qué representan.

**4.** **Presenta la promesa de la marca.**

La promesa de la marca refleja lo que les entregarás a los clientes. Es la razón por la que elegirán tu marca en lugar de las otras opciones. Porque recuerda que un cliente *siempre* tiene otras opciones.

**5.** **Dales a todos los miembros de tu equipo un regalo personalizado de buena calidad de la marca.**

Los regalos pueden incluir camisas polo, plumas, cuadernos u otros artículos con el logotipo de la marca. No tienen que ser obsequios costosos, pero deben ser de alta calidad para que reflejen el tipo de trabajo que esperas de todos los miembros de la organización.

**6.** **Pídeles a los miembros de tu organización que acepten la marca y se conviertan en embajadores de la misma.**

Haz énfasis en la importancia de no simplemente dar discursos, es necesario que la gente predique con el ejemplo. Todo lo que los empleados hacen en la oficina, o incluso fuera, todo lo que digan sobre la marca, y todo lo que publiquen al respecto en sus cuentas de redes sociales deberá mostrar la identidad y la promesa de manera positiva.

CONSEJO

Después del lanzamiento interno tal vez debas dar seguimiento con un lanzamiento más sutil o una modesta apertura exclusiva para clientes VIP, socios estratégicos y miembros de la prensa. Otra opción es organizar una velada para amigos y familiares que participaron en la creación de la marca y que continuarán apoyándola.

# Aprovecha la fuerza de la prensa para lanzar tu marca

La prensa es poderosa, pero también necesita atención: puede morir o prosperar dependiendo de las noticias que difunda. A todos los periodistas les encantan las buenas historias, así que si logras transmitirles una narrativa emocionante, ellos y sus lectores la consumirán con avidez. Además, obtendrás una buena cantidad de prensa gratuita y contenidos adicionales sobre los que podrás comentar, bloguear y hacer publicaciones en tus cuentas de redes sociales.

En esta sección explicaré cómo atraer a miembros de la prensa y entusiasmarlos respecto a tu marca, pero primero deberás enfrentar la disyuntiva de encargarle el contacto con la prensa a una agencia de relaciones públicas o asesor, o hacerte cargo de manera interna.

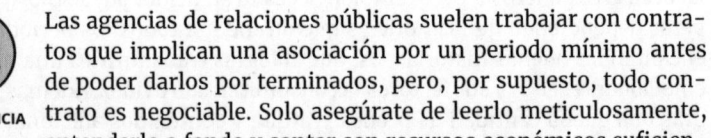

**CONSEJO** La mayoría de la gente confía en la prensa de forma implícita, por lo que, cuando un reportero escribe una historia sobre tu marca, ganas un poco de su credibilidad. Aprovéchala. En alguna parte de tu sitio web o blog haz una sección o página llamada "Como lo vio en...". Incluye en ella todos los artículos, audios y videos publicados respecto a tu marca, y también cita todas las alabanzas. Cuando los clientes potenciales visiten tu sitio quedarán impresionados al ver la cobertura y sentirán que tu marca es digna de confianza.

## Analiza si te conviene contratar a una firma de RP

Una firma o asesor de relaciones públicas, o RP, puede ser un poderoso activo al momento de tratar de obtener cobertura de prensa, ya que cuentan o, al menos deberían contar, con relaciones sólidas con los miembros de la prensa, y porque saben cómo vender una historia. Una agencia, o un hábil asesor o asesora de relaciones públicas puede conseguirte una cantidad importante de cobertura de prensa para tu objetivo demográfico, ayudarte con la campaña de prensa y ahorrarte una cantidad considerable de tiempo.

Por desgracia, también pueden costarte una cantidad considerable. Como todo en el mundo del marketing, tendrás que tomar una decisión: ¿quieres gastar tiempo o dinero? Si tienes una empresa modesta, tal vez no te quede otra opción más que hacer el trabajo tú mismo. Si tu empresa es mediana, quizá la mejor opción sea contratar una agencia de relaciones públicas. Y claro, si tienes una empresa de gran envergadura, seguro cuentas con los recursos para contratar a un asesor o equipo de RP.

Si no conoces ninguna agencia o asesor de relaciones públicas con referencias deslumbrantes, empieza por investigar otras marcas de tu industria, y visita sus sitios web para averiguar a quién contrataron como contacto de prensa.

**ADVERTENCIA** Las agencias de relaciones públicas suelen trabajar con contratos que implican una asociación por un periodo mínimo antes de poder darlos por terminados, pero, por supuesto, todo contrato es negociable. Solo asegúrate de leerlo meticulosamente, entenderlo a fondo y contar con recursos económicos suficientes para cubrir el primer periodo mínimo. Si algo no te queda claro, consulta a tu abogado.

Si decides ser tu propio especialista de relaciones públicas, continúa leyendo porque hay más información.

# Haz una "lista negra" de prensa e influencers

Cuando eres tu propio representante de relaciones públicas, lo primero que debes hacer es escribir una "lista negra" de periodistas e influencers a los que deseas contactar. Es necesario que sea larga, por supuesto, pero limítate a gente importante que se enfoque en las audiencias a las que estás tratando de llegar.

Empieza tu lista con periodistas e influencers que ya tengas en mente, como gente de revistas y blogs que lees, así como miembros influyentes de las comunidades de redes sociales a las que perteneces. Luego añade más nombres, a medida que conozcas más gente que coincida con el perfil que buscas. También podrías obtener información útil si buscas en internet revistas, blogs y boletines que quizá tu audiencia lea.

Cuando prepares el lanzamiento, haz una lista de los periodistas e influencers a quienes quieras contactar para mantener un registro de tu comunicación con ellos (ver ilustración 10-1).

| Medio | Puesto | Nombre | Correo electrónico | Instagram | LinkedIn | Enviado | Estatus | Seguimiento |
|---|---|---|---|---|---|---|---|---|
| Faves | Colaborador senior | Sammi Robert | sr@faves | @sammir379 | https://www.link | 7.15.22 | Solicitud de | 8.3.22 |
| Lashes | Editor | Cindy Smith | csmith@lashe | @csmith931 | https://www.link | 7.16.22 | Enviamos más | 8.5.22 |
| Bling | Colaborador | Meg Tyrell | mtyrell@bling | @maggiet32 | https://www.link | 7.16.22 | Borrador artículo | 8.20.22 |
| Vague | Editor de moda | Sarah Parson | sparson@vag | @sarahparson | https://www.link | 7.17.22 | Entrevista | 8.22.22 |
| Trendsetter | Noticias de moda | Emily Grant | egrant@trend | @emilygrant2397 | https://www.link | 7.18.22 | Entrevista podcast | 8.31.22 |

ILUSTRACIÓN 10-1. Ejemplo de "lista negra".

# Redacta un comunicado de prensa para el lanzamiento de la marca

Las organizaciones y los particulares envían comunicados de prensa para anunciar cualquier cosa digna de difundirse sobre la que a los profesionales de medios les gustaría escribir. Todo lanzamiento de marca exige la emisión de un comunicado, ya que la empresa necesita obtener la mayor cobertura posible e, idealmente, que sea positiva. Enviar un comunicado es la mejor manera de obtenerla.

## HOT MESS ICE ROLLER

Cuando Lauryn Bosstick lanzó su primer producto, The Skinny Confidential Hot Mess Ice Roller, "una herramienta preventiva de cuidado para la piel que aprovecha el impacto de la terapia en frío para dar forma, reafirmar y quitarle a la piel la apariencia de inflamación", convocó a la prensa y a la comunidad que se desarrolló en torno a su marca para que generaran alboroto antes del lanzamiento del producto.

Lauryn envió cajas de relaciones públicas a la prensa, a influencers, a sus invitadas a los podcast, expertos médicos y amigos. Cada caja contenía un Hot Mess Ice Roller, algunos productos de cuidado personal adicionales, un libro escrito por la fundadora y detalles sobre el producto. Al ofrecer la información y los productos que los destinatarios necesitaban para vivir la experiencia completa, les permitió generar, para sus comunidades respectivas, contenidos que fueron más allá de la promoción de un producto, ya que también incluyeron recomendaciones para el cuidado personal.

A cambio de esta labor, el producto tuvo opiniones auténticas de gente en su círculo, y la empresaria pudo fomentar la confianza entre los seguidores y la base de clientes que tenía como objetivo.

En el capítulo 8 te ofrezco algunos lineamientos básicos para redactar un comunicado de prensa. En esta sección te daré sugerencias adicionales para los comunicados enfocados en lanzamientos de marca.

## Estructura tu comunicado de prensa

Cuando redactes tu comunicado, incluye los siete elementos esenciales que aquí te presento:

**1.** *Encabezado:* escribe un encabezado o título que sea tan atractivo que a nadie se le ocurra siquiera dejar de leer el comunicado una vez que haya terminado con el primer párrafo.

**2.** *Resumen y detalles clave:* en el primer párrafo incluye todos los detalles clave y responde a las cinco preguntas: ¿Quién? ¿Qué? ¿Cuándo? ¿Dónde? ¿Por qué? Asegúrate de incluir la fecha y la ubicación del lanzamiento, sin importar si lo harás en una o más ubicaciones físicas, o solo en línea.

**3.** *Características y beneficios:* en el segundo párrafo habla con más detalle sobre las características y los beneficios de lo que vendes, de tal forma que se revele la identidad y la promesa de tu marca. Aquí vas a explicar lo que la hace especial, o destacarás un problema y presentarás a la marca como la única solución.

**4.** *Opiniones de expertos/conocedores:* en el tercer párrafo incluye lo que han dicho respecto a tu marca otras personas relevantes, como expertos de la industria, los líderes de tu organización o las primeras personas que usaron el producto o servicio. Incluye citas interesantes que los reporteros puedan usar en sus contenidos.

**5.** *Cierre:* en el cuarto párrafo resume los puntos clave que ya cubriste. Si estás anunciando una marca de productos o servicios, especifica dónde y cuándo estarán disponibles

6. *Call to action:* tu último párrafo contiene el call to action, puede ser una dirección de internet o un enlace a una página donde los reporteros obtendrán más información.

7. *Información de contacto:* incluye el nombre, dirección de correo electrónico y número telefónico de la persona a la que hay que contactar para solicitar más información.

**ADVERTENCIA**

No escribas tu comunicado de prensa como si fuera un anuncio. Imagina que estás hablando con un reportero sobre un evento digno de difundirse que tendrá lugar pronto: el lanzamiento de tu marca.

## DE AGENCIA DE RELACIONES PÚBLICAS A MARCA DE MODA

Hace poco, Mayfair Group, una agencia de branding que dio un giro hacia la comercialización, lanzó su propia línea de ropa. A finales de su primer año había generado varios millones de dólares en ingresos. Es algo impresionante para una empresa joven, sin embargo, muchos negocios son empresas multimillonarias. Lo interesante de la historia de la marca es que logró estas cifras tras haber hecho una transición: de agencia de relaciones públicas a marca de moda.

Mayfair Group maximizó el potencial de la historia de su marca cuando la enlazó con el título de un artículo en la revista Forbes: "Cómo Mayfair Group dio el giro de agencia a marca de moda multimillonaria gracias a mensajes positivos y empatía".

Como puedes ver, este encabezado tiene una perspectiva única y, al mismo tiempo, explica de qué se trata la marca, sus logros y por qué estos son tan impresionantes.

## Cómo redactar títulos convincentes

Un comunicado de prensa no sirve de nada si nadie lo lee. La mayoría termina en las retacadas bandejas de periodistas que trabajan demasiado. Necesitas ofrecerles una razón de peso para que abran tu comunicado y lo lean. La clave es ser creativo en el renglón del "asunto" de tu correo electrónico y en el encabezado del comunicado. Aquí tienes algunos ejemplos de encabezados cautivadores:

Por qué Michael Dubin, cofundador de Dollar Shave Club, ya no cree en DTC

DOLLAR SHAVE CLUB

Esta campaña de Out-of-Home quiere que pienses en cómo te sientes

MADHAPPY

El salón de moda en NYC lanzó la decoración de uñas más creativa del verano

CHILLHOUSE

# Incrementa las oportunidades de que tu campaña se vuelva viral

Todos los negocios del planeta quieren que su marca se vuelva viral y atraiga en un instante a clientes, seguidores y representantes. Sin embargo, eso no se logra con un marketing tradicional, es decir, destacando las características y beneficios de lo que vendes, y tratando de convencer a tu audiencia de que lo que ofreces es mejor, más rápido o económico de lo que ya está disponible. Lo logras generando contenidos que atraigan a la audiencia tanto que se sienta obligada a compartirlos con toda la gente que conoce.

"¿Qué tipo de contenido es este?", te estarás preguntando. Es el que cumple con los siguientes tres criterios:

- » Divertido
- » Inspirador
- » Emocionante

**RECUERDA**

El marketing viral no tiene que ver con los productos o servicios que ofreces, sino con lo que a tu audiencia le parece divertido, fantástico o increíblemente gracioso. Aquí tienes algunos ejemplos:

» **Sopea en la oscuridad con Oreo.** Cuando el Superdome de Nueva Orleans sufrió un apagón de media hora durante el Super Tazón de 2013, Oreo tuiteó la frase: "¿No hay luz? No hay problema" y la acompañó de una imagen de una galleta Oreo iluminando sutilmente un entorno oscuro (https://twitter.com/Oreo/status/298246571 718483968). Los usuarios de Twitter no podían creer la inmediatez y el ingenio del anuncio, y empezaron a retuitearlo en ese instante.

» **Dollar Shave Club: nuestras navajas son estúpidamente geniales.** En 2012, para promover la suscripción de su servicio de navajas de afeitar, Dollar Shave Club publicó en YouTube un graciosísimo video en el que aparecía su fundador explicando qué hacía que las navajas y el servicio de su empresa fueran tan especiales. Sin embargo, el objetivo del video no era realmente hablar de las navajas, sino hacer reír a la audiencia. Hasta la fecha, ha recibido más de 27 millones de visitas.

» **El desafío de retuiteo de los nuggets de pollo de Wendy's.** En 2017 Carter Wilkerson, un usuario de Twitter, publicó un tuit en el que le preguntaba a Wendy's cuántos tuits necesitaría para que le regalaran nuggets de pollo durante un año. Wendy's respondió: "18 millones". Wilkerson retuiteó la respuesta y les pidió a otros usuarios que le ayudaran a alcanzar la meta. El tuit se convirtió en el más retuiteado de todos los tiempos. Carter no lo logró, pero Wendy's lo recompensó por el esfuerzo.

Aquí tienes algunas sugerencias para hacer que una campaña de marketing se vuelva viral:

» Sé ingenioso y reacciona rápido.

» Busca oportunidades para jugar con contenidos que hayan publicado otros.

» Usa títulos pegajosos y memorables para todos tus contenidos.

» Practica las técnicas de optimización para buscadores (SEO). Ver capítulo 8.

» Incluye algo que la gente sienta deseos de compartir: contenidos divertidos, fantásticos o muy graciosos; un desafío jocoso; una ganga increíble; o una solución sencilla e innovadora que a nadie se le haya ocurrido.

» Haz que lo que publiques sea compartible. Siempre que puedas incluye botones para compartir.

» Haz que se pueda ver y leer en cualquier pantalla sin importar el tamaño. Si tus contenidos son accesibles para todos, tendrás más probabilidades de que se vuelva viral.

**CONSEJO** Para entender lo que funciona y lo que no, lo que le interesa a tu audiencia y lo que le desagrada, monitorea cuántas veces se comparte todo lo que publiques en redes sociales. Hay muchas herramientas en internet para hacerlo, como Khoros (https://khoros.com) y Sprout Social (https://sproutsocial.com).

# 3

## Construye una sólida presencia de marca

Te pondrás en contacto con los clientes cara a cara a través de tiendas temporales o *pop-up*, tiendas al menudeo, eventos de marketing y stands o pabellones en conferencias y talleres.

Darás a conocer las noticias sobre tu marca a través de podcast, entradas de blogs y videos en línea, y monetizarás esos contenidos para generar fuentes adicionales de ingresos.

Aprovecharás el impacto de las redes sociales para promocionar tu marca en lugares populares en línea en los que se reúne la gente como Facebook, Instagram, TikTok y Twitter, sin tener que recurrir al oneroso y complicado sistema de la publicidad pagada.

Fortalecerás la identidad y alcance de la marca a través del marketing por correo electrónico. Harás una lista de direcciones, redactarás mensajes eficaces, elegirás una plataforma de marketing por correo electrónico y ejecutarás tu primera campaña por este medio de la manera correcta.

Comenzarás a trabajar con los anuncios pagados y obtendrás los mayores beneficios posibles a cambio de tu dinero. Descubrirás cómo trabajar con proveedores de anuncios en internet y con agencias de publicidad. Monitorearás los resultados para saber qué funciona y qué no.

Fortalecerás la lealtad a través de la construcción de una comunidad en torno a tu marca. Crearás espacios seguros en redes sociales, estimularás la participación y el involucramiento y empoderarás a tu comunidad.

EN ESTE CAPÍTULO

» Harás llegar tu marca a la gente a través de una tienda pop-up.

» Lanzarás una tienda pop-up en lugares existentes de venta al menudeo, como ubicación temporal o en línea.

» Llevarás tu marca a las tiendas de venta al menudeo.

» Extenderás el alcance de tu marca con eventos de marketing.

Capítulo **11**

# Diseña experiencias en persona

L os políticos saben que para ganar los votos que necesitan en una elección tienen que "pellizcar la piel", es decir, encontrarse con los electores y saludarlos, darles un apretón de manos y besar algunos bebés (bueno, al menos hasta antes de la pandemia). Los encuentros personales, cara a cara, generan un vínculo íntimo y emocional que ninguna otra forma de campaña política puede igualar.

Con las marcas sucede lo mismo. Después de todo, ¿estarías más dispuesto a contratar un asesor financiero al que nunca has visto, basándote solamente en lo que leíste en su sitio web, o a uno con el que te encontraste en carne y hueso en un seminario de finanzas personales? ¿Estarías más dispuesto a comprar un bote de 50 000 dólares que viste en internet o uno en el que pudiste incluso sentarte cuando visitaste el muelle local o el show anual de botes, deportes marinos y viajes?

En este capítulo explicaré cómo generar oportunidades para que los clientes actuales y los prospectos se interesen en tu marca de manera cercana y personal.

# Abre una tienda temporal o *pop-up*

Las *pop-up* son pequeñas tiendas de venta al menudeo que abren por un periodo hasta cierto punto breve para aprovechar la demanda generada por una temporada o tendencia. Seguro has visto quioscos en el centro comercial local o en tus destinos vacacionales preferidos en primavera, o tiendas de disfraces en tu ciudad cuando se acerca Halloween. Una tienda temporal o *pop-up* les ofrece a los minoristas una oportunidad breve de ventas o una manera de probar un espacio o línea de productos sin arriesgarse demasiado, y ver si las cosas marchan bien antes de lanzarse de lleno y rentar o construir una tienda permanente.

Las tiendas pop-up también ofrecen una excelente manera de probar o promover un nuevo negocio o marca. Rentas un local por un periodo corto, organizas el espacio, llenas los anaqueles, anuncias la gran inauguración y empiezas a vender. Incluso una tienda temporal de un fin de semana en un festival popular puede servir para que la gente conozca tu marca en persona.

## Explora tus opciones

Tienes varias opciones para diseñar para tus clientes una experiencia pop-up. Puedes establecer la tienda en un espacio existente, crear uno nuevo o abrir una tienda pop-up virtual.

### Un edificio que ya existe

Los centros comerciales, las franjas comerciales en estacionamientos, los distritos de negocios, los edificios de oficinas y los hoteles grandes suelen ofrecer oportunidades de rentas comerciales a corto plazo. Dependiendo de lo que tengas en mente, rentar un espacio que ya existe podría ser más económico que construir uno.

## COMPARTIR EL ESPACIO

Teressa Foglia (https://teressafoglia.com) es una sombrerera de los tiempos modernos. Vende sombreros de la más alta calidad confeccionados a mano y a la medida. En diciembre de 2017 abrió en la ciudad de Nueva

York la primera Tienda + Estudio Teressa Foglia, a la cual se refiere como sombremósfera. Ahora tiene tiendas en California (Malibú, Playa Vista, Laguna Beach, Palm Springs) y Nueva York (Nolita), donde sus clientes pueden adquirir su selección de sombreros, reunirse para realizar pruebas de talla, realizar un evento o mostrar sus propios productos de marca independiente a través de exhibidores pop-up.

Al permitir que otras marcas sustentables (amigables con el medio ambiente) y fundadas por mujeres ofrezcan sus productos en su espacio, Foglia atrae a nuevos clientes, extiende el alcance de su marca y muestra su compromiso con el medio ambiente y con otras artesanas empresarias que apenas comienzan.

CONSEJO

Tal vez puedas usar un espacio existente de forma gratuita o negociar un precio más bajo si tu tienda le ofrece algo de valor al propietario del local. Si tiene un restaurante junto, por ejemplo, y el aumento de tráfico peatonal que provoque tu negocio beneficia al suyo, tal vez te ofrezca un buen trato.

## Construir un espacio temporal de venta al menudeo

En algunos casos puedes rentar un espacio, pero tienes que traer tu propia "construcción", es decir, un quiosco, carpa, camión pop-up o muro de separación provisional que defina tu espacio de venta. Tal vez ya has visto los quioscos personalizados de alguna marca en los pasillos de grandes centros comerciales, o grandes carpas erigidas en estacionamientos para venta de fuegos artificiales algunos días antes del Día de la Independencia. Puedes construir espacios temporales de venta al menudeo por tu cuenta o adquirir unidades prefabricadas como las que venden ciertos proveedores, por ejemplo, Cart-King (https://cart-king.com).

### Abrir una tienda pop-up virtual

Crear una tienda pop-up no necesariamente implica abrir un espacio físico temporal. Si por alguna razón no puedes llegar a tu mercado objetivo a través de una ubicación física (restricciones de distancia o presupuesto, confinamientos por pandemia, etcétera), puedes crear una experiencia similar de marca en línea a través de cualquiera de los recintos virtuales siguientes:

1. Herramientas de redes sociales como IG Live o Facebook Live.

2. Plataformas de video chat como Zoom.

3. Redes sociales de compras como TalkShopLive.

## Tienda pop-up en redes sociales

Instagram, Facebook y otras plataformas de redes sociales te permiten transmitir video en vivo, lo cual resulta perfecto para abrir una tienda pop-up virtual. (En el capítulo 13 encontrarás los detalles sobre cómo usar las redes sociales para promover tu marca).

El segundo desafío, después de transmitir en vivo, es implementar un sistema que permita que los espectadores hagan pedidos. Aquí tienes dos soluciones:

» Durante tu transmisión en vivo cuelga un enlace de sitio web. Busca en los sistemas de ayuda de las plataformas de redes sociales si cuentan con una herramienta de este tipo y aprende a usarla.

» Haz que los espectadores comenten si están interesados en hacer un pedido o si desean más información sobre lo que vendes.

## Tienda pop-up virtual a través de un chat de video

Para una experiencia más exclusiva de tienda pop-up virtual, considera usar una plataforma de videoconferencias como Zoom. Con Zoom puedes enviar una invitación a periodistas, influencers y otras personas, e iniciar la sesión cuando llegue la fecha y el momento de hacer tu presentación.

**CONSEJO**

Para aumentar la participación, lanza una oferta exclusiva para los invitados

## Red social de compras

Las redes sociales de compras como TalkShopLive (https://talkshop.live) son tal vez la mejor alternativa a una tienda pop-up física. Estas redes son muy similares a las de compras desde casa (Home Shopping Network) que comercializan los productos ofreciéndolos directo a los consumidores a través de la televisión. Para que tu programa aparezca en una de estas redes necesitas hacer una solicitud, y la empresa se queda con un porcentaje de todas las ventas.

# Planea una tienda pop-up física

Cuando lanzas una tienda pop-up física, estás creando una ubicación material, es decir, se trata de un proyecto de gran envergadura. Para aumentar las probabilidades de éxito, planea concienzudamente con base en los siguientes pasos:

## 1. Define tus objetivos

¿Buscas extender el alcance de tu marca, aumentar la conciencia, probar nuevos productos o ver qué implica tener una ubicación física? Aclarar tus objetivos te permite tomar mejores decisiones. Si, por ejemplo, deseas usar una tienda pop-up para capitalizar un aumento de ventas en una festividad específica, tal vez necesites más espacio de almacenamiento que si solo vas a probar un producto nuevo o aumentar la conciencia de la marca.

En el capítulo 4 encontrarás más información sobre los objetivos de branding. Asegúrate de que lo que planeas lograr con tu tienda pop-up coincida con los objetivos generales que estableciste para la marca.

## 2. Establece tu presupuesto

Determina la cantidad máxima de dinero que puedes gastar en una tienda pop-up. Necesitarás lo suficiente para cubrir la renta, y tal vez servicios, inventario, señalización, decoración, artículos promocionales (como bolsas grandes de tela) e incluso bocadillos y bebidas para la gran inauguración.

**CONSEJO** Si planeas obtener ganancias con tu tienda pop-up o, al menos, no perder dinero, puedes usar tu presupuesto como el punto para "quedar tablas", y así definir cuánta mercancía tienes que vender para recuperar la inversión como mínimo.

## 3. Elije una ubicación y renta un local

Elige una ciudad o pueblo y una ubicación como un centro comercial o un puesto en un mercado. Contacta a los encargados para averiguar cómo rentar los espacios, y aparta uno que esté disponible y parezca el más prometedor para tu marca. Asegúrate de tomar en cuenta la ubicación y las horas de operación para garantizar que tus clientes y compradores potenciales tendrán acceso.

**CONSEJO** Los servicios de conserjería como Storefront (https://www.thestorefront.com) y Splacer (https://www.splacer.com) te pueden ayudar a ubicar locales para tiendas pop-up en las ciudades más importantes del mundo.

**ADVERTENCIA** Verifica con tu casero y con el ayuntamiento que no se haya programado ningún proyecto de construcción alrededor del periodo en que rentarás el espacio. Cualquier cierre de calles u otros proyectos grandes de construcción podrían afectar el tráfico peatonal.

## 4. Reflexiona sobre el diseño y la disposición de tu local, y ordena la decoración

Sigue la guía de estilo de tu marca (ver capítulo 6) para asegurarte de que tu diseño sea congruente con los lineamientos que estableciste.

**5.** **Si los clientes van a comprar en el lugar, haz los arreglos necesarios para implementar un sistema de punto de venta (PDV)**

En internet puedes encontrar una gran cantidad de proveedores de sistemas de PDV como Lightspeed (https://www.lightspeedhq.com) y Clover (https://www.clover.com).

**6.** **Verifica con el agente de seguros encargado de tu negocio si requieres cobertura adicional**

Si damos por hecho que cuentas con una, es posible que tu póliza actual no cubra algunos de los problemas que podrían surgir cuando hagas negocios en un espacio rentado de forma temporal.

**7.** **Obtén las licencias o permisos necesarios para hacer negocios en la ubicación que hayas elegido**

La persona o empresa que te rente el local podrá decirte qué licencias o permisos necesitarás y dónde obtenerlos.

**8.** **Elige tus métricas para tener éxito y piensa de qué manera recopilarás y analizarás los datos para alimentarlas**

¿Vas a medir el éxito dependiendo del tráfico peatonal, las ventas, la cantidad de clientes nuevos o el interés en un producto recién lanzado? Las métricas tienen que ser congruentes con los objetivos que estableciste en el paso 1 y necesitas implementar un sistema para recopilar los datos.

## Promueve tu tienda pop-up

En cuanto estén listos tus planes para la creación de tu tienda pop-up deberás empezar a promoverla, en especial si se trata de una operación de corto plazo. Aquí te presento algunas maneras eficaces de hacer correr la voz:

» Publica la información en tu blog (ver capítulo 12).

» Usa redes sociales antes y durante la operación de la tienda (ver capítulo 13).

» Envía una ráfaga de correos electrónicos a tus clientes actuales y a toda la demás gente en tu lista de contactos (ver capítulo 14).

» Si tienes un boletín informativo, úsalo para promover la tienda pop-up.

» Ofrece incentivos como un producto gratis o un descuento a la gente que asista.

» Realiza eventos especiales dentro de tu espacio durante el tiempo que permanezca abierta tu tienda pop-up. (Para más detalles, ve a la sección "Aprovecha las oportunidades de los eventos de marketing", más adelante en este capítulo).

» Colabora con la prensa y con todos los influencers con quienes estés trabajando para hacer correr la voz. (En el capítulo 10 encontrarás más información sobre cómo colaborar con la prensa, y en el capítulo 13 con influencers).

**CONSEJO** Considera realizar un evento open house exclusivo para periodistas e influencers para generar alboroto antes de la gran inauguración.

» Usa anuncios pagados (ver capítulo 15).

**CONSEJO** Cuando promuevas tu tienda pop-up en línea, anima a la gente a compartir tus publicaciones y mensajes: es la mejor manera de hacer correr la voz de forma orgánica a lo largo y ancho de tu base de clientes y sus redes de contactos.

# Inicia la operación de tu tienda pop-up física

Cuando estés promoviendo tu tienda pop-up también puedes iniciar el proceso de operación si el espacio está disponible. Sigue estos pasos:

**1.** **Decora el espacio de forma congruente con los lineamientos de tu marca.**

**CONSEJO** Si necesitas muebles u otros artículos, tal vez puedas rentarlos por menos de lo que te costaría comprarlos. Busca en internet empresas que renten muebles o servicios especializados en presentación de inmuebles para venta (*homestaging*) cerca de tu tienda.

**2.** **Monta los exhibidores de tus productos.**

Las empresas como Displays2Go (https://www.displays2go.com) se especializan en estanterías y señalización para tiendas pop-up y otros eventos de venta minorista de corto plazo.

**3.** **Llena tu tienda con la mercancía que planeas vender.**

**4.** **Contrata y entrena personal si te parece necesario.**

Asegúrate de que tu entrenamiento incluya información sobre lo que representa tu marca.

**5.** **Implementa tu sistema de PDV para aceptar pagos.**

**6.** **Prueba todo, incluyendo las luces, el sistema de sonido que planees usar y tu sistema de PDV.**

# Haz llegar tus productos a las tiendas

Si eres fabricante, una de las maneras de diseñar experiencias en persona consiste en hacer llegar tus productos a las tiendas. De esta forma, tu experiencia en persona se lleva a cabo con el dueño o encargado de compras del negocio, pero recuerda que las tiendas minoristas también ofrecen la oportunidad de que los compradores experimenten tu marca de primera mano. Y claro, llevar tu producto a las tiendas también puede provocar un gran aumento en las ventas e ingresos.

En esta sección te guiaré en el proceso de hacer llegar tus productos a las tiendas.

CONSEJO

Antes de dar tu discurso de ventas frente a las enormes cadenas nacionales o internacionales, acércate a las tiendas locales, cadenas pequeñas y compradores regionales. Empezar de a poco te permite sondear el terreno y superar los obstáculos en un ambiente de bajo riesgo. Sin importar cuánto te prepares, es probable que te enfrentes a sorpresas e inconvenientes. Aprender de estas pequeñas dificultades siempre es mejor que aprender de otras más considerables.

RECUERDA

En general, los vendedores al menudeo más importantes te exigirán que tu negocio esté registrado como entidad legal y que cuentes con un número de identificación de empleador (EIN, por sus siglas en inglés. En el capítulo 2 están los detalles). Muchos de estos minoristas ni siquiera considerarían la posibilidad de trabajar con negocios que operan bajo la estructura de propietario único.

## Haz el trabajo preliminar

Vender al mayoreo es un proyecto riesgoso, así que prepárate para las dos posibilidades: el éxito y el fracaso. Si retacas tu inventario y las ventas se vienen abajo, podrías perder mucho dinero. Y al contrario, si no tienes suficiente inventario y no puedes aumentar la producción con la rapidez necesaria, perderás ventas e ingresos y, además, decepcionarás a tus socios comerciales minoristas. Sigue estos pasos para preparar tu marca para las oportunidades de venta al mayoreo:

**1.** Establece tus objetivos de ventas, ingresos y branding para tener una métrica clara y poder medir tu éxito de venta al menudeo.

**2.** Toma en cuenta los costos que implica el proceso.

Asegúrate de incluir el costo de preparar y enviar muestras, así como la posibilidad de viajar para reunirte con dueños o encargados de compras de las tiendas.

3. **Asegúrate de implementar un sistema para hacer crecer tu negocio con rapidez.**

   Habla de tus planes con tus proveedores actuales y añade nuevos de ser necesario.

4. **Calcula los costos de fabricación, empaque y envío, así como lo que necesitas cobrarle a la tienda para obtener la ganancia deseada.**

5. **Haz los arreglos necesarios para contar con financiamiento para la fabricación o compra de las cantidades de producto que esperas vender (ver capítulo 2).**

6. **Decide dónde vas a almacenar tu inventario y cómo lo enviarás.**

## Identifica tiendas para el lanzamiento

Uno de los primeros pasos para hacer llegar tus productos a las tiendas es averiguar cuáles serían las más adecuadas para tu marca. Busca tiendas que coincidan con los siguientes criterios:

» Atiendan a la misma clientela que tú (ver capítulo 5 para más detalles sobre cómo analizar a tus clientes).

» Compartan tus valores (ver capítulo 3).

» Que sea probable que acepten cobrar el precio de venta al público que necesitas para obtener la ganancia deseada. Si vendes productos de alta gama, quizá no sea buena idea venderlos en tiendas que los ofrecerán a precio de ganga.

» Que te den la oportunidad de ofrecer algo original que destacará entre otros productos parecidos que también se vendan en la tienda.

## Haz una hoja de ruta

Una *hoja de ruta* o *line sheet* es un documento que contiene detalles clave sobre tu marca, al cual se referirán los dueños o encargados de compras de las tiendas para decidir si comercializar tus productos o no. Incluye la siguiente información cuando la redactes:

» Precio al mayoreo: al menos 50% menos que el precio al menudeo sugerido por tu fabricante.

» Cantidad mínima para pedidos: la cantidad mínima de artículos que la tienda debe comprar para obtener el descuento al mayoreo.

» Fotografías profesionales de los productos.

» Tiempos de fabricación y envío: qué tan rápido puedes entregar los productos.

# Prepara muestras

El dueño, gerente o encargado de compras de la tienda querrá ver muestras del producto antes de decidir venderlo al público, así que deberás asegurarte de llevar muestras a tu reunión, o enviarlas junto con la hoja de ruta, si es que darás tu discurso de ventas a distancia. Puedes usar muestras de productos existentes, no tienen que ser del producto que concebiste de manera específica para la tienda.

CONSEJO El objetivo es impresionar, así que, cuando presentes las muestras, presta atención incluso a los menores detalles. Asegúrate de que sean nuevas y lleguen en perfectas condiciones. Sé meticuloso con el empaque. Incluye una tarjeta o nota de agradecimiento con el logotipo de la marca.

# Desarrolla tu discurso de ventas

Cuando estás tratando que las tiendas ofrezcan tus productos, tienes que ser persuasivo. Debes mostrar que tu marca beneficiará a la marca de la tienda, que atraerá a su base de clientes actual, e incluso podría hacerla crecer, y que ayudará a aumentar las ventas y los ingresos. Cuando desarrolles tu discurso de ventas, asegúrate de destacar los siguientes puntos:

» **La plataforma de tu marca.** Destaca la popularidad de tu marca con información como cifras actuales de ventas e ingresos, cobertura de prensa, seguidores y admiradores en redes sociales, actividad en el sitio web, etcétera. La plataforma de tu marca muestra tu compromiso y el potencial de venderte en tiendas.

» **Punto de diferenciación.** Al igual que los consumidores, los dueños y encargados de compras de las tiendas desean confirmar que tu marca es distinta y mejor de lo que ya venden. En el capítulo 3 encontrarás detalles sobre cómo posicionar y definirla como algo especial.

» **Tu conocimiento y experiencia.** Si vas a vender algo que requiere conocimiento especializado y experiencia para fabricarse o usarse, durante tu discurso demuestra que posees ambos, y sugiere maneras de usarlos en el marketing de la tienda. Podrías ofrecer, por ejemplo, contribuir con información al blog o boletín de noticias de la tienda, aparecer como invitado en su podcast o ayudar a desarrollar otros materiales de marketing.

» **La manera en que tu marca puede fortalecer a la marca de la tienda.** Destaca los valores de tu marca, muestra de qué manera coinciden con los de la tienda, en qué sentido son similares a los valores de la clientela a la que atienden, o de qué manera tu marca puede extender el alcance de la marca de la tienda para llegar a un nuevo segmento del mercado.

Tú discurso no tiene que ver con tu marca, sino con la de ellos. Al desarrollarlo, enfócate en la manera en que puedes beneficiarlos. Explica lo que vas a aportar: ¿una comunidad, diseños únicos, producto patentado o productos fabricados localmente? No tienes que ser tan importante o grande como el minorista con el que tratas de trabajar, solo necesitas una propuesta de valor convincente.

# Negocia un acuerdo

Las negociaciones comenzarán en cuanto persuadas al minorista de ofrecer tu producto en sus tiendas. Esta etapa del proceso requiere de finura y elegancia. Necesitas negociar un acuerdo que te brinde las mayores ganancias posibles sin imponer un precio mayor al propuesto y sin parecer una persona con la que es demasiado difícil trabajar. Durante las negociaciones ten los siguientes puntos en mente:

>> Negocia como si se tratara de una colaboración en lugar de un acuerdo entre dos negocios independientes que trabajan solo por sus propios intereses.

>> Negocia un precio al mayoreo y descuentos por cantidad que hagan que la colaboración sea benéfica para ambas partes.

>> Considera la posibilidad de que tu producto no se venda tan bien como esperabas, y asegúrate de que el contrato esté redactado de tal forma que puedas atender esta eventualidad. Naturalmente, no quieres que el minorista tenga derecho a hacer un pedido enorme, luego te devuelva todos los productos no vendidos y te exija un reembolso completo.

>> Ten cuidado con cualquier cláusula en el contrato que te penalice por interrupciones en la cadena de suministro sobre las que no tengas control.

>> Considera bajar tus precios al mayoreo u ofrecer más descuentos atractivos si eso te puede conseguir un mejor estatus o lugar de exhibición de tu producto en la tienda.

>> Aprovecha el valor que tu negocio y tu marca le ofrecen al minorista y a los consumidores, y úsalos para llegar a un acuerdo más beneficioso. No aceptes precios u otros términos que pudieran dañar a tu marca, solo por miedo a perder el trato. A veces tienes que abandonar las negociaciones.

Verifica dos veces las cifras para asegurarte de que cualquier trato en el que participes tenga el potencial de generar las ganancias que necesitas para que la experiencia sea exitosa para ti y tu marca.

# Elige y trabaja con un fabricante

A menos que tú mismo fabriques tus productos, necesitarás hacer equipo con un fabricante para que los produzca y los haga llegar a los minoristas. Elige a alguien reconocido por fabricar productos de calidad y entregarlos a tiempo.

## CÓMO LLEVAMOS GIRL GANG THE LABEL A NORDSTROM

Nuestra línea de ropa Girl Gang the Label apareció en Nordstrom como parte de la colección de invierno 2019. Colaboramos con una línea de productos bajo licencia para la marca Peanuts, usamos nuestro eslogan insignia, "Apoya a la pandilla de chicas de tu zona" (*Support your local girl gang*), e incorporamos a los personajes femeninos de *Peanuts*. Hasta ese momento no habíamos lanzado nuestra marca en una tienda minorista importante o con sucursales, por lo que buena parte de lo que sucedió fue nuevo para nosotros.

Como estábamos colaborando con un titular de licencia, tuvimos que enviar todos nuestros diseños preliminares para que fueran aprobados. Cuando los socios de Peanuts firmaron el permiso para nuestros conceptos de diseño, dimos el siguiente paso y desarrollamos versiones de nuestros conceptos de diseño con ayuda de computadoras y los usamos para mostrar con exactitud las medidas y la disposición de diferentes tallas de nuestros productos como se muestra a continuación:

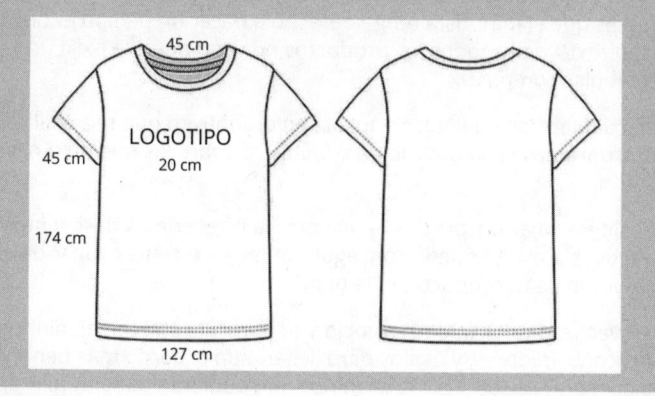

**RECUERDA** De la misma manera que sucede con los minoristas, tendrás que negociar con tu fabricante para asegurarte de que puede fabricar y entregar tu producto de acuerdo con tu presupuesto y cronograma.

**CONSEJO** Es probable que tu minorista tenga una lista de fabricantes preferidos que compartirá contigo con gusto.

# Aprovecha las oportunidades de los eventos de marketing

Un *evento de marketing* es una oportunidad para mostrar tu marca a la gente. Puedes empezar desde un evento tipo open house para la gran inauguración de tu negocio, hasta ofrecer una presentación en una conferencia u organizar seminarios gratuitos para mostrar tus productos o servicios. Los eventos de marketing ayudan a tu marca porque te permiten:

» Extender el alcance.

» Fortalecer la conciencia.

» Generar credibilidad y confianza.

» Crear una fuente para desarrollo de contenidos de marketing como publicaciones en blogs y redes sociales.

» Trabajar en equipo con otras personas u organizaciones de tu industria.

» Recopilar direcciones de correo electrónico y otro tipo de información de contacto.

En esta sección te mostraré cómo aprovechar al máximo los eventos de marketing.

Los eventos de marketing son particularmente útiles si estás desarrollando una marca para hacer avanzar tu carrera u ofrecer servicios especializados, ya que te brindan la oportunidad de mostrar tu conocimiento y habilidades.

RECUERDA

## Asiste y participa en eventos especializados de comercio, conferencias y exposiciones

Los eventos especializados de comercio, las conferencias y las exposiciones (o expos) son eventos específicos de la industria en los que los dueños de negocios y los profesionales se reúnen para extender sus redes de contactos, compartir información y promover sus productos y servicios. Si tienes una marca B2B (negocio a negocio), estos eventos te pueden dar bastante visibilidad frente a clientes y compradores; si tienes una marca B2C (negocio a consumidor), te darán la oportunidad de presentarles tus productos a los dueños y encargados de compras de tiendas.

Estas son las diferencias entre eventos de comercio especializados, conferencias y expos:

» Un *evento especializado de comercio* es una reunión en la que los dueños de negocios venden e intercambian productos. Puedes participar como asistente o pagar una tarifa para tener un pabellón o stand como expositor, y promover tus productos o servicios.

» Una *conferencia* es una reunión en que la gente de un sector específico de la industria intercambia información y habla del negocio. Más que para promocionarse y vender, las conferencias son para aprender. Sin embargo, si eres experto en alguna área, una conferencia te ofrece una excelente oportunidad de mostrar tus habilidades y conocimiento especializado, y así fortalecer la credibilidad de tu marca personal y la confianza de la gente.

» Una *expo* es una reunión en la que las empresas más importantes de una industria en particular presentan a la prensa y a los seguidores entusiastas sus productos y servicios más nuevos. Es muy similar a un evento especializado de comercio en el sentido de que puedes participar como asistente o como expositor, y tener un stand o pabellón por una tarifa adicional.

Si formas parte de una industria, seguramente ya sabes cuáles son los mejores eventos especializados de comercio, conferencias y expos: aquellos a los que todos asisten y de los que todo mundo habla. Si eres nuevo, puedes averiguar cuáles son los más notables conversando con otras personas de tu campo, leyendo alguna publicación destacada o buscando en internet: "nombre de tu industria" seguido de "eventos especializados", "shows de comercio", "conferencia" o "expo". Luego explora los eventos que aparezcan en los resultados.

**CONSEJO** Antes de participar en un evento de tu industria establece objetivos y piensa en maneras de promover tu marca al máximo. Trata de averiguar quién asistirá y a quién te gustaría conocer. Decide si quieres participar como asistente o como expositor, y si valdría la pena tener un stand. Revisa el programa del evento y elige a qué conferencias deseas asistir. Extiende el mapa y traza una ruta que incluya todos los stands que quieres visitar. Si no planeas tu visita, podrías perder mucho tiempo en estos eventos.

# Ofrece seminarios sobre el tema en que seas experto

Los seminarios o talleres son una manera popular de promover productos y servicios. Los negocios B2B suelen ofrecerlos para informar y actualizar a otros dueños de negocios respecto a nuevas tecnologías, procedimientos y soluciones en una industria específica. Una empresa de equipamiento médico, por ejemplo, podría ofrecerles a los médicos un seminario para mostrar la utilización de una nueva máquina para la cirugía láser. Los negocios B2C suelen usar los seminarios para promover sus productos y servicios.

Un abogado podría dar un seminario o taller sobre planificación de patrimonio, y una empresa de calefacción y aire acondicionado podría ofrecer uno sobre cómo aislar una casa de la forma adecuada.

El mayor desafío consiste en preparar y dirigir el seminario o taller porque varían de manera considerable dependiendo del tema. Esta información va más allá del alcance de este libro, sin embargo, la planeación y ejecución es bastante sencilla. Sigue estos pasos:

1. **Elige un formato de evento: en persona o en línea (seminarios web o webinar).**

2. **Haz un presupuesto.**

   Para un seminario en persona, el presupuesto podría incluir el costo del recinto y cualquier equipo que necesites adquirir o rentar; material de entrenamiento, como manuales; honorarios para oradores externos o presentadores; alimentos y bebidas, y costos de promoción y costos de asistencia, de ser necesarios.

3. **Elige una fecha.**

   Si planeas que haya otros presentadores aparte de ti, elige una fecha que les convenga.

4. **Calcula la cantidad de asistentes.**

5. **Elige una ubicación para grabar tu seminario web (webinar) o un recinto para dar un seminario en persona.**

6. **Promueve el seminario y hazte cargo de las inscripciones.**

7. **Prepara todo lo que necesitarás para llevar a cabo el seminario o taller.**

   Esta lista podría incluir gafetes, manuales, material impreso para los asistentes, tu presentación y cualquier equipo indispensable como computadora, proyector y pantalla.

8. **Mantén informados a los participantes.**

   Al principio será necesario que envíes un paquete de orientación del seminario o taller, el cual contendrá la dirección e indicaciones de cómo llegar, lugares para pasar la noche de ser necesario, qué llevar, etcétera. Cuando se acerque la fecha, asegúrate de enviar recordatorios.

   Si vas a tener presentadores invitados, confirma su presencia al menos una semana antes del evento.

9. **El día o noche anterior al seminario, asegúrate de que todo lo que necesitas para llevarlo a cabo funciona o ha sido bien implementado.**

# Organiza otros eventos

Un evento no tiene que ser tan formal como un show de comercio, una conferencia o un seminario, puede ser algo sencillo como un open house, una reunión para presentarte, o una reunión informal de gente con ideas en común. Si cuentas con un presupuesto modesto para pagar alimentos, bebidas y materiales de marketing, puedes organizar eventos informales para extender el alcance de tu marca y aumentar la conciencia de una manera más íntima. Lo único que tienes que hacer es reservar un recinto y un servicio de catering (o encargarte tú mismo de los alimentos y bebidas), y promover el evento como loco.

RECUERDA

Asegúrate de implementar un sistema para recopilar la información de contacto de los asistentes. Puedes poner a su disposición un libro de registro para que escriban su nombre, dirección de correo electrónico y número telefónico, u organizar un sorteo cuya participación exija proveer estos datos o entregar una tarjeta de presentación.

# Obtén patrocinios para eventos

Los eventos pueden ser costosos y afectar los presupuestos de las marcas pequeñas. Una manera de compensar esto consiste en buscar patrocinadores para que donen dinero, productos o servicios a cambio de la oportunidad de dar a conocer *sus* marcas a *tus* clientes. Las donaciones de productos y los descuentos en productos preciados son una gran incorporación a las bolsas de artículos promocionales y representan un excelente incentivo para asistir a tu evento.

Cuando presentes tu idea a posibles patrocinadores del evento, destaca la manera en que este puede beneficiar a sus marcas. Los siguientes detalles podrían ayudarte a persuadirlos a participar:

>> Cantidad de invitados.

>> Cuánta gente esperas recibir.

>> Manera en que se promoverá la marca del patrocinador en el evento y en el marketing previo.

>> Alcance social de tu evento: cantidad de seguidores/admiradores de tu marca en plataformas de redes sociales, y alcance de los influencers invitados, de ser el caso (ver capítulo 13).

>> Lista de las otras marcas invitadas o que han aceptado participar.

Capítulo **12**

# Blogs, podcast y YouTube

Para desarrollar y lanzar una marca con éxito, prácticamente necesitas fundar tu propia empresa de producción de medios y asegurarte de que incluya el equivalente a programas noticiosos, radio y televisión en internet. Por suerte, todas las herramientas que requieres para promoverte en texto, audio y video ya están disponibles en línea y son gratuitas en su mayoría. Usar estas herramientas de manera eficaz para producir contenidos de calidad te permitirá fomentar el reconocimiento con rapidez sin tener que invertir un centavo en publicidad. Mejor aún: podrías capitalizar los contenidos que produzcas si los usas para vender publicidad, mercancía o ambos.

En este capítulo te actualizaré sobre los rudimentos de la creación y publicación de podcast, blogs y videos de la marca, y compartiré contigo técnicas y consejos que he descubierto al usar estos medios para promover mis propios negocios y marcas, así como para monetizar mis contenidos. Antes, sin embargo, te presentaré el concepto de *marketing de contenidos*.

RECUERDA Sin importar el formato, crear y publicar contenidos valiosos de forma regular es un gran desafío y consume mucho tiempo, sin embargo, puede ser una manera divertida de desarrollar tu marca y, al mismo tiempo, de ponerte en contacto con tus clientes actuales y otros a futuro.

# Aprecia el valor del marketing de contenidos

El *marketing de contenidos* consiste en crear y compartir material como entradas de blog y publicaciones en redes sociales, libros blancos, podcast y videos, que, aunque no anuncia de manera explícita una marca, estimula el interés en sus productos y servicios. El marketing de contenidos te permite generar interés en tu marca, ponerte en contacto con tu audiencia e interactuar con ella de forma regular para que los prospectos de cliente lleguen a serlo y los clientes se conviertan en embajadores de la marca.

También puedes usar el marketing de contenidos para generar fuentes de ingresos. Claro, los contenidos los vas a usar para vender tus productos y servicios, pero también te servirán para tener entradas adicionales. Puedes, por ejemplo, recibir ingresos por acuerdos publicitarios, obtener comisiones por ventas como afiliado de otra empresa e incluso vender artículos como camisetas, sombreros y tazas de café para viaje. Hacia el final de este capítulo ahondaré más en el tema de la monetización de contenidos.

RECUERDA Tus contenidos siempre deberían ser útiles para tu audiencia. Al crearlos, enfócate en proveer información relevante, valiosa, interesante y entretenida para los clientes actuales y los prospectos.

# Promueve tu marca a través de podcast

Un podcast es una serie de grabaciones digitales de audio de expresión oral, distribuidas a través de internet. Los escuchas pueden descargar las grabaciones en sus teléfonos celulares u otros aparatos electrónicos personales y reproducirlas cuando prefieran, o también, sintonizar podcast transmitidos en vivo.

En esta sección te guiaré en el proceso para producir podcast, grabarlos y ponerlos a disposición del público en internet. También trataré otros temas relacionados, como la manera de invitar gente a tu emisión.

RECUERDA

Los podcast son un medio popular en el marketing de contenidos, pero también puedes desarrollar un negocio entero alrededor de una emisión específica, es algo como tener tu propio programa de radio. Incluso puedes unirte a redes de podcast para llegar a audiencias más nutridas. El espacio de ingresos por publicidad relacionado con los podcast ha tenido un crecimiento exponencial en los últimos años, por lo que algunas plataformas de este medio están cerrando tratos exclusivos con podcasters populares a los que les pagan grandes cantidades de dinero.

CONSEJO

Antes de siquiera pensar en grabar un episodio de podcast, escucha emisiones populares y fíjate en la manera en que los creadores se desempeñan. Para mayores detalles sobre el tema, lee el libro *Podcasting for Dummies*, cuarta edición, de Tee Morris y Chuck Tomasi (John Wiley & Sons, Inc.).

## Ponle nombre a tu podcast

Todo podcast necesita un nombre pegajoso. Para hacer branding, busca un nombre que refleje la marca, los productos y servicios que ofreces. Si tienes una tienda de artículos de pesca llamada *The Whopper Tail*, ya cuentas con un excelente nombre para tu podcast. Uno de los factores clave del desarrollo de marca es la congruencia. Si el nombre *The Whopper Tail* ya lo está usando alguien más, tal vez podrías buscar otro relacionado con la pesca, como *Something Fishy*.

Cuando estoy buscando un nombre para un podcast, me gusta trabajar a la inversa. Primero escribo una descripción del tema del podcast y luego elijo palabras salidas de la misma. El nombre *Girl Gang the Podcast* surgió después de que escribimos una declaración de misión para la marca, la cual incluía nuestro eslogan *Support your local girl gang* ("Apoya a la pandilla de chicas de tu zona"). Tomamos las palabras *girl gang* de nuestro texto, añadimos *the podcast* y estuvimos listos para empezar a grabar.

Si eres tu propia marca y vas a crear una emisión de variedades sin tener un género específico en mente, considera ponerle tu nombre a tu podcast. Si les funcionó a Ellen y Oprah, ¡también debería funcionarte a ti!

## Prepárate para hacer un podcast

Uno de los aspectos más interesantes de la creación de podcast es que puedes hacerlo con un presupuesto ajustado. Lo único que necesitas es un aparato que se pueda conectar a internet y tenga micrófono y bocinas (o audífonos), y una plataforma de podcast para grabar y albergar tu emisión. Si cuentas con un teléfono celular con aplicación para grabar y cargar podcast, ¡ya tienes todo lo que necesitas para empezar!

Y si tu objetivo es crear podcast con calidad profesional y muchos invitados, no hay límites. Puedes construir tu propio estudio de grabación con micrófonos de alta gama, cañas para micrófonos boom, montajes flotantes, auriculares de estudio, mezcladoras de audio y tu propia estación de trabajo para audio digital.

En las siguientes secciones te guiaré en la elección del equipo básico que necesitarás para producir podcast.

## Algunas preguntas preliminares

Antes de salir a comprar equipo para podcast, responde las siguientes preguntas:

» ¿Tu podcast será unipersonal o planeas tener invitados? Si tú serás la única persona hablando, puedes comenzar a trabajar con un teléfono celular y un micrófono. Si planeas tener invitados necesitarás un micrófono para cada participante.

» ¿Qué nivel de calidad deseas? Por lo general, mientras la audiencia escuche sin problemas lo que tú y tus invitados digan, todo irá bien. La mayoría de la gente sintoniza una emisión por la calidad del contenido, no por la calidad del sonido, sin embargo, si la calidad es en verdad mala, podría convertirse en una distracción. Si deseas audio de mayor calidad, necesitarás equipo más costoso.

» ¿Cuál es tu presupuesto? Puedes gastar mucho en equipo de grabación o incluso construir tu propio estudio, sin embargo, también puedes empezar a producir podcast por $100 dólares, o mucho menos si tienes un teléfono celular.

» ¿Qué porcentaje del trabajo quieres hacer por ti mismo? Producir podcast exige tiempo, esfuerzo y experiencia. Como mínimo, necesitarás redactar textos, grabar y editar. Puedes hacer todo tú, encargar una parte del trabajo o encargarlo todo.

RECUERDA

Para empezar, solo necesitarás lo que puedas comprar. A medida que tu podcast se vuelva más popular, podrás adquirir mejor equipo de grabación.

# Elige el micrófono y los accesorios

Un micrófono de calidad puede ayudarte a producir grabaciones de alto nivel. Cuando elijas micrófono y otros accesorios, te recomiendo lo siguiente:

» **Micrófono dinámico en lugar de micrófono de condensador:** un *micrófono dinámico* es la mejor opción para la mayoría de la gente y para las situaciones en que grabarás podcast. Estos aparatos son más durables, versátiles y flexibles. También son menos sensibles, por lo que no registran tanto ruido ambiental como los de condensador.

» **Micrófono USB para grabarte a ti mismo o micrófono XLR para grabarte a ti y a tus invitados:** la ventaja de un micrófono USB es que lo puedes conectar a un puerto estándar USB de cualquier computadora. El micrófono XLR se conecta a un aparato profesional de grabación de audio o mezcladora, lo que te permite mejorar la calidad y recibir invitados.

» **Micrófono cardioide:** un *micrófono cardioide* es más sensible al sonido que se produce frente a él, y menos al que se produce atrás, por lo que es menos susceptible a registrar ruido de fondo.

» **Filtro anti-pop:** el *filtro anti-pop* es el hule espuma en el interior o la parte exterior del micrófono que evita que el sonido al pronunciar la letra "p" genere molestos estallidos en la grabación.

» **Montaje flotante:** el *montaje flotante* filtra las vibraciones de baja frecuencia como las que produce una taza de café al deslizarse sobre la mesa en que está apoyado el micrófono.

» **Interruptores o discos para manipular el sonido y apagar el micrófono cuando alguien más esté hablando:** poder ajustar el micrófono para mejorar la calidad de sonido o amortiguar el ruido es una ventaja más.

## Añade auriculares a tu equipo

Los auriculares son opcionales en la producción de podcast, pero deberías considerarlos seriamente. Cuando grabas, deberías poder escuchar cómo suenas para hacer los ajustes sobre tu discurso improvisado, y la única manera de escuchar cómo les suenas a los demás es escuchándote a ti mismo a través de los auriculares. Tus invitados también deberían usarlos.

Cuando estés por elegir auriculares, trata de que tengan las siguientes características:

» **Respuesta en frecuencia plana** para asegurarte de que estás escuchando el audio con precisión y sin filtros.

» **Auriculares grandes en lugar de audífonos intrauriculares (sobre las orejas en lugar de en el interior)** para filtrar con mayor eficacia el ruido ambiental.

» **Comodidad** para que tú y tus invitados puedan usarlos durante todo el podcast sin tener que ajustarlos todo el tiempo.

» **Con cable o inalámbricos** dependerá de tus preferencias. A mí no me agrada lidiar con los cables, pero si eliges auriculares inalámbricos, asegúrate de que las baterías estén cargadas antes de empezar a grabar.

## Elige y prepara el lugar de grabación

El lugar en que grabes tu podcast puede hacer toda la diferencia en la calidad del sonido. Para mejorarla, sigue los siguientes pasos:

**1.** **Elige un lugar silencioso.**

Obviamente, no quieres que en medio de tu sesión de grabación se escuchen perros ladrando, la fiesta de los vecinos o aviones sobrevolando, por lo que un sótano podría ser la mejor opción.

**2.** **Elige un cuarto grande.**

En general, entre más grande sea el cuarto, mejor, sin embargo, hay algunos podcast exitosos que fueron grabados incluso en lugares diminutos.

**3.** **Llena el lugar de objetos suaves.**

Las alfombras, cobijas, colchones, almohadas, sofás y juguetes de peluche pueden ayudar a evitar los ecos.

**4.** **Como mínimo, inserta un poco de hule espuma en las esquinas del cuarto.**

Las esquinas son las peores fuentes de eco. Si tienes manera de hacerlo, también coloca algo de hule espuma en las paredes o cuelga algunas cobijas.

## Elige el software para grabar y un servicio de alojamiento para tu podcast

Además del hardware (lugar para grabar y equipo), necesitarás un software para grabar y editar. También vas a requerir un servicio de alojamiento para que albergue tu podcast en internet. Hay un par de servicios que te pueden ofrecer esta combinación:

» **Anchor** (https://anchor.fm) es una plataforma multifuncional de podcast perteneciente a Spotify. Te permite crear, distribuir y monetizar podcast de forma gratuita. Incluye servicio de alojamiento gratuito e ilimitado, distribución automática a todas las apps de escucha de importancia, análisis para averiguar quién escucha tus podcast y cuáles gustan más, y varias opciones para monetizar.

» **Podbean** (https://www.podbean.com) es una de las mejores opciones para grabar podcast en un teléfono celular y subirlos a internet. Incluye producción ilimitada, análisis de desempeño, posibilidad de interactuar con los escuchas, la herramienta Podcast Studio para grabar y editar, y PodAds para monetizar las emisiones con publicidad pagada.

Otra opción es usar software especial para grabar y editar tus podcast, y luego subir las grabaciones a un servicio de alojamiento o distribución. Aquí te presento algunos programas para grabación/edición:

» **Adobe Audition** (https://www.adobe.com/products/audition.html) es una estación de trabajo profesional de audio para grabar, editar, mezclar y exportar contenidos de audio y subirlos a cualquier servicio de alojamiento para podcast.

» **Audacity** (https://www.audacityteam.org/download) es un software gratuito de código abierto (*open source*) para grabar, editar y exportar contenido de audio. Puedes descargar versiones para macOS, Windows o Linux.

» **GarageBand** (https://www.apple.com/mac/garageband) es el estudio multifuncional para creación musical de Apple. Es también una excelente solución para grabar, editar y exportar audios de expresión oral para podcast. Viene precargado en las computadoras Mac, los iPhone y iPads.

» **Riverside.fm** (https://riverside.fm) es una plataforma de grabación de podcast que requiere suscripción. Te permite grabar en audio local entrevistas realizadas de forma remota. Es una excelente herramienta si planeas entrevistar a gente que no puede trasladarse a tu estudio de grabación.

» **Logo Pro** (https://www.apple.com/logic-pro) es una aplicación de alta gama para macOS, con estación de trabajo para audio digital. Digamos que está un nivel más arriba que GarageBand, pero podría resultar demasiado profesional para la grabación de podcast.

» **TwistedWave** (https://twistedwave.com) es un programa sencillo, pero poderoso, de grabación y edición de audio para computadoras Mac, iPhone y iPad. También hay una versión para alojamiento en nube. Puedes usarlo desde cualquier aparato que se conecte a internet en un buscador web.

Después de grabar tu podcast y guardarlo o exportarlo como archivo de audio (MP3, M4A, MP4 o WAV), subes el archivo a un servidor de alojamiento para que esté disponible para la audiencia. Ahí podrás promoverlo y monitorear su desempeño. Tu servidor también colocará tus emisiones en todos los directorios en los que la gente busca podcast, por ejemplo, iTunes, Spotify y Google Podcast. Estos son algunos servicios de alojamiento populares:

» **Buzzsprout** (https://www.buzzsprout.com) ofrece un plan gratuito, permite subir los audios a internet de manera sencilla, tiene un reproductor que puedes incrustar fácilmente en tu sitio web, cuenta con análisis para monitorear el desempeño y con una función para añadir marcadores de episodio y capítulo.

» **Libsyn** (https://libsyn.com) ofrece alojamiento de podcast, distribución, análisis y monetización a precio accesible.

» **SoundCloud** (https://soundcloud.com) es la plataforma gratuita de distribución de audio en línea más grande del mundo. Te permite subir, promover, compartir y monetizar tus podcast, así como interactuar con tu audiencia.

» **Simplecast** (https://simplecast.com) se presenta como "la primera y última palabra en gestión y análisis de podcast". Cuenta con cargas en un clic, múltiples reproductores web, análisis avanzado, herramientas de colaboración y la capacidad de retransmitir: programar y compartir los podcast en tus cuentas de redes sociales.

» **Spotify for Podcasters** (https://podcasters.spotify.com/) tiene alrededor de 300 millones de escuchas en unos 100 mercados de todo el mundo, por lo que es una de las mejores plataformas de distribución. También cuenta con un panel que ofrece análisis del desempeño de tu podcast entre los miembros de la audiencia.

Yo uso Adobe Audition para grabar y editar mi podcast, y Buzzsprout para alojarlo.

# Grabar, editar y subir un podcast a internet

El proceso de grabar, editar y subir un podcast a internet varía mucho dependiendo de las herramientas y servicios que utilices, la cantidad de gente involucrada y de si planeas entrevistar a tus invitados a distancia. Puede ser tan sencillo como encender la app Anchor en tu teléfono celular, oprimir el botón para grabar, hablarle al aparato y elegir la opción de subir el audio. Pero también puede ser tan complejo como grabar y editar pistas o *tracks* separados, mezclar audio, pulir el sonido y luego subir tu grabación a varias plataformas.

En esta sección te guiaré a través de todo el proceso, esto te dará una buena idea de todo lo que implica la producción de podcast.

## Delinea el episodio de tu podcast

Para evitar que tú o tus invitados se desvíen del tema, delinea el episodio del podcast que vas a grabar o, al menos, haz una lista con viñetas donde incluyas los temas que cubrirás. Si planeas entrevistar invitados, incluye una breve introducción o semblanza de cada uno y una lista de palabras. Si tienes un coanfitrión o gente invitada, comparte tus notas y tus preguntas con ellos para que puedan prepararse para la sesión de grabación.

No necesitas escribir una escaleta (guion detallado), pero siempre es una buena opción. Solo necesitas una serie de notas que te impidan divagar, ya que esto puede decepcionar a tu audiencia.

## Escribe una introducción y un texto de salida

Escribe y graba una introducción y un texto de salida para insertarlos al inicio y al final del podcast. Puedes usar los mismos textos siempre, o cambiarlos para cada nuevo episodio. Usar siempre los mismos tiene la ventaja de que te permite presentar los puntos destacados de cada episodio al principio y añadir al final un avance o *teaser* del siguiente. Comenzar todos los episodios con los puntos destacados le permite a la audiencia darse una idea de qué tratará la emisión, y decidir si le interesa y si desea comprometerse a escuchar todo el episodio.

RECUERDA

Trata de limitar tu introducción y tu texto de salida a 60 segundos o menos, combinados. Por ejemplo, puedes usar 25 segundos para la introducción y 35 para la salida. Usa la introducción como una oportunidad de presentar la emisión a los nuevos escuchas, y la salida para animar a todos a regresar para el siguiente episodio. Tanto en la introducción como en la salida puedes incluir uno o más llamados a la acción, es decir, algo que mantenga a la audiencia conectada a tu marca fuera del episodio del podcast. En *Girl Gang the Podcast*, por ejemplo, les hablamos a los escuchas sobre nuestra marca de ropa y la revista en línea para que continúen involucrados con la marca, y nosotros podamos monetizar la emisión con la mercancía que ofrecemos.

Esta es nuestra introducción típica para el podcast:

> Bienvenida a *Girl Gang*. Soy tu anfitriona, Amy Will, fundadora de Girl Gang. Este podcast está patrocinado por GirlGangTheLabel.com. Al terminar la emisión, visita nuestro sitio web, explora nuestro directorio de negocios fundados por mujeres y disfruta de los exclusivos descuentos que nos ofrecen. También puedes leer nuestra revista en línea, *The Edit*, donde encontrarás entrevistas con mujeres creativas, así como consejos, herramientas y rituales para avanzar en tu carrera. Adquiere productos como los de nuestra colección exclusiva "Support your local girl gang". Cada artículo vendido nos permite continuar trabajando en equipo con una organización de caridad que apoya la educación, la salud y el empoderamiento femenino. Compra hoy mismo usando el código GIRLGANG para recibir un descuento de 20% en GirlGangTheLabel.com. Muéstranos que estás escuchando: etiquétanos en @girlgangthelabel.com. ¡Gracias por sintonizarnos!

Si no tienes tu propia tienda en línea, puedes remplazar el código de descuento con un anuncio o promoción de algún patrocinador.

CONSEJO

Este es el audio de salida del podcast:

> Muchas gracias por habernos sintonizado. Si te agradó este episodio, por favor deja una opinión, nos ayudaría muchísimo. Recuerda visitar GirlGangTheLabel.com para aprovechar tu descuento de 20% con el código GIRLGANG. Tómate un momento para recordarles a las mujeres en tu vida que ellas te inspiran, y apoya a la pandilla de chicas de tu zona.

El texto/audio de salida te da la oportunidad de destacar un producto o servicio, y de dejar un recuerdo duradero de la misión de tu podcast u organización. La esencia de *Girl Gang the Podcast* es el empoderamiento femenino, por eso terminamos con un call to action y pedimos a nuestra audiencia que se acerque a una mujer inspiradora.

**CONSEJO**

Si deseas añadir música a tu introducción o al audio de salida, o a ambos, puedes encontrar música libre de pago de regalías y otro tipo de material en audio desde un dólar en sitios como Envato Market (https://audiojungle.net) y Storyblocks (https://www.storyblocks.com/audio).

## Programa tus podcast

Uno de tus objetivos como podcaster es acumular seguidores manteniendo la relación con los escuchas existentes y atraer nuevos al mismo tiempo. Para eso necesitas lanzar podcast con regularidad, por lo menos una vez a la semana. Programar las emisiones te ayuda a lograr este objetivo y a prepararte para lo que sigue, en especial si necesitas confirmar con anticipación la participación de los invitados. Otro beneficio de programar es que te obliga a presentar una propuesta variada.

Para hacer la programación de tu podcast usa un calendario o algún formato para horarios como el que se muestra en la ilustración 12-1. Especifica el título del podcast, la fecha y el nombre de la persona que planeas invitar, de acuerdo con lo que explicaré en la siguiente sección.

| Episodio | Invitado | Puesto/empresa | Descripción completa | Fecha de transmisión |
|---|---|---|---|---|
| 1 | Teressa Foglia | Dueña/Teressa Foglia | En el episodio de hoy... | 1/1/2021 |
| 2 | Laura Berg | Dueña/Nourish Sweat Soul | En el episodio de hoy... | 1/8/2021 |
| 3 | Jessica Olson | Copropietaria/ Wren Amber Clothing | En el episodio de hoy... | 1/15/2021 |

ILUSTRACIÓN 12-1. Crea un formato de programación para tus podcast.

# Los invitados a tu podcast

Entrevistar a gente conocida e interesante en tu podcast es una excelente manera de aligerar tu carga de trabajo, mantener la frescura de la emisión y generar sinergias de branding con otras personas en los mismos mercados que te mueves o en mercados secundarios.

**CONSEJO**

Prepara un discurso sencillo y directo para persuadir a las personas de participar en tu podcast como invitados. Explica la manera en que tu programa coincide con sus intereses y cómo podría ayudarles a lograr sus objetivos. Da un discurso breve, de dos párrafos como máximo, e incluye los siguientes detalles:

» Título de tu podcast y algo de publicidad, imagina que es un discurso de elevador.

» Nombre, puesto y organización a la que pertenecen tus invitados destacados anteriores.

» El beneficio que obtendría tu audiencia al escuchar lo que el invitado podría decir.

A continuación te presento un discurso muestra para invitar gente a mi podcast:

Hola:

Me llamo Amy Will y soy la anfitriona de *Girl Gang the Podcast*, una emisión enfocada en hacer destacar a mujeres fundadoras de negocios y creativas. Me encantaría tener la oportunidad de entrevistarla para hablar de su carrera y enfatizar su marca, Tattooed Chef. Como Tattooed Chef tiene un modelo de negocio original y se enfoca en trabajar con fuentes sustentables y ofrecer productos de calidad, estoy segura de que a nuestra audiencia le encantaría escuchar su historia.

En nuestro podcast hemos contado con la presencia de una editora de la edición británica de *Vogue*, de la fundadora de Y7 Studios y de la directora ejecutiva de video y redes sociales de BuzzFeed. Asimismo, la revista *Marie Claire* incluyó nuestra emisión en su lista de los mejores podcast de 2020.

Si le gustaría conversar respecto a esta invitación o si tiene tiempo disponible en las próximas semanas, por favor contácteme en amy@girlgangthelabel.com.

Atentamente,

AMY

# Grabación de un podcast

No se requiere mucho para grabar un podcast. Conectas los micrófonos y los auriculares a tu aparato de grabación, enciendes todo, te cercioras de que estén bien configurados como aparatos de entrada y de salida en tu software, oprimes el botón de grabar (*record*) y empiezas el show. Cuando terminas, oprimes el botón de alto (*stop*).

Lo que requiere algo de esfuerzo y habilidad es usar el micrófono de la manera correcta para obtener la mejor calidad posible de audio y, por supuesto, hablar como profesional. A continuación te doy algunas sugerencias para pulir tus habilidades con el micrófono:

>> Si tienes un coanfitrión o invitados, graba a cada persona en una pista separada para que puedas editar el audio de forma individual. Ve al sistema de ayuda de tu software para averiguar cómo grabar pistas independientes.

>> Mantente cerca del micrófono al hablar, más o menos el ancho de entre dos y cuatro dedos juntos.

>> Aléjate del micrófono cuando otros hablen para que no se grabe tu respiración.

>> Evita los extremos cuando hables con mayor o menor volumen.

>> Experimenta con la posición de tu micrófono *en eje*, apuntando directo a tu boca, y *fuera de eje*, en cierto ángulo con tu boca. Si tu voz suena demasiado chillona, trata de inclinar más el micrófono, es decir, ponerlo fuera de eje, para que registre menos frecuencias agudas. Si suenas demasiado llano, haz lo contrario y coloca el micrófono en eje para que registre mejor las frecuencias graves.

La práctica hace al maestro. No te preocupes si el audio no suena perfecto, a medida que te vayas acostumbrando a hacer podcast y a manejar tu equipo, de forma natural empezarás a hacer ajustes que mejorarán la calidad.

**RECUERDA**

## Edita tu podcast

No siempre necesitas editar un podcast antes de subirlo a tu servicio de alojamiento, sin embargo, puedes hacer una edición básica para mejorar la calidad sin ahondar demasiado. El proceso de edición varía dependiendo del software que uses, pero las técnicas generales siguen siendo las mismas en todos los casos:

>> **Corta cualquier parte del audio que no vayas a usar.** ¿Para qué editar fragmentos que no incluirás en el podcast?

>> **Escucha tu podcast una vez completo sin editar nada y haz una lista de tareas conforme vayas escuchando.** La *lista de tareas* es un registro completo de todo lo que necesitas remediar.

>> **Edita las pistas individuales.** Si tienes varias pistas o *tracks*, como cuando te grabas a ti y a tu coanfitrión, edítalas por separado para

matizar todos los sonidos golpeados y aumentar el volumen cuando baje demasiado.

**»  Usa la función de fade para ocultar las imperfecciones en el audio.** Si hay una transición abrupta o ruido que no puedes eliminar, usa la función *fade out* desde donde empieza el problema, y *fade in* cuando termine.

CONSEJO

Si no te sientes capaz de editar tu podcast, puedes contratar un editor en Fiverr.com o en Upwork.com, o usar un servicio como Resonate (https://resonaterecordings.com) o We Edit Podcast (https://www.weeditpodcast.com). Antes de contratar a alguien realiza una investigación personal, revisa las calificaciones y las opiniones, y escucha muestras del trabajo de los candidatos.

## Exporta y sube tu podcast

Cuando termines de editar el podcast, expórtalo al formato de archivo recomendado por tu servicio de alojamiento. Por lo general, se sugiere MP3 (archivos más pequeños y menor calidad) o WAV (archivos más pesados, mejor calidad). Revisa el sistema de ayuda de tu servicio y ve si hay recomendaciones adicionales respecto al formato y la calidad del audio. Después de exportar la grabación a un archivo, puedes ingresar al servicio y seguir el procedimiento para alojarla.

CONSEJO

Considera subir varios episodios de podcast y luego publicarlos de acuerdo con tu programación. La mayoría de los servicios de alojamiento ofrecen opciones para publicar de inmediato, alojar sin publicar o programar el lanzamiento para una fecha posterior. Yo prefiero subir varios episodios al mismo tiempo y programar la publicación porque eso me ayuda a mantener el flujo constante de contenidos para mi audiencia.

Después de subir tu archivo de audio, el servicio de alojamiento te va a pedir que escribas el título y descripción, que elijas las categorías adecuadas para indexarlo y que añadas etiquetas y selecciones o subas elementos visuales para acompañar el podcast o cada episodio. Tal vez también tengas la opción de añadir más información, como nombre de los invitados, tu dirección de correo electrónico o del sitio web y otros detalles.

Si tienes un sitio web (ver capítulo 7), te recomiendo que incrustes el podcast ahí. La mayoría de los anfitriones de podcast tienen reproductores que también se pueden incrustar en páginas web o en entradas de blog.

CONSEJO

# Promueve tu marca a través de la actividad en un blog

La palabra *blog* es una forma breve de llamarle a un *web log*: un diario en línea que, por lo general, contiene entradas diarias o semanales. El blog es público y, a diferencia de un diario personal, suele usarse como una manera informal y sutil de promover marcas, productos, servicios y causas. Son herramientas excelentes para los individuos y los negocios que desean establecerse como líderes de opinión en su industria. Los blogs sirven para publicar contenidos frescos y relevantes, y les permiten a los lectores publicar comentarios, lo cual aumenta la interacción. Conforme la popularidad de un blog aumenta, este se vuelve más atractivo para los buscadores y por eso puede ser una herramienta ideal para llevar tráfico a un sitio web.

En esta sección te hablaré de los rudimentos de los blogs.

## Elige una plataforma para tu blog

Una *plataforma de blogs* es un software alojado en línea que simplifica el proceso de publicar contenidos en la red y les permite a los lectores comentar. Hay varias plataformas de blogs, aquí algunos ejemplos:

>> **WordPress** (https://wordpress.org) es la plataforma más popular para construir sitios web, blogs o una combinación de ambos. Está diseñada para ser simple, así que puedes enfocarte en compartir tu historia, tus reflexiones, productos y servicios. Como mucha gente la usa, el apoyo técnico en internet abunda, además, hay muchos temas y plug-ins para mejorar la apariencia y funcionalidad de tu sitio.

>> **Wix** (https://www.wix.com) es un sitio web que se basa en el sistema de arrastre y depósito (*drag-and-drop*) y cuenta con un paquete para la creación y gestión de sitios de nivel profesional. Incluye Ascend para ponerse en contacto con los clientes y administrar flujos de trabajo, Wix Stores para vender productos y recibir pagos en línea, Wix Logo Maker, Wix Blog, Wix Video Maker y muchísimas herramientas más.

>> **Squarespace** (https://www.squarespace.com) es una buena opción si eres minorista en línea y ya tienes tu tienda en este servidor. El blog puede servir como extensión de la misma. Squarespace facilita la incrustación de listados de productos en las publicaciones de tu blog.

>> **Shopify** (https://www.shopify.com) es otra plataforma de comercio electrónico que puede albergar tanto tu tienda en línea como tu blog. Si tienes una cuenta, tendrás acceso por defecto al blog llamado "News". Puedes conservar este o crear el tuyo y ponerle el nombre que elijas.

En el capítulo 7 encontrarás información detallada sobre cómo construir un sitio web, tienda en línea, blog o una combinación de los tres.

# Ponle nombre a tu blog

De la misma manera que sucede con el podcast, tu blog necesita un nombre pegajoso que refleje lo que es tu marca y los productos y servicios que ofreces. De hecho, si ya tienes un podcast, deberías considerar en serio usar el mismo nombre o uno similar para el blog. Sobre este tema puedes referirte a la sección "Ponle nombre a tu podcast".

Cuando elijas el nombre de tu blog, piensa en el propósito y el enfoque. Si lo usarás para establecerte como experto en cierto campo y para generar confianza, necesitarás que tus entradas prueben tu conocimiento y experiencia. Si vas a vender miel orgánica o productos similares, las publicaciones podrían enfocarse en la apicultura, los beneficios de la miel, las variedades y cómo se produce. Si piensas promover tu marca de ropa, quizá debas bloguear sobre las tendencias y lo que ya pasó de moda en el mundo de la moda.

La congruencia es esencial para construir una marca fuerte. Todo, desde el título del blog hasta los contenidos que publiques, deberán reflejar la marca y su misión.

**RECUERDA**

# Redacta las entradas de tu blog

Redactar las entradas exige algo de creatividad y talento para la escritura. En primer lugar, tienes que encontrar ideas sobre los temas que quieres escribir, luego necesitas escribir la entrada. Tal vez también necesites investigar. ¿Qué tarea es más complicada? Es difícil saberlo, pero, a veces, lo más desafiante es encontrar las ideas respecto al tema.

En las siguientes secciones te presentaré dos formas de abordar este problema y te guiaré un poco para que escribas entradas de blog cautivadoras, informativas y entretenidas.

## Forma temas con base en palabras clave

Si quieres tener éxito como bloguero, los buscadores necesitan reconocer tu blog como una fuente destacada de contenidos relacionados con el área temática que propones con tu marca, así que considera hacer una lista de palabras clave y desarrolla temas basándote en ellas. En el capítulo 8 encontrarás más información sobre las palabras clave y otras maneras de implementar una estrategia de optimización para buscadores o SEO.

**CONSEJO**

Una vez que tengas la lista de palabras clave relevantes, estarás listo para redactar entradas de blog con ellas. En el blog de Girl Gang uso las palabras y frases: "fundados por mujeres", "negocios pequeños" y "empoderamiento femenino". Con ellas pude redactar una entrada llamada "Los mejores negocios pequeños fundados por mujeres que puedes apoyar en Los Ángeles" (*Best female-owned small businesses to support in Los Angeles*).

## Usa formatos de blog para generar ideas

Una manera de inspirarte para encontrar ideas de temas consiste en analizar los distintos tipos de formatos:

» **Narrativo:** puedes simplemente contar una historia sobre ti o alguien que conoces.

» **Q&A:** *question and answer* o pregunta/respuesta. Piensa en las preguntas que suelen hacer los clientes y redacta las respuestas.

» **Problema/solución:** piensa en un problema que necesita ser resuelto y presenta una solución posible. Si tu producto o servicio puede resolverlo, ¡aun mejor!

» **Encuesta:** pregunta a tus lectores qué piensan. Esta es una excelente manera de aumentar la interacción con tu blog. La mayoría de las plataformas cuentan con plug-ins para añadir encuestas a una publicación de manera rápida y fácil.

» **Compendio:** muestra una selección de artículos. El formato compendio sería perfecto para la entrada "Los mejores negocios pequeños fundados por mujeres que puedes apoyar en Los Ángeles", que mencioné anteriormente. Aquí podría elegir cinco negocios pertenecientes a mujeres sobre los cuales investigar y escribir. Esto me permitiría también añadir en la publicación mi tercera frase, "empoderamiento femenino".

De hecho, escribí una entrada de este tipo y en ella hablé de una tienda en Melrose llamada House of Intuition, donde venden cristales minerales, salvia, cartas de tarot, velas de intenciones y otros artículos espirituales/mágicos. Mostré un artículo de la tienda que simbolizaba el empoderamiento femenino, y esto me dio la oportunidad perfecta para incluir mi frase en la publicación.

» **Comparación y contraste:** compara y contrasta dos cosas o más, como la manera en que harías algo y la manera en que lo hacen tus competidores. Luego explica por qué tu propuesta es mejor.

## Redacta entradas de blog

Escribir entradas de blog cautivadoras, informativas e incluso capaces de transformar, es más arte que ciencia. Aunque no hay manera posible de que te dé toda la asesoría que necesitas para llegar a ser un gran escritor o escritora, te puedo hacer las siguientes sugerencias:

» **Escribe pensando en tus lectores.** Cuando redactes, imagina que le estás presentando tu contenido a alguien sentado frente a ti. Imagina cómo respondería a lo que estás escribiendo.

» **Apégate a los lineamientos de la guía de estilo de tu marca.** En los capítulos 6 y 8 encontrarás los detalles.

» **Sé breve.** Escribe máximo 1 000 palabras. La gente está ocupada y suele tener periodos de atención cortos.

» **Menciona el punto principal de tu entrada en el primer renglón.** Usa el resto de la publicación para apoyar o desarrollarlo.

» **Divide el texto.** Escribe párrafos cortos y usa listas y subtítulos para airear el texto. Los párrafos largos no se leen bien en internet.

» **Sé claro.** Lee y relee todo lo que escribas, y trata de que sea claro. Si encuentras algo que no te parece transparente a ti, tampoco lo será para tus lectores.

» **Pide retroalimentación antes de publicar la entrada.** Pídele a alguien que edite tu entrada y te dé su opinión sobre el contenido, la organización, la ortografía y la gramática. De preferencia, que sea alguien competente en estos últimos dos aspectos.

# Publica las entradas de tu blog

Después de redactar la entrada, publicarla será tan sencillo como escribir un documento en un procesador de palabras o en un programa de publicación de escritorio. De hecho, puedes redactar en un procesador de palabras o editor de texto y luego copiarlo y pegarlo en el blog. Estos son los pasos para publicar una nueva entrada en WordPress:

**1.** **Entra a tu panel de WordPress.**

Ve a la página de entrada, por ejemplo, girlgangthelabel.com/blog/wp-login.php, e ingresa tu nombre de usuario o dirección de correo electrónico y la contraseña.

**2.** **Ve a la barra de navegación del lado izquierdo de la pantalla y elige "publicaciones" (*posts*) y luego "añadir nueva" (*add new*).**

Aquí verás aparecer la página "añadir nueva entrada" (*add a new post*), como se muestra en la ilustración 12-2.

**3.** **Escribe un título para la nueva entrada en el campo que aparece en la parte superior de la página.**

**4.** **Da clic en el campo para contenido y escribe tu entrada.**

Usa la barra de herramientas arriba del área de contenido para darle forma al texto, y añade medios como imágenes.

**5.** Selecciona categorías y añade etiquetas para ayudar a los buscadores a indexar tu publicación de la manera correcta.

**6.** Da clic en el botón "publicar" (*publish*).

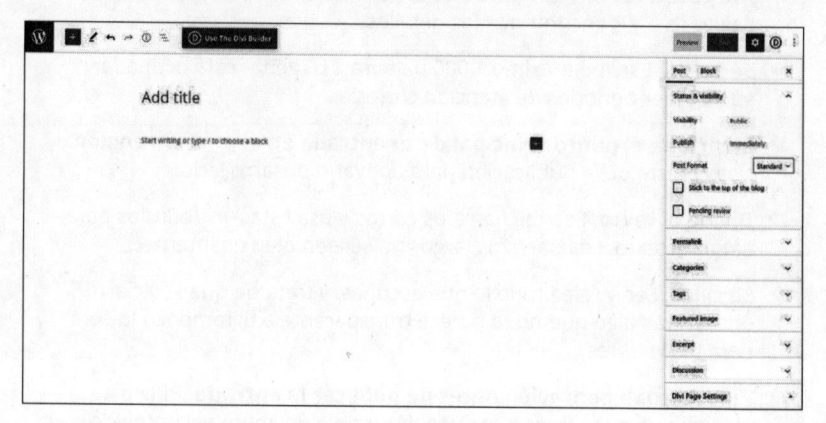

ILUSTRACIÓN 12-2. Página "añadir nueva entrada" (*add a new post*).

Para más detalles sobre cómo publicar entradas en la plataforma que hayas elegido, visita su sistema de ayuda.

## Interactúa con tus lectores

Una de las mejores cosas de bloguear es que puedes hacer que los lectores escriban buena parte de tus contenidos, solo tienes que animarlos a comentar en tus publicaciones y en los comentarios de otros lectores. Si logras provocar una discusión animada respecto a una entrada de blog, la ubicación en la clasificación de los buscadores se disparará, ya que estos reconocerán el interés que está generando la publicación.

Aquí tienes algunas maneras de aumentar el involucramiento en tu blog:

» **Publica contenidos extraordinarios.** Incluye entradas que puedan ser controvertidas hasta cierto punto o que insten a los lectores a reflexionar.

» **Pídeles a los lectores que opinen.** Al final de una entrada podrías escribir algo como "Me gustaría saber qué piensas, por favor comenta abajo".

» **Propón un desafío.** Pídeles a los lectores que resuelvan un problema o realicen una tarea difícil y que luego publiquen un comentario contando su experiencia.

» **Monitorea los comentarios y responde.** El panel de tu plataforma de blogs debe tener una opción para ver los comentarios, esto te simplifica la tarea de monitorear y responder. Si alguien te hace una pregunta específica, responder cobra una importancia particular, ya que es la forma de mostrar que escuchas a los lectores y te interesan.

## Trabaja con blogueros invitados

Los *blogueros invitados* son gente que publica entradas en tu blog bajo su propio nombre. Te ahorran tiempo y dinero, ya que producen contenidos para tu blog y, al mismo tiempo, comparten su conocimiento y reflexiones con tus lectores, lo cual enriquece tus contenidos.

**RECUERDA**

Busca la participación de blogueros invitados que puedan añadir contenidos valiosos y relevantes a tu blog, y deseen colaborar. Podrías hacer un intercambio de favores, por ejemplo, participando como invitado en el blog de alguien que escribió para ti. De esta forma aumentas el alcance de tu marca y, al mismo tiempo, devuelves el favor. Establecer nuevos contactos en la comunidad de tu mercado sirve para hacer crecer el perfil y reputación de tu marca.

## Corre la voz respecto a tu blog

Cada vez que publicas contenidos valiosos en tu blog aumentas la probabilidad de que los buscadores lo encuentren y, por ende, lo den a conocer a lectores interesados en lo que publicas. Pero ¿por qué esperar? Puedes acelerar este proceso haciendo correr la voz respecto a tu blog y animando a los lectores a compartir tus entradas con sus amigos, familiares y colegas. Estas son algunas maneras de hacerlo:

» Envía una ráfaga de correos electrónicos a todos tus contactos anunciando el blog. Incluye el enlace y pregúntales qué opinan.

» Añade la dirección de tu blog a todos tus perfiles de redes sociales.

» Menciona tu blog en todas tus publicaciones en redes sociales.

» Si tienes un sitio web o tienda virtual independiente, enlázalo a tu blog.

» Registra tu blog en directorios como Blogarama (https://www.blogarama.com), Blogging Fusion (https://blogginfusion.com) y Blogville (https://blogville.us).

» Añade a tu blog botones para compartir. Estos les permitirán a los lectores compartir de forma fácil y rápida tus entradas con otros a través de correo electrónico y de sus cuentas de redes sociales. El proceso para añadir los botones varía de una plataforma a otra, pero suele ser tan sencillo como instalar un plug-in de un tercero o una app. Visita el sistema de ayuda de tu plataforma para más detalles.

# Fomenta el reconocimiento de la marca a través de videos en línea

Grabar y publicar videos en línea es muy similar a producir podcast, pero en este caso se usan elementos visuales. Incluso puedes crear videopodcast y llevar a cabo seminarios web usando plataformas de colaboración y videoconferencias como Zoom (https://zoom.us) y Skype (https://www.skype.com).

En esta sección, sin embargo, me enfocaré en un método probado de utilización de videos en línea para fomentar el reconocimiento de la marca: grabar y subir videos a YouTube. YouTube es una de las plataformas de redes sociales y compartición de videos más populares del planeta. Los youtubers que se dedican a crear y publicar material suben más de cien horas de video por minuto y los usuarios ven más de 1 000 millones de horas de video diariamente.

Ser youtuber te permite subir tu video a la plataforma y luego incrustar ese contenido en tus publicaciones en redes sociales, tu sitio web o blog. También puedes monetizar de forma sencilla y rápida dichos contenidos si permites que YouTube incluya anuncios en el video.

En esta sección te actualizaré respecto a la manera de utilizar esta plataforma para promover tu marca. Para ir más allá de los rudimentos y convertirte en profesional, lee el libro *YouTube Channels for Dummies*, segunda edición, de Rob Ciampa, Theresa Go, Matt Ciampa y Rich Murphy (John Wiley & Sons, Inc.).

## Reconoce los diferentes géneros que puedes usar para promover tu marca

En YouTube puedes encontrar todo tipo de videos, pero para promover tu marca deberás tomar en cuenta los siguientes tipos de contenidos:

>> Anuncios de eventos especiales, productos nuevos, etcétera.

>> Cualquier cosa sumamente divertida, incluso comerciales.

>> Video grabado detrás de cámaras (*behind-the-scenes*).

>> Casos de estudio.

>> Concursos o competiciones.

>> Entrevistas con personas interesantes.

- » Transmisión en vivo de eventos.

- » Perfiles para conocer equipos.

- » Presentaciones o seminario web.

- » Demostraciones de productos o servicios.

- » Testimonios.

- » Tutoriales.

# Graba un video

Grabar videos para YouTube es muy similar a grabar contenidos de audio para producir podcast. Puedes hacerlo de forma económica usando cualquier tipo de aparato que grabe video digital como tu teléfono celular, una computadora equipada con cámara de video digital o GoPro, o puedes invertir más recursos y usar equipo profesional de producción de video como si estuvieras filmando una película en Hollywood.

En cuanto a la manera económica, sabemos que cualquiera puede grabar. Solo abres la app de cámara de tu teléfono, pasas a modo de video, oprimes el botón de grabar (*record*) y empiezas a registrar todo como se muestra en la ilustración 12-3. Cuando terminas, oprimes el botón de alto (*stop*). Al final tendrás un archivo de video digital que podrás subir a YouTube en las condiciones en que se encuentre o editarlo con la ayuda de software especializado como se explicará en la siguiente sección.

Grabar video con teléfono celular

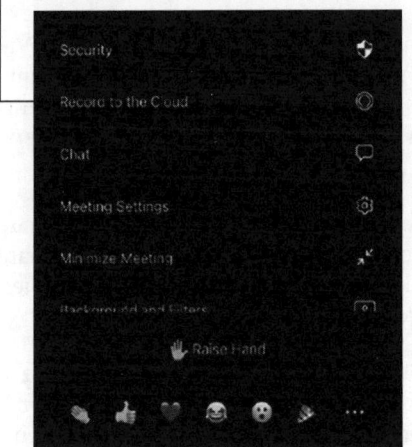

**ILUSTRACIÓN 12-3.** Puedes grabar video con tu teléfono celular.

Aquí tienes algunas recomendaciones para grabar video de calidad:

» Si tu cámara o aplicación cuenta con modalidad para estabilizar, enciéndela.

» Usa un trípode si puedes, y cuando te grabes a ti mismo hablando con la audiencia, coloca la cámara al nivel de los ojos.

» Si usas la cámara de tu teléfono, rótalo noventa grados y graba horizontalmente porque en YouTube el video aparece en modo panorámico.

» Cuando te grabes hablando con la audiencia, asegúrate de mirar a la cámara.

## Edita tu video

Editar video por lo general implica cortar el exceso de material al principio, al final o en alguna parte de en medio, pero también puedes juntar dos videos, ajustar la brillantez o el contraste, estabilizar una grabación tambaleante, añadir una pista de audio o hacer otros cambios. Puedes editar tu video antes de subirlo a YouTube o subirlo primero y luego usar el editor de la plataforma: Studio (https://studio.youtube.com).

Si grabas el video en tu teléfono celular, puedes elegir la opción de editar, la cual te dará acceso a algunas herramientas básicas. Tal vez sea todo lo que necesites.

Si deseas usar mejores herramientas de edición de video, puedes usar Video Editor, una herramienta que forma parte de Windows; iMovie, incluida en aparatos macOS, iOS y iPadOS; así como editores de video de terceras fuentes como Adobe Spark (https://www.adobe.com/expresss/feature/video/editor).

La edición de video sobrepasa el alcance de este libro y varía dependiendo de las aplicaciones utilizadas. Visita el sistema de ayuda de la que tú usas para conocer más detalles. También puedes leer el libro *Filmmaking for Dummies*, tercera edición, de Bryan Michael Stoller (John Wiley & Sons, Inc.).

Cuando termines de editar el video, guárdalo como archivo MPEG-2 o MPEG-4, estos son los dos formatos que prefiere YouTube. La plataforma tiene una extensa lista de lineamientos que cubre el formato de archivos, duración del material, cuadros por segundo, proporción y resolución, entre otros. Consulta el sistema de ayuda para más detalles.

# Sube videos a YouTube

Subir un video a YouTube es muy sencillo, pero el proceso varía dependiendo del aparato que utilices para grabar. Si se trata de un teléfono celular, sigue estos pasos:

**1.** **Elige el video que quieres subir, oprime "compartir" (*share*) y elige compartir el video con la aplicación de YouTube.**

La app de YouTube abrirá el video.

**2.** **Ve a la barra debajo del video y arrastra las líneas verticales en la izquierda y derecha para cortar el material al principio o al final.**

**3.** **Escribe el título y la descripción en los campos designados.**

**4.** **Selecciona si deseas hacer público el video (cualquiera podrá verlo), fuera de lista (*unlisted*, solo podrá verlo quien tenga el enlace) o privado (solo lo podrá ver gente que especifiques).**

**5.** **Oprime el botón "siguiente" (*next*).**

**6.** **Elige la opción para especificar si el video es apropiado para niños y elige las restricciones de edad para verlo.**

**7.** **Oprime el botón "subir" (*upload*).**

Tu teléfono subirá el video a tu cuenta de YouTube.

Si vas a subir video desde una laptop, una computadora de escritorio o una tableta en lugar de un celular, entra a YouTube en https://www.youtube.com, da clic en "crear icono" (es el icono de la videocámara y el signo de más en la esquina superior derecha de la página. Da clic en "subir video" (*upload video*) y sigue las instrucciones en la pantalla para completar el proceso.

**CONSEJO**

Después de subir el video a YouTube puedes incrustarlo en una página web o publicación de blog. Ábrelo en YouTube, da clic en "compartir" (*share*), debajo del video, da clic en "incrustar" (*embed*) y copia el código. Luego pégalo en la versión HTML de la página o publícala donde desees que aparezca el video.

## Crea una miniatura o *thumbnail* de tu marca

Cuando subes un video, YouTube usa uno de los cuadros para crear una miniatura o *thumbnail*: una fotografía que representa tu video en la plataforma. Las miniaturas son lo primero que la gente ve cuando decide reproducirlo. En lugar de dejar que la plataforma elija tu miniatura, crea una personalizada con información de tu marca. ¡Algo que destaque!

Puedes usar cualquier software de diseño gráfico para crear una miniatura. Incluso hay diseñadores especializados en este material en línea, como la herramienta gratuita para creación de miniaturas de Adobe Spark (https://www.adobe.com/express/create/thumbnail/youtube).

Aquí tienes algunos lineamientos para crear miniaturas de YouTube:

» Diseña una miniatura que refleje con precisión el contenido del video.

» Respeta las dimensiones recomendadas (1280 pixeles de ancho por 720 pixeles de alto).

» Usa la mayor resolución posible, pero mantén el peso del archivo por debajo de 2 MB.

» Guarda tu miniatura como archivo JPG o PNG.

» Aprovecha la paleta de color de tu marca. (En el capítulo 6 encontrarás más información al respecto).

» Crea una imagen que se vea bien en formato pequeño o grande: mucha gente la verá en su teléfono celular.

» Si vas a incluir texto, sé breve y asegúrate de que sea fácil de leer en aparatos de cualquier tamaño.

» No incluyas desnudez, contenidos provocativos en el aspecto sexual, discursos de odio, violencia ni ningún otro material peligroso o potencialmente dañino.

## Crea un canal de YouTube para tu marca

YouTube te permite, como individuo o como negocio, abrir tu propio canal para que tu audiencia pueda tener acceso fácil e inmediato a todos los videos que subas. El canal personal está vinculado a tu cuenta de Google y utiliza tu nombre de usuario de YouTube, pero puedes editarlo. Con la cuenta de Google Business también puedes abrir canales personalizados para tu marca.

**RECUERDA** Otra de las ventajas de la cuenta de Google Business es que puedes dar acceso a otras personas sin tener que compartir tu información y contraseña. Esto puede servir, por ejemplo, para que los miembros de tu equipo manejen la cuenta.

Primero necesitas crear la cuenta en Google. Ve a Google (https://www.google.com), da clic en el botón "registrarse" (*sign in*), en la esquina superior derecha de la página, da clic en "usar otra cuenta" (*another account*), y luego en "crear cuenta" (*create account*). Si ya ingresaste a la plataforma, da clic en tu foto de perfil, también en la esquina superior derecha de la página, da clic en "añadir otra cuenta" (*add another account*), luego en "crear cuenta", y selecciona "para manejar mi negocio" (*to manage my business*). Sigue las instrucciones en la pantalla para crear la cuenta de Google Business. Cuando termines estarás listo para abrir un canal personalizado de marca:

1. **Entra a tu cuenta de YouTube con el nombre de usuario y la contraseña de Google Business.**

2. **Da clic en la fotografía o icono de perfil en la esquina superior derecha de la página y elige "crear un canal" (*create a channel*).**

   Si ya abriste tu primer canal, ve a "configuración" (*settings*), da clic en "añadir o manejar tu(s) canal(es)" (*add or manage your channel*), luego en "crear canal nuevo" (*create a new channel*). Entonces aparecerá el campo "elige cómo crear tu canal" (*choose how to create your channel*) y recibirás instrucciones para especificar si quieres usar tu nombre para el canal o ponerle uno diferente.

3. **Da clic en el botón "seleccionar" (*select*) debajo de "usar otro nombre" (*use a custom name*).**

   YouTube te indicará que debes escribir el nombre de tu canal. Asegúrate de que este refleje tu marca y los contenidos de videos que estarás publicando.

4. **Selecciona el cuadro "comprendo" de la declaración legal y da clic en "crear" (*create*).**

   En este momento aparecerá una caja de confirmación felicitándote por haber creado un nuevo canal.

5. **Sigue las instrucciones en la pantalla para completar el proceso. Escribe los detalles sobre el canal.**

   Durante este proceso puedes subir una fotografía, escribir la descripción del canal y añadir enlaces a tus sitios y perfiles de redes sociales.

6. **Da clic en "guardar" y "continuar" (*save* y *continue*).**

   Regresa a la página de inicio de YouTube. Esta te invitará a subir un video para comenzar, pero no lo hagas aún.

7. **Da clic en la imagen de tu perfil, en la parte superior derecha de la página, elige "configuración" y luego da clic en "estatus de canal" y "características" (*channel status* y *features*).**

8. **Da clic en el botón "verificar" (*verify*), parte superior izquierda, y sigue las instrucciones en pantalla para verificar el canal.**

   Una vez que hayas hecho la verificación, el sistema te regresará a la página de "estatus" y "características", donde encontrarás más modalidades para tu canal.

9. **Activa todas las modalidades que quieras usar, como monetización y miniaturas personalizadas (*monetization* y *custom thumbnails*).**

10. **Da clic en "regresar a YouTube Studio", en la esquina superior derecha de la página, luego en el icono de tu nuevo canal, en la esquina superior izquierda, y da clic en el botón de "personalizar canal" (*customize channel*).**

   Ahora aparecerá la página de personalización.

11. **Usa las opciones disponibles para personalizar el canal, puedes incluso añadir una banderola de tu marca.**

12. **Cuando termines de hacer los cambios da clic en el botón "YouTube Studio", debajo de la banderola que añadiste, y elige "configuración" en la barra de menú del lado izquierdo de la pantalla.**

    En este momento aparecerá el cuadro de diálogo de configuración.

13. **Escribe la información adicional de tu canal, incluyendo las palabras o frases clave, tu ubicación geográfica, un sello de agua de tu marca y el aviso de si tu canal es para niños.**

14. **Cuando termines de configurar el canal da clic en el botón "guardar".**

# Monetiza tus contenidos

La producción de podcast, el blogueo y los videos pueden ser maneras muy eficaces de promover tu marca, lo cual aumenta de manera indirecta las ventas e ingresos. Sin embargo, también puedes usar estos contenidos para generar entradas de una manera más directa. Estas son algunas maneras de monetizar contenidos:

» **Vende publicidad.** Cuando subes podcast o videos puedes activar una opción para monetizar tus contenidos o incluir anuncios. La empresa que los aloje (como YouTube) incluirá anuncios de forma automática y te pagará por ello. Si tienes un blog o sitio web, será muy fácil añadir ahí publicidad con ayuda de servicios como Google AdSense (https://www.google.com/adsense/start). Solo tienes que crear una cuenta aquí, copiar y pegar un código en tu sitio web o blog, y este mostrará en tu sitio anuncios hechos a la medida de su disposición y diseño.

» **Diseña y vende mercancía.** Desarrollar una marca fuerte por medio del marketing de contenidos puede impulsar la demanda de mercancía personalizada de la marca como camisetas, sombreros, tazas de café, calcomanías, llaveros, prendas de vestir y otros accesorios. Tu mercancía puede tener el nombre y logotipo de la marca, una frase pegajosa o un diseño congruente con el tema general de tus contenidos.

» **Cobra los eventos transmitidos en vivo o *livestream*.** Los eventos transmitidos en vivo son justo eso: presentaciones transmitidas por internet en tiempo real para cualquier persona que esté en ese momento conectada. Los eventos en livestream pueden monetizarse a través de la venta de espacios publicitarios, solicitando donaciones, cobrando una tarifa (como si vendieras boletos para un concierto), ofreciendo la opción de pago por evento (*pay-per-view*) o consiguiendo un patrocinador.

## MERCANCÍA VS. PRODUCTOS PERSONALIZADOS DE LA MARCA

Desde el principio he monetizado *Girl Gang the Podcast*. Primero moneticé el podcast vendiendo mercancía. En lugar de contratar anunciantes externos, al final de la emisión animo a los escuchas a comprar uno de mis artículos *Support your local girl gang*. En cuanto vi lo popular que era la mercancía, lancé mi propia línea de ropa y la vendí en el sitio, pero también trabajé con minoristas como Nordstrom y el hotel Beverly Hills para crear colecciones de edición limitada.

Mi mercancía es distinta de la línea de ropa. Verás, la *mercancía* es un producto genérico que tiene estampado o impreso un motivo especial. Las prendas son como los artículos que venden los grupos de rock en los conciertos o en sus sitios web. Este modelo de comercialización de mercancía o *merchandising* también lo han adoptado los podcasters, los youtubers y otros creativos o artistas. Una *marca de ropa*, en cambio, es una colección de prendas diseñadas de manera especial y tienen su propia marca.

A menudo animo a los empresarios novatos a iniciarse en la comercialización de mercancía porque el costo y el riesgo son menores. Esta actividad te permite probar tu idea sin invertir demasiado tiempo, energía y dinero de entrada. Para ofrecer una línea de ropa tienes que encontrar un fabricante confiable, cumplir con regulaciones del gobierno y pagar los productos por adelantado. Si solo estás tratando de generar una fuente de ingresos a partir de la creación de contenidos, te recomiendo que empieces con la mercancía o *merchandising*, y luego hagas la transición a la línea de ropa como una segunda fase en caso de que tengas éxito en el primer tipo de comercialización.

EN ESTE CAPÍTULO

» Diseñarás estrategias de branding para los sitios más importantes de redes sociales.

» Optimizarás el involucramiento en redes sociales.

» Aprovecharás los elementos gráficos.

» Reclutarás a influencers y trabajarás con ellos para promover tu marca.

» Mejorarás tus operaciones utilizando software para gestión de redes sociales.

Capítulo **13**

# Promueve tu marca a través de las redes sociales

as redes sociales gozan de una popularidad fuera de serie, pero si esta es la primera vez que escuchas este término, ¡bienvenido al siglo XXI! Las *redes sociales* son formas de comunicación por internet que permiten a los usuarios formar comunidades para compartir información, ideas, mensajes y otros contenidos. Internet alberga numerosas plataformas de redes sociales como Facebook, Instagram, Pinterest, YouTube, Twitter y TikTok.

A pesar de que el énfasis se hace en el encuentro social y no en las actividades comerciales, estas plataformas son poderosas herramientas para promover negocios, productos, servicios y marcas. En cuestión de minutos puedes abrir una cuenta de redes sociales para tu marca y empezar a interactuar con los miembros de la comunidad para impulsar la conciencia y el involucramiento. Si haces las cosas bien, tus contenidos pueden volverse virales, extenderse por estas plataformas y llegar a millones o, quizá, miles de millones de clientes potenciales.

En este capítulo te presentaré los sitios más relevantes de redes sociales y te mostraré estrategias eficaces de branding para implementar en cada uno. Te mostraré cómo optimizar el involucramiento en redes sociales a través del uso de contenidos de texto y gráficos, te explicaré cómo trabajar en equipo con influencers para que promuevan tu marca, y cómo ahorrar tiempo gracias al software de gestión de redes sociales.

**ADVERTENCIA** El desafío para los negocios y las marcas radica en engagement. Si tratas de vender de forma agresiva en redes sociales, es probable que la comunidad te margine o incluso logre que suspendan o eliminen tu cuenta. Imagínate que tu tío Fred llega a tu fiesta de cumpleaños solo para tratar de venderles a tus invitados suplementos nutricionales y productos de limpieza naturales. Esto sería algo parecido.

**RECUERDA** El marketing en redes sociales es un tema del que no podría hablar de manera justa en un solo capítulo. Para ahondar, puedes leer el libro *Social Media Marketing for Dummies*, segunda edición, de Shiv Singh y Stephanie Diamond, o *Social Media Marketing All-in-One for Dummies*, tercera edición, de Michelle Krasniak, Jan Zimmerman y Deborah Ng (ambos publicados por John Wiley & Sons, Inc.). En estos libros se explora de forma exhaustiva las capacidades de las redes sociales y se provee toda la asesoría que necesitas para optimizar tus actividades de marketing en estas plataformas.

# Los rudimentos del desarrollo de marca en redes sociales

Las redes sociales son el lugar donde con frecuencia los posibles clientes descubren una marca, por eso ofrecen la oportunidad de dar una excelente primera impresión. Estas plataformas te permiten mostrar tus productos y servicios, compartir la misión y valores de tu marca, e interactuar con posibles clientes en un entorno social relajado. Al mismo tiempo, puedes aprovecharlas para reforzar la identidad usando el logotipo, los colores y otros activos.

Las diversas plataformas de redes sociales ofrecen distintas maneras de promover una marca. En Facebook, por ejemplo, puedes crear toda una página de marca con tu logotipo e historia, e interactuar con los admiradores. El perfil @girlgangthelabel en Instagram (ver ilustración 13-1) contiene el logotipo y la paleta de colores de la marca, así como enlaces a historias que creé para tener una especie de álbum fotográfico: Girl Gang, Podcast, Citas, Descuentos, *The Edit* y Preguntas.

Todos los perfiles de redes sociales que crees te ofrecen la oportunidad de mostrar la identidad de tu marca y extender su alcance.

RECUERDA

En esta sección hablaré en detalle sobre el diseño de estrategias de marca para distintas plataformas de redes sociales.

ILUSTRACIÓN 13-1. Puntos destacados de una historia de Instagram.

# Explora plataformas populares

Hay muchas plataformas de redes sociales, pero no todas son igual de eficaces para todas las marcas. Explora y evalúa tus opciones, y elige una o varias, las que coincidan más con tus objetivos de branding (ver capítulo 4). En esta sección te presentaré algunas de las más populares, toma todas en cuenta al momento de elegir.

Para llevar a cabo una estrategia de desarrollo de marca en redes sociales no necesitas tener actividad en todas las plataformas, puedes empezar solo en una. Lo más importante es que tengas una estrategia, que la ejecutes y mantengas un involucramiento continuo, es decir, que publiques contenidos con regularidad e interactúes con tus seguidores, admiradores y otras personas. Si te comprometes con una sola plataforma podrás obtener más a cambio de tu tiempo y esfuerzo que si solo tienes actividad esporádica en varias.

RECUERDA

**CONSEJO**

Si eliges enfocarte en una o dos plataformas de redes sociales, de todas maneras deberás abrir cuentas en todas las que aquí se analizan y solicitar tu handle antes de que alguien más lo haga. El *handle* es el nombre de usuario, de negocio o marca, y debe reflejar la identidad. Puedes empezar en una plataforma y luego extenderte a otras, en ese caso será necesario que tengas un nombre personalizado en cada una. Para cada marca que creo, solicito los derechos del handle o nombre en todas las plataformas que tal vez desee usar más adelante, aunque por el momento prefiera mantenerme activa solo en algunas.

## Decide cuál es la plataforma de redes sociales ideal para ti

El primer paso para diseñar una estrategia de branding en redes sociales consiste en evaluar las plataformas destacadas y luego elegir las que podrían ser más adecuadas para tu marca. Antes de eso, sin embargo, necesitas conocer los criterios para elegir las más promisorias. Sigue estos pasos:

1. **Define tu arquetipo de cliente de acuerdo con lo explicado en el capítulo 5.**

   Los *arquetipos de cliente* son descripciones detalladas de tus clientes ideales e incluyen sus datos demográficos, metas, intereses, puntos neurálgicos, papel que juegan en el proceso de compra, dónde buscan información y dónde eligen socializar en internet.

2. **Identifica tus objetivos de desarrollo de marca, de acuerdo con lo explicado en el capítulo 4.**

   Los objetivos tradicionales del branding incluyen el reconocimiento y la conciencia de la marca, creación de un vínculo emocional con los clientes, diferenciación de la marca, fomento de la credibilidad y la confianza, e impulso a las ventas.

Cuando comprendas con claridad cuáles son los objetivos del consumidor y de tu branding, estarás listo para evaluar las plataformas de redes sociales y determinar cuáles son las mejores para tu marca.

## Facebook

Dos de los aspectos más atractivos de Facebook para las marcas son el tamaño y la diversidad. Esta plataforma cuenta con más de 2 000 millones de usuarios activos al mes, de todos los géneros, identidades étnicas, estatus socioeconómicos, niveles de educación, afiliaciones políticas, etcétera. Casi 75% de los usuarios de Facebook visitan el sitio de manera cotidiana.

Asimismo, Facebook es propicio para los negocios y las marcas porque ofrece las siguientes características:

>> **Páginas de negocios o de marca:** puedes crear una página de negocios o de marca de forma gratuita y usarla para publicar anuncios, realizar encuestas, programar eventos en vivo, compartir información, fotografías y videos, etcétera.

>> **Grupos de Facebook:** también puedes crear un grupo dedicado a tu marca y formar una comunidad para tu negocio o marca, e incluso para un producto o servicio específico que ofrezcas. En el capítulo 16 encontrarás más detalles sobre cómo formar una comunidad en torno a tu marca.

>> **Anuncios pagados dirigidos:** los anuncios de Facebook son una excelente manera de extender el alcance y dirigir tus ventas hacia mercados específicos. En el capítulo 15 encontrarás la asesoría necesaria para promoverte usando publicidad pagada.

>> **Integraciones de comercio electrónico:** si vendes productos en internet, puedes enlistarlos para ofrecerlos en Facebook. Esto les da a tus clientes en esta plataforma la capacidad de comprarlos con un clic.

>> **Contacto personal con el cliente a través de Facebook Messenger:** sin importar si eres negocio o marca, en Facebook puedes interactuar de manera directa con los clientes gracias a Messenger. Esto te permite anunciar productos nuevos, dar actualizaciones sobre pedidos y enviar otras notificaciones.

>> **Pixeles de Facebook:** *pixel de Facebook* es un código que puedes insertar en tu sitio para recopilar información y monitorear las conversiones de Facebook Ads. Los datos y análisis de los pixeles te permiten optimizar tus anuncios en la plataforma y volver a presentárselos a la gente que en algún momento mostró interés en tu marca.

## Twitter

Twitter es un microblog, las publicaciones tienen como límite 280 caracteres. Es una plataforma excelente para mostrar la voz de tu marca, ponerte en contacto directo con clientes actuales y potenciales, extender el alcance y fomentar la lealtad. Estos son los beneficios más importantes de Twitter:

>> Involucramiento en tiempo real con clientes y prospectos.

>> Capacidad para llevar tráfico a tu sitio web, blog o tienda en línea.

>> Capacidad para brindar a tus clientes servicio básico de forma rápida y sencilla por medio de las respuestas a sus tuits.

>> Capacidad de notificar rápida y fácilmente noticias a clientes y prospectos respecto a productos nuevos, actualizaciones del sitio web, eventos en vivo, etcétera. Puedes avisar a tus clientes en tiempo real cualquier cosa relacionada con la marca y aclarar situaciones si llegas a recibir publicidad negativa.

# YouTube

Esta plataforma es un elemento clave del marketing en redes sociales de algunas marcas y, en ciertos casos, sirve incluso como el principal medio para la entrega del producto o servicio. Si tu negocio consiste en publicar videos informativos o de entretenimiento en YouTube, los videos son tu producto y podrían ayudarte a generar ingresos impresionantes.

No obstante, la mayoría de las marcas usan YouTube para fortalecer su identidad, extender el alcance, ofrecer cierto nivel de servicio al cliente y vender productos y servicios. Estas son algunas de las cosas que puedes hacer en la plataforma para desarrollar y lanzar una marca:

>> Publicar demostraciones de productos.

>> Posicionarte como líder de opinión en tu industria o campo.

>> Publicar tutoriales para ensamblar, usar o reparar un producto.

>> Entrevistar a personas conocidas y respetadas en el mercado al que atiendes para captar la atención y fomentar la confianza.

>> Compartir contenidos divertidos, interesantes o cautivadores a través de anuncios poco convencionales.

En el capítulo 12 encontrarás información sobre cómo grabar y publicar videos en YouTube y sobre cómo crear un canal personalizado de marca.

## Instagram

Instagram es genial para llegar a los adolescentes y los adultos jóvenes, pero no tan eficaz en el caso de adultos de mayor edad y profesionales con alto poder adquisitivo y preparación académica elevada. Interactuar con los usuarios y captar su atención en esta plataforma puede ser todo un desafío porque la gente suele pasar muy rápido por las imágenes que no le llaman la atención.

A pesar de sus limitaciones, Instagram es atractiva para el branding y tiene varias características que pueden resultar muy útiles:

>> **Historias de Instagram:** con esta función puedes compartir múltiples fotografías y videos grabados a lo largo del día, y también añadir "capas para destacar" y calcomanías que los hacen más divertidos. Los videos y las fotografías permanecen solo 24 horas en tu perfil a partir de que los publicas, pero puedes conservar una historia destacándola en tu página principal.

>> **Feed de Instagram:** el *feed* consiste en las fotografías y videos que publicas, y es más selectivo de lo que muestras en una historia. Aquí es adonde la mayoría de la gente va para averiguar más sobre tu marca, así que es un excelente lugar para contar la historia de manera visual.

En el capítulo 8 encontrarás información sobre cómo escribir la historia de la marca. Cada publicación la puedes optimizar usando hashtags y botones para compartir que te permitirán llegar a más gente.

Asegúrate de abrir una cuenta de negocios en Instagram, esto te dará acceso a la pestaña *view insights* en tu página de inicio y te permitirá evaluar el desempeño de cada fotografía y video que publiques.

» **IG Live:** IG Live te da la capacidad de transmitir video en vivo por tu cuenta o con otro miembro de Instagram. Si como parte de tu estrategia de contenido haces entrevistas, IG Live puede ser muy útil. La única desventaja es que no puedes repetir tomas: si te equivocas, los errores se transmitirán en vivo.

» **IGTV:** IGTV es la versión Instagram de YouTube. Esta función te permite publicar video de formato largo (más de un minuto) en tu cuenta de Instagram o usando la app IGTV en un aparato Android o iOS.

» **Reels de Instagram:** los *reels* son videos de entre 15 y 30 segundos que puedes mejorar con varias herramientas de la plataforma: *effects*, *time*, *speed* y *align*. Esta función es excelente para presentar una marca, negocio, producto o servicio, o solo para mantenerte en contacto con la gente que adora tu marca.

Si necesitas asesoría adicional para usar Instagram para promover tu marca o negocio, lee el libro *Instagram for Business for Dummies*, segunda edición, de Jennifer Herman, Eric Butow y Corey Walker (Wiley).

# Pinterest

Más que una plataforma de redes sociales, Pinterest es un buscador. Los usuarios buscan ideas como "cómo decorar mi departamento tipo estudio" o "cortes de cabello corto para mujeres", por lo que es un excelente lugar para vender productos de moda, decoración del hogar, utensilios de cocina, salud y fitness, belleza y cuidado del cabello, entre otros. Si tu mercado objetivo son las mujeres, sin duda deberás tomar en cuenta Pinterest, pero también muchos usuarios son hombres.

Además de contar con su propio buscador integrado, Pinterest es fácil de usar con otros buscadores. Por lo general, cuando publicas contenidos en la plataforma, Google, Yahoo!, DuckDuckGo y otros buscadores lo reconocen, por lo que resulta muy útil para extender el alcance de una marca.

Cuando desarrolles contenidos para publicar en Pinterest, piensa en la manera en que los tomarán y compartirán otros. Los usuarios suelen diseñar *boards* o tableros para expresar su estado de ánimo, intereses e ideas. Asegúrate de que tus contenidos sean dignos de agregarse a estos tableros. Si vas a desarrollar una marca de productos para bodas, por ejemplo, esfuérzate por que las imágenes que publiques sean elegidas y luzcan bien en los tableros de los usuarios que están planeando su boda.

## TikTok

TikTok es una aplicación que les permite a los usuarios compartir videos de 15 segundos. Si estás desarrollando una marca personal con base en un talento comercializable en particular, debes considerar esta plataforma y, sobre todo, si tu objetivo es la gente joven y al tanto de las últimas tendencias. También es útil para presentar un negocio, producto o servicio. De acuerdo con Wallaroo Media, 60% de los usuarios de TikTok tiene entre 16 y 24 años, por lo que la audiencia principal es más joven que las de otras plataformas.

Cuando grabes videos para TikTok, trata de ser estrambótico. Crea algo increíblemente divertido, conmovedor, hermoso, desafiante o alucinante, algo que los usuarios querrán compartir con toda la gente que conocen.

CONSEJO

## LinkedIn

LinkedIn es una plataforma de formación de redes de contactos para negocios y profesionales. Es genial para las marcas que trabajan con el sistema B2B, negocio a negocio, y para marcas personales de asesores y otros profesionales que cuentan con habilidades y conocimientos valiosos para las organizaciones. Si coincides con este perfil, abre una cuenta y empieza a crear contactos para promover reconocimiento y conciencia de tu marca.

El secreto para el éxito del desarrollo de una marca en LinkedIn consiste en ser original y generoso. Diseña un perfil interesante que impresione, ponte en contacto con líderes de opinión en tu industria objetivo, únete a grupos relevantes de la plataforma y comparte tus conocimientos. Esfuérzate por ayudar a otros

CONSEJO

miembros de LinkedIn a ser más exitosos aún. Ayúdalos a superar desafíos y resolver problemas.

No entres a LinkedIn y solo empieces a enviar invitaciones a toda la gente que la plataforma te sugiera. Por lo general, la gente no las aceptará a menos que crea que el contacto la beneficiará de alguna manera. Si ofreces contenidos valiosos, los usuarios empezarán a enviarte *a ti* invitaciones para conectarse.

ADVERTENCIA

# Elige distintas métricas para las distintas plataformas

Cada vez que implementes una campaña de marketing deberás utilizar métricas y análisis para evaluar su éxito y averiguar lo que funciona y lo que no. Cuando desarrolles la presencia de la marca en cualquier plataforma de redes sociales deberás hacer lo mismo, solo que presta atención porque aquí lo complicado es elegir las métricas que reflejen el desempeño y el éxito de la manera más precisa posible, tomando en cuenta los siguientes aspectos:

» La cantidad de seguidores, amigos o admiradores siempre será una métrica clave, pero tener muchísimos seguidores en Facebook o Instagram es mejor que tenerlos en Pinterest porque la cantidad de veces que tu marca aparece en los tableros de los usuarios de esta plataforma es menos importante.

» La cantidad de veces que se comparte un contenido específico siempre es fundamental porque este dato no solo refleja lo mucho que tus contenidos impresionan a los usuarios, sino también lo eficaz que es tu publicidad de boca en boca: una excelente manera de evaluar el marketing orgánico.

» Las métricas de contenido como los porcentajes de fotografías, infográficos, audio, video y texto que publicas en contenidos originales, en comparación con los contenidos compartidos, puede variar de una plataforma a otra. Instagram, por ejemplo, es muy visual, así que ciertas métricas de contenido podrían no aplicar en su caso.

» Las métricas relacionadas con la audiencia, como género, identidad étnica, edad, educación y nivel de ingresos podrían ser más importantes en plataformas más diversas como Facebook y Twitter, que en otras menos heterogéneas como TikTok.

Estos son algunos ejemplos de las métricas de marketing en redes sociales que querrás tomar en cuenta: métricas de involucramiento (clics, *me gusta* o *likes*, comparticiones, comentarios y menciones), de competición (métricas comparativas del involucramiento), tráfico social (tráfico de distintas plataformas hacia tu sitio web o tienda en línea) e índices de conversión (tráfico entrante que se convierte en ventas).

La mayoría de las plataformas de redes sociales cuenta con métricas y herramientas de análisis para los usuarios de negocios, pero es probable que una buena plataforma de gestión de redes sociales te ofrezca análisis más sólidos. Ve la sección "Ahorra tiempo y esfuerzo con las herramientas para gestión de redes sociales", más adelante en este capítulo. Ahí encontrarás más información sobre plataformas de gestión de redes sociales.

# Sigue las reglas del camino

Las mejores prácticas para el marketing en línea varían dependiendo de si lo realizas en tus propiedades, como tu sitio web, blog o tienda en línea; o en propiedades de comunidades, es decir, en sitios de redes sociales. Cuando desarrollas y lanzas una marca en redes tienes que ser transparente, cautivador, humilde y generoso. En las siguientes secciones te daré información sobre cómo encajar en la comunidad y destacar al mismo tiempo.

**RECUERDA** Las redes sociales son así: *sociales*. Esto significa que no hay actividad comercial ni de negocios, excepto en LinkedIn y, en definitiva, nada de ventas agresivas. Por regla general, trata de crear y compartir contenidos que les sean útiles y entretenidos a tus seguidores; no solo promuevas tu marca. Para conservar a quienes ya te siguen y atraer a gente nueva, enfócate en atender las necesidades y preferencias de tu audiencia, no las tuyas. Si quieres *atraer* compradores, sé *atractivo*.

## Optimiza tu perfil de redes sociales

Casi todas las plataformas de redes sociales les permiten a los usuarios crear y mantener una cuenta, perfil o página de negocios o marca. Aprovecha al máximo lo que cada una te ofrece, optimiza todo perfil o página de la siguiente manera:

>> Añade el logotipo de tu marca.

>> Si te ofrecen esta opción, sigue los lineamientos de tu guía de estilo de branding (ver capítulo 6) y define los colores y fuentes que refuercen la identidad de tu marca.

>> Incluye la dirección del sitio, blog o tienda en línea de tu marca.

>> Incluye la historia de tu marca o negocio, o una descripción.

>> Si tienes la opción, añade un call to action. Una página de negocios en Facebook, por ejemplo, te permite instar a los visitantes a hacer algo, como visitar tu sitio o llamar a tu tienda.

Piensa en usar Linketree (https://linktr.ee) para crear una página de aterrizaje personalizada para tu marca. Esta puede contener enlaces a todos los contenidos valiosos que desees compartir. La ilustración 13-2 muestra la página de aterrizaje que diseñé con Linktree para mi marca Girl Gang the Label. Cuando crees la tuya, puedes añadir la dirección a tus perfiles de redes sociales en Instagram, TikTok, Facebook, YouTube, Twitter, LinkedIn, etcétera. Con una página de aterrizaje de Linktree puedes actualizar los enlaces importantes de una sola vez, en lugar de modificar cada una de tus cuentas de redes sociales por separado.

## Link-in-bio Tool

Enlace de sitio web: linktr.ee/girlgang

@girlgang

COMPRAR GIRL GANG

Escuchar Girl Gang the Podcast

Contacto

Ser embajador

Unirse a nuestro grupo privado de FB

ILUSTRACIÓN 13-2. Mi página de aterrizaje para Girl Gang the Label.

# Publica con regularidad

El desarrollo de una marca en redes sociales implica mucho más que solo crear una página o cuenta de marca o negocios, añadir un perfil y publicar contenidos relevantes en algunas ocasiones o de vez en cuando. Para obtener resultados óptimos, publica algo interesante por lo menos dos veces por semana, de otra manera, tus amigos, seguidores y admiradores se olvidarán pronto de ti. La clave es la visibilidad constante.

Para mantener esta actividad, diseña un programa editorial con uno o dos meses de anticipación, haz una lista de las fechas en que realizarás publicaciones y escribe qué contenidos incluirás. Piensa en crear un artículo semanal y publicarlo un día específico de la semana. En *Girl Gang*, por ejemplo, hago énfasis en los negocios pertenecientes a mujeres con el "Viernes de mujeres fundadoras". Nuestra audiencia sabe que ese día puede sintonizarnos y escuchar a mujeres empresarias contar sus historias y reflexiones.

**CONSEJO** Empieza a pensar en contenidos que puedas crear y promover de manera regular. Si tienes un boletín informativo mensual, puedes publicar un avance en redes sociales e incluir un call to action para que la gente se inscriba para obtener más información. Además de aumentar el involucramiento, un boletín te ofrece la oportunidad de recopilar direcciones de correo electrónico de clientes, así como otro tipo de información útil para tus campañas directas de marketing.

## Monitorea y responde a las publicaciones

No monitorear o responder a tus publicaciones en tus sitios de redes sociales es como hacer una fiesta y luego ignorar a tus invitados y dejar que el evento se venga abajo. Necesitas mantenerte al tanto de lo que está sucediendo e interactuar con los invitados por dos razones importantes:

» Si alguien publica comentarios ofensivos o abusivos, necesitarás eliminarlos y reportarlos para que la plataforma suspenda o cancele la cuenta en cuestión.

» Si alguien hace una pregunta, expresa una preocupación, publica un comentario positivo o negativo sobre tu marca, o cualquier otra cosa que requiera una respuesta, necesitarás estar al tanto y reaccionar. La gente quiere constatar que estás escuchando, que entiendes lo que piensa y que te importa.

**RECUERDA** Más vale que te comprometas con una sola plataforma de redes sociales y que la desarrolles bien, a que te establezcas en varias y las descuides.

**CONSEJO** Antes de publicar una respuesta al comentario de alguien, piensa la manera en que tu discurso reflejará tu marca. Asegúrate de que tu tono sea congruente con los lineamientos y que el trato sea respetuoso y cortés.

## Elige con cuidado a tus amigos

En redes sociales suelen juzgarte de acuerdo con quienes te rodean, por eso, procura asociarte solo con gente, negocios y marcas que coincidan con tu misión y valores.

**RECUERDA** Ser congruente y fiel a la misión y valores de tu marca hace que esta se vuelva atractiva y que la gente perciba su apertura a colaboraciones y vínculos con otras marcas y negocios. Protege tu reputación porque, de lo contrario, perderás estas oportunidades.

# Aprovecha el impacto de las fotografías y el video

En algunas plataformas de redes sociales, el texto es casi un tabú. YouTube y TikTok, por ejemplo, son solo para video, en tanto que Instagram y Pinterest son enormes bibliotecas de imágenes. Las únicas plataformas de redes sociales que admiten contenidos con una buena cantidad de texto son Facebook, Twitter y LinkedIn, e incluso en estas, a los usuarios les agrada ver imágenes y videos. En resumen, si quieres desarrollar y lanzar una marca en redes sociales, necesitarás saber cómo usar una cámara... o contratar a alguien que sepa.

## Toma tus propias fotografías con base en un presupuesto

Hoy en día, cualquier persona con un teléfono celular decente puede tomar fotos decorosas. Además, subirlas a las plataformas de redes sociales nunca fue tan fácil. Si no sabes qué hacer al principio, comienza por recolectar fotografías de otras marcas que te gusten y analízalas, averigua qué es lo que te agrada de ellas. ¿En todas aparece gente? ¿Las imágenes son oscuras o brillantes? ¿Son fotografías de productos inmóviles o se puede apreciar cómo se usan? Las respuestas a estas preguntas te ayudarán a elegir el tipo de *composición* e iluminación.

La fotografía es un tema complejo y está más allá del alcance de este libro, pero en *Digital Photography for Dummies*, séptima edición, de Julie Adair King (Wiley) puedes encontrar una gran cantidad de información. Asimismo, en internet hay un sinfín de tutoriales sobre cómo tomar todo tipo de fotografías, desde las de productos hasta las de branding personal.

CONSEJO

Empieza a tomar fotografías y solicita la opinión de tus amigos, parientes y socios. Si esperas hasta saber todo sobre el tema y ser capaz de hacerlo como un profesional, te quedarás esperando toda la vida. Aquí tienes algunos consejos de acuerdo con mi experiencia personal:

>> Siempre que puedas, usa un trípode para tener un enfoque claro. Siempre y cuando no haya salido borrosa, con un software para editar imágenes, puedes remediar casi cualquier imperfección en una fotografía digital. Trata de fotografiar con y sin flash.

>> Asegúrate de que la ubicación y el contexto coincidan con la imagen y los valores de la marca, verifica en especial lo que aparezca en el fondo.

>> Presta atención a la iluminación y las sombras. Usa luz natural para obtener mejores resultados. Si vas a tomar fotografías en exteriores, lo mejor es hacerlo en la mañana o temprano, antes de que anochezca, a menos que requieras una deslumbrante iluminación solar.

>> Para las fotografías *flat lay*, es decir, las imágenes de un producto sobre superficie plana, añade objetos que coincidan con cosas que le agradarían a tu arquetipo de cliente. Si tienes una línea de trajes de baño, por ejemplo, incluye bloqueador solar y lentes de sol en la fotografía.

>> Toma muchas fotografías para aumentar la probabilidad de contar con una ideal al terminar la sesión.

>> Utiliza software de edición para mejorar la calidad de tus fotografías. Con aplicaciones como el editor en línea de Canva (https://www.canva.com/photo-editor) es fácil filtrar, redimensionar, cortar y editar fotografías de forma gratuita.

# Graba y publica contenido en video

El video es uno de los medios más eficaces para fomentar el reconocimiento y la identificación de una marca. De hecho, los videos generan más *me gusta*, comentarios y discusiones que las fotografías o el texto. También te permiten diversificar tus contenidos.

Para grabar videos de branding no necesitas un estudio de cine; un teléfono celular con una cámara decente debería bastar. Puedes usar el software de edición que viene instalado en todas las computadoras Apple y los sistemas Windows, e incluso puedes añadir audio. Después, solo sube los videos a tus cuentas de redes sociales.

En el capítulo 12 hay más información sobre cómo grabar video y publicarlo en YouTube. El proceso es similar en todas las plataformas de redes sociales, pero si la que eliges cuenta con aplicación para teléfonos celulares, que es el caso de la mayoría, podrás subir tus videos directamente del aparato a tu cuenta.

**CONSEJO** A menos que vayas a publicar en Instagram, graba todos los videos en modo paisaje o *landscape*, esto optimizará el archivo y la gente podrá verlo en modo retrato (*portrait*) en su teléfono.

Cuando publiques un video, asegúrate de añadir título, descripción, palabras clave y etiquetas. Si la plataforma te propone un campo para hacerlo, también elige una categoría. Entre más descriptivo sea el texto que añadas, mejor: los buscadores lo usan para determinar cómo indexar el archivo.

# Contrata creadores de contenidos

Si haciendo las cosas tú mismo no puedes obtener video o fotografías con la calidad que necesitas, o si prefieres encargar estas tareas, contrata a un fotógrafo o camarógrafo profesional. Aquí tienes varias maneras de encontrar al candidato idóneo:

1. **Pregunta a tus amigos, colegas o colaboradores si conocen algún fotógrafo competente en el área, o busca en sitios como Craigslist, Upwork o incluso Instagram.**

2. **Revisa las fotografías y videos de los candidatos, y contacta a sus referencias para aprobarlos.**

En internet, es fácil fingir que uno tiene talento. Cerciórate de que la persona que contrates de verdad pueda producir fotografías y video de calidad y, de preferencia, para las redes sociales que planees usar.

3. **Con base en las tarifas y la calidad del trabajo de cada uno, elimina candidatos de tu lista.**

4. **Contrata al mejor.**

Asegúrate de que tu contrato cubra los siguientes aspectos:

- Información de contacto de ambas partes.

- Tarifa/precio.

- Fecha de entrega/cronograma.

- Propiedad de los contenidos producidos. Por lo general, el fotógrafo/ videógrafo conserva los derechos de autor y te los cede, pero esto es negociable.

- Cláusula sobre quién será responsable de obtener los permisos de modelos y propiedades para que tengas autorización legal de mostrar a la gente y las locaciones retratadas.

- Detalles sobre la edición en posproducción y cualquier costo adicional relacionado con esta labor.

- Política de cancelación.

Antes de firmar cualquier cosa, pídele a tu abogado que redacte el contrato o revise el del proveedor.

**ADVERTENCIA**

# Haz equipo con influencers

El *marketing con influencers* es un tipo de marketing de redes sociales que consiste en que gente cuya opinión es importante y respetada por grandes audiencias recomiende productos o los muestre en el contexto de la *publicidad por emplazamiento*. Este tipo de marketing es una excelente manera de aumentar la visibilidad y el alcance de una marca. ¡Solo imagina el tipo de visibilidad que tendrías si un usuario de Instagram con más de 50 000 seguidores comenzara a publicar haciendo referencia a tu marca!

La clave de un marketing con influencers exitoso radica en elegir a gente activa en redes sociales que cuente con una audiencia extensa e inclinada a interesarse en tu marca. Si vas a vender ropa

**RECUERDA** de materiales reciclados, por ejemplo, te sería muy útil conseguir el patrocinio de un grupo de defensa o de algún ambientalista influyente. Antes de que contrates a un candidato, deberás elegir en dos aspectos: microinfluencer vs. macroinfluencer, y pagado vs. orgánico.

## ¿Microinfluencer o macroinfluencer?

Los influencers suelen dividirse en dos categorías: los *microinfluencers*, que cuentan con entre 10 000 y 100 000 seguidores, y los *macroinfluencers*, con más de 100 000 seguidores. Es más probable que los macroinfluencers cobren por sus servicios, y también es probable que cobren más que los microinfluencers, sin embargo, no siempre son la opción más eficaz. Un microinfluencer con una audiencia más reducida, pero cuyos miembros se involucren y se sientan sumamente motivados, podría ser una mejor opción.

**RECUERDA** Al momento de evaluar a los influencers, no solo tomes en cuenta el costo y la cantidad de seguidores. También debes considerar el nivel de involucramiento, el cual se refleja en la manera en que estos responden a las publicaciones del influencer, es decir, en la cantidad de *me gusta*, comparticiones y comentarios. Dependiendo del nivel de involucramiento, una cuenta con menos seguidores podría llegar a más gente.

## ¿Influencer pagado u orgánico?

Otra distinción entre los influencers es la de *pagado* u *orgánico*. Los índices por publicación de los influencers pagados suelen basarse en su cantidad de seguidores y su plataforma de redes sociales, y pueden ir de cantidades expresadas en un solo dígito, a decenas de miles de dólares.

No obstante, las campañas orgánicas de influencers, es decir, no pagadas, pueden ser igual de exitosas y realizarse por una mínima fracción del costo: a veces basta con que le pidas amablemente al influencer que lo haga y le ofrezcas productos promocionales como una camiseta de la marca o productos de cortesía.

**CONSEJO** Envíale a un influencer un producto gratuito o una muestra acompañada de una nota manuscrita breve en la que incluyas tu nombre en redes sociales o *handle*. Pídele que publique una opinión del producto. Cuando regalas algo, no puedes exigir nada específico en cuanto a la publicación como sucede con los influencers pagados, sin embargo, si pones tus productos a su alcance y les encantan, lo más probable es que hablen al respecto en redes.

# Ahorra tiempo y esfuerzo con las herramientas para gestión de redes sociales

Si estás tratando de fortalecer la identidad de la marca en varias plataformas de redes sociales, verás que la tarea de publicar con regularidad, monitorear comentarios y responderle a la gente puede convertirse en un trabajo de tiempo completo. Algunas organizaciones grandes cuentan con equipos de gente dedicada a estas tareas, pero si tu negocio es pequeño o unipersonal, seguro tu política es "me las arreglo solo".

Para mantener las interacciones en todas tus cuentas de redes sociales, te recomiendo usar una herramienta de gestión. Me refiero a un software que te permita diseñar un calendario editorial, publicar de forma automática de acuerdo con un programa, distribuir contenidos en plataformas de redes sociales, monitorear el involucramiento (comentarios, comparticiones, *me gusta*, etcétera) e interactuar con comentarios.

En las siguientes secciones te presentaré algunas plataformas populares y económicas para gestión de redes sociales. La mayoría ofrece un periodo inicial de prueba gratuito.

## Planoly

Planoly (https://www.planoly.com) te permite planear y programar la publicación de contenidos en Instagram, Pinterest, Facebook y Twitter. Si vas a compartir tu carga de gestión de redes sociales con los miembros de un equipo, puedes establecer varias contraseñas para ingresar y, por un costo adicional, incluso manejar campañas para varias marcas desde una sola cuenta. Una de las funciones más interesantes de Planoly es *sellit*, la cual te permite transformar cualquier plataforma de redes sociales en un escaparate y vender artículos de manera directa en la plataforma, en lugar de establecer enlaces hacia un sitio web o tienda en línea independiente.

## Hootsuite

Hootsuite (https://www.hootsuite.com) es una plataforma de gestión que te permite programar publicaciones en todas tus cuentas de redes sociales, tener acceso a tus imágenes de marca de manera directa desde su panel de control, monitorear tus conversaciones y menciones de la marca, responder pronto a comentarios y, con la ayuda de su función de análisis, detectar qué funciona y qué no.

# Tailwind

Tailwind (https://www.tailwindapp.com) se presenta a sí misma como un asistente inteligente de marketing exclusivo para Facebook, Instagram y Pinterest que te permite automatizar tus diseños, programar publicaciones y analizar datos de involucramiento. Una de sus características más útiles es que puede transformar tus fotos en varios diseños personalizados con tu marca, adecuados para publicar en las plataformas que atiende. También te puede ayudar a hacer equipos con influencers en sus redes.

CONSEJO

Pinterest funciona mejor si diseñas un calendario y publicas pins con regularidad. Un *pin* es un artículo independiente en esta plataforma, suele consistir en una fotografía con título, en tanto que un *board* o tablero es una colección de *pins* relacionados. Tailwind facilita la agrupación de pins y la programación de publicaciones en tu cuenta.

# Buffer

Buffer (https://buffer.com) es una sencilla herramienta de gestión de redes sociales que te permite planear y coordinar campañas en las plataformas más populares. Puedes usarla para monitorear tus cuentas desde una sola interfaz y responder de manera inmediata a las menciones de la marca y los comentarios. Este software también ofrece análisis que incluye valiosas reflexiones respecto al desempeño de campañas.

Capítulo **14**

# Marketing a través del correo electrónico

El marketing a través del correo electrónico combina la fuerza de la comunicación directa por correspondencia y el internet, y te permite enviar ráfagas de mensajes a miles de destinatarios en un solo clic. Si alguna vez te has preguntado por qué recibes tantos correos indeseables o *spam*, es porque este tipo de marketing funciona. De acuerdo con un estudio realizado por Direct Marketing Association de Reino Unido, cada dólar invertido en esta estrategia genera un retorno por inversión promedio de $38 dólares.

Todas las marcas deberían incluir este tipo de marketing en sus actividades usuales de promoción. Lo puedes usar para guiar a la gente a través del proceso de ventas, para llevar tráfico a tu blog o cuentas de redes sociales, distribuir un boletín informativo, anunciar nuevos productos o servicios, ofrecer a los clientes sugerencias sobre cómo aprovechar al máximo los productos o servicios que ordenaron, entre otras cosas. Incluso puedes segmentar la distribución de tus correos para dirigirte a los usuarios por grupo demográfico, por la etapa del proceso de ventas en que se encuentren o por casi cualquier otro criterio.

La eficacia del marketing a través de correo electrónico depende, sin embargo, de cuán bien lo lleves a cabo. En este capítulo te explicaré cómo hacerlo de tal manera que tus campañas fortalezcan el vínculo entre los clientes y tu marca.

**RECUERDA**

Si deseas una guía completa de marketing a través de correo electrónico, lee el libro *Digital Marketing for Dummies*, segunda edición de Ryan Deiss (John Wiley & Sons, Inc.).

# Conviértete en un remitente confiable

A nadie le gustan los correos indeseables o *spam*, de hecho, la mayoría de la gente tiene activado algún tipo de filtro en su cliente de correo electrónico para enviar cualquier mensaje de apariencia dudosa a la carpeta de "basura" o "indeseables" y ni siquiera verlo. Para que tus mensajes de marketing sean eficaces, deberán aparecer en la bandeja de "recibidos", y eso solo ocurrirá si eres un remitente confiable, es decir, alguien a quien el sistema no identifica como fuente de spam.

Aquí tienes algunas sugerencias para convertirte en remitente confiable y evitar que tus mensajes formen parte de la lista negra de tus destinatarios:

» No compres listas de direcciones de correo electrónico, si lo haces, algunas serán válidas y otras no. Además, los propietarios saben que ellos no se inscribieron en tu lista y marcarán tus mensajes como indeseables.

**RECUERDA**

Incluye en tu lista de correo exclusivamente a quienes deseen estar en ella, de otra manera, los destinatarios reportarán tus mensajes como spam o correo basura y esto te enviará a las listas negras de forma automática. En la sección "Haz una lista de correos electrónicos de calidad" de este capítulo te daré algunas ideas para lograr que la gente decida inscribirse en tu lista.

» Evita escribir en tu mensaje o en la descripción cualquier cosa que parezca sospechosa como:

• Palabras EN MAYÚSCULAS

• Signos de exclamación, símbolo de dinero y palabras como "gratis" y "oferta"

• Frases como "incremente el tráfico" o "pierda peso rápido"

>> Añade un enlace para cancelar la suscripción en la parte final de todos tus mensajes para que los destinatarios puedan decidir rápido y fácil. Es mejor que elijan salir de tu lista a que te reporten por enviar correo basura.

En Estados Unidos, las leyes federales contra el spam exigen que le ofrezcas a la gente una manera de cancelar la inscripción a tu lista en todos los correos electrónicos que envíes.

**ADVERTENCIA**

>> Enviar contenidos útiles para la gente disminuye el riesgo de que te reporten como remitente de correo basura.

>> Segmenta a tus contactos y elimina a quienes no interactúan, es decir, los destinatarios que no abren tus mensajes y no responden de ninguna manera. Si continúas enviando correos a gente que no está interesada, lo más probable es que te reporten como spammer. En la sección "Mide los resultados: métricas de correo electrónico", más adelante, encontrarás información sobre cómo monitorear las métricas relacionadas con tus campañas por correo.

>> Envía los correos electrónicos masivos desde algún servicio de marketing como MailChimp (https://mailchimp.com), Constant Contact (https://www.constantcontact.com) o HubSpot (https://www.hubspot.com). Estos servicios pueden ayudarte a obedecer las reglas y regulaciones respecto al correo basura y evitar que termines en una lista negra.

Los servicios de hosting o alojamiento suelen tener servidores compartidos de correo electrónico, por lo que, si alguien es identificado como spammer, todos los clientes alojados en el mismo servidor serán incluidos en la lista negra. Si vas a usar el servidor de tu servicio de alojamiento en lugar de adquirir uno en una plataforma específica para marketing por correo, verifica con los administradores del servicio de qué manera puedes evitar que esto suceda o cómo eliminar tu nombre de dichas listas.

Para averiguar si tu dominio fue incluido en una lista negra, visita MXToolbox (https://mxtoolbox.com), escribe el nombre de tu dominio en el campo de búsqueda y da clic en "blacklist check". El sitio buscará tu dominio en casi 100 listas de spammers y te indicará si apareces en alguna. De ser así, también te dirá la razón. El

**CONSEJO**

sistema de entrega de MXToolbox puede ayudarte a arreglar cualquier problema que haya causado la estigmatización de tu dominio y a monitorear tu dirección para evitar problemas a futuro.

# Define tus objetivos

Antes de lanzar cualquier nueva iniciativa de desarrollo de marca, deberás tener un objetivo claro en mente. Un objetivo te dará dirección y te permitirá evaluar tu éxito. A continuación verás algunos objetivos comunes para campañas de marketing por correo electrónico:

» **Ventas adicionales y ventas cruzadas:** cada vez que un cliente muestra interés en un producto o servicio que ofreces, tienes la oportunidad de aumentar la cantidad total en la orden por medio de ventas adicionales, cruzadas o ambas. Las ventas adicionales u *upselling* consisten en animar al cliente a comprar una versión más costosa del producto, como el teléfono celular X21 de lujo en lugar del X21 de edición estándar. Las ventas cruzadas o *cross-selling* consisten en persuadir al cliente de comprar productos relacionados, como un cargador inalámbrico y un estuche protector para el teléfono X21 de lujo.

» **Aumentar la conciencia sobre la marca:** puedes usar el marketing por correo electrónico para mantener tu marca presente en la mente de los consumidores y profundizar la comprensión de lo que ofrece y representa. Para aumentar la conciencia de la marca envía con regularidad información útil a los clientes actuales y a los potenciales, por lo menos una vez a la semana.

No envíes densos discursos de ventas por correo electrónico ni mandes correos con demasiada frecuencia (más de una vez por semana). Trata el marketing por este medio de la misma manera en que te comunicarías con un amigo para proveerle asesoría e información útil.

» **Averiguar más sobre tus clientes:** involucra a tus clientes en una conversación sobre sus intereses y los desafíos o problemas que enfrentan. Además de demostrar que valoras su opinión y en verdad te interesan, este tipo de conversaciones pueden servir como fuente valiosa de reflexiones e innovación. Cuando sabes lo que la gente necesita y desea, puedes ayudarle con mucha más eficacia.

» **Solicitar opiniones y calificaciones:** las opiniones y las calificaciones de los clientes pueden fortalecer o destruir a una marca. Las opiniones positivas y calificaciones altas aumentan la confianza y eliminan las barreras que hacen a la gente dudar antes de hacer un pedido. En cambio, las opiniones negativas y calificaciones bajas pueden hacer que los clientes potenciales elijan las marcas competidoras. Si lograste satisfacer a un cliente, no temas solicitarle una opinión o calificación.

Las opiniones negativas y calificaciones bajas no son necesariamente dañinas para el negocio. Aunque dolorosas, pueden ser valiosas experiencias de aprendizaje. Si das seguimiento al cliente hasta resolver el problema que provocó la opinión negativa, puedes transformarla en un comentario positivo. Si te esfuerzas al máximo por satisfacer al cliente, podrías inspirarlo a eliminar o modificar la opinión o calificación. Incluso podría alabar el servicio al cliente de tu marca.

» **Emitir anuncios:** el correo electrónico es una excelente herramienta para mantener a los clientes informados sobre cambios o eventos importantes relacionados con tu marca, como un seminario por internet o podcast, un cambio en el liderazgo, una venta exclusiva o un evento en persona. Una de las razones por las que la gente se inscribe a las listas de correo de los negocios es porque quiere enterarse de las noticias.

» **Presentar un nuevo producto o servicio:** cada vez que presentes un nuevo producto o servicio, envía una ráfaga de correos electrónicos a todas las personas de tu lista. Aún mejor, ofréceles un descuento exclusivo o una prueba gratuita. Dales a los destinatarios una razón para que hagan correr la voz sobre tu marca, en lugar de cancelar su suscripción.

» **Promover tu sitio web o tu oferta en redes sociales:** si vas a lanzar un nuevo blog o sitio web, o establecer tu presencia en una nueva plataforma de redes sociales, avísale a toda la gente de tu lista. Envía una invitación para que visiten y publiquen una pregunta o comentario.

» **Ofrecer servicio al cliente:** con el correo electrónico puedes adoptar una estrategia más proactiva de servicio al cliente. El correo te permite enviar información para que los clientes aprovechen tus productos y servicios al máximo, o para avisarles sobre cualquier eventualidad antes de que se enteren por otro medio. Por ejemplo, podrías advertirles sobre un retiro de producto del mercado.

» **Reducir la cantidad de canastas o carritos de compra abandonados:** si tienes una tienda virtual y los compradores con frecuencia añaden artículos a sus carritos, pero luego se van sin comprar nada, considera establecer un sistema automatizado que les recuerde que tienen artículos pendientes de compra. Estos clientes están a un paso de concretar la transacción, solo necesitan un empujoncito.

» **Distribuir invitaciones para eventos especiales:** si vas a realizar un vento físico o virtual, el correo electrónico es una excelente manera de enviar las invitaciones, recopilar la información sobre quién asistirá e informar los detalles como la fecha, la hora, el lugar, lugares dónde hospedarse, y compartir un programa o itinerario.

# Haz una lista de correos electrónicos de calidad

Si buscas en internet "comprar listas de direcciones de correo electrónico", encontrarás decenas de negocios especializados en recopilar este tipo de información y venderla a las empresas. Suena genial, ¿no te parece? ¿Para qué tomarse la molestia de reunir direcciones si puedes comprarlas por solo unos centavos cada una? Algunas empresas incluso ofrecen listas especializadas como listas de consumidores, de negocios y de gente y familias que se mudaron recientemente a un mercado específico.

La gran desventaja de comprar listas de correo es que la gente en ellas no aceptó recibir tus mensajes y, por lo tanto, lo más probable es que cualquier cosa que les envíes la marquen como correo basura o *spam*. Esto podría enviarte a una lista negra y frenar en seco tu campaña de marketing a través de correo electrónico. Muchos servidores de correo como MailChimp prohíben el uso de listas compradas justo por esta razón.

Para hacer una lista propia de calidad, mejor persuade a la gente de que decida recibir tus mensajes. Estas son algunas sugerencias para lograrlo:

» Incluye un call to action al final de cada publicación de blog y en todas tus páginas web. Con esta llamada anima a la gente a inscribirse en tu lista y recibir tus correos electrónicos. Puedes decir algo como "Para ser el primero en conocer nuestros más recientes diseños, inscríbase en las noticias por correo electrónico".

» Crea ventanas emergentes en tu sitio web y blog para invitar a los visitantes a inscribirse en la lista y recibir correos. La mayoría de las plataformas de sitios web y de blogs cuentan con generadores de ventanas disponibles en forma de plug-ins. Si usas una plataforma de marketing por correo electrónico, tal vez te ofrezca un formato en tu sitio para recopilar direcciones. Para más detalles, ve a la sección "Explora las plataformas de marketing a través de correo electrónico (gratuitas y de pago)", más adelante.

**CONSEJO** Vincula las ventanas emergentes a ciertos comportamientos o sucesos. Si un visitante entra a tres páginas de tu sitio, por ejemplo, programa la aparición de una ventana que diga: "Parece interesado en lo que ofrecemos. ¿Le gustaría suscribirse a nuestro boletín informativo?". O si alguien está a punto de abandonar el sitio, haz que se abra una ventana que diga: "¿Se va tan pronto? Podemos mantenernos en contacto por correo electrónico".

» Sé creativo en tus opciones de call to action. En lugar de ofrecer una simple opción tipo "sí" o "suscribirse", usa algo como "Acceso a nuestras exclusivas ofertas" o "descargue nuestro libro electrónico gratuito" con campos para que el visitante escriba su nombre y dirección de correo.

**CONSEJO** Considera usar opciones divertidas en tus llamados a la acción, pero solo si el humor es congruente con la personalidad de tu marca. En lugar de "sí" o "no", podrías proponer algo como "Genial, ¡inscríbeme!" o "¿estás bromeando?, claro que quiero inscribirme".

» Trata de conseguir suscriptores a través de tus cuentas de redes sociales. La gente que te sigue en estas plataformas estará más inclinada a recibir tus contenidos.

» En toda tu comunicación con clientes incluye una invitación para suscribirse a las notificaciones de correo electrónico, por ejemplo, en los mensajes de servicio al cliente.

>> Lleva a todos los eventos una hoja de inscripción y anima a la gente a que te dé su nombre, dirección de correo electrónico y otros datos. Podrías incluso patrocinar un sorteo y pedirle a los asistentes que escriban su dirección de correo en la parte trasera del boleto para notificar al ganador, así harás crecer tu lista. En el capítulo 11 encontrarás más información sobre cómo aprovechar los eventos en persona para promover tu marca.

Cuando la gente deje de interactuar con tu marca, considera eliminar su dirección de tu lista de correo electrónico. ¿Por qué? Porque cada vez será más probable que reporten tus mensajes como spam. Además, si no han abierto ni respondido tus correos en varios meses, no están interesados en tu marca. Enfoca tu energía en los clientes motivados.

# Redacta mensajes de correo electrónico eficaces

El éxito de cualquier correo electrónico o campaña depende de la calidad de su contenido. Necesitas ofrecer algo que resulte atractivo para la audiencia objetivo, y que esté escrito de una manera seductora y sin errores. Debes prestar atención a todo, desde el renglón de "asunto", al mensaje mismo y a la manera en que redactes y presentes las imágenes. En esta sección te guiaré en este proceso.

**RECUERDA** En algún momento de tus estudios es probable que hayas aprendido sobre los cuatro elementos esenciales para redactar con corrección. Si no, tal vez necesites un recordatorio, así que aquí los tienes. Antes de empezar a escribir, asegúrate de que te hayan quedado claros y tenlos en mente durante la redacción.

>> **Audiencia:** imagina que la gente a la que te vas a dirigir está sentada frente a ti. Identifica sus intereses, necesidades, deseos, dificultades y personalidad. ¿Por qué decidieron recibir tus mensajes? ¿Qué esperan ganar a cambio de darte acceso a su bandeja de entrada? En la sección "Evalúa a tu audiencia", más adelante, encontrarás más detalles.

>> **Propósito:** define el propósito de tu mensaje o campaña de correo electrónico. ¿Quieres vender, entretener, informar o educar, o llevar tráfico a tu sitio o blog? Revisa la sección "Define tus objetivos", presentada anteriormente.

>> **Tono:** elige la actitud, emoción o personalidad que deseas transmitir con tu escritura. ¿Quieres sonar serio, alegre, preocupado, resuelto o nostálgico? ¿Qué emoción quieres que sienta tu audiencia? En el capítulo 6 encontrarás más información sobre el tono.

» **Contenido:** describe el tipo de contenido. ¿Vas a anunciar un evento o un producto nuevo? ¿Vas a dar noticias sobre tu industria o el negocio? ¿Dar seguimiento a un cliente que tiene una preocupación o queja? ¿Piensas ofrecer un descuento o solicitar participación en una encuesta?

El contenido es el material en bruto, y la audiencia, el propósito y el tono influyen en la manera en que deberás expresarlo (ver ilustración 14-1).

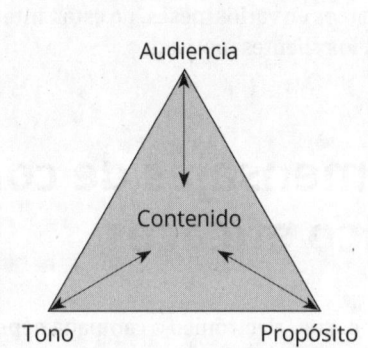

ILUSTRACIÓN 14-1. La audiencia, el propósito y el tono influyen en la manera en que se presenta el contenido

# Evalúa a tu audiencia

Antes de escribir cualquier cosa debes determinar quién será tu audiencia. Dependiendo de si los lectores son jóvenes o mayores, hombres o mujeres, consumidores o gente de negocios, gente que busca entretenimiento o gente que trata de enfrentar un desafío importante, tendrás que escribir de manera muy distinta. Imagina que eres ejecutivo de televisión: ¿quiénes son tus espectadores y por qué deciden ver tu programa? Estas preguntas se pueden responder con el concepto del arquetipo de cliente, del que hablamos en el capítulo 5. Realizar una campaña por correo electrónico eficaz depende de satisfacer o exceder las expectativas de tu audiencia.

El desafío de evaluar a tus lectores se complica si estos están fragmentados de alguna manera. Para su marca Color Me Book, mi esposo se dirige tanto a consumidores como a dueños de negocios que desean usar sus libros personalizados para colorear para promover sus marcas. Nuestra estrategia es muy distinta si vamos a escribir para los consumidores o los dueños de negocios, ya que los primeros suelen comprar Color Me Book como regalo para sus seres queridos, y los segundos los usan como herramienta de marketing y quieren saber qué tan eficaces son para este propósito. Tal vez los integrantes de tu audiencia estén divididos de otras maneras: por grupo demográfico, la etapa de decisión de compra en que se encuentren, sus necesidades e intereses específicos, o si son influencers.

**CONSEJO**

Cuando recopiles direcciones de correo electrónico organiza a los destinatarios en grupos para que puedas enviar correos a objetivos específicos. Si vas a usar una plataforma especializada en marketing, tal vez te ofrezca herramientas adicionales para dirigirte a segmentos específicos de tu audiencia.

## Ofrece algo de valor

La gente necesita una buena razón para permitir que los agregues a tu lista de correo electrónico, para abrir y leer tus mensajes cuando lleguen a su bandeja de recibido, y para responder de manera favorable a tu call to action. Antes de hacer cualquier cosa, la gente suele responderse, de manera consciente o inconsciente, a una pregunta fundamental: "¿A mí cómo me beneficia esto?". ¿Te parece que la gente es egoísta? ¡Por supuesto! Por eso, más te vale ofrecer algo valioso para lograr que haga lo que quieres.

Haz una lista de lo que le puedes ofrecer a tu audiencia para persuadirla de que obedezca tu call to action. Aquí tienes una breve lista para estimular tu creatividad:

» Información valiosa que mejore su vida de alguna manera. Haz su vida más sencilla o disfrutable, ahórrale dinero o tiempo, o ayúdale a superar un problema específico.

» Anuncia eventos por venir que puedan interesarles, en línea o presenciales.

» Ofrece noticias y reflexiones. ¿A quién no le agrada ser el primero en enterarse de algo?

» Envía información de preestreno de productos o servicios nuevos.

» Sugiere ideas de regalos.

» Da consejos para aprovechar mejor los productos o servicios que adquirieron.

» Provee información sobre concursos o sorteos.

» Comparte casos prácticos o historias de éxito, es decir, ejemplos de cómo otros clientes se beneficiaron con los productos y servicios que ofreces.

» Envía videos de productos.

» Da a conocer actualizaciones y lanzamientos de productos nuevos.

» Ofrece descuentos, gangas o productos gratuitos.

» Realiza una encuesta o votación.

» Envía enlaces a entradas de blogs o publicaciones en redes sociales que les resulten interesantes.

>> Ofrece una columna de consejos.

>> Comparte fuentes de información gratuitas como libros electrónicos o boletines.

## HAZ DESTACAR A EXPERTOS DE LA INDUSTRIA

Crear contenidos y artículos programados puede mantener a los lectores interesados y hacer crecer tu lista de direcciones de correo electrónico porque tus suscriptores querrán compartirlos con sus contactos. Yo, por ejemplo, busco inspiración en las columnas y reportajes de mis revistas preferidas. Me gustan en especial los artículos que presentan a gente interesante, así que, cuando planeo mis campañas por correo electrónico trato de incluir por lo menos una entrevista con una experta cada mes.

Lo más probable es que tus lectores disfruten de contenidos que coincidan con la identidad de tu marca, ya que esa es la razón por la que eligieron seguirte. Si tienes una línea de ropa congruente con la filosofía ambientalista, puedes entrevistar a un experto en sustentabilidad y presentar en tu boletín electrónico un reportaje que incluya consejos sobre cómo tener un estilo de vida más ecológico.

## Escribe renglones cautivadores de "remitente" y "asunto"

Una de las métricas más importantes en cualquier campaña de marketing a través de correo electrónico es la de la *tasa de aperturas* u *open rate*: porcentaje de destinatarios que abrieron el mensaje. En la sección "Mide los resultados: métricas de correo electrónico", más adelante, podrás leer sobre este tema, por el momento solo te diré que puedes lanzar una campaña formidable, pero si nadie abre los mensajes, se desplomará. Lo primero que la gente ve cuando recibe un correo electrónico son los renglones "remitente" ("de") y "asunto", así que haz lo que puedas para que sean cautivadoras.

En primer lugar, tienes que incluir el nombre de tu marca en el renglón "remitente" (o "de"). En las plataformas especializadas es muy sencillo, de hecho, lo haces al momento de diseñar tu campaña. En los clientes de correo electrónico personales o *email client*, puedes hacer el cambio a través de la configuración del perfil o cuenta. Dirígete al sistema de ayuda de tu proveedor o al apoyo técnico en línea para leer las instrucciones.

Ingresar un renglón de "asunto" también es fácil, solo escribe una frase breve que tiente al destinatario a abrir el correo y leerlo. Aquí tienes algunos ejemplos para estimular tu creatividad:

- » Los mejores 10 secretos de moda.

- » Las mejores 20 aventuras en kayak en Estados Unidos.

- » Trabaja menos, gana más.

- » Sé el jugador más importante de tu equipo familiar.

- » Únete a nuestro desafío de cinco días.

- » ¿Cuándo fue la última vez que...?

- » ¡Deja de matarte trabajando!

**CONSEJO** Dependiendo de tu audiencia objetivo, considera añadir un emoji pertinente al principio o al final del renglón de "asunto" para hacerlo destacar. Puedes copiarlo y pegarlo de un sitio como Emojipedia (https://emojipedia.org) o usar una combinación de atajo en Mac o PC de Windows. En una Mac, da clic en el renglón de "asunto" y presiona "control" + ⌘ (comando) + barra de espacio. En una PC de Windows, presiona la tecla Windows y la tecla de punto o punto y coma.

**ADVERTENCIA** No abuses de los emojis, de las MAYÚSCULAS, de los símbolos de divisas (dólar, peso, etcétera), ni de los signos de exclamación: podrían hacer que tu asunto destaque de manera negativa.

# Escribe un call to action claro

El propósito de todo mensaje de correo electrónico que envíes será persuadir al destinatario de responder de manera favorable y actuar: ordenar un producto o servicio, descargar un libro electrónico, participar en una encuesta, usar un descuento... vaya, lo que se te ocurra. Al final de todo mensaje, incluye un call to action que sea claro y le permita a la persona saber lo que quieres que haga, incluso si se trata de algo hasta cierto punto pasivo como "mantente alerta y espera el correo de la próxima semana, en él presentaremos 52 maneras de usar nuestro nuevo producto".

Escribir un call to action claro en esta etapa del proceso podría parecer prematuro, pero te recomiendo que lo tomes en cuenta desde el principio de la redacción. Este sistema esclarece el propósito del correo y te inspira a escribir de tal forma que el mensaje vaya reuniendo fuerza hasta llegar a la llamada a la acción.

**RECUERDA** Si no eres bueno para pedir lo que quieres, trabaja en ello hasta volverte competente. La gente no puede adivinar lo que piensas, así que, si le dices de forma precisa lo que necesitas o deseas que haga, aumentarán las probabilidades de que te obedezca.

Escribe un call to action en forma de orden, empieza con un verbo firme y descriptivo como *compre, ordene, suscríbase, apoye, descargue, utilice, regístrese* o *participe como voluntario*. Asegúrate de que tu propuesta de valor sea suficientemente atractiva para que los destinatarios obedezcan tu convocatoria. Aquí tienes algunos ejemplos para sintonizarte con este concepto:

» Compre ahora y obtenga 50% de descuento.

» Pasa tus próximas vacaciones con nosotros.

» Consiéntase con nuestras almohadas y frazadas.

» Pierde centímetros, gana músculo.

» Respire con facilidad: elimine sus alergias de una vez por todas.

» Inscríbete ahora e inicia tu viaje.

» Únase a la app de aprendizaje de idiomas más exitosa del mundo.

» Suscríbete a nuestro boletín semanal de consejos para nómadas digitales.

» Deje de pagar más de lo necesario en seguros.

» Elimine las distracciones.

**RECUERDA**

Siempre que puedas, presenta tu call to action como un enlace en vivo o un botón, o como mensaje de texto seguido de un enlace o botón. En algunos casos, el texto simple podría ser más adecuado.

# Redacta tu mensaje

Hay un consejo que siempre me gusta dar respecto a la redacción de mensajes de correo electrónico cautivadores: hazlos excelentes o sé breve. En nuestros días, la gente tiene periodos de atención cortos, todo el tiempo está pensando en ser más productiva y lo último que desea es que algo que no sea interesante, informativo, útil, divertido o entretenido interrumpa su día.

Aquí tienes algunos consejos adicionales sobre cómo escribir mensajes de correo electrónico que convenzan a los destinatarios de obedecer call to action:

» **Dirígete a los destinatarios de forma personal.** Si lo sabes, usa el nombre de cada persona al inicio de todo correo. No hay nada tan dulce para la gente como el sonido de su propio nombre. De acuerdo con un estudio realizado por Bluecore, personalizar los correos electrónicos aumenta el *índice de clic por aperturas* hasta 139%. Este índice es el porcentaje de destinatarios que da clic a algo en tu mensaje para responder tu call to action.

- » **Sé breve.** Si tienes algo interesante que decir, tómate la libertad de entrar en detalles, de otra manera, mejor ve al grano y sé lo más breve posible.

- » **Imbuye algo de energía y personalidad.** Como se explicó en el capítulo 6, tu marca tiene una personalidad, así que permite que esta se haga evidente en tu marketing por correo electrónico. A nadie le agrada leer textos llanos y desangelados, trata de adoptar un tono animado, más parecido al de una conversación.

- » **Mantén un tono ligero.** Usa encabezados, párrafos breves y listas para que sea más fácil leer tu mensaje de una ojeada.

- » **Aprovecha el concepto del *miedo a perderse de algo* o** FOMO (***fear of missing out***). A la gente no le gusta perderse de algo bueno, así que aprovecha este temor y usa la carencia y la urgencia para instalarla a actuar de inmediato.

# Estudia los correos electrónicos de tu industria

Conviértete en un estudiante del marketing por correo electrónico. Incluye tu nombre en las listas de tus competidores y en los de otras marcas de tu industria. Almacena los mejores mensajes de marketing en una carpeta y úsalos para inspirarte.

CONSEJO

En lugar de suscribirte para recibir correos y luego tener que cancelar la suscripción, visita el sitio de Milled.com (https://milled.com). Ahí podrás analizar campañas de marketing por correo electrónico de miles de minoristas y marcas exitosas. Usa el campo cerca de la parte superior de la página de inicio para realizar tu búsqueda y encuentra las marcas más populares. Luego da clic en una o deslízate sobre los resultados para buscar los correos electrónicos que coincidan con tu marca. Estos ejemplos son excelentes para inspirarse, encontrar maneras de destacar y ver la manera en que otras marcas se involucran con sus suscriptores.

## Incluye imágenes

Incluir imágenes en tus mensajes los hace más atractivos en el aspecto visual e incrementa el índice de clic por aperturas de manera significativa. De acuerdo con un estudio que incluyó más de 5 000 campañas de marketing por correo electrónico realizada por Vero, los mensajes con imágenes tenían, en promedio, un índice de clic por aperturas 42% más elevado que los que no las incluían. MailChimp realizó un estudio similar con 5 000 millones de campañas y tuvo casi los mismos resultados. De manera específica, los mensajes de correo con más de 10 imágenes tuvieron el mejor desempeño.

Si incorporas imágenes a tus campañas, toma en cuenta las siguientes sugerencias:

**»** **Usa las imágenes para proveer un contexto.** Muestra los productos y servicios en entornos naturales para ilustrar su funcionalidad. Si vendes albercas, por ejemplo, incluye imágenes de gente disfrutando de la suya.

**»** **Apégate a los lineamientos de tu marca.** Tus lineamientos especifican los colores, así como tamaños y estándares de calidad para las imágenes. Busca los detalles en el capítulo 6.

**»** **Toma en cuenta el tamaño y la resolución de las imágenes, así como el tamaño y formato de los archivos.**

- *Tamaño de la imagen:* de manera general, trata de usar anchura de entre 600 y 800 pixeles. Cualquier cosa menor a eso podría verse borrosa al desplegarse, y algo mayor podría cortarse en la pantalla de correo electrónico. Las imágenes más grandes también suelen implicar archivos de mayor peso, lo cual podría reducir la velocidad de transmisión de los mensajes.

- *Resolución:* guarda una copia de la imagen para no hacer cambios en la original. Procura que sea de 72 puntos por pulgada o DPI, por sus siglas en inglés. Esta calidad es suficientemente buena para verse en pantalla, pero reduce el tamaño del archivo.

- *Tamaño del archivo:* trata de limitar el tamaño de cada imagen a cinco megabytes (MG).

- Si tu imagen consiste en dos o más capas, aplánalas antes de guardar la imagen para reducir el tamaño del archivo.

- *Formato del archivo:* usa GIF, JPG O PNG. PNG te ofrece la mayor calidad, pero los archivos son más pesados.

**»** **Usa imágenes relevantes.** El renglón de "asunto", el mensaje, el call to action y todas las imágenes que uses deberán ser congruentes.

**»** **Haz que se pueda dar clic sobre las imágenes.** Si tu botón de call tu action no aparece en la página del destinatario, este deberá poder dar clic sobre la imagen para ir a tu sitio, blog o *página de aterrizaje* que, como recordarás, es la página exclusiva adonde se dirige al usuario.

**»** **Prueba el mensaje de correo electrónico antes de enviarlo.** Envíate el mensaje a ti mismo para verlo en distintos aparatos como computadora de escritorio, tableta y teléfono celular. Verifica la calidad y haz los ajustes necesarios.

# Texto de correo electrónico para prueba A/B

La *prueba A/B* es un método de investigación de la experiencia del usuario que implica la realización de pruebas en dos versiones de algo con usuarios elegidos al azar. Sirve para averiguar cuál versión tiene más éxito. Puedes usar la prueba A/B en una pequeña muestra de receptores antes de distribuir tu mensaje a más gente, o también puedes enviarle un mensaje a la mitad de la gente de tu lista y el otro a la otra mitad. De cualquier manera, podrás monitorear métricas como tasa de apertura e índice de clic por aperturas para averiguar cuál mensaje es más eficaz. En la sección "Monitorea los resultados", más adelante, encontrarás los detalles.

## EL MARKETING A TRAVÉS DE CORREO ELECTRÓNICO DE STYLE ME GHD

La empresa de decoración y mobiliario Style Me GHD (https://stylemeghd.com) usa marketing por correo electrónico para mostrar su inventario de muebles y accesorios para el hogar. Sus mensajes muestran fotografías de temas de habitaciones y diseño de interiores para estimular la imaginación y motivar a los clientes a reorganizar y remplazar su mobiliario.

Los corredores de bienes raíces usan técnicas similares para presentar sus casas y ayudar a los compradores potenciales a visualizar lo agradable que sería su vida si decidieran comprar y mudarse. Style Me GHD usa esta estrategia para exhibir sus productos, lo que les permite a los clientes verlos en contexto e imaginar las posibilidades. Al curar los productos para los suscriptores de los correos electrónicos, la empresa les ahorra tiempo y energía al momento de diseñar su espacio soñado.

Cuando realices pruebas A/B en tus correos podrás modificar uno o más de los siguientes elementos:

- » Renglón "remitente" o "de"
- » Renglón "asunto"
- » Propuesta de valor, es decir, lo que ofreces
- » Personalización: añade, elimina o modifica
- » Mensaje
- » Imágenes
- » Programación de los envíos

Dicho de otra forma, puedes cambiar casi todo, *excepto* el call to action, ya que el éxito se mide de acuerdo con cuán eficaz es el mensaje para persuadir al destinatario de obedecer y seguirlo. Lo más recomendable, sin embargo, es cambiar solo un elemento a la vez porque, de lo contrario, no sabrás qué modificación fue la clave para que el mensaje fuera más o menos eficaz.

**RECUERDA**

La prueba A/B te permite averiguar lo que funciona y lo que no para distintos segmentos de tu audiencia. Haz un registro de los resultados para diseñar tus próximas campañas por correo electrónico.

# Explora las plataformas de marketing a través de correo electrónico (gratuitas y de pago)

Si vas a hacer marketing por correo electrónico, te recomiendo ampliamente que uses una plataforma consagrada a este propósito en lugar de solo enviar correos a través de un cliente de correo como Gmail o el que te ofrezca tu proveedor de internet. Las plataformas especializadas tienen los siguientes beneficios:

» **Plantillas de correo personalizables para simplificar el diseño:** lo único que tienes que hacer es elegir los colores y fuentes que deseas, e incluir tus propias imágenes.

» **Administración automatizada de listas de correo:** cuando la gente se inscribe, la plataforma añade las direcciones a tu lista, y las elimina cuando cancela la suscripción.

» **Cumplimiento simplificado con las leyes para evitar el *spam* o correo basura:** tu plataforma de marketing por correo electrónico te ayuda a obedecer las reglas y evita que te incluyan en listas negras. Busca los detalles en la sección "Conviértete en un remitente confiable" presentada anteriormente.

» **Apoyo:** la mayoría de las plataformas cuentan con artículos, tutoriales y personal de apoyo técnico para responder preguntas, atender los problemas que pudieras encontrar y ayudarte a conocer más sobre el marketing a través de correo electrónico.

» **Análisis:** para que puedas ver de manera sencilla lo que funciona y lo que no, las plataformas de marketing por correo monitorean métricas importantes como tasa de apertura, índice de clic por aperturas y tasa de conversión. En la siguiente sección te daré más detalles.

» **Pruebas gratuitas:** la mayoría de las plataformas son gratuitas al principio. MailChimp, por ejemplo, te provee una cuenta gratuita siempre y cuando tu lista contenga menos de 2 000 direcciones y envíes menos de 12 000 mensajes al mes.

Estas son algunas de las plataformas de marketing por correo electrónico más populares:

» **MailChimp** (https://mailchimp.com) es fácil de usar, tiene muchas funciones muy eficaces y cuenta con integraciones de app para usarse en las plataformas más importantes de comercio electrónico. Tiene un plan gratuito y actualizaciones dependiendo del tamaño de tu lista de direcciones de correo y del volumen que envíes.

» **Constant Contact** (https://www.constantcontact.com/) es muy similar a MailChimp, pero se enfoca en permitirte administrar todos tus puntos de contacto con los clientes en línea. Desde esta plataforma puedes diseñar correos personalizados de tu marca, vender productos, construir un sitio web y gestionar tus cuentas de redes sociales.

» **HubSpot** (https://www.hubspot.com) es más bien una plataforma de gestión de relaciones con el cliente que cuenta con un componente de marketing por correo electrónico. Incluye las funciones de *marketing hub, sales hub, service hub,* cms *hub* (para administración de contenidos) y *operations hub.*

» **ConvertKit** (https://convertkit.com) es un paquete integrado para administrar todos los puntos de contacto con los clientes. Contiene páginas de aterrizaje, formatos para suscribirse a listas de correo, marketing por correo electrónico e integraciones de comercio electrónico para que puedas vender productos en diversas plataformas.

# Monitorea los resultados: métricas de correo electrónico

Monitorear los resultados de tu campaña te permite comprender lo que funciona, lo que no, lo que deberías hacer más y lo que necesitas modificar. Estas son las métricas de marketing por correo electrónico más importantes, las que debes monitorear a través de la plataforma que elijas para gestionar tus envíos:

» **Porcentaje de rebote o *bounce rate*:** es el porcentaje de destinatarios previstos que no recibieron el mensaje de correo. Esta cifra tal vez sea un indicador de que deberías eliminar algunas direcciones de tu lista.

» **Tasa de apertura:** porcentaje de destinatarios que abren un mensaje específico.

» **Índice de clic por aperturas:** porcentaje de destinatarios que dan clic en un enlace como respuesta de tu call to action.

» **Tasa de conversión:** porcentaje de destinatarios que obedecen tu call to action. Si la llamada implica comprar un producto específico, por ejemplo, el porcentaje de destinatarios que ordenen el producto será la tasa de conversión.

» **Retorno sobre inversión (ROI):** ganancias obtenidas por la campaña por correo electrónico menos el dinero invertido en ella, y dividido por el dinero gastado. Si gastas 10 dólares en una campaña que te genera 2 500, tu ROI sería 2 500 - 10 / 10 = 2 400 por ciento.

» **Tasa de cancelación de suscripciones:** porcentaje de destinatarios que abrieron el mensaje y dieron clic en el enlace para eliminarlos de tu lista de correo electrónico. Una tasa de cancelación elevada podría indicar un problema con la lista o tus mensajes: estás enviando el mensaje correcto a la gente incorrecta, o el mensaje incorrecto a la gente correcta.

» **Tasa de reenvío/compartición:** porcentaje de destinatarios que reenviaron tu mensaje a alguien que conocen. Una tasa elevada de reenvío/compartición es lo mejor que te puede pasar porque significa que estás extendiendo tu alcance más allá de los contactos que ya tienes.

EN ESTE CAPÍTULO

» Explorarás las ventajas y desventajas potenciales de la publicidad pagada.

» Entenderás de qué consta la publicidad pagada.

» Colaborarás con una agencia de publicidad.

» Usarás métricas y puntos de referencia para evaluar el éxito.

Capítulo **15**

# Impulsa la conciencia de la marca con publicidad pagada

**C**uando haces promoción puedes captar la atención de la gente de distintas maneras. Una de ellas es desarrollando una marca formidable que inspire a tus clientes a alabarla, otra es desarrollando populares medios de comunicación como un sitio web, un blog, una página de Facebook, un canal de YouTube o un podcast. También puedes pagar y contar con anuncios que aparezcan en diversos medios como periódicos, revistas, televisión y radio, así como sitios, blogs y redes sociales de otras personas. Si cuentas con recursos económicos abundantes, la publicidad pagada podría generar resultados excelentes con una inversión mínima de tiempo y esfuerzo de tu parte. Y esta es solo una de las ventajas.

En este capítulo te guiaré en el proceso de evaluación de las ventajas y desventajas de la publicidad pagada, te hablaré de tus opciones, te diré cómo colaborar con una agencia de publicidad y te explicaré la importancia de usar métricas y puntos de referencia para evaluar el éxito de tus campañas publicitarias.

# Pondera las ventajas y desventajas de la publicidad pagada

El marketing se puede dividir en dos categorías:

» **Marketing orgánico:** implica un contacto directo con los clientes. Les haces llegar los contenidos a través de sitios web, entradas de blog, correo electrónico, boletines electrónicos, libros blancos, videos en línea, podcast, etcétera; te involucras con ellos a través de redes sociales e interactúas de maneras más bien tradicionales como ventas, servicio al cliente y apoyo técnico. El marketing orgánico es gratuito hasta cierto punto, pero suelen necesitarse meses de trabajo antes de ver un impacto mensurable.

» **Publicidad pagada:** implica conectarse con los clientes a través de un tercero que produce y muestra anuncios a tu audiencia objetivo. Los anuncios se hacen llegar a través de varios medios de comunicación como televisión, radio, buscadores, sitios web, blogs, periódicos y revistas. También puedes pagarles a influencers para que promuevan tu marca. La publicidad pagada puede ser costosa, pero su impacto es inmediato.

La publicidad pagada te puede ayudar a llegar a una audiencia más amplia que la que has logrado reunir de forma orgánica. Dado que los algoritmos cambian todo el tiempo en las plataformas de redes sociales, extender tu alcance por medios orgánicos se vuelve cada vez más difícil. Tener 100 000 seguidores en Instagram, por ejemplo, no significa que 100 000 personas van a ver los contenidos que publiques. De hecho, solo cerca de 10% de tus seguidores verán alguna de tus publicaciones.

Piensa en usar marketing orgánico y pagado de forma simultánea: el pagado para conseguir un estallido de interés en tu marca a corto plazo, y el orgánico para desarrollar una plataforma de seguidores a largo plazo.

CONSEJO

En las siguientes secciones ahondaré en las ventajas y desventajas de la publicidad pagada para que puedas decidir por ti mismo qué resulta más conveniente para ti y tu marca.

# Ventajas

La publicidad pagada tiene varias ventajas en comparación con el marketing orgánico, estas son algunas:

» **Es fácil y rápida.** Diseñas y desarrollas un anuncio, lo envías y pagas la tarifa para que se distribuya en los medios que hayas elegido.

» **Tendrás retornos pronto.** Tu retorno sobre inversión llegará pronto porque los clientes verán los anuncios y responderán al call to action o no. De cualquier manera, poco después de lanzar el anuncio podrás averiguar cuán eficaz es.

» **La publicidad pagada te permite dirigirte a una audiencia reducida.** Puedes elegir los medios con base en datos demográficos, intereses y, en algunos casos, incluso en comportamientos e historial de compras.

» **La publicidad pagada ha tenido éxito comprobable desde hace mucho tiempo.** La publicidad en los medios tradicionales y en línea ha demostrado ser efectiva para llegar tanto a audiencias amplias como específicas.

RECUERDA

La publicidad pagada la puedes usar de dos maneras distintas: para promover tu producto/servicio o promover tus contenidos llevando tráfico a tu sitio o blog, o para animar a la gente a suscribirse a tu boletín informativo.

# Desventajas

Como suele suceder, la publicidad pagada no es la panacea. Tiene varias desventajas en comparación con el marketing orgánico, estas son algunas:

» **La publicidad pagada puede ser costosa.** En el mundo de la publicidad sueles obtener por lo que pagas. De acuerdo con Statista, el costo de un comercial de 30 segundos difundido durante la programación televisiva en Estados Unidos en 2019 era de 104 700 dólares. Incluso una modesta campaña de publicidad tipo *pago por clic* en Google puede costar miles de dólares.

» **Tiene menos probabilidades de volverse viral.** A diferencia de las actividades del marketing orgánico que se puede compartir con facilidad, los anuncios pagados no se vuelven virales. En cuanto dejas de pagar por que el anuncio sea difundido, los beneficios se acaban. El marketing orgánico, en cambio, tiene una vida de anaquel mucho más larga.

» **Sus efectos pueden diluirse si la audiencia la ve con demasiada frecuencia.** Con el paso del tiempo, el impacto de un anuncio decae aunque se siga difundiendo.

# Empieza a usar publicidad pagada

Si decides añadir publicidad pagada a tu arsenal de marketing, tendrás que tomar muchas decisiones. En primer lugar, deberás elegir los medios de difusión: periódicos, revistas, televisión, radio, redes sociales, sitios web o blogs de otras personas, etcétera. Luego necesitarás tomar lo que hayas elegido y reducirlo a opciones específicas.

En esta sección te animaré a explorar tus opciones y te ofreceré asesoría general sobre cómo escoger la mejor opción u opciones para promover tu marca. Asimismo, te daré algunos consejos para implementar lo que hayas elegido.

**RECUERDA** Cuando compras tiempo o espacio en medios, es común que tengas que sacrificar alcance o frecuencia:

» **Alcance:** es la cantidad de clientes expuestos a un anuncio. Este aspecto es esencial para aumentar la conciencia respecto a la marca.

» **Frecuencia:** es la cantidad de veces que cada cliente se ve expuesto a un anuncio. El aumento en la frecuencia suele ser proporcionalmente equivalente a un aumento en las conversiones.

Si estás operando con un presupuesto limitado, considera limitar el alcance y aumentar la frecuencia.

**RECUERDA** En algunos casos, en lugar de elegir los medios de comunicación que llegan a los consumidores de tu producto o servicio, tendrías que elegir medios que lleguen a quienes influyen sobre esos consumidores. Por ejemplo, si vas a vender productos para preparar y entrenar a estudiantes de preparatoria para tomar un examen específico, necesitarás elegir medios con más probabilidades de llegar a *los padres* de los estudiantes.

## Aprovecha el impacto del marketing a través de buscadores y de la publicidad *pago por clic*

El *marketing de buscadores* o sem (por sus siglas en inglés) y la publicidad *pago por clic* o ppc son muy similares, pero en las siguientes secciones te explicaré las diferencias.

# Marketing de buscadores

El SEM se constituye de marketing orgánico y de publicidad pagada (PPC):

» **Orgánico:** el SEM es orgánico cuando el enlace a tu sitio, blog o tienda virtual aparece de forma natural en los resultados de búsqueda. En este caso no le estás pagando a nadie para colocar tu enlace ahí, pero como lo expliqué en el capítulo 8, la única manera de aumentar la clasificación orgánica en el buscador es trabajando en la optimización para buscadores o SEO.

» **PPC:** el SEM es PPC cuando pagas para que un anuncio al que se le puede dar clic aparezca en una ubicación prominente en los resultados de búsqueda. Tal vez has notado que cuando haces una búsqueda en Google, algunos de los resultados en los primeros lugares de la página tienen un marcador que indica que son anuncios, en tanto que los que aparecen más abajo no tienen marcador y, por lo tanto, son resultados orgánicos.

# Publicidad *pago por clic*

El PPC no tiene componentes orgánicos y no se limita a los buscadores. Tus anuncios pueden aparecer en resultados de búsqueda, en medios de redes sociales o en los sitios web o blogs de otras personas u organizaciones. Todos los buscadores importantes ofrecen publicidad PPC, incluyendo Google (https://ads.google.com) y Yahoo! (abre una cuenta gratuita de Yahoo! e inscríbete a Ad o Ad Groups para crear anuncios en esta plataforma). Bing y DuckDuckGo ofrecen PPC a través de Microsoft Advertising (https://about.ads.microsoft.com/en-us).

El proceso de diseñar una campaña de marketing PPC es distinto dependiendo del proveedor, pero, en general, hay que seguir este patrón:

**1.** Abre una cuenta. Lo más probable es que aquí tengas que especificar el método de pago que deseas usar.

**2.** Crea tu campaña y ponle nombre. Puedes tener varias campañas sucediendo al mismo tiempo.

**3.** Elige el objetivo de tu campaña. ¿Quieres aumentar ventas, generar contactos, llevar tráfico a tu sitio web o aumentar la conciencia y el alcance de la marca?

 Si en las opciones no aparece el objetivo que tienes para tu marca, puedes saltarte este paso y regresar a la etapa donde eliges dirigir tu campaña sin asesoría.

CONSEJO

**4.** Selecciona un tipo de campaña. Google Ads, por ejemplo, te permite elegir Search Network, Display Network, Shopping Vider o Universal App (ver la ilustración 15-1).

## Selección de campaña para Google

Selecciona un tipo de campaña ⑦

| Buscar Red | Desplegar Red | Shopping | Video | Universal App |
|---|---|---|---|---|
| Llegar a clientes interesados en tu producto o servicio con anuncios de texto | Lanzar distintos tipos de anuncios en la red | Promover tus productos con los anuncios de Shopping | Llegar a los espectadores y cautivarlos en YouTube y toda la red | Instalación de apps en todas las redes de Google |

ILUSTRACIÓN 15-1. Tipos de campaña PPC de Google Ads

**5.** Especifica la audiencia a la que te quieres dirigir.

**6.** Diseña tu anuncio usando las herramientas que la plataforma provee.

**7.** Establece tu presupuesto, es decir, la cantidad total de dinero que estás dispuesto a gastar en la campaña.

**8.** Elige las palabras clave por las que deseas hacer una oferta. Las palabras que escojas le ayudarán al buscador a determinar cuán relevante es tu anuncio en relación con lo que un usuario busque en cualquier momento.

**9.** Especifica tu oferta máxima para cada palabra clave. La oferta determina cuán probable será que tu anuncio aparezca cada vez que alguien busque esa palabra o algo relacionado con ella.

Aquí tienes algunas recomendaciones para diseñar una campaña PPC eficaz:

**CONSEJO**

» Elige una plataforma que en verdad haga llegar tu anuncio a tus clientes objetivo. Si te vas a promocionar dirigiéndote a una audiencia a la que tal vez le preocupe que los buscadores como Google recopilen y compartan su información, quizá DuckDuckGo sea una mejor opción.

» De acuerdo con lo que se explicó en el capítulo 8, analiza e investiga bien las palabras clave. Estas necesitan ser populares y relevantes para que tu anuncio aparezca en la pantalla de la gente más inclinada a reaccionar al verlo.

» Optimiza tu anuncio para plataformas móviles y, si notas que gracias a él la gente se dirige a tu sitio o blog, asegúrate de que estos también estén optimizados para dispositivos móviles. De lo contrario, perderás a la mitad del mercado o quizá más, ya que la gente revisa sus dispositivos portátiles con mucha más frecuencia que sus computadoras de escritorio o laptops.

» Antes de diseñar una nueva campaña, define tu objetivo principal para la misma. ¿Quieres aumentar el tráfico hacia tu sitio web o blog, incrementar las ventas, aumentar la conciencia y el alcance de la marca, establecer colaboraciones benéficas para los socios involucrados o promover una aplicación? Algunas plataformas te asesoran en el proceso para diseñar anuncios eficaces con base en tu objetivo de campaña.

» Monitorea las métricas de tu campaña y usa pruebas A/B para mejorar el desempeño de cada anuncio. Recuerda que las pruebas A/B implican diseñar dos versiones de un anuncio o dirigirse a dos audiencias distintas con el mismo anuncio, y averiguar qué funciona mejor. Para recordar los detalles, ve al capítulo 14, y si deseas más información sobre las métricas, ve a la sección "Monitorea los resultados" al final de este capítulo.

# Publicidad en plataformas de redes sociales

Al igual que el SEM, el marketing en redes sociales abarca tanto PPC como marketing orgánico, es decir, publicar y compartir contenidos de gran calidad, e interactuar con los seguidores y admiradores. En el capítulo 13 me enfoco en el marketing orgánico en redes sociales.

Todas las plataformas importantes cuentan con algún tipo de publicidad pagada, incluyendo Facebook (https://www.facebook.com/business/ads), Instagram (https://business.instagram.com/advertising), LinkedIn (https://business.linkedin.com/marketing-solutions/ads), YouTube (https://www.youtube.com/ads) y Twitter (https://ads.twitter.com).

Cada plataforma de redes tiene su propia manera de diseñar y lanzar campañas de publicidad digital. En las siguientes secciones te explicaré cómo usar la publicidad pagada en Instagram y Facebook para que comprendas el proceso de manera general.

## Promueve tus publicaciones de Instagram

Si tienes una cuenta de negocios en Instagram, puedes promover tus publicaciones y extender tu alcance. Para empezar, puedes pasar de una cuenta personal a una de negocios o profesional siguiendo estos pasos:

1. Da clic en el icono "configuración" (*settings*), elige "cuenta" (*account*) y elige "cambiar a cuenta profesional" (*switch to professional account*).

2. Elige la categoría que mejor describa tu negocio.

3. Elige "negocios" (*business*).

Ya tienes una cuenta de negocios en Instagram. En el capítulo 13 encontrarás información general sobre cómo usar esta plataforma.

Al pasar a una cuenta profesional tendrás acceso a dos funciones importantes: *view insights* y *promote*. Cada vez que publiques una fotografía en Instagram verás estas dos opciones.

Da clic en *view insights* para ver la siguiente información:

>> **Cuentas alcanzadas:** esta cifra representa el número total de usuarios de Instagram que pudieron ver tu publicación, desglosada en seguidores y no seguidores.

>> **Interacciones con el contenido:** esta cifra incluye los *me gusta*, comentarios, mensajes, comparticiones, guardados y respuestas. Cada interacción que alguien tenga con tu publicación será una forma de *involucramiento*: una métrica esencial de monitorear.

>> **Cantidad total de seguidores:** esta métrica refleja las tendencias entre tus seguidores cuando cuentas con por lo menos 100. Los datos incluyen crecimiento (cantidad de seguidores ganados o perdidos), ubicaciones más importantes de seguidores, rango de edad y horarios en que son más activos en Instagram.

Estas cifras las puedes mejorar con una publicación financiada, solo sigue estos pasos:

1. **Ve a tu perfil.**

2. **Da clic sobre la publicación que deseas promover.**

3. **Debajo de la imagen da clic en "promover" (*promote*).**

4. **Escribe tus preferencias para la promoción: objetivo, audiencia, duración y presupuesto, luego da clic en "siguiente" *(next)*.**

5. **Si recibes una invitación para vincular una cuenta de Facebook porque Instagram le pertenece, puedes hacerlo en ese momento o dar clic en "saltar" *(skip)*.**

   Si te saltas este paso, no te volverán a invitar a vincular tu cuenta de Facebook.

6. **Da clic en "crear promoción" *(create promotion)*.**

   En esta etapa tu anuncio será enviado a Instagram para que sea analizado y, en cuanto lo aprueben, comenzará a aparecer en la plataforma.

También es posible promover una publicación nueva eligiendo la opción "crear una promoción" antes de compartirla.

# Diseña y gestiona un anuncio en Facebook

Para diseñar un anuncio en Facebook primero necesitas tener una página de negocios y establecer un método de pago válido. En el sistema de ayuda de la plataforma encontrarás la información sobre cómo abrir una cuenta y elegir el método de pago. Una vez realizadas estas acciones podrás usar *ads manager*, la función que te permite diseñar anuncios. Sigue estos pasos:

**1.** Entra a Facebook, dirígete a tu página de negocios, haz clic en "centro de anuncios" (*ad center*), cerca de la parte superior, da clic en "todos los anuncios" (*all ads*), debajo de "crear anuncio" (*create ad*), a la izquierda, y da clic en "administrador de anuncios" (*ads manager*).

**2.** Da clic en "crear nueva campaña de anuncios" (*create a new ad campaign*) y escribe el nombre de la campaña.

Una campaña puede contener uno o más anuncios, es decir, una serie de anuncios o *ad set*.

**3.** Elige el objetivo de tu campaña: Enviar gente a tu sitio web, promover tus publicaciones, promover tu página o llegar a gente nueva cerca de tu negocio.

Tu elección le permitirá a Facebook presentarte las opciones que te podrían resultar más eficaces y convenientes.

**4.** Escribe los detalles que te solicite Facebook y da clic en la sección "crear anuncio" (*create ad*).

**5.** Elige tu audiencia.

Facebook desplegará un mapa con numerosas opciones para especificar la audiencia: ubicación, edad, sexo, idioma, intereses, comportamientos, conexiones, etcétera.

Guarda la configuración de audiencia para poder usarla en tus campañas en el futuro.

**CONSEJO**

**6.** Establece tu presupuesto.

Puedes establecer un presupuesto diario o permanente. Si eliges presupuesto diario, Facebook moderará el ritmo de presentación y gasto de tu anuncio a lo largo del día. Si eliges presupuesto permanente, moderará el ritmo a lo largo de toda la campaña.

El presupuesto mínimo diario es un dólar, y debe ser el doble de tu costo por apuesta por clic para que puedas tener por lo menos dos anuncios durante el periodo que hayas elegido.

**RECUERDA**

**7.** Diseña tu anuncio usando las herramientas de Facebook.

Este proceso depende del objetivo que hayas elegido en el paso 3, y de tus preferencias de diseño, entre otros factores.

Asegúrate de apegarte a los lineamientos de Facebook en cuanto a la dimensión de las imágenes y cantidad de caracteres. En el sistema de ayuda encontrarás toda la información.

8. **Especifica cómo te gustaría desplegar tu anuncio: en *newsfeed* del escritorio, en *newsfeed* móvil o en la columna del lado derecho del escritorio.**

   Tu elección dependerá principalmente del aparato que creas que tu audiencia estará usando con más frecuencia cuando aparezca tu anuncio.

9. **Elige "enviar la orden" (*place your order*) para lanzar tu campaña.**

En cuanto tu anuncio esté activo podrás empezar a monitorear sus métricas. Dirígete a "centro de anuncios" (*ad center*) (ve el paso 1), da clic en "todos los anuncios" (*all ads*) y elige el que quieres monitorear. En la sección "monitorea los resultados", más adelante, encontrarás más información sobre las métricas que Facebook te permite supervisar.

# Publicidad a través de podcast populares

También es posible incorporar anuncios pagados a podcast, solo necesitas un guion o pagarle al anfitrión para que diseñe contenidos que promuevan tu marca. En esta sección te guiaré en el proceso que deberás seguir para encontrar podcasters y trabajar con ellos para optimizar los resultados. Ve al capítulo 12 si necesitas más información sobre la realización de podcast.

La publicidad en audio no contiene elementos visuales, por lo que podría no ser lo más conveniente para tu producto si este depende en gran medida del aspecto visual o si es difícil de promover dependiendo exclusivamente de audio.

## Encuentra un podcaster adecuado

La mejor manera de encontrar un podcaster para promover tu marca es analizar los podcast de los servicios de alojamiento más importantes como iTunes o Spotify. Ve la lista de los podcast con mayor audiencia de tu industria y piensa cuáles podrían coincidir más con tu marca. Esta información es pública y la puedes encontrar en todas las plataformas de prestigio. Cuando encuentres uno que te parezca apropiado, revisa el perfil del podcaster o las notas de información de la emisión para buscar los datos de contacto.

Si no tienes tiempo o no te puedes concentrar y escuchar cientos de podcast para encontrar un podcaster que esté dispuesto a promover tu marca, considera usar un servicio casamentero o de gestión como PodcastOne (https://www.podcastone.com) o PodBean (https://www.podbean.com). Visita estos sitios, ve a las secciones "anúnciate" o "contáctanos" y comunícate con un representante para hablar de las oportunidades de publicidad que podrían ofrecerte.

## Optimiza los resultados de tu publicidad en podcast

**CONSEJO**

A continuación te presento cierta información que te ayudará a aprovechar al máximo tu inversión cuando colabores con podcasters:

» Al elegir un podcast toma en cuenta los datos demográficos de sus escuchas, y asegúrate de que coincida con tu base de clientes.

» Verifica el alcance del podcast, es decir, la cantidad total de escuchas activos. Puedes solicitar las estadísticas de audiencia a los productores del podcast o a la red de referencia.

» Pregunta todo respecto a la extensión y programación de tu anuncio. ¿Cuánto tiempo durará y en qué momentos del podcast lo presentarán? ¿En la introducción (*preroll*), a la mitad de la emisión (*midroll*) o al final (*postroll*)? El *preroll* es el principio del programa, el *midroll* es una pausa publicitaria y el *postroll* es el final. La diferencia en el momento de presentación del anuncio tiene que ver con la probabilidad de que la audiencia lo escuche o se lo salte. También es posible incorporar más de un anuncio en un solo episodio. La tasa de conversión de los *midrolls* es más elevada, pero suelen ser más costosos. Evalúa tu presupuesto y objetivos antes de elegir.

» Pregunta si tu anuncio será el único presentado en la emisión, lo cual sería ideal. De lo contrario, ¿cuántos anuncios más habrá?

» Colabora de forma estrecha con el podcaster para desarrollar un guion que sea legítimo y congruente con tu marca, pero también adecuado para el contenido del podcast.

# Paga a influencers y otro tipo de talento para que promuevan tu marca

Una de las formas más novedosas y populares de publicidad pagada consiste en usar influencers de redes sociales, es decir, personas que cuenten con una gran cantidad de seguidores y sean capaces de causar un impacto en la opinión de la gente. La clave de un marketing con influencers exitoso radica en elegir a la persona correcta y que puedas cubrir sus honorarios con tu presupuesto. Al momento de elegir al influencer idóneo, busca las siguientes cualidades:

» **Relevancia:** elige un influencer que pueda establecer una conexión con la audiencia a la que deseas llegar. Si estás desarrollando una marca de utensilios de cocina, por ejemplo, tal vez debas pensar en un chef popular.

» **Alcance:** el alcance representa la audiencia de una persona, es decir, cantidad de amigos, seguidores y admiradores. En general, entre más extenso sea el alcance, más elevados serán los honorarios.

» **Involucramiento:** esta es una métrica que te dice el nivel de interacción entre el influencer y sus seguidores. Se expresa en cantidad de *me gusta*, comparticiones, comentarios, etcétera. Lo que se puede considerar un buen índice de involucramiento varía de una plataforma a otra. En Twitter, por ejemplo, cualquier cifra mayor a 1% es buena, mientras que en Instagram se requiere una calificación de por lo menos 7 por ciento.

» **Personalidad, misión y valores:** elige un influencer que coincida con tu personalidad, misión y valores. Si tu marca tiene que ver con divertirse realizando actividades al aire libre y, al mismo tiempo, conservar y restaurar los hábitats naturales, elige a alguien que sea divertido, pero también esté comprometido con la conservación de la naturaleza.

» **Vínculos con otros influencers:** en general, es mejor trabajar con un influencer que tenga contacto con muchos influencers más, en lugar de con uno que solo conozca a unos pocos. No obstante, también deberás tomar en cuenta *quiénes* son esos influencers. ¿Coinciden con la personalidad, misión y valores de tu marca?

» **Plataforma(s):** el influencer que elijas debería tener una presencia sólida en la(s) plataforma(s) de redes sociales preferidas de tu audiencia objetivo. Si vas a tratar de atraer a gente que suele informarse en YouTube, por ejemplo, tal vez debas elegir a un youtuber influyente y con buenos contactos.

» **Calidad y coincidencia de los contenidos:** revisa los contenidos que el influencer ha compartido anteriormente. ¿Está al nivel de tus estándares de calidad? ¿Refleja la personalidad de tu marca y respalda la misión y los valores? ¿Coincide con la historia de la marca?

» **Habilidades sociales o *soft skills*:** las habilidades sociales incluyen comunicación y colaboración, apariencia agradable y antecedentes impecables de producción y distribución de contenidos de calidad en los tiempos estipulados.

» **Costo, incluyendo los honorarios del agente:** los costos pueden variar de forma considerable y se basan en los criterios mencionados, en particular, en el alcance, el involucramiento y la plataforma. Cuando tengas que elegir entre varios candidatos, inclínate por el que puedas pagar.

## CAMPAÑAS DE MICROINFLUENCER

En Girl Gang the Label, pagamos microinfluencers, es decir, influencers con una cantidad modesta de seguidores, pero alto nivel de involucramiento. Estas microinfluencers colaboran con nuestra marca y promueven la línea de ropa. En general, busco gente que ya use nuestros productos, o esté interesada en nuestra industria: marcas de empoderamiento *de* y *para* mujeres.

Una vez que identifico microinfluencers con quien nos interesaría establecer una relación comercial y activar campañas, preparamos un presupuesto general y lo dividimos entre toda la gente con la que colaboraremos. Ofrezco pagarles por su tiempo, pero también les doy productos gratuitos y un código único de descuento que pueden compartir si así lo desean.

Lo más maravilloso de lanzar campañas de este tipo es que puedes extender tu presupuesto entre varios creadores en lugar de solo trabajar con un *influencer premium* cuyos honorarios podrían sobrepasar tu presupuesto. Yo suelo tener más éxito con influencers que coinciden con mis arquetipos de cliente y a quienes se les paga por su tiempo.

**ADVERTENCIA**

No permitas que la falta de dinero te impida probar este tipo de marketing. No es necesario que te acabes tu presupuesto, tú puedes ser tu propio influencer o podrías reclutar a uno excelente que esté dispuesto a trabajar a cambio de productos o servicios gratuitos, o de la oportunidad de usar lo que ofreces para aumentar su influencia e impulsar su carrera. Encontrar al influencer adecuado para colaborar depende de hacer conexiones, entablar conversaciones y negociar acuerdos que beneficien a ambas partes.

En el capítulo 13 encontrarás más información sobre cómo colaborar con influencers.

## Lanza anuncios de televisión y radio

La televisión, y en menor medida la radio, han sido los medios tradicionales preferidos para llegar a una gran cantidad de audiencias heterogéneas y obtener resultados pronto. No obstante, los costos pueden ser muy elevados. Primero tienes que pagar los costos de producción que implica el diseño de anuncios de alta calidad, y a eso sumar el costo de los medios de comunicación para difundirlos. Asimismo, necesitas difundir los anuncios con frecuencia porque la audiencia debe verlos de forma reiterada para que tengan un mayor impacto.

**RECUERDA**

Si decides añadir anuncios de radio o televisión a tu plan de marketing, analiza con cuidado qué cadenas es más probable que tu audiencia objetivo vea/escuche, y en qué momentos del día estará más inclinada a sintonizarlas.

Te recomiendo ampliamente que contrates a un asesor o empresa competente de producción de medios para que hagan tu anuncio. Un anuncio no diseñado por profesionales se verá como un proyecto barato hecho en casa y tendrá un efecto negativo en tu marca. Para encontrar una gran cantidad de empresas de producción de comerciales para televisión y radio, basta con que hagas una búsqueda en internet utilizando las palabras o frases "producción de comerciales televisivos" o "producción de anuncios para radio". La mayoría de estas empresas tiene muestras de sus producciones en sus sitios, así que puedes evaluar su trabajo. Algunas empresas de producción no solo te ayudan a producir comerciales de calidad, sino también a elegir los medios de comunicación adecuados para distribuirlos.

Otra manera de encontrar empresas de producción de comerciales para radio y televisión es contactando a la persona a cargo de la venta de tiempo aire para publicidad en la cadena o estación que te interesa, y pedirle recomendaciones. Por lo general, puedes conseguir su información de contacto en el sitio web del medio. Ve a la página, deslízate hasta el final y da clic en el enlace "anúnciese con nosotros" o "contáctenos".

**CONSEJO**

Como sucede en cualquier medio de publicidad, si lo que tratas de hacer es extender el alcance de tu marca y fortalecer su identidad, la clave será la congruencia. En este caso, me refiero a la congruencia del *look and feel* (aspecto y sensación distintivos), la música u otro tipo de audio, la presentación (acción, diálogo, testimonios, *voice-over*, etcétera), los personajes o gente que aparezca en los anuncios (como el vocero), en fin. Si vas a hacer varios anuncios para la misma marca, lo más importante será la congruencia y homogeneidad.

## Publicidad en medios impresos

Los medios impresos son publicaciones en papel como libros, periódicos, revistas, diarios y boletines. Te recomiendo no hacer mucha publicidad impresa a menos que, por supuesto, toda la gente en tu mercado objetivo lea cierta publicación que cuente con espacios para anuncios. Cuando diseñes un anuncio impreso, deberás enfocarte en tres áreas:

» **Encabezado:** escribe un encabezado o título breve y cautivador.

» **Diseño:** desarrolla un diseño atractivo utilizando el logotipo, esquema de colores, fuentes y demás elementos gráficos de tu marca. De esta manera transmitirás su identidad y cualquier otro mensaje visual que desees enviar. En el capítulo 6 encontrarás los detalles sobre cómo elegir una fuente y desarrollar un logotipo y un esquema de colores.

» **Copy:** escribe contenidos adicionales que destaquen las ventajas de tu marca e incluyan el call to action, es decir, lo que quieres que piense o haga la persona que vea el anuncio. Toma en cuenta que algunos anuncios impresos no contienen texto y dependen exclusivamente del encabezado y los gráficos para comunicar el mensaje.

# Trabaja con agencias de publicidad

Si tienes recursos económicos abundantes y quieres realizar una campaña de marketing ambiciosa, abarcadora y bien coordinada, considera la posibilidad de trabajar en equipo con una agencia de publicidad. Las agencias de publicidad ofrecen varias ventajas:

» **Experiencia:** las agencias tienen una gran cantidad de clientes de diversas industrias, así que ya saben lo que funciona y lo que no. Cuando trabajas por tu cuenta, tienes que aprender a prueba y error.

» **Conocimiento especializado:** las agencias conocen todas las estrategias, tácticas, herramientas y tecnologías disponibles, y pueden diseñar un plan de marketing abarcador que incluya una selección cuidadosa de los mejores elementos para promover tu marca.

» **Relaciones con medios de comunicación:** las agencias tienen una posición ventajosa para llegar a periodistas y otros profesionales que podrían promover tu marca con eficacia.

» **Tiempo y enfoque:** las agencias se enfocan exclusivamente en promover tu marca. Si lo haces por tu cuenta, tienes que dividir tu tiempo y atención entre todas las tareas que implica el desarrollo y lanzamiento de la marca y, además, tienes que manejar tu negocio.

Incluso si no cuentas con mucho dinero, puedes aprovechar la experiencia y conocimiento en marketing y publicidad de otras personas: contrata profesionales independientes o *freelancers*. En internet puedes encontrar gente que haga publicidad para plataformas específicas como Facebook o Instagram, o también puedes hacer uso de un mercado general de freelancers como Upwork (https://www.upwork.com).

## Detecta el momento en que debes subcontratar

Incluso si solo lo haces en una ocasión, estoy convencida de que consultar con una agencia de publicidad o un experto es una idea excelente, ya que te permitirá ver lo que hacen para promover una marca. No obstante, la decisión de contratar a una persona o agencia externa para que se encargue de una parte o de todo tu marketing suele depender de tu presupuesto y de las necesidades que tengas. Si cuentas con recursos para contratar una agencia y no tienes ni tiempo ni experiencia para hacer el trabajo tú mismo, o si empiezas a hacerlo por tu cuenta, pero la situación te abruma, la decisión es obvia: contrata a un profesional. Si no tienes dinero para contratar a alguien, la respuesta también es obvia: tendrás que hacerlo tú mismo.

**CONSEJO**

Si tu negocio es pequeño o lo manejas como un asunto familiar, considera lanzar una modesta pero bien enfocada campaña de publicidad por tu cuenta. A medida que crezcas y reúnas capital, podrás pensar en invertir en servicios profesionales. Puedes empezar por entrevistar a varios candidatos para averiguar lo que harían para promover tu marca; esta es otra formidable manera de aprovechar el conocimiento de los expertos. O aun mejor, programa un taller de una o dos horas con ellos para ver qué tipo de ideas te proponen. De esta forma podrás evaluar su creatividad y darte una idea de cuán sencillo o difícil sería trabajar con ellos.

## Elige la agencia de publicidad adecuada para tu marca

Una simple búsqueda en internet usando las palabras "agencia de publicidad" puede arrojar miles de nombres de agencias. Luego puedes reducir la lista incluyendo tu ubicación para encontrar las opciones locales. También puedes pedir referencias a dueños de empresas que conozcas o preguntar en algún foro de discusión sobre negocios. Otra opción es identificar los anuncios que te agraden y contactar a los negocios que los lanzaron para averiguar quién los hizo.

Cuando tengas cierta cantidad de candidatos, usa los siguientes criterios para evaluarlos y elegir:

>> Experiencia en tu industria.

>> *Expertise* o conocimiento especializado de estrategias de publicidad, y de las técnicas, herramientas y tecnologías más recientes.

>> Creatividad.

>> Personalidad, es decir, piensa si te gustaría trabajar con esa persona o agencia.

>> Costo.

# Monitorea los resultados

Sin importar si trabajas con una agencia de publicidad o si decides hacer las cosas por tu cuenta, asegúrate de monitorear los resultados para saber lo que funciona y lo que no, y para evaluar el impacto de cualquier cambio que hagas para mejorar el desempeño de la campaña. Sigue estos pasos:

1. **Elige las métricas que deseas usar para medir el éxito de tu campaña.**

   Las métricas varían con base en los objetivos de cada campaña y pueden incluir volumen de ventas, visitas al sitio, índice de clics por aperturas, involucramiento y cantidad de clientes potenciales generados.

2. **Identifica los puntos de referencia actuales para cada métrica, si es que están disponibles.**

   Estos valores establecen un punto de partida para evaluar el éxito de tu campaña. Algunos de los puntos de referencia podrían ser, por ejemplo, el volumen de ventas semanal o la cantidad de visitantes nuevos diarios al sitio web.

3. **Establece un objetivo para cada métrica, es decir, valores que puedas usar para determinar si la campaña tiene éxito.**

   Otra opción es usar el retorno sobre inversión como objetivo. Podrías establecer la meta de aumentar el ingreso dos dólares por cada dólar invertido en publicidad.

Algunas métricas son difíciles de monitorear, en especial si lanzaste publicidad impresa en periódicos y revistas, o anuncios en televisión y radio. Si estás haciendo PPC, puedes entrar al panel de control a través de tu proveedor de publicidad pagada y monitorear las métricas comunes como total de clics, costo por clic, etcétera.

Las métricas más comunes de PPC incluyen:

» **Impresiones:** cantidad de veces que se ha desplegado el anuncio. En este caso, la gente a la que llega tu anuncio no tiene que responder a este para que cuente como impresión y, por lo tanto, no se te cobran las impresiones.

» **Clics:** cantidad de veces que se ha hecho clic en el anuncio, incluso si esto no da como resultado una venta, clientes potenciales u otra acción deseada. Te cobran por cada clic.

» **Costo:** cantidad de dinero invertido hasta el momento en la campaña seleccionada. Este dato se calcula multiplicando la cantidad de clics por su costo individual.

» **Conversiones:** cantidad de veces que el clic provocó que el cliente te comprara algo, visitara tu sitio, se suscribiera a tu boletín, descargara tu libro electrónico o hiciera lo que tu call to action le solicitó. La tasa de conversión es una métrica excelente para evaluar el éxito de una campaña.

» **Índice de clics por apertura:** cantidad de clics por impresiones, multiplicado por 100. Si tu anuncio se desplegó 250 veces (250 impresiones) y le dieron clic 100, tu índice de clics por apertura es 40%: 100/250 = 0.4, y 0.4 x 100 = 40%.

Piensa que tu primera campaña será un ensayo, luego examina las métricas y ve si los resultados te dan ideas para mejorar la implementación.

**CONSEJO** Implementa una prueba A/B para campañas publicitarias. Continúa experimentando hasta obtener los resultados que deseas.

EN ESTE CAPÍTULO

» Llevarás a cabo una campaña de marketing básica.

» Establecerás puntos de interés común con miembros de la comunidad.

» Plantarás las semillas de la interacción.

» Le darás a tu comunidad lo que necesita para prosperar.

» Mantendrás una actitud positiva en medio de un entorno negativo.

Capítulo **16**

# Construye una comunidad dinámica en torno a tu marca

¿**Q**ué harías si te dijera que puedes desarrollar una marca sólida sin gastar ni un centavo en publicidad, marketing o relaciones públicas (RP)? Tal vez pensarías que me estoy burlando de ti, pero no miento: tú *puedes* construir una marca fuerte con base exclusivamente en la publicidad de boca en boca. Lo único que necesitas es desarrollar una comunidad entusiasta y activa alrededor de tu marca.

Por supuesto, es mucho más fácil decirlo que hacerlo. Cualquiera puede diseñar un anuncio de Google, pero formar y fortalecer una comunidad es un desafío enorme que implica trabajo en redes, comunicaciones, desarrollo de relaciones y, a veces, incluso activismo social porque, después de todo, la gente suele unirse en torno a causas o intereses comunes. Tu marca debe ser el catalizador que reúna a los miembros de la comunidad y los inspire a convertirse en evangelistas que propaguen la palabra respecto a lo que ofreces. De esta manera, la comunidad continuará creciendo y fortaleciéndose.

¿Cómo puedes lograr *esto*? Estás a punto de averiguarlo.

# Comienza con una noción de propósito

El propósito es como un imán que une a las personas, las dirige a la misma dirección y les permite desempeñar un papel en un proyecto de gran envergadura.

Cuando fundé Girl Gang the Label no estaba tan interesada en vender mercancía como en crear una comunidad próspera en torno al empoderamiento femenino. En el fondo, sabía que, si lograba desarrollar una comunidad, el éxito se traduciría tarde o temprano en proyectos rentables porque, siempre que la gente se une para apoyar una causa común, las oportunidades de crear riqueza suelen surgir de la nada. Te reitero, sin embargo, que el propósito principal de la marca nunca ha sido generar ingresos. El propósito es empoderar a las mujeres.

**RECUERDA** Una comunidad con un propósito mayor es mucho más resiliente y capaz de crecer que una que se desarrolla alrededor de un producto, servicio o negocio. El propósito sirve como foco de atención de la comunidad y le permite a la marca extenderse en distintas direcciones, siempre y cuando estas sean congruentes con él. Como la comunidad de Girl Gang está comprometida con el empoderamiento femenino, puedo hacer crecer la marca con cualquier cantidad de productos y servicios que sean congruentes con nuestra misión.

Para desarrollar una comunidad en torno a tu marca, primero encuentra un propósito claro, algo que te apasione y respecto a lo que creas que puedas lograr que la gente se emocione. El propósito de tu marca es la misión. De acuerdo con lo que se discutió en el capítulo 3, cuando formules la misión o declaración de misión o principios, estarás definiendo el propósito. Aquí tienes algunos ejemplos:

**Coca-Cola:** refrescar al mundo. Marcar la diferencia.

**Nike:** brindar inspiración e innovación a todo atleta en el mundo.

**Starbucks:** inspirar y nutrir el espíritu humano: una persona, una taza de café y un vecindario a la vez.

**Disney:** entretener, informar e inspirar a la gente en todo el mundo a través del poder sin parangón de la narración, reflejando las marcas icónicas, mentes creativas y tecnologías innovadoras que nos hacen la empresa más importante del ámbito del entretenimiento.

**Zappos:** brindar felicidad.

# Formula una estrategia para desarrollar la comunidad

Tener una noción sólida del propósito es muy distinto a poder imbuirlo en otros. Para desarrollar una comunidad alrededor de tu marca necesitas encontrar la manera de cerrar esta brecha, es decir, ¿cómo vas a motivar a la gente a reunirse en torno al propósito de tu marca? Para eso necesitas una estrategia que te ayude a construir y fortalecer a la comunidad.

Para empezar a formular la estrategia que necesitas, sigue estos pasos:

**1.** **Describe el impacto que quieres que tu marca tenga en la comunidad que atenderá.**

¿Cómo quieres que tu marca influya en el pensamiento y comportamiento de la gente? Yo, por ejemplo, visualizo una comunidad en la que las mujeres se apoyen entre sí y colaboren para empoderarse y lograr niveles cada vez más elevados de alegría y realización personal.

**2.** **Identifica las características de tu marca que le permiten realizar su misión de una manera única.**

Las características pueden incluir el nombre, identidad/personalidad, misión y valores esenciales (ver capítulo 3); productos/servicios que ofreces; puntos de diferenciación (lo que hace que tu marca sea distinta y mejor); la educación, experiencia e intereses de la gente de tu organización, etcétera. Se trata de buscar todo lo que puedas usar para demostrar que tu marca es congruente con un propósito más elevado y que tiene un compromiso con el mismo.

**3.** **Haz una lista de lo que puedes hacer para empezar a desarrollar una comunidad en torno al propósito de tu marca.**

Aquí tienes algunos ejemplos:

- Empieza con tu círculo cercano: tu equipo, si cuentas con uno; familiares y amigos. Todas las comunidades comienzan de a poco.

- Aumenta tu presencia en redes sociales y enfócate en lograr que el propósito de tu marca sea más elevado que tu actividad como negocio.

- Haz que la gente se involucre de forma activa. Invita a otras personas a participar y contribuir con tu causa. Anímalas a contar a otros cómo promueven la causa. Cuando la gente invierte en un sentido personal, desarrolla una noción más fuerte de pertenencia y propósito.

- Pasa tiempo con los miembros de la comunidad, en especial con los líderes. Demuéstrales que los valoras.

## Promueve los valores compartidos

La diversidad es algo genial, pero la gente suele acercarse a quienes comparten sus valores y alejarse de quienes no. Incluso la gente que valora la diversidad suele evitar a quienes no la aprecian, lo cual resulta bastante extraño, por cierto. ¿Cómo puedes convencer a la gente de que tienes razón si no interactúas con ella? Sea como sea, cuando uno desarrolla una comunidad debe reconocer el hecho de que las personas suelen pasar más tiempo con quienes tienen algo en común. Por esta razón, debes identificar y promover los valores de quienes, al final, formarán la comunidad.

¿Alguna vez has visto los comerciales o visitado los sitios web de los expertos en bienes raíces que venden libros y ofrecen seminarios sobre cómo volverse rico invirtiendo en propiedades? En general, suelen atender a gente que está motivada por la idea de llegar a tener dinero y bienes. Usan joyería ostentosa, presumen sus automóviles, botes y aviones privados, es decir, todas las posesiones que, en teoría, lograron adquirir gracias a las ganancias que obtuvieron al invertir en bienes raíces. Uno de los valores compartidos que promueven quienes desarrollan comunidades de inversionistas en bienes raíces es el materialismo.

Para construir tu comunidad, deberás responder las siguientes preguntas:

» ¿Cuáles son los valores compartidos de los miembros de la comunidad que me gustaría promover?

» ¿Cómo voy a promover esos valores?

Para responder las preguntas, sigue estos pasos:

1. **Desarrolla una relación más profunda con tus clientes para que estén más dispuestos a hablar de lo que más valoran.**

   Entabla conversaciones sobre su vida, sus metas personales y profesionales, y cómo definen el éxito. Lo más importante es que los escuches.

2. **Revisa los valores de tu marca (ver capítulo 3) e identifica las áreas en las que coinciden con los de tus clientes.**

   Durante este proceso deberás prepararte para ajustar los valores de tu marca para que coincidan más con los valores compartidos de la comunidad.

**3.** **Haz una lista de las maneras en que puedes probar el compromiso de tu marca con dichos valores.**

Aquí tienes algunas ideas:

- Piensa, actúa y exprésate de manera congruente con esos valores. No hables solo por hablar, predica con el ejemplo. La gente notará el menor gesto de hipocresía.

- Comparte historias de los miembros para demostrar su compromiso con los valores de la comunidad.

- Publica en blogs y redes sociales contenidos que hagan destacar y promuevan los valores de la comunidad.

- Si tienes empleados, asigna cierto tiempo para que realicen actividades que promuevan lo que la comunidad valora.

- Apoya una causa común como se explica en la siguiente sección.

# Apoya una causa común

Una de las mejores maneras de reforzar la misión o propósito de tu marca, y al mismo tiempo fortalecer y hacer crecer la comunidad, consiste en apoyar una causa común e incluso tratar de que los miembros se unan en torno a la misma. Elige una causa que coincida con lo que tu marca y la comunidad valoran. Aquí tienes algunos ejemplos:

» La marca de ropa Ivory Ella dona 10% de sus ganancias anuales para salvar a los elefantes.

» Home Depot ayuda a los veteranos militares a conseguir viviendas, provee ayuda a comunidades víctimas de desastres naturales y ofrece entrenamiento especializado a gente que desea aprender un oficio y trabajar en la industria del mejoramiento de inmuebles.

» Durante la pandemia de covid-19, la tienda de artículos para mascotas Chewy se asoció con la Humane Society of the United States para donar y distribuir un millón de dólares en alimentos y artículos para ayudar a las familias a cuidar de sus mascotas.

» La diseñadora estadounidense de moda Tory Burch inauguró la Fundación Tory Burch para ayudar a las mujeres empresarias ofreciéndoles acceso a capital, educación empresarial, orientación profesional y oportunidades de trabajo en redes.

» La empresa Norwegian Cruise Line colaboró con Ocean Conservancy para trabajar en la limpieza y protección de los mares.

» Girl Gang, mi marca, ha desarrollado en redes sociales una comunidad dedicada a apoyar a artesanas y negocios que fueron fundados y pertenecen a mujeres.

La gente elige, cada vez con más frecuencia, las marcas que apoyan una causa. Varias organizaciones de deportes están comprometidas con dar fin a las actitudes racistas. Numerosas organizaciones se están esforzando en reducir los efectos de la contaminación y el calentamiento global. Muchos grupos ayudan a los veteranos y a la gente sin hogar. Algunas marcas incluso fueron creadas a partir de una causa. Por ejemplo, Everlane, una marca de ropa consciente del medio ambiente (https://www.everlane.com), se encuentra al frente de un movimiento para reducir el uso de plásticos en la industria de la moda, y para ello fabrica productos con una elevada proporción de plástico reciclado.

# Crea espacios seguros

Para desarrollar una comunidad debes hacer que los miembros sientan que son bien recibidos, que están en un lugar seguro y que son escuchados. Sigue estos pasos para crear y administrar espacios seguros en línea y fuera de ella:

1. **Publica políticas claras como las siguientes:**

   - No se permite usar lenguaje abusivo.

   - No se permite publicar contenidos explícitos u ofensivos.

   - Respetar a los otros.

   - No se permite el abuso ni la intimidación.

   - Enfocarse en el tema que se está tratando.

   - No publicar como hechos nada que no se haya verificado exhaustivamente.

   En un grupo de apoyo de podcast al que pertenezco se exige que cualquiera que comparta imágenes de sucesos traumáticos incluya una advertencia para avisar a los otros que la publicación podría incomodar a algunas personas. Esta política les permite a los miembros conectarse y compartir historias libremente y, al mismo tiempo, evitar ver algo que pueda incomodarlos.

2. **Cuando lleguen nuevos miembros, salúdalos y dales la bienvenida.**

   En la sección "Da la bienvenida a los nuevos", más adelante, encontrarás los detalles.

3. **Monitorea los espacios seguros que estableciste para detectar cualquier violación a las políticas.**

4. **Haz cumplir tus políticas.**

En el caso de las ofensas menores tal vez debas empezar con un recordatorio amable pero firme de las políticas. Sin embargo, si el mal comportamiento persiste, quizá necesites bloquear o expulsar de la comunidad al infractor.

Si tienes una reunión en persona u ofreces un evento (ver capítulo 11), implementa reglas y un plan para hacerlas cumplir y garantizar la seguridad de los asistentes.

RECUERDA

# Estimula el involucramiento

Ser el centro del desarrollo de una comunidad es como ser el anfitrión de una cena. Tienes la responsabilidad de garantizar que todos se sientan cómodos y se diviertan. Debes recibir y saludar a los invitados, mostrarles el lugar, presentar a los nuevos al grupo y asegurarte de que la conversación no cese. Si la interacción se complica, debes cambiar la música o invitar a la gente a jugar adivinanzas o Pictionary. Tu objetivo es facilitar y promover interacciones positivas para que, cuando la fiesta termine, todos sientan que pasaron un buen rato, que la experiencia los enriqueció y que establecieron vínculos con otros.

Los objetivos son similares cuando se trata de construir una comunidad, solo que el grupo es más grande, por lo que tal vez no tengas suficiente tiempo ni energía para recibir, saludar e interactuar con todos. Y, de cualquier manera, no sería sano para la comunidad que todo dependiera de ti. Las comunidades deben ser hasta cierto punto independientes, los miembros deberán sentirse bienvenidos, contribuir, aportar a la discusión, formular y responder preguntas, trabajar en equipo para lograr metas comunes, y dar una cálida bienvenida a los nuevos miembros. Lo único que necesitas hacer es darles un empujoncito de vez en cuando y encender la mecha para encender las conversaciones. En esta sección te mostraré cómo hacerlo.

Modera las discusiones, en especial si son polémicas o delicadas. Es obvio que no querrás ser una especie de policía de las ideas y suprimir las interacciones apasionadas, pero tampoco querrás que las cosas se salgan de control.

RECUERDA

## Da la bienvenida a los nuevos

Cuando la gente se une a una comunidad, se encuentra en la etapa más vulnerable de interacción. Cualquier desencuentro o experiencia incómoda podría hacerla salir corriendo, así que trata de hacerla sentir bienvenida.

Algunas plataformas de redes sociales les facilitan a los administradores la labor de dar la bienvenida a los nuevos integrantes. Si tienes un grupo de Facebook, en la parte superior del campo "añadir miembros" (*add members*) encontrarás una lista de los nuevos. Da clic en el botón "escribir post" (*write post*), junto a la lista, y aparecerá una ventana de diálogo con un mensaje de bienvenida seguido de una lista completa de los recién llegados. Puedes editar el mensaje, añadir fotografías, videos u otros contenidos. Cuando termines de editar, da clic en el botón "publicar" (*post*).

Te recomiendo que te esfuerces y escribas un mensaje personalizado en lugar de publicar el genérico. Pídeles a los nuevos miembros que se presenten al grupo y comenta cada una de las presentaciones. Anima a todos a dar la bienvenida a los nuevos. Ofrécete a responder sus preguntas y atender sus inquietudes. Pídeles que participen en una discusión que esté teniendo lugar o que les cuenten a los demás cómo conocieron la marca.

CONSEJO

Considera dar la bienvenida a los nuevos con un regalo, puede ser una muestra gratuita, un descuento o una calcomanía o pluma personalizada de la marca. O inclúyelos en un sorteo cuando el grupo cumpla una meta específica de membresía.

## Haz preguntas que inviten a la reflexión

Siempre me sorprende escuchar a los blogueros que se quejan de las bajas cifras de involucramiento de la comunidad en sus blogs, pero luego me doy cuenta de que nunca les piden a sus lectores que reflexionen. En general, publican excelentes contenidos, pero dejan pasar la oportunidad de añadir una sencilla frase al final de cada publicación para dar inicio a una discusión, algo como "publica un comentario y dinos qué piensas" o "nos encantaría saber qué piensas, por favor comparte tu opinión en los comentarios".

Es muy sencillo iniciar una discusión animada en el blog o las cuentas de redes sociales de tu marca, solo comparte una publicación breve seguida de una pregunta que invite a la reflexión.

RECUERDA

Lo que estás tratando de obtener es *contenidos generados por los usuarios* como texto, imágenes, audio o videos. Es decir, cosas que otras personas publiquen en tu blog o cuentas de redes sociales. A tu marca le conviene tener contenidos relevantes y recientes, y que tú no tengas que invertir ni tiempo ni esfuerzo para generarlos. A medida que los nuevos contenidos se añaden, el perfil de tu marca se vuelve más interesante para los buscadores, lo cual puede mejorar tu posición y atraer más gente.

# Comparte contenidos generados por los usuarios

Cada vez que alguien de tu comunidad, o externo a ella, publique contenidos relevantes e interesantes, compártelos con los otros miembros. Esto le mostrará a la gente que escuchas lo que los otros opinan, y que eres generoso y capaz de compartir tu plataforma, incluso con personas que no pertenecen a ella. Cuando compartes contenidos publicados por integrantes de la comunidad, los haces sobresalir y abres la posibilidad de que las publicaciones se propaguen por toda la plataforma.

CONSEJO

Cuando compartas contenidos generados por los usuarios, asegúrate de incluir un comentario al respecto y, si es apropiado, un enlace también. En tu comentario explica por qué te parece interesante y valioso para la comunidad y agradece a la persona que lo publicó. Imagina que estás tratando de formar una comunidad en torno de la conservación de los océanos, y una persona llamada Sheryl Green publica en su blog un artículo sobre la limpieza de una playa que organizó en Galveston, Texas. Podrías usar esta publicación y añadir un comentario como el siguiente: "Un reconocimiento a Sheryl Green de Galveston, Texas, quien hace poco organizó la limpieza de una playa ¡y recolectó más de dos toneladas de plástico! Gracias a Sheryl y a sus voluntarios por poner su granito de arena para preservar nuestras hermosas playas". Si Sheryl se da cuenta de que estás compartiendo tu plataforma con ella, ¿cuán probable crees que sea que se una a tu comunidad y comparta su plataforma contigo?

## LUX UNFILTERED

Aparte de involucrar a la comunidad a la gente en torno de una marca, compartir contenidos generados por los usuarios puede extender el alcance de la marca más allá de la comunidad.

Sivan Ayla, bloguera de estilo de vida, creó una marca de producto llamada Lux Unfiltered (https://luxunfiltered.com), con la cual promueve una loción que ella misma desarrolló para broncearse sin exposición solar. La marca de producto es una extensión de los valores y la estética en que se basa su marca personal.

Cuando lanzó Lux Unfiltered, patrocinó una entrega de regalos y solicitó a los destinatarios que publicaran fotografías de sus bronceados sin exposición solar en el entorno más estilo "Sivan Ayla" que pudieran encontrar. Durante el periodo de entrega de regalos compartió sus fotografías favoritas, no solo para involucrarse con la comunidad de su marca, sino también para mostrarles el producto y sus beneficios a los clientes potenciales externos a la comunidad.

# Responde a las preguntas y los comentarios

Una de las maneras más sencillas y obvias de estimular el involucramiento es respondiendo a los miembros de la comunidad cada vez que publiquen preguntas y comentarios. Tus respuestas mostrarán que escuchas y te importa lo que los otros digan.

**ADVERTENCIA** Antes de publicar una respuesta, asegúrate de entender a la perfección la pregunta o comentario. De ser necesario, haz preguntas para aclarar la situación, y luego redacta una respuesta bien pensada. Si tienes una reacción emocional por un comentario, espera hasta que te sientas listo para responder de manera racional. Con mucha frecuencia, la gente escribe como producto de un reflejo sin entender por completo lo que la otra persona en realidad quería decir, y esto puede desencadenar discusiones inútiles. Visita la sección "Mantente positivo en todo momento", más adelante en este capítulo.

**CONSEJO** Haz que tus respuestas sean personales, firma con tu nombre incluso cuando se trate de una respuesta de la marca. Aclarar quién escribe les da a tus comentarios un toque personal.

# Etiqueta a la gente en las publicaciones

Una manera interesante de interactuar con los miembros de la comunidad y, quizá, extender el alcance de tu marca a otras comunidades de tu industria y otras relacionadas es etiquetando a la gente en tus publicaciones en redes sociales. Etiquetar o *taguear* a alguien vincula a la persona a la publicación y lanza una notificación automática para avisarle que fue etiquetada.

La persona a la que etiquetes en una publicación, fotografía o video debe ser integrante de la plataforma de redes sociales que estés usando. Si este es el caso, solo enlaza su nombre de usuario a la publicación o fotografía. En Instagram, por ejemplo, publica la fotografía con la persona que deseas etiquetar, da clic en los tres puntos sobre la imagen, selecciona "editar" (*edit*) y luego "etiquetar gente" (*tag people*), empieza a escribir el nombre o nombre de usuario de la persona, y selecciona el correcto entre los nombres de la lista que aparecerá.

**CONSEJO** Hazte amigo o sigue a influencers de tu comunidad y de la industria en general, y de vez en cuando etiquétalos en publicaciones que los hagan lucir de manera favorable. Etiquetar puede dar inicio a una conversación entre tú y la persona etiquetada, y generar contenidos interesantes para tu comunidad y, al mismo tiempo, darte algo de visibilidad en la comunidad de la otra persona.

**ADVERTENCIA** No exageres con las etiquetas y tampoco etiquetes a gente en fotografías o publicaciones a menos que estés seguro de que les dará gusto que lo hagas. Si tienes dudas, mejor contacta primero a la persona y pregúntale si no le incomodaría que la etiquetaras.

## Realiza una votación

Realizar una votación es una excelente manera de averiguar más sobre la gente de tu comunidad y de involucrarla en una actividad grupal que la una y genere una discusión.

Puedes crear votaciones en tu sitio web o blog usando un plug-in para este propósito, como Responsive Poll o WPForms para WordPress. Asimismo, la mayoría de las plataformas de redes sociales, incluyendo Facebook, Instagram y Twitter, cuentan con una función que facilita organizar votaciones. Consulta el sistema de ayuda de la plataforma para conocer los detalles específicos.

## Reconoce y recompensa a los líderes de la comunidad

La solidez de una comunidad depende del nivel de motivación de sus miembros más activos e influyentes, así que asegúrate de reconocer y recompensar a los líderes. Aquí tienes algunas sugerencias:

>> **La apreciación pública** es tal vez una de las mejores maneras de recompensar a los líderes, ya que los hace destacar por su gran esfuerzo por agregar valor a la comunidad. La apreciación pública la puedes expresar publicando tus alabanzas en tu blog o cuentas de redes sociales, o reconociendo a los líderes en eventos en persona.

>> **Los artículos gratuitos y los descuentos** son excelentes para recompensar a los miembros de la comunidad por servir a la marca y fortalecerla. También son una manera genial de motivar a otros a desempeñar papeles más importantes.

>> **El acceso exclusivo a productos, servicios y eventos** es otra manera de recompensar y motivar. Considera reservar este tipo de acceso para los líderes de tu círculo más cercano. Entre más exclusivo sea, más lo percibirá la gente como una recompensa.

# Empodera a tu comunidad

Crear comunidad en realidad depende de trabajar en equipo para mejorar la vida de todos los miembros de alguna manera, y de permitirles lograr sus metas personales y profesionales.

Para empoderar a tu comunidad, publica y comparte contenidos, estimula una discusión que enriquezca e inspire a los miembros, y ayúdalos a resolver problemas relevantes para la comunidad. Cuando digo "relevantes para la comunidad", me refiero al contexto del tema dominante, como moda, innovación, campismo, fitness, deportes, videojuegos, mujeres de negocios, ambientalismo, o lo que sea.

Aquí tienes un par de maneras específicas de empoderar a tu comunidad:

» **Provee información, herramientas y consejos para que los miembros mejoren su vida.** En *Girl Gang* entrevistamos a ambiciosas mujeres profesionales y presentamos sus libros y podcast preferidos. Estas entrevistas informan e inspiran a las integrantes de la comunidad y les proveen fuentes adicionales de asesoría e inspiración para ayudarlas a lograr sus metas.

» **Crea en equipo con tu comunidad.** Aprovecha las ideas de tu comunidad. ¿Tienes problemas para decidir qué diseño usar en tus nuevos empaques? Haz una encuesta. ¿Necesitas ideas para mejorar un producto? Pregunta. Involucrar a tu comunidad en el proceso creativo y en tus decisiones de negocio empodera a los miembros y les asigna un papel importante en el éxito de la marca. Hace que tu marca también sea *su* marca.

# Mantente positivo en todo momento

Formar, mantener y hacer crecer una comunidad dinámica exige tiempo y esfuerzo. Puede ser gratificante, pero también te puede hacer sentir mucha frustración porque la gente no siempre interactúa como te gustaría. No siempre hace lo que esperarías de ella, a veces incluso actúa de forma negativa, ataca a otros o se desquita contigo y tu marca.

No obstante, debes mantenerte positivo a pesar de todo. Actúa con *elegancia*, que tu forma de actuar, tus acciones y tus modales sean siempre delicados. A veces tal vez debas ser firme, pero hazlo con gracia, sin enojo ni amargura. No permitas que otros te hagan rebajarte a su nivel, no pierdas los estribos ni siquiera cuando estés profundamente involucrado.

Tú eres quien establece el tono en la comunidad, así que hazlo positivo, sé el ejemplo del comportamiento que esperas de los otros miembros de la comunidad. Aquí tienes algunas sugerencias específicas para generar y mantener un ambiente positivo:

RECUERDA

» Haz cumplidos, alaba y agradece a los miembros de la comunidad por sus contribuciones.

>> Reconoce los logros.

>> Anima a los miembros a colaborar entre sí y a desempeñar un papel de mayor importancia en las actividades de la comunidad.

>> No te quejes, y pídeles a los demás que tampoco se desahoguen en tu foro público.

>> Sé sensible al atender las necesidades y problemas de los miembros.

# 4
# Nutre y cuida tu marca

Extenderás el alcance de tu marca más allá del nicho de mercado donde comenzó. Llevarás a cabo una auditoría de la marca, diseñarás un plan para hacer crecer tu marca y, si lo deseas, contratarás a profesionales externos para delegar algunas responsabilidades y aligerar tu carga.

Fomentarás la lealtad de los clientes y harás que algunos se vuelvan clientes de por vida gracias a las recompensas por lealtad, realizarás encuestas para averiguar qué puedes hacer de manera distinta y mejor, lanzarás ofertas dirigidas a distintas clasificaciones de clientes, y harás que estos se conviertan en promotores.

Protegerás tu marca de amenazas externas provenientes de competidores y de cualquier empresa emergente que trate de capitalizar tu creatividad e innovación. Registrarás tu marca, patentarás tus ideas y buscarás ayuda legal en cuanto detectes señales de problemas.

Capítulo **17**

# Haz crecer la identidad de tu marca

**H**as logrado construir una marca exitosa. ¡Enhorabuena! ¿Ahora qué sigue?

Puedes dormirte en tus laureles y dejar que tu marca continúe generando ingresos o puedes hacerla crecer para que sea aún más exitosa. Si solo la dejas ser, las ventas y los ingresos podrían crecer por sí solos, pero también es probable, incluso más probable, que se estanquen, empiecen a disminuir y, por último, decaigan hasta el punto en que se pueda declarar que la marca ha fallecido porque, como sucede con casi todo en la vida, una marca que no crece se muere.

Piensa en Amazon, por ejemplo, Jeff Bezos la echó a andar como una librería por internet y logró convertirla en la empresa minorista más importante del mundo. Cierto, Walmart es más grande, pero es un negocio minorista híbrido porque funciona en línea y en tiendas físicas. Entonces, ¿Bezos se durmió en sus laureles? ¡Por supuesto que no! Continuó expandiéndose a otras áreas como abarrotes, servicio de streaming de audio y video, películas y series de televisión, publicación de libros, servicios informáticos en nube y mucho más. Ahora incluso está incursionando en el turismo al espacio exterior.

Cuando empezó, Jeff Bezos era igual a los demás empresarios: tenía visión, ciertas habilidades de administración y acceso a capital. ¿Qué hizo? Algo que tú también podrías hacer, aunque no necesariamente a la misma escala: hacer crecer tu marca en todas direcciones para aumentar su alcance e impacto. En este capítulo te ofreceré algunos consejos para lograrlo.

# Analiza las distintas maneras de hacer crecer una marca

El concepto de *scaling* solo significa establecer las condiciones necesarias para expandir una marca. Para esto puedes seguir distintas vías:

» **Intensifica tu labor de marketing.** Haz más de lo que ya estás haciendo: desarrollar una comunidad en redes sociales, anunciar, publicar en blogs, producir podcast, establecer colaboraciones promisorias... todo de lo que hablamos en los capítulos anteriores.

» **Establece un programa de afiliación.** Recluta gente para que venda tus productos o servicios, y págale una modesta comisión. Un programa de afiliación es una manera estupenda de formar una fuerza laboral sin tener que pasar por los procedimientos de contratación y dirección de un equipo de ventas especializado.

» **Trata de alcanzar nuevos segmentos del mercado.** A lo largo del libro te he animado a enfocarte en mercados específicos para causar el máximo impacto. Bien, pues llegó el momento de añadir nuevos segmentos a la mezcla.

» **Añade nuevos productos o servicios.** Expande tu línea de productos/servicios y ofréceles más a tus clientes. Solo asegúrate de que lo que agregues sea congruente con la marca.

» **Extiéndete hacia otros negocios o industrias.** Sigue el ejemplo de Amazon y Virgin, y añade nuevos proyectos de negocios. Tal vez no cuentes con la capacidad necesaria para lanzar tu propia aerolínea o empresa de streaming de música, pero puedes extenderte a distintas categorías de productos o servicios.

No pierdas el enfoque. Antes de lanzarte a la creación de nuevas líneas de productos, negocios o industrias, te recomiendo intensificar tu trabajo de marketing para promover lo que ya tienes **ADVERTENCIA** implementado.

# Realiza una auditoría de la marca

**RECUERDA**

Antes de invertir un solo centavo o de mover un dedo para hacer crecer tu marca, realiza una auditoría para evaluar su situación actual y determinar si el desempeño es el que esperabas. Hacer crecer una marca no tiene ningún sentido si esta no va en la dirección correcta: solo terminarás alejándote más de tu objetivo.

La auditoría de la marca te permite recopilar información para cerciorarte de que la imagen, según la percepción de los clientes, coincida con la identidad que previste. También te ayuda a averiguar el nivel de desempeño en el mercado, en relación con los competidores y tus expectativas.

## Reconoce los beneficios de auditar tu marca

Realizar una auditoría de tu marca te ofrece los siguientes beneficios:

>> Te permite evaluar su desempeño.

>> Evidencia cualquier disparidad entre lo que los clientes piensan y sienten respecto a tu marca, y lo que *tú* deseas que piensen y sientan.

**CONSEJO**

Que exista una disparidad no es necesariamente malo, podría revelar cierta información sobre tu mercado objetivo que pasaste por alto. Cuando encuentres una disparidad entre lo que los clientes piensan y sienten, y lo que tú deseas que piensen y sientan, pregúntate: "¿Esta situación es positiva o negativa?". Tal vez sean aspectos que deberías promover de tal forma que beneficien a tu marca.

>> Pone al descubierto cualquier inconsistencia en la manera en que se practican los lineamientos en toda la organización (ver capítulo 6 para más información respecto a los lineamientos).

>> Resalta las debilidades y fortalezas, junto con las mejoras que podrías implementar para lograr que tu marca sea más sólida.

>> Identifica cualquier amenaza u oportunidad emergente.

## Audita tu marca

Sigue estos pasos para auditar tu marca:

**1.** **Identifica las áreas de enfoque para la auditoría:**

- Tus objetivos de branding (ver capítulo 4). ¿Vas por el camino correcto para cumplirlos?

- Coincidencia entre lo que tus clientes piensan y sienten respecto a la marca, y lo que *tú* deseas que piensen y sientan.

- Cualquier amenaza que pudieran representar los competidores; modificaciones en la legislación o las regulaciones; cualquier otro cambio en el mercado.

- Las personas a quienes atiendes, sus necesidades, deseos y valores, ya que estos pueden cambiar con el paso del tiempo y generar una desconexión entre tu marca y la gente a la que quieres llegar.

**2.** **Realiza encuestas entre tus consumidores actuales y los potenciales para averiguar lo que piensan y sienten respecto a tu marca.**

Haz preguntas como las siguientes:

- ¿Qué palabras usaría para describir nuestra marca?

- ¿Qué nivel percibe en nuestra marca en comparación con las marcas competidoras?

- Si buscara una marca como la nuestra en internet, ¿qué palabras clave usaría para realizar la búsqueda?

- ¿Qué podríamos hacer para mejorar nuestra marca?

**3.** **Realiza una encuesta entre proveedores, vendedores y los empleados para averiguar lo que piensan y sienten respecto a tu marca.**

Haz preguntas como las siguientes:

- ¿Cómo describiría nuestra cultura de negocios?

- ¿Qué podríamos hacer para mejorar la manera en que hacemos negocios?

- ¿Predicamos con el ejemplo? ¿Las prácticas de nuestro negocio coinciden con la misión y los valores que establecimos? De no ser así, por favor explique por qué.

**4.** **Revisa tus lineamientos de branding (ver capítulo 6).**

Identifica cualquier cosa que necesite modificarse para que lo que la gente piense y sienta respecto a tu marca coincida con lo que deseas que piense y sienta.

**5.** **Evalúa tu sitio web, blog, tienda virtual y cualquier otra propiedad en línea.**

Determina si lo que haces en línea fortalece o debilita a tu marca, y señala cualquier área que necesite mejorarse.

**6.** **Evalúa tus campañas de marketing, la publicidad pagada y el marketing a través de correo electrónico.**

Determina si están fortaleciendo o debilitando a tu marca, y destaca cualquier área que necesite mejorarse.

**7.** **Estudia tu mercado a conciencia.**

El objetivo es detectar amenazas potenciales debido a los competidores, las regulaciones, las tecnologías emergentes o cualquier cosa que pudiera interrumpir tu cadena de suministro u otras operaciones de negocios.

**8.** **Estudia tu mercado a conciencia para detectar oportunidades adecuadas para tu marca.**

Aunque el desarrollo de marca tiene que ver con la congruencia, la auditoría se enfoca en la coincidencia. Lo que buscas son inconsistencias que provoquen una divergencia entre lo que estás haciendo y lo que tratas de lograr en cuanto al fortalecimiento de la marca.

RECUERDA

Antes de empezar a invertir dinero y esfuerzo en una expansión, atiende cualquier problema que revele la auditoría.

# Diseña un plan de crecimiento

Hacer crecer una marca es como echarla a andar porque solo la planeación garantiza el éxito. Todos los planes de crecimiento son distintos dependiendo de la naturaleza de la industria, el negocio y la marca, y de cómo pienses llevar a cabo la expansión: puede ser incrementando tu trabajo de marketing o añadiendo un nuevo negocio. En la mayoría de los casos, el plan de crecimiento debe cubrir las siguientes áreas:

» **Estrategia:** tu estrategia es la manera en que decidas hacer crecer la marca. Puedes repasar la sección "Analiza las distintas maneras de hacer crecer una marca", presentada anteriormente.

» **Objetivo:** tu objetivo de branding, es decir, lo que esperas lograr al expandir tu marca, y la manera en que este se alinea con tus objetivos generales de desarrollo (ver capítulo 4).

» **Administración:** decide quién dirigirá la iniciativa de expansión. Rara vez la persona que echa a andar un negocio es la mejor candidata para hacerlo crecer. Si te encuentras a cargo, sé honesto: ¿eres la mejor persona para esta labor? Si eres excelente para la innovación y para iniciar proyectos, pero dar seguimiento no es lo tuyo, tal vez sea mejor que contrates o colabores con alguien que se especialice en la dirección de expansión de negocios.

» **Políticas y procedimientos documentados:** los dueños de negocios pequeños suelen dirigir sus negocios sin procedimientos formales y documentados y sin implementar políticas. La gente involucrada solo sabe qué hacer o lo aprende a través del entrenamiento en el trabajo, sin embargo, esta estrategia no funciona para las operaciones de mayor envergadura. Todo plan de crecimiento debe incluir el desarrollo de políticas y procedimientos documentados para que el negocio pueda, en esencia, funcionar por sí solo, sin la intervención directa del liderazgo ejecutivo.

» **Capital:** los dueños de negocios pequeños suelen financiar sus propias operaciones, pero los negocios en expansión requieren de capital en forma de subvenciones, deuda o patrimonio:

* *Las subvenciones* son dinero gratuito de parte de agencias gubernamentales, corporaciones, gente u organizaciones sin fines de lucro que creen en lo que hace otra organización o se benefician de ello. Lo mejor acerca de las subvenciones es que no tienes que devolver el dinero ni ceder el control de tu negocio.

* *El financiamiento por deuda* implica pedir dinero prestado a un banco o a posibles prestamistas privados.

* *El financiamiento por patrimonio* implica vender una participación en el negocio, como cuando vendes acciones a inversionistas.

En el capítulo 2 encontrarás más información sobre cómo recaudar capital para construir o hacer crecer una marca.

» **Nuevas tecnologías:** una nueva tecnología puede ser la fuerza que impulse la expansión de un negocio. Te puede ayudar a fabricar mejores productos o a disminuir su costo, a mejorar o automatizar tu servicio al cliente o a ofrecer productos o servicios nuevos al mercado.

**ADVERTENCIA**

Muchos empresarios exitosos advierten: "Fracasar en la planeación es planear el fracaso". El crecimiento no siempre conduce al éxito. Si la expansión no se planea y gestiona de manera adecuada, podría destruir una empresa otrora exitosa. La principal razón suele ser un problema de flujo de efectivo, es decir, que salga mucho más dinero del que entra.

## Establece metas

Una vez que tengas un plan, establece metas para tus objetivos, es decir, todo lo que necesitas lograr para hacer crecer la marca, como contratación, documentación de las políticas y procedimientos, obtención de financiamiento e integración de nuevas tecnologías o metodologías. Las metas te permiten desglosar proyectos grandes y complejos en tareas más manejables, y ayudan a que tú y tu equipo trabajen según lo planeado y sin mermar su capacidad de avance.

**RECUERDA**

Establece una meta para cada paso de cada objetivo que quieras cumplir, incluye una breve descripción de lo que se deba lograr para la fecha estipulada. Si vas a contratar a un asistente para reducir tu carga de trabajo, por ejemplo, especifica las fechas en que comenzarás y terminarás el proceso de reclutamiento, la fecha para la cual habrás seleccionado a los candidatos que entrevistarás, la fecha en que elegirás a uno y la fecha en que el o la elegida comenzará a trabajar.

## Encarga la fabricación de productos en grandes cantidades sin sacrificar la calidad

Si tu producción depende de un fabricante externo, o si los productos los obtienes de proveedores que los compran a fabricantes y te los revenden, lo primero que debes hacer es contactar al fabricante o proveedor para hablar de tus planes de expansión y averiguar si pueden cubrir las cantidades que necesitas. Dicho de otra forma, averigua si pueden crecer contigo.

**RECUERDA** Tú y el fabricante/proveedor tienen, o deberían tener, una relación de beneficio mutuo. El incremento en las ventas e ingresos de ellos depende de forma directa del tuyo, por lo que deberían sentirse felices y ansiosos por crecer contigo. De no ser así, tal vez necesites buscar nuevos colaboradores que puedan cubrir tus necesidades comerciales.

Para encontrar fabricantes y proveedores, busca en internet por nombre o descripción del producto, y añade la palabra "fabricante" o "proveedor". Alibaba (https://www.alibaba.com) puede ponerte en contacto con proveedores en China, pero también hay otros directorios en línea disponibles que puedes usar para tu búsqueda tanto en Estados Unidos como en el resto del mundo. Estos son algunos de ellos:

>> Maker's Row (https://makersrow.com)

>> Kompass (https://www.kompass.com)

>> IndiaMART (https://www.indiamart.com)

>> Sourcify (https://www.sourcify.com)

Cuando contactes a los proveedores, averigua la siguiente información:

>> Si pueden fabricar/proveer el producto en las cantidades y con las especificaciones técnicas que requieres.

>> Tiempos de espera, es decir, cuánto tiempo pasará para recibir los productos, una vez que se haya hecho el pedido.

>> Costo unitario.

>> Descuento por compra al por mayor, y qué constituye una compra al por mayor.

>> Costos de envío.

>> Cantidades mínimas para realizar pedidos.

>> Protección de propiedad intelectual, en caso de que el proveedor vaya a fabricar un producto que tú inventaste.

>> Costos de montaje.

>> Política en caso de defectos/devoluciones.

>> Reputación y confiabilidad, es decir, deberás realizar una verificación de referencias y prueba de productos.

Si fabricas tus propios productos, averigua qué necesitas para aumentar la producción:

>> Material y suministros adicionales.

>> Tecnología o maquinaria que te ahorre tiempo y esfuerzo.

>> Instalaciones más amplias.

>> Contratar personal o subcontratar freelancers. Más adelante, en "Subcontrata y delega responsabilidades para aligerar tu carga" encontrarás más detalles.

# Haz crecer una marca de servicios

Si tienes una marca de servicios, puedes expandirte de dos maneras: consiguiendo más clientes u ofreciendo más servicios a los clientes que ya tienes. Si tu negocio es unipersonal, es decir, si solo tú estás a cargo, hacerlo crecer será todo un desafío porque necesitarás aumentar la eficiencia para que te sobren tiempo y otros recursos que te permitan impulsar la expansión. A continuación encontrarás algunas sugerencias para hacer crecer una marca de servicios:

>> **Enfócate en aumentar la eficiencia antes que nada.** Analiza todos tus procesos de negocios y busca lugares donde puedas maximizar la eficiencia.

>> **Analiza tu grupo actual de clientes y busca formas de servirles mejor.** ¿Puedes mejorar los servicios que ya ofreces y satisfacer las necesidades de tus clientes de mejor manera? ¿Puedes ofrecer servicios adicionales para expandir tu negocio y satisfacer una mayor cantidad de sus necesidades?

>> **Estudia a tus mejores clientes para averiguar quiénes son, por qué medios llegaron a ti y qué es lo que más valoran de tu marca.** Esta información te permitirá saber dónde buscar más clientes como estos y qué tipo de discurso de ventas usar para persuadirlos con eficacia.

>> **Delega y elige remplazos o representantes.** Pregúntate si estás trabajando *para* tu negocio o *en* tu negocio. Si tú haces todo, entonces trabajas para el negocio, no eres dueño, sino empleado.

> Lo que necesitas es que el negocio funcione solo, sin ti: solo así podrás aprovechar tu tiempo y recursos para mejorarlo y hacerlo crecer. El objetivo final debe ser construir un negocio que puedas vender, decidas hacerlo o no.

**RECUERDA** Si tienes un negocio que ofrece servicios, revisa los *costos variables*, es decir, los materiales y salarios, o el tiempo que te toma atender a un cliente de principio a fin. Como los negocios de este tipo dependen de que alguien dé el servicio completo, tus costos variables aumentarán cuando te expandas. Solo cerciórate de que las ganancias aumentarán lo suficiente para cubrir de sobra el incremento en los costos.

# Subcontrata y delega responsabilidades para aligerar tu carga

A medida que evolucione tu marca, en especial si crece más rápido de lo que esperabas, tratar de delegar y elegir representantes para liberarte y poder usar tu tiempo y energía para realizar tareas más sustanciales se volverá todo un desafío. Tú fuiste quien construyó la marca a partir de cero, así que te va a costar trabajo confiar en otras personas para que la lleven al siguiente nivel. No obstante, debes recordar que no le estarás haciendo ningún favor a la marca si sigues tratando de hacerlo todo solo o sola. Ayudarás más si estás en la cima, y no es posible estar en la cima si debajo de ti, en la jerarquía, no hay gente ocupándose de las operaciones cotidianas o, por lo menos, de algunas de ellas. Solo necesitas contratar a las personas adecuadas y entrenarlas bien.

**RECUERDA** Piensa en las tres *P*: personas, puestos y procesos. Contrata a las personas correctas para los puestos correctos y enséñales los procesos adecuados que deberán seguir. De esta manera garantizarás tu éxito... o casi.

## Contrata a la gente adecuada

Contratar a la gente correcta y colocarla en los puestos idóneos será lo más importante en esta transformación. Lo más valioso de un negocio es su gente, así que, si contratas profesionales externos o empleados, analiza los cv de forma minuciosa. Presta especial atención a los siguientes criterios:

» **Aptitudes:** ¿esta persona tiene el conocimiento, habilidades y experiencia necesarios para hacer el trabajo?

» **Confianza:** la gente que confía en sí misma y tiene una actitud positiva suele triunfar incluso en medio de la adversidad. Son personas dispuestas a arriesgarse y no se sienten amenazadas ni insultadas cuando un superior les ofrece ayuda o asesoría.

» **Confiabilidad:** necesitas poder sentirte seguro de que la gente que elijas se presentará a tiempo y cumplirá con su labor.

» **Valores sólidos que se alineen con tu marca:** ¿los valores esenciales de esa persona coinciden con tu marca y con las tareas que necesitan realizarse? Seguramente hay valores fundamentales en tu organización: honestidad, integridad y una sólida ética de trabajo. Otros se relacionan de manera específica con el empleo, como la innovación, la creatividad, la independencia y la capacidad de colaborar.

» **Familiaridad con tu industria:** esta cualidad tal vez no sea esencial, pero es mejor contratar gente que "entienda de qué se trata esto", es decir, que comprenda cómo opera la industria y la manera en que tu marca encaja en el ecosistema.

» **Personalidad:** ¿el candidato tiene la personalidad adecuada para el puesto?, ¿coincide con la identidad de la marca? Si tu marca se enfoca en la creatividad y la innovación, por ejemplo, una persona más bien práctica y sistemática quizá no sea la mejor opción.

» **Comunicación y habilidades interpersonales:** ¿la persona tiene las habilidades interpersonales y de comunicación necesarias para trabajar bien con los otros integrantes de tu equipo?

## Elige un contratista o empleado

Recuerda que puedes delegar trabajo y responsabilidades a tus empleados o a contratistas, es decir, a profesionales externos. ¿Qué conviene más? Todo dependerá de la situación:

» Si la tarea es constante y necesitas a alguien disponible en el lugar durante las horas laborables, contrata a un empleado, alguien que se enfocará en trabajar para tu negocio.

» Si se trata de tareas o responsabilidades específicas que la persona podría manejar fuera de las instalaciones y de los horarios normales de tu empresa, tal vez sea mejor trabajar con un contratista o freelancer.

Contratar a un profesional externo suele ser una buena manera de poner a prueba a alguien antes de agregarlo al equipo como empleado fijo. También es una buena opción si tu negocio funciona por temporadas y necesita aumentar o reducir sus operaciones a lo largo del año.

**RECUERDA** La economía de los freelancers y la subcontratación está en pleno auge. Más y más gente está decidiendo trabajar de manera independiente para poder elegir sus tareas, las empresas con las que colaborarán y sus horarios, pero también para generar mejores ingresos. Mentalízate desde ahora, tal vez tengas que adaptarte a las necesidades de ciertos freelancers, pero ser flexible podría permitirte atraer a mejores profesionales a un menor costo.

## Usa tu guía de estilo de marca para los entrenamientos

Sin importar si contratas empleados fijos o profesionales externos, deberás implementar procedimientos, políticas y estándares para asegurarte de que el trabajo se realice de acuerdo con tus expectativas. Para garantizar la congruencia, incluye la guía de estilo de la marca en los entrenamientos. Todos los miembros de tu equipo, y en especial la gente que trabaje en marketing, ventas y servicio al cliente, necesitará leerla para conocer a fondo el *look and feel* de tu marca (aspecto y sensación distintivos), así como la manera en que quieres que los clientes la perciban.

Cuando compartas con los empleados y contratistas el *look and feel*, haz énfasis en los siguientes elementos de la guía de estilo:

>> Declaración de la misión/visión.

>> Valores esenciales.

>> Identidad de la marca.

>> Diferenciadores clave, lo que hace que tu marca sea distinta y mejor que las otras opciones en el mercado.

>> Arquetipos de cliente.

>> Tono y voz.

**RECUERDA** Implementar lineamientos de branding claros simplifica las cosas cuando encargas tareas a contratistas o entrenas a los nuevos empleados sobre los aspectos esenciales de la marca.

En el capítulo 6 encontrarás más sobre cómo diseñar y usar una guía de estilo.

EN ESTE CAPÍTULO

» Recompensarás a los clientes leales por compras reiteradas.

» Realizarás encuestas entre tus clientes para averiguar qué funciona y qué no.

» Diseñarás ofertas dirigidas a distintas clasificaciones de clientes.

» Transformarás a los clientes en promotores de la marca.

Capítulo **18**

# Fomenta la lealtad y longevidad del cliente

**L**os clientes fieles a tu marca, si ya tienes algunos, pueden ayudarte a conseguir más clientes. Después de todo, la recomendación de boca en boca es una manera infalible y rentable de fomentar el reconocimiento de la marca y aumentar las ventas. Todo mundo lo sabe, ¿no es cierto? La pregunta del millón de dólares es ¿cómo enciendes la mecha para que se propaguen las recomendaciones de este tipo? En este capítulo responderé a esta pregunta presentando varias técnicas para vigorizar a tu base de clientes.

Aquí descubrirás cómo identificar a los mejores clientes; monitorearlos y recompensarlos de tal manera que se sientan entusiasmados y promuevan tu marca entre sus amigos, familiares y la gente desconocida en redes sociales con la que podrían entrar en contacto. Te explicaré cómo averiguar, a través de los clientes que ya tienes, qué estás haciendo bien y en qué áreas podrías mejorar. También te diré cómo formar una jerarquía de clientes para optimizar tu éxito con menos esfuerzo y recursos económicos. Por último, te ofreceré estrategias para hacer que los clientes trabajen para ti, te diré cómo fomentar el reconocimiento, y cuál es la mejor manera de atraer a más gente.

# Identifica a tus mejores clientes

Antes de poder transformar a tus mejores clientes en promotores de la marca, necesitas averiguar quiénes son y conocerlos un poco más.

En esta sección establecerás los criterios que puedes usar para evaluar el valor relativo del cliente. Asimismo, empezarás a recopilar y analizar información para detectar quiénes es más probable que promuevan tu marca.

## Define los criterios para evaluar el valor del cliente

Todos los negocios tienen tres tipos de clientes: excelentes, promedio y de manutención costosa, es decir, los que no vale la pena conservar. Para identificar a los mejores, empieza por hacer una lista de las cualidades que valoras. Usa la mía para inspirarte:

Mis mejores clientes...

» Compran con frecuencia.

» Gastan más que otros.

» Están suscritos a mi boletín de noticias.

» Promueven mi marca con otras personas, o sea, funcionan como fuente de clientes referidos.

» No se quejan nunca, o casi nunca.

» Nunca devuelven productos ni solicitan reembolsos, o casi nunca.

» Sirven como fuente de innovación y mejoría permanente.

**CONSEJO** Esfuérzate por establecer criterios cuantificables, es decir, que puedas medir con base en información recopilada a través de transacciones e interacciones con los clientes. La mejor forma de abordar esta tarea es estableciendo un vínculo entre tus criterios y la información que ya recopilas como parte de tu rutina.

# Recopila y organiza la información de tus clientes

Lo más probable es que ya estés recopilando información de clientes, aunque no lo hagas de forma deliberada. Si vendes productos en Shopify, por ejemplo, la plataforma recopila los datos del punto de venta (PDV) en cada transacción, y te ofrece acceso a ellos. Solo necesitas un medio para consolidar y organizar la información llegada de todas las fuentes disponibles. Tienes dos opciones:

» **Sistema de gestión de relación con el cliente o CRM, por sus siglas en inglés:** tu mejor opción sería un sistema CRM como Salesforce (www.salesforce.com), Monday CRM (https://monday.com) o ZOHO CRM (www.zoho.com), en especial si se trata de una marca de alto volumen. Los sistemas CRM no solo son útiles para administrar embudos de ventas y relaciones con el cliente, también te ayudan a desarrollar la marca. Los puedes usar para organizar y dar seguimiento a prospectos, y para construir una relación con compradores primerizos.

» **Software de hojas de cálculo:** puedes hacer hojas de cálculo en programas como Microsoft Excel (Microsoft.com) o Google Sheets (docs.google.com), y registrar manualmente la información sobre tus clientes o exportarla desde tus PDV. Si usas Shopify, puedes exportar los datos de ventas en formato csv y pegarlos en tus hojas de cálculo.

**CONSEJO** Te recomiendo suscribirte a un sistema CRM con base en la nube y aprender a usarlo en lugar de desperdiciar tiempo con el burdo software de hojas de cálculo, ya que no pasará mucho tiempo antes de que este se vuelva insuficiente para tus necesidades empresariales. Los sistemas CRM están diseñados para facilitar la recopilación, administración y análisis de información de clientes; crecer en la misma medida que tu marca, y usar los datos para administrar marketing por correo electrónico dirigido de manera específica, así como campañas de publicidad en línea.

Como todos los sistemas CRM son distintos, no puedo proveer instrucciones específicas sobre cómo implementarlos y usarlos para recopilar y organizar la información de tus clientes, pero aquí te presento nociones generales sobre el tipo de información que recopilan.

» **Detalles del cliente:**

- Nombre

- Fecha de primer contacto

- Información de contacto (dirección de correo electrónico, dirección postal, número telefónico)

- Modo de contacto preferido

- Cómo y dónde se entró en contacto con el él o ella (búsqueda en internet, sitio en redes sociales, tienda al menudeo o show de comercio)
- Fecha de cumpleaños
- Pasatiempos e intereses
- Nivel de ingresos
- Información sobre su familia (nombre del cónyuge, fecha de aniversario, cantidad de hijos)

» **Información de transacciones:**
- Artículos comprados
- Categorías de los artículos comprados
- Cantidad total en dólares por compra
- Método de pago
- Devoluciones y cambios

» **Información de interacción:**
- Respuesta a los correos que has enviado
- Respuesta a los distintos tipos de mensajes (informativos y sobre promociones)
- Membresía y comunicación en redes sociales
- Registro de interacciones telefónicas

» **Retroalimentación del cliente:**
- Quejas
- Resultados de encuestas
- Calificaciones y reseñas de productos publicadas por el cliente
- Sentimientos respecto a la marca

Tu sistema CRM debería obtener esta información de forma automática a partir de varias fuentes, entre ellas:

» Sistemas de PDV
» Comunicación por correo electrónico
» Ventas y llamadas a servicio al cliente
» Medios de redes sociales
» Encuestas realizadas a clientes
» Análisis de redes

# Recompensa la lealtad de tus clientes

Recompensar la lealtad y dar incentivos específicos a ciertas personas son dos excelentes maneras de formar una base sólida de clientes y transformar a los más leales en promotores de la marca. Estas son algunas de las maneras en que puedes retribuir la lealtad:

» Ofrece artículos o descuentos exclusivos en la siguiente compra.

» Forma categorías para las suscripciones, como 9.99 dólares mensuales, 99.99 dólares anuales y 249 por tres años. O un mes gratis por cada suscripción de seis meses.

» Ofrece a tus mejores clientes acceso previo o exclusivo a eventos.

» Emite tarjetas de lealtad y séllalas o perfóralas cada vez que el cliente realice una compra. Puedes diseñar y mandar a imprimir las tarjetas en sitios web como UPrinting.com (www.uprinting.com) y Vistaprint (https://www.vistaprint.com).

**CONSEJO** Considera usar una tarjeta digital de lealtad para que los clientes puedan acceder a ella a través de tu sitio web o usando una aplicación en su celular. Las empresas como LoopyLoyalty (https://loopyloyalty.com) ofrecen herramientas y asesoría para diseñar, promover y administrar tarjetas digitales de lealtad. También recopilan información respecto a las tarjetas que puedes usar para el análisis de tu negocio.

## Establece un programa de lealtad

Un *programa de lealtad* recompensa a los clientes por hacer pedidos más frecuentes o grandes. Este tipo de programas son excelentes para aumentar las ventas y mejorar la retención.

En tu programa de lealtad puedes incluir una o varias de las siguientes recompensas:

» **Las tarjetas para sellar o perforar** son una manera eficaz y poco costosa de premiar a los clientes por sus compras en tiendas. Las tarjetas digitales se pueden usar para monitorear tanto las compras en tienda física como en línea, y tienen la ventaja de que te permiten recopilar información adicional sobre el cliente.

» **Las tarjetas de membresía** suelen estar vinculadas a una cuenta del cliente. Las aerolíneas, por ejemplo, les ofrecen a los pasajeros membresías y luego los premian con millas de viajero frecuente y otros incentivos.

» **Los números de identificación personal o** NIP se pueden usar solos o con tarjetas de membresía. Incluso puedes usar el número telefónico del cliente como NIP. Los NIP funcionan como tarjetas de membresía para identificar a los clientes.

» **Las aplicaciones para teléfono celular o *apps*** son quizá la mejor manera, aunque también la más costosa, de establecer y administrar un programa de lealtad. Las apps pueden enviar notificaciones instantáneas, cupones y códigos de descuento, e incluso monitorear la ubicación del cliente y ofrecerle descuentos especiales cuando esté cerca de una de tus tiendas al menudeo. Las aplicaciones para teléfonos celulares también pueden recopilar información valiosa que te ayudará a servirle mejor a la gente.

Da los siguientes pasos para preparar la base de tu programa de lealtad:

**1. Decide qué vas a ofrecer como incentivo y vincula tus ofertas con metas específicas.**

Podrías tener distintas ofertas dependiendo de las metas alcanzadas. Por ejemplo, envío gratuito para pedidos de más de 50 dólares y descuento adicional de 10% para pedidos de más de 100 dólares.

**2. Incluye el costo del incentivo en tu presupuesto de marketing.**

Si vas a ofrecer un descuento de 5%, asegúrate de que se refleje en tu presupuesto de marketing.

**3. Decide cuál será el método de canje.**

El cliente podría presentar en la caja registradora su tarjeta física para perforar y recibir ahí el producto gratuito, o podrías también enviarle un código de descuento después de realizar una compra específica en línea.

**4. Establece metas para tu programa de lealtad.**

Las metas podrían ser incrementar el valor del pedido promedio, la cantidad de clientes que realizan compras reiteradas o la cantidad de pedidos realizados por clientes reiterativos.

**CONSEJO** La manera más sencilla de establecer y administrar un programa de lealtad es subcontratando a un proveedor especializado en este servicio como Repeat Rewards (https://loyalty.repeatrewards.com), Spendgo (https://www.spendgo.com) o Perkville (https://www.perkville.com). La mayoría de estos proveedores ofrecen soluciones flexibles que cubren correo electrónico directo, sitios web de marca, redes sociales y aplicaciones móviles, y te permiten ofrecer recompensas sin importar las propiedades que frecuenten tus clientes.

# Genera y envía códigos de descuento

Una de las maneras más eficaces y sencillas de implementar un programa de lealtad para un negocio de comercio electrónico es usando un código de descuentos. El *código de descuento* es como un cupón digital que el comprador ingresa en línea para hacer válida la recompensa, al momento de pagar, por lo general.

La mayoría de las plataformas de comercio electrónico cuentan con una función para crear, administrar y emitir códigos de descuento. La plataforma podría cobrarte un cargo adicional por desbloquearla, o quizá necesites instalar un widget o plug-in para añadirla a tu sitio de comercio electrónico. Consulta el sistema de ayuda de tu proveedor para conocer los detalles.

El proceso para usar esta función varía dependiendo de la plataforma o software promocional que uses, pero, por ejemplo, en Shopify funciona de esta manera:

1. **Entras a tu cuenta con tu contraseña y vas a la página de administración.**

2. **Das clic en "descuentos" (*discounts*), en la barra de menú del lado izquierdo de la pantalla.**

3. **Das clic en "crear descuento" (*create discount*), en la parte superior derecha.**

   Aparece el cuadro de diálogo correspondiente.

4. **Das clic en "código de descuento".**

   Aparece el cuadro de diálogo "crear código de descuento".

5. **Escribes el código en el campo "código de descuento" (*discount code*).**

   El código es la información que los clientes ingresarán para hacer válido el descuento.

   **CONSEJO** Usa un nombre corto que le dé la bienvenida al cliente a la comunidad de tu marca como JAVAJOESVIP o algo sencillo en el caso de una segunda compra, como WELCOMEBACK.

6. **Eliges un tipo de código de descuento: porcentaje, cantidad fija, envío gratuito o "compre *X* y lleve *Y*".**

   Las opciones que se abran debajo de la lista de tipos de descuento pueden variar dependiendo del que elijas.

7. **Ingresas los detalles adicionales que te soliciten.**

8. **Especificas los límites de uso para el descuento.**

   Tal vez puedes limitarlo a un artículo o un solo uso por cliente.

9. Especificas los requisitos mínimos para calificar para el descuento: ninguno, cantidad mínima de compra o cantidad mínima de artículos comprados; o ingresas los detalles referentes a la elegibilidad.

10. Ingresas el periodo durante el que el descuento estará vigente.

Si no has pensado en una fecha de vencimiento, no especifiques nada.

**CONSEJO**

Especificar una fecha límite crea una sensación de urgencia que fuerza a los clientes a actuar y a aprovechar el descuento más pronto.

11. Das clic en "guardar".

Tu descuento está disponible.

Ahora que tienes un descuento, úsalo para recompensar a tus clientes leales, impulsar las ventas y promover tu marca. Aquí te presento algunas maneras de hacerles llegar el código:

» Si tienes una ubicación física, puedes diseñar una tarjeta física con el código y entregarla al cliente cuando haga una compra. Yo uso UPrinting.com y Vistaprint para fabricar mis materiales promocionales.

» Añade el código a tus campañas de marketing a través de correo electrónico.

» Incluye el código en todos los sitios web, blogs y propiedades en línea que tengas.

» Envía a tus mejores clientes un mensaje de correo electrónico personalizado e incluye el código. Aquí un ejemplo:

*Hola, Angela:*

*Gracias por apoyar a nuestro pequeño negocio. Como muestra de aprecio, me gustaría ofrecerte un descuento de 10% en tu próxima compra en línea. Compra como lo haces usualmente en GirlGangtheLabel.com y, cuando estés lista para pagar, ingresa el código HEYGIRL para validar tu descuento antes de que termine este mes.*

*¡Felices compras!*

*Amy*

## Expande tu programa de recompensas

**CONSEJO**

Continúa tu entrega de recompensas sorprendiendo a los clientes con descuentos adicionales después de haber realizado una compra. Puedes seguir ofreciendo descuentos cuando alcancen ciertas metas. Si un cliente hace dos pedidos, por ejemplo, puedes enviarle un segundo código con una nueva recompensa para mostrarle que aprecias que haga negocios contigo. En Starbucks, los miembros de la comunidad ganan puntos cada vez que compran algo y pueden canjearlos por artículos gratuitos. Entre más estrellas acumule un miembro, más interesante será el artículo que reciba:

| Cantidad de estrellas | Artículo gratuito |
|---|---|
| 25 | Personalización de bebida: shot adicional de expreso, sustituto de lácteo o pizca de jarabe saborizado. |
| 50 | Café caliente recién hecho, un artículo de panadería o un té caliente. |
| 150 | Bebida hecha a mano, desayuno caliente o postre helado. |
| 200 | Emparedado de almuerzo, caja de proteína o ensalada. |
| 400 | Artículo de promoción o café de la casa. |

La app de Starbucks les permite a los miembros entrar con su contraseña en cualquier momento para revisar cuántos puntos tienen. Los puntos duran algunos días y luego expiran. Estas son maneras excelentes de animar a los miembros a regresar y realizar una compra.

Para crear recompensas para clientes en distintas categorías, sigue estos pasos:

**1.** **Revisa tu programa de lealtad y asegúrate de que sea congruente.**

Repasa lo expuesto en la sección "Establece un programa de lealtad".

**2.** **Establece metas por categorías.**

Tal vez quieras establecer distintas metas de acuerdo con el valor total en dólares de los pedidos, o la frecuencia de las compras, dependiendo de si los clientes hicieron 5, 10, 20 o 50 pedidos.

**3.** **Incluye en tu presupuesto las recompensas adicionales.**

No querrás terminar quebrando por ofrecer descuentos y otros beneficios, ¿cierto?

**4.** **Implementa las categorías de las recompensas.**

Usa tu plataforma de comercio electrónico, software de la aplicación o administrador de programa de lealtad para establecer los descuentos y recompensas de acuerdo con las categorías que fijaste.

**5.** **Anuncia las recompensas por categorías.**

Cuelga un letrero en las ubicaciones físicas, envía una ráfaga de correos electrónicos a tus clientes; publica en tu sitio web los detalles sobre los programas de recompensas; escribe entradas de blog, y haz todo lo que se te ocurra para hacer correr la voz.

# Obtén retroalimentación de tus clientes

Una de las mejores maneras de promover la lealtad es abordando tu relación con el cliente o clienta como una especie de colaboración. Piensa que, después de todo, tu éxito depende de su satisfacción.

Lo difícil es averiguar si tus clientes están satisfechos y qué puedes hacer para mejorar su vida. A menudo, los dueños de negocios pequeños sienten que trabajan aislados, como detrás de una cortina, porque tienen que adivinar lo que los clientes piensan respecto a la marca. Y es que, analizar una enorme cantidad de cifras y datos no te dice lo que la gente piensa, la única manera de averiguarlo es preguntándole.

Con frecuencia, obtener retroalimentación por parte de los clientes a través del correo electrónico o de una encuesta en línea puede ser tan valioso como dirigir un sondeo de opinión. Puede proveerte información sobre los productos que vendes y el servicio que ofreces y, al mismo tiempo, te permite enviarles un mensaje sutil para hacerles saber que valoras su opinión y estás comprometido con el mejoramiento continuo.

## Solicita retroalimentación a través del correo electrónico

Una de las maneras más sencillas de solicitar retroalimentación de los clientes es enviando una petición por correo electrónico. Puedes crear un mensaje automatizado que se envíe a todos los compradores primerizos y les pregunte respecto a su experiencia con tus productos o servicios; también puedes enviar una ráfaga de correos a todos tus clientes o a un grupo especifico.

**CONSEJO**

Para mejorar tu índice de respuestas, ofrece algún beneficio a quienes te den retroalimentación, ya sea positiva o negativa.

Aquí te presento una muestra de solicitud de retroalimentación que puedes usar tal como se encuentra, o modificar según te convenga:

*Somos un negocio nuevo y agradeceríamos mucho su opinión respecto a nuestros productos y experiencia de compra. Si pudiera enviarnos un correo a support@joescoffee.com y decirnos qué tal estamos haciendo las cosas y cómo podemos mejorar, se lo agradeceríamos mucho. Como muestra de aprecio, en cuanto recibamos su retroalimentación le otorgaremos un descuento de 20% en su siguiente pedido.*

Tu mensaje de correo electrónico podría contener una solicitud de información general o de retroalimentación específica, o un enlace que lleve a un formato e invite al cliente a responder una serie de preguntas. También podrías incluir una serie de opciones de encuesta en las que el cliente dé clic, como se muestra en la ilustración 18-1.

---

### Encuesta de satisfacción

1. ¿Qué tan probable es que recomiende esta empresa a un amigo o colega?

NADA PROBABLE                                     MUY PROBABLE

| 0 | 1 | 2 | 3 | 4 | 5 | 6 | 7 | 8 | 9 | 10 |
|---|---|---|---|---|---|---|---|---|---|----|

2. De manera general, ¿qué tan satisfecho o insatisfecho está con nuestra empresa?

☐ Muy satisfecho                ☐ Un poco insatisfecho

☐ Satisfecho                       ☐ Muy insatisfecho

☐ Ni satisfecho ni insatisfecho

---

ILUSTRACIÓN 18-1. Tu solicitud de retroalimentación podría contener una serie de opciones para seleccionar.

Puedes usar un programa de gestión de correo electrónico como MailChimp (https://mailchimp.com) o una plataforma CRM para enviar una ráfaga de mensajes con tu solicitud de retroalimentación. En el capítulo 14 aparecen los detalles sobre el marketing a través de correo electrónico.

Cuando redactes mensajes automatizados para solicitar retroalimentación por correo, usa la función "fusión de correos" de tu cliente de correo electrónico para insertar el nombre de cada persona en el saludo y personalizar las solicitudes. La fusión de correos puede sacar los nombres de tu base de datos e insertarlos en los mensajes salientes, y ayudarte así a reforzar la identidad de tu marca con un toque personalizado.

CONSEJO

# Realiza una encuesta en línea

Realizar encuestas de clientes nunca había sido tan sencillo como ahora que se pueden diseñar y compartir en línea. Muchos sitios de redes sociales como Facebook e Instagram, plataformas de comercio electrónico como WooCommerce (https://woocomerce.com) y plataformas especializadas en encuestas como SurveyMonkey (https://www.surveymonkey.com), Google Forms (https://www.google.com/forms/about) y Qualaroo (https://qualaroo.com) cuentan con herramientas para redactar y distribuir encuestas, y luego recopilar y analizar los resultados.

Lo único que necesitas es diseñar tu formato, añadir las preguntas, especificar los destinatarios o subir tus contactos de clientes, y dar clic para distribuir la encuesta por correo electrónico o mensaje de texto. Otra opción es añadir un formato de encuesta a tu sitio web usando un widget o plug-in especial. Ciertas plataformas de compras cuentan con una función para encuestar, mientras que otras, como BigCommerce, Twilio o eBay, han integrado sistemas de plataformas externas especializadas en este tipo de recopilación de datos.

**RECUERDA** Las redes sociales pueden ser un excelente lugar para obtener retroalimentación, ya que casi todas las plataformas tienen una función para solicitar la opinión del miembro o seguidor. En Instagram, por ejemplo, puedes realizar una encuesta a través de Instagram Story usando tu teléfono celular:

**1.** Abre Instagram y desliza hacia la izquierda.

**2.** Elige publicar a una "historia", debajo del botón de grabación.

**3.** Graba el video o toma la fotografía que quieres publicar.

**4.** Da clic en el icono de calcomanía, parte superior derecha.

**5.** Deslízate hacia abajo y elige el tipo de encuesta o votación que deseas.

**6.** Escribe la pregunta y las respuestas.

**7.** Da clic en "enviar a".

**8.** Elige la opción de compartir la encuesta en tu historia.

**RECUERDA** Tus empleados, si tienes, también pueden ser valiosos promotores de la marca. Asegúrate de hacer con regularidad encuestas entre ellos para averiguar cómo propiciar un ambiente de trabajo más disfrutable, cómodo y productivo, y para perfeccionar tu negocio de manera general. Tus representantes de servicio al cliente también tienen información e ideas sobre cómo mejorar los productos y la atención.

## Solicita testimonios

Si tienes un negocio de servicios, descubrirás que, además de ser una excelente prueba del valor, los testimonios de los clientes existentes ofrecen tranquilidad inmediata a los nuevos porque les confirman que tu marca es legítima y digna de confianza. Aquí tienes algunas maneras de animar a la gente a publicar testimonios:

**»** Crea una página independiente de testimonios en tu sitio web o blog, e incluye un formato para publicar el testimonio: así les facilitarás el proceso a tus clientes lo más posible. La mayoría de las plataformas especializadas en construcción y gestión de sitios o blogs cuentan con widgets o plug-ins de terceros que puedes instalar para diseñar y publicar los formatos.

» Usa una plataforma destinada a este propósito como TestimonialTree (https://get.testimonialtree.com) o Spectoos (http://spectoos.com). Este tipo de plataformas suele ofrecer un plug-in o widget que puedes usar para añadir un formato a tu sitio web o blog, una función para agregar testimonios venidos de internet o una para solicitar y recibir testimonios.

Envía un correo electrónico a tus mejores clientes y promotores de marca y solicítales que publiquen un testimonio para tu negocio. En el mensaje dales la opción de dar clic en un enlace para ir a la página de testimonios o para incluir su testimonio en la respuesta al correo.

En las plataformas de redes sociales puedes solicitar testimonios de manera sutil: pregunta a tus seguidores qué tan bien estás haciendo las cosas.

**ADVERTENCIA**

No ofrezcas ninguna recompensa ni descuento a cambio de testimonios favorables, podrías formarte una reputación negativa, la gente podría decir que compras elogios. Además, existe la posibilidad, aunque sea remota, de meterte en problemas legales.

## Reúne retroalimentación a través de tu blog

Un blog puede ser el vehículo perfecto para solicitar y recopilar retroalimentación de parte de los clientes. Lo único que necesitas hacer es publicar contenidos relevantes y valiosos para animar y facilitar los debates entre tus lectores. No importa qué plataforma uses, hay muchos plug-ins que te permiten añadir encuestas a las entradas del blog de manera rápida y sencilla.

Glossier, la marca de belleza, usó su blog para desarrollar su primer lanzamiento de producto. Publicaron una entrada pidiéndoles a los clientes que comentaran lo que les gustaría ver de la empresa. (En el capítulo 12 encontrarás más información sobre el blogueo).

## Solicita retroalimentación en la página del proceso de compra

Una manera eficaz de obtener retroalimentación inmediata sobre la experiencia de compra en línea de un cliente es solicitándola en la página del proceso de compra. Cuando la obtengas, podrás utilizarla para mejorar tu sitio y ofrecer una mejor experiencia.

Lo único que necesitas hacer es agregar a tu página del proceso de compra un call to action solicitando opiniones, lo cual es muy sencillo en la mayoría de las plataformas más importantes de comercio electrónico (ver ilustración 18-2). Ve a la configuración de tu tienda en línea, elige la opción de editar o personalizar tu página del proceso de compra y agrega el call to action. No necesitarás incluir ningún código para modificar el mensaje original, pero sí deberás añadir un enlace en que los clientes puedan dar clic para enviar un formato de retroalimentación o mensaje de correo electrónico.

ILUSTRACIÓN 18-2. Muestra de página del proceso de compra con call to action solicitando retroalimentación.

# Motiva a tus clientes a decir por qué son leales a tu marca

La mejor prueba de concepto que puedes obtener es el testimonio de un cliente sobre su experiencia real. Este es el punto en que transformas a los miembros leales en promotores y pones a trabajar a los clientes para impulsar la marca. Cuando los clientes leales alaban tu negocio, los prospectos escuchan y empiezan a concebir tu producto o servicio como algo que podría formar parte de su vida.

**CONSEJO** Facilítales a tus clientes la labor de contar a otros por qué aman tu marca: redacta con claridad las llamadas a la acción en que solicites opiniones y haz que el acceso a tu negocio a través de tu nombre de usuario, o *handle*, sea sencillo.

La mejor manera de reclutar clientes leales para que te promuevan es a través de los *contenidos generados por los usuarios*, o UGC por sus siglas en inglés. Los UGC son texto, imágenes, audio o video publicados por los usuarios en lugar de por ti o tu marca. Para lanzar una campaña UGC sigue estos pasos:

**1. Elige los medios de redes sociales que deseas usar.**

Cuando elijas los medios en que te enfocarás, toma en cuenta el lugar donde tus clientes ya están publicando.

**2. Crea nombres de usuario, o *handles*, reconocibles y personalizados de tu marca para uso en redes sociales.**

El *handle* o nombre de usuario en redes sociales es el nombre de tu marca ante el público. Puede usarse con el símbolo de arroba (@) para etiquetar a la marca en publicaciones de esta manera: @girlganglabel. En las llamadas a la acción de tu campaña deberás usar tus nombres de usuario para redes sociales.

**3. Ponle a tu campaña un nombre original.**

Un nombre original te permite distinguir tu campaña de otras y comparar su éxito.

**4. Establece una solución para el monitoreo de impresiones y clics.**

El método más común es usando hashtags y herramientas de análisis de redes sociales (*analytics*) para monitorear con qué frecuencia la gente da clic. Entre estas herramientas se encuentran Sprout Social (https://sproutsocial.com), Hashtagify (https://hashtagify.me) y Keyhole (https://keyhole.co).

Con una herramienta de análisis de redes sociales puedes vincular tu campaña con tu hashtag. En cuanto la herramienta empieza a monitorearlo, reporta la cantidad de veces que este aparece, cantidad de clics y la manera en que los usuarios responden y comparten tus contenidos. Los usuarios también pueden dar clic en el hashtag o etiqueta para tener acceso a contenidos relevantes publicados por otros usuarios.

**CONSEJO**

Busca un hashtag corto, cautivador y original como #latteslechedeavena.

**5. Redacta un call to action que incluya tu handle y el hashtag de esta campaña.**

Aquí tienes un ejemplo: "Muéstranos que adoras nuestros nuevos lattes con leche de avena: etiquétanos en Instagram @JoesCoffeeCo #latteslechedeavena".

**6. Publica tu call to action en tus propiedades de redes sociales, blog y cualquier otro lugar que te parezca lógico.**

**7.** **Responde a los usuarios que participen en tu campaña.**

A la gente le agrada ver que sus acciones tienen algún tipo de impacto. Cuando los clientes publiquen su opinión, responde de la misma manera y, si te parece apropiado, muéstrales lo que otros han comentado. Demuestra que escuchas lo que dicen.

Capítulo **19**

# Cómo lidiar con la competencia y otras amenazas contra tu marca

Parte de tu responsabilidad como dueño de una marca consiste en protegerla de las amenazas externas e internas como los competidores, el robo de propiedad intelectual y la publicidad negativa. Debes ser proactivo y reactivo, necesitas seguir ciertos pasos para eludir las dificultades, pero también estar preparado para responder cuando sean inevitables.

En este capítulo te ofrezco asesoría sobre cómo proteger tu marca de las amenazas internas y externas más comunes y graves.

# Mantente sensible a las cambiantes necesidades de tu mercado objetivo

La mayor amenaza contra tu marca es la complacencia. Muchos dueños de marcas logran cierto nivel de éxito y luego se duermen en sus laureles, y se olvidan del mundo y del hecho de que las necesidades y preferencias de sus clientes cambian de manera constante. Los clientes evolucionan, pero los dueños permanecen inamovibles y permiten que sus competidores se abalancen y ganen terreno en el mercado a costa suya. Imagina, por ejemplo, una línea de ropa que nunca cambia, que continúa ofreciendo pantalones de mezclilla entubados mientras todos sus competidores siguen la tendencia de los pantalones acampanados.

Aquí tienes algunos consejos para mantenerte sensible a los cambios en tu mercado objetivo:

» **Enfócate en las necesidades y preferencias de tus clientes con una precisión tipo láser.** A final de cuentas, el éxito de una marca depende del entusiasmo de sus clientes.

» **Escucha con atención a tus clientes.** Estas son algunas de las fuentes de información para saber lo que desean:

- Tu equipo de ventas.

- Tus representantes de servicio al cliente.

- Los debates en redes sociales que mencionan tu marca, las de los competidores, o los tipos de productos o servicios que ofreces.

- Sus devoluciones y cambios.

- Las encuestas.

» **Busca problemas.** Todos los problemas, puntos neurálgicos y dificultades que enfrentan tus clientes son oportunidades para que tu marca satisfaga sus necesidades.

» **Vigila lo que hacen tus competidores y mantente proactivo.** No puedes solo reaccionar de vez en cuando a lo que hagan tus competidores. Si te mantienes al tanto de sus movimientos todo el tiempo tendrás más oportunidades de superarlos de formas innovadoras.

» **Monitorea las condiciones del mercado.** Los hábitos de compra mutaron de forma considerable en 2020 cuando empezó la pandemia de covid-19. Mantente pendiente de los grandes cambios en el mundo y piensa de qué manera podrían afectar las necesidades y preferencias de tus clientes.

**RECUERDA** También monitorea los cambios en tu organización y piensa en el impacto que podrían tener en tu marca. A medida que crezca tu negocio, por ejemplo, tal vez se vuelva menos innovador y sensible al cambio, y se enfoque más en la calidad y confiabilidad de los productos existentes. Si la gente asocia la identidad de tu marca con la innovación, necesitarás encontrar la manera de revigorizar ese aspecto del negocio, o, si te parece que la evolución en los valores de tus clientes lo justifica, tendrás que implementar una estrategia de rebranding.

# Mantén a los competidores al margen

En el desarrollo de marca o *branding*, una cosa es segura: cuando alcances el éxito, siempre habrá alguien que venga y trate de arrebatártelo. Te imitarán, robarán tu idea o tratarán de opacarte. De hecho, lo más probable es que tú estés haciendo lo mismo con tu marca ahora, es decir, estás ofreciendo algo superior para tratar de desbancar a una marca establecida. Pero no te inquietes: así se juega este juego... siempre y cuando actúes de forma legal y ética. La competencia impulsa el desarrollo, hace que los productos sean menos costosos y mejora la vida de los consumidores. Por desgracia, también puede sacarte a ti y a tu marca del negocio. Te podría pasar lo mismo que a Blockbuster, por ejemplo, pero ya hablaremos de ese tema más adelante, en la sección "Mantente al día con los cambios en tu industria".

Para conservar la ventaja competitiva y garantizar que tu marca continúe prosperando, deberás vigilar y detectar cualquier cosa que implique competencia o amenace con remplazarte; y actuar con rapidez. En esta sección te mostraré cómo hacerlo.

## Identifica a tus competidores

La mayoría de los propietarios de marcas pueden identificar a sus competidores directos e indirectos.

» **La competencia directa** es otra marca que opera en el mismo mercado con un producto casi idéntico. Starbucks, McDonald's y Dunkin, por ejemplo, rivalizan por convertirse en el lugar preferido de la gente para consumir una excelente taza de café.

» **La competencia indirecta** es otra marca que compite en el mismo mercado, pero con un producto substancialmente distinto. Starbucks, por ejemplo, compite con varias empresas que venden tes de alta calidad como Tazo y Twinings.

Yo, sin embargo, tengo una visión más amplia de lo que es la competencia: cualquier cosa en la que alguien de tu mercado objetivo puede gastar su dinero. Como tengo una marca de ropa, es obvio que compito con otras marcas de moda, pero mis clientes pueden elegir gastar su dinero en todo tipo de artículos: entretenimiento, viajes, mascotas, membresías de un gimnasio, suministros de belleza, objetos para la decoración del hogar, lo que sea. De hecho, en realidad compito por cada dólar que mis clientes eligen cómo gastar. Para que gasten en mis productos en lugar de los de la competencia, necesito darles una razón de peso. Te recomiendo que abordes este problema de la misma manera.

## Esfuérzate por ir más allá de la calidad y el valor

En el mundo actual, la mayoría de los productos y servicios son indistinguibles de los de sus competidores. Si solo te enfocas en ofrecer el producto o servicio de la más alta calidad o valor, lo más probable es que termines trabajando demasiado mientras tu margen de ganancia se reduce centavo a centavo. Necesitas ofrecer algo más, una experiencia única, un sentimiento o sensación de pertenencia. El branding depende por completo de hacer a la gente sentir un vínculo emocional con lo que ofreces, una conexión que tus competidores no puedan igualar.

Aquí te presento algunas maneras en las que puedes empezar a alimentar este vínculo con tu marca:

>> Cuenta historias que provoquen una respuesta emotiva.

>> Confiesa tu vulnerabilidad, revela la parte humana/afectiva de tu marca.

>> Expresa un interés genuino en la vida de tus clientes. Sé empático. Muéstrale a la gente que te importa.

>> Involúcrate con tus clientes e interactúa con ellos de forma auténtica. No tengas miedo de ser tú mismo o tú misma.

>> Conéctate con los clientes a *su* nivel emocional. ¿Tienen temor? ¿Se sienten solos o inseguros? Si tu marca puede llenar un vacío en su vida, el lazo será mucho más profundo y perdurable.

>> Forma una comunidad próspera. La mayoría de la gente quiere ser parte de algo más grande que sí misma. Construir una comunidad sólida y ofrecer a otros la oportunidad de integrarse como miembros a través de tu marca te permitirá fomentar y fortalecer la lealtad.

>> Reúne a tus clientes en torno a una causa común. Nada fortalece más a una comunidad que una causa noble.

# Mantente al día con los cambios en tu industria

En la sección "Mantente sensible a las cambiantes necesidades de tu mercado objetivo", un poco más atrás en este capítulo, te exhorté a mantenerte al tanto de las cambiantes necesidades y preferencias de tus clientes, así como de las mutaciones en tu industria. Si no lo haces, es probable que las nuevas tecnologías, técnicas, productos, servicios y demás innovaciones en general te tomen por sorpresa.

Blockbuster es el paradigma de las marcas a las que la llegada de nuevas tecnologías tomó desprevenidas. Esta empresa era líder mundial de la renta de videos, pero luego, gracias al internet de alta velocidad y la televisión por cable, fue posible transmitir video, lo cual condujo al concepto de streaming. Y entonces, la renta de videocasetes VHS y de DVD se volvió obsoleta. Poco después empezaron a desaparecer todas las sucursales de Blockbuster.

Aquí te presento algunas maneras de mantenerte actualizado con los cambios en tu industria:

> » Lee con regularidad las publicaciones sobre comercio y los boletines de información más relevantes de tu industria.

> » Establece redes de contactos con otras personas de tu ramo, incluyendo proveedores que te puedan suministrar productos, y negocios a los que les puedas vender.

> » Visita los sitios web y blogs de tus competidores para ver en qué están trabajando.

> » Participa en foros de discusión relacionados con tu industria.

 Busca en LinkedIn foros específicos de tu ramo.

**RECUERDA**

> » Únete a organizaciones profesionales de tu industria y participa en las actividades.

> » Configura las alertas de Google News para recibir las noticias de tu industria.

# Enfócate en la innovación

Una de las mejores maneras de mantener a tus competidores al margen es ser más innovador que ellos, es decir, desarrollar productos, servicios y prácticas que no se les hayan ocurrido. Algunas de las empresas más innovadoras desarrollan productos y servicios antes de que exista demanda en el mercado, es decir, ofrecen lo que los consumidores desean antes de que ellos sepan siquiera que lo quieren. Un buen ejemplo de ello es el teléfono celular. En 1994, cuando IBM dio a conocer el primero, llamado Simon Personal Communicator, la gente no lo compró como pan caliente. Ahora, sin embargo, la mayoría no podría vivir sin uno.

A pesar de las apariencias, la innovación no se limita a la tecnología, en todos los sectores se requiere de ella. Piensa, por ejemplo, en el transporte, la agricultura, la educación, la hostelería, la moda y el entretenimiento. Asimismo, la innovación puede estar presente en todas las etapas de desarrollo de un producto o servicio, desde la fabricación, la comercialización y la distribución, hasta la venta y el apoyo técnico. Cuando la gente habla de la industria de la comida rápida, no suele mencionar la innovación, sin embargo, piensa lo mucho que ha cambiado a lo largo de los años: antes llegabas en automóvil al local y te estacionabas para comer ahí, y ahora no tienes ni que bajarte para ordenar; antes pagábamos en efectivo, ahora solo deslizas tu tarjeta de crédito; antes ordenábamos en el mostrador, ahora podemos hacerlo a través de aplicaciones y quioscos.

Cuando pienses en innovación, toma en cuenta todos los aspectos de tu negocio y pregúntate lo siguiente: "¿Qué mejoras puedo hacer para que la experiencia del cliente sea más satisfactoria?".

# Protege tu marca

Antes de lanzar una nueva marca, producto o proceso al mercado, haz lo necesario para protegerlo. Si no lo has hecho aún, tal vez no sea demasiado tarde. Siempre y cuando nadie más haya registrado la misma marca o patentado un producto o proceso muy similar, todavía estás a tiempo de salvaguardar tu propiedad intelectual, es decir, cualquier idea que pueda tener valor comercial.

En esta sección te pondré al tanto de la protección legal existente y te explicaré cómo obtener asesoría legal durante el proceso, y en caso de que alguien infrinja tus derechos.

## Registra tu negocio en las instancias del gobierno

El primer paso para proteger tu negocio y tu marca consiste en registrarlos. Si realizas actividades comerciales bajo tu nombre y no tienes empleados, tal vez no te exigirán que registres tu negocio, pero no es mala idea hacerlo, ya que podría volverte elegible para gozar de protección bajo el estatus de responsabilidad personal y de ciertas ventajas legales y fiscales. También puede facilitarte el proceso de solicitud de registro de marca o patente. Por otra parte, si operas bajo un nombre ficticio, estás *obligado* a registrarte.

Los requisitos para el registro varían en los niveles federal, estatal y local, pero también de acuerdo con la estructura de tu negocio: propietario único, Compañía de responsabilidad limitada (llc, por sus siglas en inglés), Corporación S (S Corp) o Corporación C (C Corp). En el capítulo 2 aparecen los detalles sobre los distintos tipos de estructuras de negocios, y asesoría para registrar tu nombre.

## Registra tu marca

Una *marca registrada* es cualquier palabra, frase, símbolo, diseño o combinación de estos cuatro elementos, que distingan a tu marca de las de los competidores. La marca registrada identifica la fuente de tus bienes o servicios, te ofrece protección legal y te ayuda a luchar contra la falsificación y el fraude.

Las marcas registradas vienen en dos sabores:

>> **Marca registrada**, para los productos

>> **Marca de servicio**, para los servicios

Para simplificar, usaré el término *marca registrada* para referirme a ambos tipos.

**RECUERDA** El principal propósito de una marca registrada es evitar la competencia injusta. Un negocio podría, por ejemplo, crear una marca similar a otra para provocar confusión en el mercado y afectar al creador de la marca original. O, quizá, otro negocio de un sector distinto podría usar el mismo nombre que el que tú registraste y, en ese caso, tendrías una razón muy débil, o ninguna, para presentar una demanda por violación de los derechos de autor.

**CONSEJO** Recomiendo contratar a un bufete de abogados especializado en registro de marcas para que averigüen qué es lo que necesitas con exactitud. Si quieres detalles sobre cómo contratar a un abogado calificado y solicitar ayuda económica para cubrir sus honorarios en caso de que no cuentes con los recursos suficientes, visita https://www.uspto.gov/trademarks/basics/why-hire-private-trademark-attorney#Find%20attorney.

## ALGUNAS IDEAS EQUIVOCADAS SOBRE LAS MARCAS REGISTRADAS

Con el paso de los años han surgido varias ideas equivocadas y mitos en torno a lo que son las marcas registradas y la protección que ofrecen. Aquí trataré de aclarar los más comunes:

**Mito:** puedes registrar una palabra, frase o logotipo para evitar que otros lo utilicen con fines comerciales.

**Hecho:** el registro de la marca solo protege la manera en que la palabra, frase o logotipo es usada con artículos y servicios específicos. Si registras un nombre y un logotipo para tu negocio de limpieza de alfombras, eso no impedirá que sean usados por otro tipo de negocio como, digamos, un minorista de artículos de moda.

**Mito:** un registro que describa tus artículos o servicios bastará para proteger el nombre, logotipo y otros bienes de la marca.

**Hecho:** un nombre, logotipo y diseño altamente creativos fortalecen en mayor medida un registro. Además, usar el nombre, logotipo y diseño de forma continua y extensa y combatir de forma legal cualquier violación de tu propiedad intelectual fortalece tus derechos.

**Mito:** una marca deberá ser registrada para garantizar su protección legal.

**Hecho:** tu marca está protegida legalmente en cuanto la usas en el mercado. Registrarla te permite usar el símbolo de "marca registrada" (®), establece la suposición de que quien la registra es el propietario, impide que otros registren una marca similar y fortalece los elementos para entablar un proceso legal por violación de los derechos de propiedad intelectual en Estados Unidos.

## Realiza una búsqueda de marca registrada

El primer paso para registrar tu marca consiste en realizar una búsqueda para cerciorarte de que no vas a violar los derechos de alguien más. Este proceso puede ser complicado y exige tres tipos de búsquedas:

» **Federal:** una búsqueda federal de marca registrada implica buscar en las bases de datos de marcas de la Oficina de Marcas Registradas y Patentes de Estados Unidos (uspto, por sus siglas en inglés), a la que puedes acceder visitando https://www.uspto.gov/trademarks/search. Escribe en el campo de búsqueda el nombre que deseas registrar y el sistema te indicará si alguien ya lo hizo.

**ADVERTENCIA**

No limites tu búsqueda a una coincidencia exacta, también busca nombres similares, nombres con el mismo significado, equivalentes en otros idiomas, y cualquier otro apelativo que pueda parecerse. Cuando se le niega el registro a una solicitud, suele ser porque ya existe una marca con por lo menos una variación, no porque el nombre sea idéntico.

» **Estatal:** cada estado tiene su propia base de datos de marcas registradas. Si solo vas a operar en un uno, no necesitas buscar en la base de datos de los 50 estados del país, pero si piensas extenderte a nivel nacional, alguien podría entablar una demanda por violación de derechos intelectuales si registró una marca idéntica o similar en algún estado. En esta dirección podrás encontrar los enlaces a las bases de datos estatales: https://www.uspto.gov/trademarks/basics/state-trademark-information-links.

» **De *common-law* o de uso público de la marca:** debido a que un nombre, logotipo o diseño se registra como propiedad intelectual en cuanto se usa, y como la gente no siempre se toma la molestia de registrar sus marcas a nivel estatal o federal, también necesitas realizar una búsqueda "de uso público". Este proceso implica buscar en internet y en fuentes como periódicos y televisión bases de datos de demandas, directorios de negocios como The Real Yellow Pages (https://www.yellowpages.com) y registros de empresas públicos y privados.

Seguramente ahora entiendes por qué te recomiendo contratar a un bufete de abogados.

## Establecimiento de una marca registrada por "uso público"

La manera más sencilla de obtener protección para una marca consiste en comenzar a usar su nombre, logotipo, diseño y cualquier otro elemento relacionado exclusivamente con ella. Si es un hecho que nadie más está usando esos elementos ni otros similares, obtendrás los derechos solo por ser el primero en hacer uso de ellos. Para asegurarte de reivindicarlos, también puedes usar en superíndice los símbolos TM o SM ("marca registrada" y "marca de servicio", respectivamente, por sus siglas en inglés).

Aunque logres establecer una marca registrada por uso público, deberás registrarla de la manera que se explica en la próxima sección. Estas son las razones:

» Una marca registrada por uso público solo está protegida en el lugar en el que se usa.

» Una marca registrada por uso público no ofrece una protección legal tan sólida como la marca registrada legalmente.

» Como no estarás bajo el riguroso escrutinio que implica el proceso de registro oficial de marca, correrás más riesgo de ser legalmente responsable de violar los derechos de propiedad intelectual de alguien más.

# Obtén una marca registrada

>> Tienes que saber que, si ya llegaste hasta este punto, el trabajo más arduo quedó atrás. Ahora solo tienes que completar y enviar los formatos oficiales. Cuáles usar dependerá de si deseas tener protección solo en Estados Unidos o en otros países también.

>> Para obtener los formatos de registro de marca en Estados Unidos visita https://www.uspto.gov/trademarks/apply/index-all-teas-forms.

>> Para obtener los formatos de registro de marca en más de 100 países a través de un solo trámite, visita https://www.wipo.int/madrid/en.

En cuanto recibas los documentos de confirmación de la marca registrada podrás y deberás empezar a usar el símbolo (®) de forma continua en por lo menos un lugar destacado de cada producto que empaques, y en todo documento y comunicación de la marca. Coloca el símbolo en superíndice, a la derecha del nombre, logotipo o elemento original. Si no lo usas, te será difícil reclamar si llegaras a verte afectado por una violación a tu registro de marca.

RECUERDA Usa tu marca registrada con frecuencia y protégela de cualquier violación. Entre más la uses y la defiendas con vigor en los tribunales, más fuerte se volverá. También asegúrate de pagar a tiempo los derechos y presentar los formatos de mantenimiento que te exijan para evitar que tu registro expire o sea cancelado. Para más detalles, visita https://www.uspto.gov/trademarks/basics/maintaining-registration.

# Defiende tus marcas registradas

La USPTO no defiende tus marcas registradas en tu lugar, eso es algo que deberás hacer tú mismo, así que mantente alerta de cualquier violación o amenaza a tus derechos de propiedad intelectual. Aquí te presento varias acciones que puedes realizar para proteger y defender tus marcas:

>> Usa tu marca registrada en tu logotipo, comunicados de prensa, tarjetas de presentación, empaques, sitio web y cualquier elemento relacionado que aparezca en público. Empieza a usarla en los primeros seis meses a partir de que la obtengas, y sigue haciéndolo de forma continua y reiterativa.

>> Conserva el uso de tus marcas registradas, llena los formatos de renovación y paga los derechos antes de las fechas de vencimiento que marque la USPTO.

>> Mantente atento a cualquier marca o producto idéntico o similar a los tuyos, tanto en internet como fuera de él. También ten cuidado con las *falsificaciones* (marcas idénticas o casi indistinguibles de la tuya), la *violación de derechos* (cualquier cosa que sea suficientemente similar a

tu marca para causar confusión considerable en el mercado), la *dilución* (cualquier cosa que sea suficientemente similar a tu marca para reducir su carácter distintivo) y la *publicidad falsa/engañosa* (cualquier cosa que desoriente al consumidor o usuario final, y provoque confusión o daño a la marca).

**CONSEJO**

Todos los martes revisa la *Trademark Official Gazette* (https:// www.uspto.gov/learning-and-resources/official-gazette/ trademark-official-gazette/trademark-official-gazzette-tmog) para ver las nuevas marcas registradas. Esta gaceta también incluye un registro de renovaciones y cancelaciones.

» Registra tu marca en Protección en Aduanas y Fronteras de Estados Unidos (https://iprr.cbp.gov), esto la reforzará en las fronteras, en especial para protegerla de falsificaciones. Deberás pagar una cuota, pero vale la pena hacerlo si te preocupa que gente de otros países pueda infringir tus derechos.

» En cuanto sospeches que hubo cualquier violación de tus derechos de propiedad intelectual, toma medidas legales porque, entre más tardes en actuar, más débil será tu posición en un juzgado. Si te parece que alguien los violó, te recomiendo que consultes a un abogado especializado en este tipo de litigios.

# Evita los desastres publicitarios o recupérate si se presentan

Hoy en día, ningún negocio es inmune a los desastres de relaciones públicas (RP). Dada la popularidad y omnipresencia de las redes sociales, cualquier noticia buena o mala puede volverse viral en un instante.

Al igual que con las otras dificultades probables, lo mejor es prevenir. Claro, es imposible prevenir todo lo malo susceptible de dañar tu marca, como un producto defectuoso, un cliente enojado, un empleado contrariado, un accidente ambiental o incluso un anuncio ofensivo para una audiencia sensible; pero hay algunas acciones proactivas que puedes emprender para evitar el daño de un desastre de relaciones públicas:

» Establece políticas y lineamientos claros y firmes para controlar cualquier cosa que alguien de tu organización pudiera decir o hacer en las horas de trabajo o fuera de ellas, susceptible de afectar de manera negativa a tu marca. Incluye políticas para redes sociales (si necesitas ejemplos, puedes buscarlos en internet: muchas empresas publican sus políticas o código de conducta en la red).

» Establece políticas y procedimientos para la protección y compartición de la información de los clientes. Actualmente, buena parte de la publicidad negativa que llegan a tener las empresas se debe a que la información de los clientes cae en las manos equivocadas o es compartida sin permiso expreso de los mismos.

» Monitorea las noticias y discusiones en internet en que se mencione a tu marca y responde de inmediato a cualquier comentario negativo o crítica.

» Mantente alerta de cualquier contrariedad en el lugar de trabajo que pudiera dar como resultado empleados molestos capaces de actuar en contra de tu marca, y atiéndelo. Establece una política de tolerancia cero para evitar el acoso sexual, los prejuicios y las prácticas de negocios no éticas, y hazla cumplir.

» Establece un sistema para lidiar con los reclamos de forma interna antes de que se vuelvan públicos.

Si tienes una crisis de relaciones públicas, minimiza el daño y restaura la reputación de tu marca con los siguientes pasos:

## 1. Acepta la crisis.

Reconoce el problema, no lo niegues, no lo ignores ni finjas que no importa. Si otros perciben una situación como un gran problema, es porque lo es.

## 2. Responsabilízate.

Asume la responsabilidad y muestra empatía por cualquier persona que haya resultado afectada por lo que se hizo, se dijo o se escribió. Tú estás a cargo, es tu obligación atender los problemas.

## 3. Enmiéndalo.

Realiza las acciones necesarias para solucionar el problema y evitar que vuelva a suceder.

## 4. Mantente al frente.

Monitorea las discusiones para mantenerte por encima de toda la publicidad, responde rápido y de forma adecuada, corrige cualquier información incorrecta o malinterpretada.

## 5. Muéstrate arrepentido.

Incluso si no fuiste responsable directo del problema, en nombre de tu marca expresa arrepentimiento por lo ocurrido.

# 5

# De diez
# en diez

Encontrarás 10 maneras de volver viral una campaña de marketing. Diseñarás un eslogan pegajoso para tu campaña, lo filtrarás a la prensa, promoverás publicaciones en redes sociales, aprovecharás la fuerza del marketing a través de correo electrónico y mucho más.

Aprenderás 10 maneras de diferenciar tu negocio/marca de lo que ya existe en el mercado. Ofrecerás productos y servicios de calidad, establecerás garantías y precios justos, interactuarás con tus clientes y prospectos, y buscarás formas de proveerle a la gente algo valioso.

Explorarás 10 maneras de llevar tráfico a tu sitio, blog o tienda en línea. Crearás tu propia miniweb con todos tus bienes de marca en línea promoviéndose entre sí, incluirás la dirección de tu sitio en todos tus materiales de marketing, aprovecharás el impacto de los influencers y mucho más.

Capítulo **20**

# Diez maneras de lograr que tus campañas de marketing se vuelvan virales

El objetivo principal de realizar cualquier campaña de marketing es que se vuelva viral. Necesitas desarrollar una campaña que haga que la gente compre tus productos y promueva tu marca incluso mucho tiempo después de haberla lanzado.

Mi esposo y yo lanzamos una campaña viral para la segunda marca que fundamos. El producto era un libro para colorear, los clientes nos daban sus fotografías y nosotros las transformábamos en el libro. Al principio de la campaña le mostramos el producto a BuzzFeed y se volvió viral, pero por desgracia no estábamos preparados para la bendición del éxito: no pudimos mantenernos al día con la demanda que tuvimos.

Después de ser testigos de primera mano de lo que sucede cuando un negocio no está preparado para expandirse, decidí compartir nuestra historia con otros empresarios para que no cometieran los mismos errores. En este capítulo te explicaré lo que hicimos bien, y te alertaré sobre nuestros errores, de esa manera podrás lanzar una campaña viral de marketing sin tener que enfrentarte a obstáculos y a la exasperación como nosotros.

# Planea con el objetivo de tener un éxito fenomenal

Cuando echan a andar un negocio, muchos empresarios se preguntan qué harían si fracasaran, pero muy pocos piensan en lo que harían si tuvieran un éxito inimaginable, y por eso no están preparados para capitalizar al máximo las oportunidades de oro cuando estas se presentan.

Eso fue lo que nos sucedió a mi esposo y a mí cuando lanzamos nuestro libro para colorear personalizado en BuzzFeed. Esperábamos recibir algunas decenas de pedidos, pero no teníamos implementado un plan para lo que sucedió. El artículo ocupó en poco tiempo el primer lugar de *trending topics* y fue reproducido en 500 medios de comunicación, incluyendo *The Today Show*. Por supuesto, tuvimos el problema que acompaña a todo éxito fenomenal: mi esposo y yo recibimos miles de órdenes, pero no contábamos con sistemas para incrementar la producción.

Si tienes una excelente idea para una campaña de marketing, más te vale tener un plan igual de bueno para hacer frente a la enorme demanda que se podría generar. Para no fallar, sigue estos pasos:

**1.** **Imagina lo que sucedería si tu campaña de marketing se volviera viral.**

¿Será necesario incrementar el volumen? ¿Tendrás que responder más mensajes? ¿Las ventas se dispararán hasta el cielo? ¿Perderás clientes debido a tu incapacidad para atenderlos o entregarles el producto?

**2.** **Averigua qué necesitarías para hacer frente a un aumento en la demanda.**

¿Necesitarías contratar más gente, aumentar la producción o subcontratar a un proveedor para que se hiciera cargo de parte del trabajo? Identifica los puntos neurálgicos potenciales y las áreas en que el proceso podría estancarse. Si fabricas un producto, ¿necesitarías tener material y suministros adicionales a la mano?

**CONSEJO**

Si estás probando un producto o campaña y no estás seguro de qué esperar en cuanto a la demanda, y si no deseas invertir demasiado en algo que podría no tener éxito, considera las siguientes opciones:

- Ofrece una garantía limitada y dales a los clientes la opción de anotarse en una lista de espera si llegaras a quedarte sin inventario.

- Haz que los clientes ordenen previamente el producto para poder evaluar la demanda sin lanzarte de lleno en una producción masiva.

## 3. Calcula el tiempo que necesitarías para expandirte.

¿Podrías expandirte de inmediato o necesitarías días o semanas?

## 4. Preempaqueta lo más posible.

Si vendes agendas y usas los mismos sobres, productos y encartes para todas las órdenes, puedes preempaquetar. Esto te permitirá imprimir etiquetas y pegarlas a los paquetes a medida que vayan llegando las órdenes. Cualquier acción que ahorre tiempo te ayudará a enfrentar una cantidad inesperada de pedidos.

## 5. Habla con los clientes respecto a sus expectativas.

Supón que produces velas hechas a mano y que tienes que atender 100 pedidos semanales con una producción de 400 velas al mes.
Estás a punto de lanzar una campaña de marketing que podría generar ventas de 200 o más velas por semana. Una manera de lidiar con las expectativas de los clientes sería publicar un mensaje como el siguiente: "Gracias por su interés en Pretty Cool Candles, por favor tome en cuenta que nuestras velas son hechas a mano por un pequeño equipo de fabricantes especializados. Puede ordenar los artículos que se muestran como 'agotados', pero nos tomará dos semanas hacer el envío. No se le cobrará nada hasta que los productos salgan de nuestra fábrica".

**CONSEJO**

Quedarse sin inventario no es necesariamente malo. De hecho, puedes aprovechar esta situación con un comentario como "Cantidades limitadas" o algo parecido. Siempre y cuando planees lo que harías en caso de una sobreventa, no te preocupes demasiado al respecto.

**RECUERDA**

Es esencial que seas honesto con los clientes, en especial si el interés por tu producto aumenta de forma inesperada. Saber lo que puedes prometer siendo realista y explicar la situación te ayudará a establecer una relación positiva con tus clientes.

# Haz tu lista de direcciones de correo electrónico

Una de las herramientas más valiosas para impulsar una campaña de marketing viral es una nutrida lista con las direcciones de correo electrónico de la gente que ha mostrado interés en tu marca o que se inscribió para mantenerse al tanto del lanzamiento. Para empezar a capturar la información, instala en tu sitio web un plug-in o widget para guardar direcciones o generar información de clientes potenciales con los que se tiene un primer contacto. Estas herramientas animarán a los visitantes a dejar su dirección y, si lo hacen, también los recompensarán. Además, hay varias: OptinMonster (https://optinmonster.com), SleekNote (https://sleeknote.com), Bloom (https://www.eleganthtemes.com/plug-ins/bloom) o Constant Contact (https://www.constantcontact.com), por ejemplo.

CONSEJO

La mayoría de las personas se muestran renuentes a compartir sus direcciones de correo electrónico, así que debes darles una razón de peso o un incentivo para que lo hagan, algo como una oferta exclusiva o contenidos a los que solo puedan acceder si proveen la información.

Algunos sitios de comercio electrónico les dan a sus comerciantes la opción de añadir una preferencia de suscripción en la página del proceso de pago para que los clientes decidan si quieren o no recibir mensajes de correo electrónico. En Shopify puedes activar la herramienta siguiendo estos pasos:

1. **Entra a Shopify con tu contraseña y ve a la pantalla de administración.**

2. **Elige "configuración" (*settings*) > "proceso de compra" (*checkout*).**

3. **Deslízate hacia abajo, hasta llegar a la sección "email marketing", y selecciona "mostrar opción de inscripción en el proceso de compra" (*show a sign-up option at checkout*).**

   Durante el proceso de compra los visitantes podrán ingresar sus direcciones de correo para inscribirse en tu lista.

4. **(Opcional) Marca la casilla para preseleccionar la opción de inscribirse, *sign-up*.**

   Esta opción suscribe al cliente a la lista de forma automática a menos que elija lo contrario. Si un cliente ya decidió no suscribirse, la opción *sign-up* no será preseleccionada.

En el capítulo 14 encontrarás más información sobre el marketing a través de correo electrónico.

# Sé emotivo

Para siquiera tener la esperanza de que tu campaña se vuelva viral, necesitas que apele a los sentimientos de tus clientes objetivo. Si llegas a entrar en contacto con sus emociones, podrías inspirarlos a actuar: a compartir una publicación sobre tu marca, suscribirse a tu boletín de información, ordenar tu producto o servicio, o recomendarte con un amigo o familiar.

Muchas de las campañas de marketing más exitosas apelan a la emoción por medio del humor. En 2018, Burger King lanzó el comercial Whopper Neutrality para demostrar lo ridículo que sería el concepto de la neutralidad de la red si ellos lo aplicaran a sus operaciones en sus populares restaurantes de comida rápida. Cada vez que los clientes ordenaban una hamburguesa Whopper, les daban la opción de pagar más para tener acceso a un servicio más rápido. Podían elegir la velocidad de preparación en el esquema "Hamburguesas cocinadas por segundo" (*Making Burgers per Second* o MBPS) y pagar $4.99 dólares por una Whopper en MBPS lento, $12.99 dólares por una Whopper en MBPS rápido y $25.99 por una Whopper en MBPS hiperrápido. Las reacciones de la gente fueron graciosísimas y el video se hizo viral.

# Redacta un eslogan de campaña pegajoso

Toda campaña de marketing tiene un mensaje diseñado para quedarse pegado en el cerebro del consumidor como si fuera velcro. Al redactar tu mensaje de campaña, asegúrate de hacerlo:

» **Conciso:** adecuado para usarse en títulos en redes sociales, comunicados de prensa y en el renglón de "asunto" de los mensajes de correo electrónico.

» **Digno de causar alboroto:** por ser interesante, divertido o emotivo.

» **Congruente:** con los intereses, necesidades o deseos de los consumidores objetivo.

» **Descriptivo:** que transmita la originalidad y las ventajas del producto o servicio.

En el caso de nuestro libro para colorear personalizado queríamos hacer énfasis en la idea de que las fotografías se podían transformar en imágenes para colorear. En 2016, cuando inauguramos nuestra empresa, Instagram era una manera popular de compartir fotografías con amigos y familiares, por lo que nos pareció el lugar perfecto para hacer el marketing de nuestro producto. Para atraer a los usuarios de la plataforma, se nos ocurrió el eslogan: "¡Transforma tus fotografías de Instagram en un libro para colorear!".

Antes de eso, sin embargo, experimentamos con otras frases:

» "¡El primer libro para colorear personalizado!". Esta no lo logró porque no se relacionaba con el cliente objetivo.

» "¿Quieres sorprenderlos con este regalo personalizado?". Esta frase era demasiado vaga, no describía la originalidad y ventajas del producto.

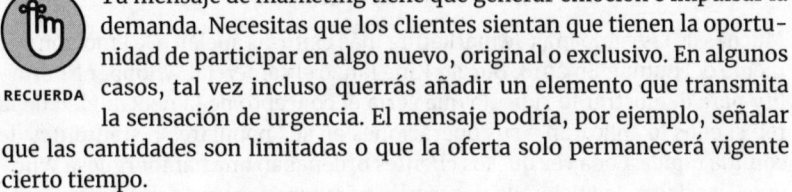

**RECUERDA** Tú mensaje de marketing tiene que generar emoción e impulsar la demanda. Necesitas que los clientes sientan que tienen la oportunidad de participar en algo nuevo, original o exclusivo. En algunos casos, tal vez incluso querrás añadir un elemento que transmita la sensación de urgencia. El mensaje podría, por ejemplo, señalar que las cantidades son limitadas o que la oferta solo permanecerá vigente cierto tiempo.

# Nunca subestimes el impacto de los elementos visuales

Todas las campañas de marketing necesitan un mensaje cautivador basado en el texto, sin embargo, es más probable que los elementos visuales como las imágenes y los videos se vuelvan virales, en especial si son interesantes, informativos o divertidos. Piensa en maneras creativas de expresar tu mensaje de marketing con una imagen o video impactante y memorable que revele lo peculiar de tu propuesta.

Hace muchos años, Squatty Potty produjo un comercial muy divertido en el que aparecía un unicornio haciendo popó, pero lo que en realidad evacuaba era helado cremoso de colores sabor tutifruti. La empresa publicó el video en YouTube y, hasta la fecha, ha acumulado más de 39 millones de visitas. Tal vez no tengas los recursos económicos para producir un comercial de nivel profesional, pero tampoco necesitas video de la más alta calidad para lograr que tu campaña se haga viral. En YouTube y TikTok todos los días surgen videos que se vuelven virales. Los memes son imágenes combinadas con texto que te ofrecen una oportunidad más de hacer correr la voz con elementos gráficos.

# Elige los medios de comunicación de forma estratégica

Haz una lista de los medios de comunicación a los que tu objetivo demográfico recurre para encontrar noticias e información: periódicos, revistas, televisión, radio y medios en internet. Si vas a hacer el marketing de un producto educativo para niños, publicar un artículo o recibir una reseña positiva de tu producto en la revista *Parents* sin duda lograría que la gente se fijara en tu marca. Si vas a lanzar una app para organizar documentos de viaje, tal vez debas enfocarte en revistas de viajes y en sitios de noticias e información sobre tecnología. Si eres un negocio local, considera ponerte en contacto con las estaciones locales de radio y televisión.

**CONSEJO**

Averigua en internet cuáles son los medios de comunicación más relevantes. Si tu producto o servicio se relaciona con viajes, busca "revistas de viajes", "consejos para viajeros", "sitios de viajes" y "blogs de viajes". Durante tu investigación, lleva a cabo un registro que incluya nombre, dirección del sitio y cualquier otro dato de contacto de los medios que encuentres.

## Presenta tu marca a los medios

Cuando hayas recopilado algunos contactos de prensa, envíales información sobre tu marca y explícales por qué piensas que coincidiría con su audiencia. Recuerda que la gente de medios suele recibir discursos de ventas todo el tiempo, así que sé breve al presentar la siguiente información:

» Algunas frases sobre tu marca, redactadas de tal forma que se entienda por qué sería relevante para la audiencia del medio en cuestión.

**RECUERDA**

Cuando la gente va a enviar un discurso de ventas para presentarse ante un medio, el paso que más pasa por alto es el fundamental: encontrar un ángulo y escribir una historia. Al redactar tu discurso, piensa cómo coincide tu marca con la misión del medio de comunicación, y sé auténtico al explicar por qué tu narrativa se relaciona con la audiencia objetivo.

» Dónde/cómo obtener el producto o servicio.

» Información sobre el precio.

» Un enlace a tu sitio web, blog o redes sociales.

» Ofrecimiento de enviar información e imágenes adicionales: "Si está usted interesado en escribir un artículo sobre nuestra marca, nos dará gusto responder a sus preguntas y enviarle imágenes del producto y su uso en la vida cotidiana".

Estos detalles son todo lo que los periodistas necesitan para escribir un artículo.

No envíes imágenes ni adjuntes nada hasta que no recibas una respuesta: los correos con documentos adjuntos suelen ser señalados como correo indeseable o basura.

Si formas una relación *antes* de dar tu discurso de ventas y ofrecer tu marca, tendrás más éxito. Encuentra puntos en común e involúcrate con las comunidades que se han formado en torno a los medios de comunicación relevantes. Da *me gusta* y comparte los artículos de los miembros. Contribuye con las discusiones en sus sitios web y redes sociales *sin* anunciar de forma descarada tu marca. Cuando los periodistas noten que coincides con sus intereses, tal vez te sea más sencillo presentarla para que la den a conocer en sus plataformas, ya que podrás compartir un portafolio de trabajo congruente con los valores de su audiencia.

# Extiende tu alcance a través de publicaciones patrocinadas en redes sociales

Casi todos los medios de comunicación en redes sociales ofrecen maneras de hacer publicidad porque esa es la manera en que hacen dinero. En la mayoría de estos medios puedes usar publicidad pagada para diseñar anuncios. Algunos ofrecen una opción adicional para crearlos a partir de publicaciones. En Facebook, a esta opción se le llama *boosting*, y en Instagram, *promoting*. Sin importar cómo se llame, verás que es una manera más de anunciar, la cual podría resultarte más sencilla y conveniente que las que ofrecen los medios tradicionales.

La posibilidad de anunciar y hacer promociones podría estar solo disponible para usuarios con cuentas de negocios. Si no ves estas funciones en tu cuenta de redes sociales, revisa la configuración de tu perfil y asegúrate de que la cuenta no sea personal, sino de negocios.

Si los medios de redes sociales cuentan con una manera de promover (*boost*) las publicaciones, la opción deberá de estar cerca del contenido que hayas publicado. En Instagram, por ejemplo, das clic en la publicación que desees promover, luego en "promover" (*promote*), debajo de la imagen, y al final escribes tus preferencias. Las preferencias podrían incluir adónde deseas que sean enviados los usuarios cuando den clic en el call to action, destino/ubicación, demográfico de audiencia, presupuesto y duración.

# Usa hashtags para causar alboroto

Para extender el alcance de la campaña de marketing, en cada pieza de contenido que publiques o compartas usa uno o más hashtags que promuevan tu marca. Un *hashtag* es una palabra clave o frase con un signo de número al inicio, también llamado cuadrillo, grilla o gato, por ejemplo: #Branding-4Dummies. Asegúrate de que tu *hashtag* o etiqueta cubra la mayor cantidad posible de requisitos en esta lista:

>> Breve y memorable.

>> Fácil de leer.

>> Claro (que sea difícil malentenderlo).

>> Original (a menos que, de manera deliberada, quieras aprovechar la popularidad de un hashtag existente).

>> Que sugiera un call to action.

Considera usar un hashtag al que se hayan asociado menos de 100 000 publicaciones. De esta forma tus publicaciones tendrán más probabilidades de aparecer cerca de los primeros lugares de la lista cuando los usuarios lo busquen. Hazlo suficientemente específico para reducir el alcance, pero no tanto que a la gente no le interese.

# Haz que tu mensaje sea fácil de compartir

La gente solo compartirá tu mensaje de marketing si es fácil hacerlo y si vale la pena. No van a copiar y pegarlo en un correo electrónico y enviarlo como ráfaga a todos sus contactos. En cambio, si pueden dar clic en un enlace y compartirlo de inmediato con todos sus amigos de Facebook o seguidores en Twitter, lo harán con mucho gusto.

Los medios de redes sociales facilitan la compartición de contenidos con otros miembros, pero si los publicas en tu propio sitio web, sitio de comercio electrónico o blog, asegúrate de incluir botones en los que los usuarios puedan dar clic para compartir con sus amigos y seguidores en Facebook, Instagram, Twitter y otras plataformas.

La mayoría de las plataformas de sitios y blogs cuentan con una selección de plug-ins o widgets que te permiten activar esta función en tu propio sitio o blog y elegir a qué medios de redes sociales quieres vincularlos.

Capítulo **21**

# Diez maneras de diferenciar tu marca de la competencia

**H**acer destacar tu marca en el mercado tal vez te parezca una tarea abrumadora al principio, en especial en una industria repleta de competidores o en la que dominan solo unos cuantos.

En este capítulo te hablaré de las maneras en que puedes diferenciar tu marca de todas las demás para que los clientes potenciales sepan por qué es especial y mejor. Implementar por lo menos algunas de estas tácticas te permitirá pasar al siguiente nivel y fomentar una base de clientes leal y en desarrollo permanente.

# Ofrece productos/servicios de calidad

Si tu producto o servicio es terrible, nada de lo que hagas para fortalecer la marca podrá compensarlo, así que infúndele calidad a todo lo que produzcas y hagas, empezando por lo que vendes. La calidad atrae a los clientes, hace que vuelvan a comparar y los inspira a recomendar productos y proveedores de servicios específicos a sus amigos, familiares y colegas. Piénsalo, ¿cuándo fue la última vez que recomendaste un producto o servicio de mala calidad?

**RECUERDA**

La importancia de la calidad no se limita a los productos físicos, también es aplicable a los proveedores de servicios y a los productos digitales.

Antes de lanzar una marca, producto o servicio nuevo, verifica la calidad. Aquí tienes una lista de puntos que deberás tomar en cuenta para garantizar la calidad, incluso si solo eres una modesta empresa emergente:

» **Envía prototipos del producto a algunos conocidos de tu red de contactos personal.** Imaginemos que inventaste un juguete nuevo que le encanta a tu perro. Puedes publicar en Facebook algo como "Acabo de inventar un nuevo juguete que le encanta a mi perro. ¿Creen que guste a otros? Necesito averiguarlo antes de solicitar una segunda hipoteca para fabricar 10 000 piezas. Si tienen perros, ¡por favor ayúdenme! Envíen un mensaje con su dirección postal y número de celular o dirección de correo electrónico para que les haga llegar un prototipo y lo prueben".Cuando envíes las muestras incluye una nota en que se indique cómo usar el producto y qué tipo de retroalimentación necesitas. Pide que agreguen cualquier sugerencia que tengan para mejorarlo. Solicítale a la gente que te dé una opinión honesta, no una palmadita en la espalda. Incluso puedes preguntar de manera directa respecto a la calidad lanzando un simple call to action: "Por favor califiquen la calidad de este producto en una escala del 1 al 10".

» **Organiza un sondeo de opinión informal para que un grupo pruebe tu servicio.** Pídele a gente cercana que coincida con tu objetivo demográfico que pruebe tu servicio durante un tiempo limitado. Si eres entrenador personal y tienes el plan de lanzar un programa de entrenamiento en línea por 50 dólares al mes, puedes grabar un video con algunas sesiones de muestra y enviarlo a los miembros del sondeo para solicitar su opinión. Pide retroalimentación específica como cuán probable sería que se inscribieran a un curso así y la explicación de su respuesta, cuánto estarían dispuestos a pagar, qué no les agradó del video y cualquier otra cosa que podrías hacer para mejorar las clases.

La retroalimentación que recibas podría ayudarte a estar seguro de que vas a ofrecer un servicio valioso a un precio adecuado para tus clientes objetivo. Podrías recibir opiniones como "Me gustaron mucho las sesiones de entrenamiento, pero no pagaría 50 dólares al mes, pagaría unos 20. Tal vez podrías cobrar más por las sesiones de mayor nivel".

» **Monitorea la calidad de forma minuciosa.** No tengo idea de cuántas reseñas negativas he leído en Amazon debido a que una marca subcontrató la fabricación de su producto o eligió un proveedor más económico que redujo la calidad. Si vas a vender productos, por lo menos revisa algunas lotes de vez en cuando. Si ofreces servicios, mantente en contacto con los clientes para asegurarte de que su nivel de satisfacción no disminuya.

**RECUERDA**

Los consumidores leen las etiquetas, investigan los productos y hablan entre sí. Si cambias de proveedor y los clientes dejan de obtener la alta calidad a la que están acostumbrados, sabrán cuál es la causa y le dirán a todo mundo. No trates de ahorrarte unos centavos a menos que estés seguro de que el nuevo fabricante o proveedor satisfará o excederá tus estándares de calidad. Desarrolla relaciones cercanas con tus fabricantes y proveedores, y trabajen en equipo en pos de un objetivo común: satisfacer a tus clientes.

# Ofrece un excepcional servicio al cliente

Un servicio al cliente de alto nivel puede beneficiarte mucho, en especial durante las primeras etapas del desarrollo de tu empresa. El fallecido Tony Hsieh, uno de los primeros inversionistas y otrora ceo de Zappos, escribió un libro llamado *Delivering Happiness* (Grand Central Publishing). En él menciona que haber ofrecido un excepcional servicio al cliente fue una de las razones por las que la empresa creció y tuvo éxito.

En Zappos, el servicio al cliente es mucho más que un departamento que atiende a la gente: es una cultura que se aplica también a la forma en que se trata al personal. Al enfocarse en la felicidad de los empleados e invertir en su crecimiento personal y profesional, Zappos fomentó una cultura que pone en primer lugar a las personas.

Aquí te presento dos aspectos del servicio al cliente que deberás recordar:

**RECUERDA**

» Si reduces la calidad del servicio al cliente, es probable que la gente se vaya a comprar a otro lugar, en caso de que tenga esa opción, lo cual es muy común. El problema es que recuperarlos puede resultar muy costoso o incluso imposible.

» Ofrecer un servicio al cliente de calidad exige más que reaccionar, ser amigable, razonable y servicial. Es un proceso que exige tiempo y esfuerzo, e incluso cierta inversión de recursos económicos, pero, aun así, mantener su calidad es más económico y sencillo que adquirir nuevos clientes y ganarse su confianza.

# Enfócate en un precio de venta al público

La tarificación o fijación de precios puede ser una excelente manera de diferenciar a tu marca de la competencia. Si todos tus competidores venden artículos costosos de alta gama, tienes la oportunidad de ofrecer al mercado productos parecidos, pero de una gama no tan elevada y un precio de venta al público menor. Esta manera de abordar la diferenciación funciona para casi todos los productos del mercado, desde la ropa y las herramientas, hasta los enseres de cocina. Algunos consumidores siempre quieren tener lo mejor, otros solo desean algo económico que funcione bien. De manera inversa, si el mercado está repleto de productos de baja gama que se venden a precio módico, tienes la oportunidad de ofrecer productos de mayor calidad por los que podrías cobrar más.

Mi primer empleo fue como directora de marketing de Tower Paddle Boards. El factor que nos diferenció fue el precio de venta al público: nuestras tablas de surf con remo eran menos costosas que las que había en ese momento en el mercado. Pudimos vender tablas de la misma calidad por menos dinero porque creamos un modelo de venta directa al consumidor en lugar de recurrir al modelo de venta al mayoreo que exigía un sobreprecio. Mientras las otras empresas se enfocaban en hacer que ciertas cuentas de minoristas vendieran sus productos a través de sus tiendas de surf, nosotros nos inclinamos por la idea de atraer a los clientes de manera directa en línea y ofrecerles un precio de venta que nuestros competidores no podían darse el lujo de ofrecer.

**RECUERDA** Esta discusión sobre el precio de venta al público solo la presento en el contexto de un esfuerzo por diferenciar tu marca de la de los competidores. Sin embargo, para tarificar necesitas tomar en cuenta otros factores y asegurarte de que tu precio no te impida obtener una ganancia.

# Ofrece una promesa de garantía, una garantía escrita o ambas

Ofrecer una garantía y cumplirla fomenta la confianza de manera instantánea, en especial con los compradores que adquieren tu producto por primera vez. Aquí tienes algunos tipos de garantías generales y escritas que deberías tomar en cuenta:

» **Garantía con tiempo limitado:** puedes ofrecer, por ejemplo, una garantía de 90 días para la devolución del dinero. Si los clientes no están satisfechos, pueden devolver el producto en el plazo especificado y recibir un rembolso del 100 por ciento.

» **Garantía escrita:** la garantía escrita es una promesa de reembolso, reparación o remplazo de cualquier producto que salga defectuoso o que no satisfaga al cliente en un periodo definido que, por lo general es de un año máximo.

» **Devoluciones y cambios sin preguntas:** Nordstrom, el gigante de las ventas al menudeo, es reconocido por su generosa política de devoluciones. Puedes cambiar o devolver un artículo en cualquier momento y ubicación.

» **Exclusivamente cambio:** ofrecer cambios o crédito en la tienda no es tan satisfactorio como una garantía que ofrece la devolución del dinero. Sin embargo, si no puedes arriesgarte a enfrentar la carga de ofrecer reembolsos, pero quieres ofrecerles a los clientes algún tipo de satisfacción, tu única opción es el cambio por otro producto.

# El diseño: aprovecha tu cautivadora apariencia

La apariencia es importante en el branding o desarrollo de marca... y mucho. Todo forma parte de la creación de una identidad sólida y respetada de la marca —desde cómo luce tu producto y el empaque hasta el diseño de tu sitio web, tu aspecto en redes sociales, las tiendas virtuales y físicas, los letreros y tus tarjetas de presentación—, y cada punto de encuentro con el cliente es una oportunidad de reforzarla.

Lleva a cabo una auditoría de diseño. Identifica las áreas de tu negocio que podrías mejorar un poco. Tal vez a tu sitio web o tienda en línea les vendría bien un remozamiento. Quizá valdría la pena rediseñar el logotipo. Si tus empleados tienen que interactuar con los clientes en vivo, hacerlos usar camisas polo personalizadas de la marca podría ayudarte con la promoción.

Piensa en todas las maneras en que los clientes entran en contacto con la marca y luego busca la forma de aumentar el impacto en cada una.

Revisita tu producto y el branding enfocándote de nuevo en el diseño. Busca la manera de ser original e impresionar.

## CREA UNA "EXPERIENCIA DE DESCUBRIMIENTO DEL PRODUCTO"

Sophia Parsa, editora técnica de este libro, es propietaria de Golden Rice Co. Este restaurante tipo pop-up en Los Ángeles ofrece la experiencia de la comida persa casera de su dueña. La gente ha descrito con frecuencia el producto como una "experiencia de descubrimiento del producto". Cada vez que recibes una orden de Golden Rice, te encuentras con una caja de notorio diseño que al abrirse se despliega debajo de los alimentos. Es muy original e impresionante. Y, sobre todo —literalmente—, recibes una comida nutritiva y deliciosa. Cualquiera diría que uno visita el restaurante para vivir la experiencia de la caja y se queda para probar la comida. Varios medios de comunicación han publicado artículos sobre la experiencia de descubrimiento de Parsa, entre ellos, *Los Angeles Times*.

# Vuélvete disruptivo

En tiempos recientes, el término en inglés *disrupter* (disruptivo) ha sido usado para describir a las empresas e innovaciones que amenazan la existencia de lo tradicional, ya sea productos, servicios, modelos de negocios o, incluso, industrias enteras. Uber y Lyft, por ejemplo, se convirtieron en empresas disruptivas al introducir un modelo de negocios que amenazó a la industria de los taxis. Netflix pulverizó el mercado de renta de DVD e hizo que Blockbuster quebrara. Asimismo, cuando los fabricantes empezaron a instalar cámaras en los teléfonos celulares, acabaron con la demanda de cámaras fotográficas tradicionales.

Si logras ser disruptivo y revolucionario, tu marca prevalecerá y permanecerá muy por encima de incluso las marcas más enraizadas, al menos, durante un breve periodo en el que tus competidores lucharán por cambiar de curso, ¡o hasta que llegue otra marca, revolucione la industria de nuevo y te supere!

Para ser disruptivo, empieza a pensar como los revolucionarios:

>> **Analiza los problemas y busca soluciones.** La necesidad es la madre de la creatividad por una razón: muchos o la mayoría de los inventos se inspiran en problemas. Si descubres una manera original de resolver un problema, podrías crear un nuevo producto o industria. El mejor

ejemplo es el termómetro digital sin contacto. Si alguna vez has tratado de tomarle la temperatura a un bebé con un termómetro tradicional, ya sabes por qué este es un gran invento. ¿Y qué hay de la cafetera Keurig? ¿O acaso todavía preparas café y, cuando se enfría, metes la taza al microondas? En la ilustración 21-1 verás el proceso para analizar problemas en busca de soluciones.

---

### Identifica un problema que necesite solución

Define tu industria:
Tablas de surf con remo.

Pregunta a tus clientes qué necesitan en esta industria:
Una opción menos costosa.

Investiga el problema a fondo:
Los precios son elevados debido al modelo de venta al mayoreo y al sobrecosto estándar de 2.5 veces más sobre el precio original.

Crea una solución:
Vende tablas de surf con remo directamente a los clientes y elimina el sobrecosto.

ILUSTRACIÓN 21-1. Analiza los problemas en busca de oportunidades.

---

» **Busca maneras de mejorar los viejos procesos.** Muchas innovaciones son producto de ideas sobre cómo hacer las cosas mejor. Con frecuencia, se trata de aplicar tecnologías nuevas a servicios tradicionales. La capacidad de aprender de las máquinas, por ejemplo, se aplicó a las finanzas personales y dio como resultado los asesores robóticos que automatizan el proceso de gestión de portafolios de inversión.

» **Monitorea los cambios en las regulaciones del gobierno.** Las regulaciones gubernamentales suelen dar paso a la innovación porque los negocios y los individuos tienen problemas para cumplirlas, la industria automovilística es un ejemplo paradigmático. Las regulaciones respecto al tubo de escape y el rendimiento de la gasolina retan de manera continua a los fabricantes a diseñar motores más eficientes y limpios.

» **Vigila a tus competidores.** La competencia es un poderoso generador de innovación, así que mantente al tanto de lo que hagan tus competidores y busca maneras de ofrecer algo distinto y mejor. También ten cuidado y trata de evitar el estilo "yo también" que consiste en solo copiar lo que hacen los otros en la industria. Si vas a seguir a tus competidores, siempre estarás por lo menos un paso atrás.

# Crea una experiencia singular de marca

Crear una experiencia única de branding consiste en involucrar a los clientes y hacerlos parte de algo único, exclusivo y emocionante. La gente hará lo que sea por ser partícipe de la marca, y esto la fortalecerá. A continuación te presento algunas maneras de diseñar una experiencia singular:

» **Publica contenidos sobresalientes.** Cuando un contenido se vuelve viral, fortalece a la comunidad que se forma en torno a tu marca. En el capítulo 8 encontrarás más información sobre cómo crear contenidos de calidad.

» **Organiza eventos emocionantes.** Reunir a la gente para compartir y celebrar tu marca la hace sentirse conectada y comprometida con su éxito. Si haces las cosas de manera correcta, podrás convertir a tus seguidores en admiradores y, quizá, en los promotores más entusiastas de tu marca.

» **Diseña un sitio web personalizado.** Usa colores, una fuente original y elementos gráficos para comunicar de manera visual de qué se trata tu marca. En el capítulo 7 encontrarás más información sobre cómo hacerlo.

» **Crea momentos "instagrameables".** Si tienes una tienda física u organizas eventos, crea momentos y espacios que inspiren a tus clientes a tomar fotografías y compartirlas en sus cuentas de redes sociales. Esta táctica la descubrí un día que fui de compras a una tienda temporal de Glossier en Melrose Avenue, en Los Ángeles. El espacio estaba repleto de flores, los empleados vestían trajes mono blancos que combinaban con las flores; en cuanto los visitantes atravesaban la puerta, se encontraban inmersos en un entorno color rosa pastel, y los letreros los hacían sentir que formaban parte de algo especial. La experiencia en la tienda me inspiró a tomar fotografías y compartirlas sin que la empresa me lo pidiera de forma explícita.

# Fórjate un nicho propio

Si deseas formar parte de una industria grande o abarrotada, pero los competidores te intimidan, puedes enfocarte en un nicho de mercado dentro de esa misma industria. Digamos, por ejemplo, que quieres crear una línea de cuidado de la piel que en verdad sea distinta a lo que ofrecen los competidores. Piensa en comenzar con un producto, como una crema para los ojos, y concéntrate en ella hasta que alcance un nivel de excelencia.

Otra manera de formar un producto nicho es usando materiales distintos. Si estás en el área de los consumibles, piensa en explorar las opciones veganas o libres de gluten. Si quieres dejar huella en el mundo de la moda, ahonda en el ámbito de las prendas sustentables: las telas ecológicas conforman un mercado pequeño pero creciente que atrae a los consumidores comprometidos con el medio ambiente.

También puedes identificar un nicho de mercado si exploras un grupo demográfico mal atendido. En Estados Unidos, por ejemplo, la mayoría de las marcas no atiende de manera correcta al mercado hispano.

En cualquier mercado o industria grande, debes tomarte cierto tiempo para investigar a los consumidores o clientes mal atendidos, ya que podrías encontrar un nicho que coincida con tu experiencia y el área de comercio que te apasiona.

RECUERDA

## Construye una comunidad en torno a tu marca

La comunidad es el alma de una marca y puede jugar un papel fundamental si deseas diferenciarte de tus competidores. A medida que se fortalezca, los seguidores y admiradores de tu marca se sentirán más involucrados y desarrollarán un vínculo emocional con tu misión, y formarán relaciones humanas en lugar de solo sentirse comprometidos con los productos. Hay muchas técnicas para construir una comunidad, en el capítulo 16 encontrarás los detalles.

Los clientes que identifican tu marca no solo gastan más en ella, también podrían convertirse en tus mejores micrófonos para la creación de referencias de marketing. Algunos incluso podrían llegar a ser "ballenas": clientes que gastan mucho más que el cliente promedio y suelen convertirse en poderosos influencers.

RECUERDA

## Sé una potencia benéfica

Cuando los negocios son iguales en la mayoría de los aspectos, los consumidores prefieren adquirir los artículos y servicios de quienes están comprometidos con hacer de este un mundo mejor. Ser este tipo de empresa te puede ayudar a diferenciarte de tus competidores. El programa Smile de Amazon, por ejemplo, dona un porcentaje de cada compra a una organización de caridad elegida por un cliente. A continuación encontrarás algunas maneras de posicionar tu marca como una potencia benéfica:

» **Dona un producto o servicio a una causa.** Si vendes purificadores de agua, por cada 100 que vendas puedes donar uno a una comunidad con acceso limitado a agua potable. Si eres orador motivacional, puedes realizar cierta cantidad de presentaciones gratuitas en organizaciones sin fines de lucro de tu localidad.

» **Únete a una causa.** Si vendes herramientas o materiales de construcción, puedes donar una parte del tiempo de tu equipo para que trabaje en la construcción de casas promovida por Habitat for Humanity. Si tu campo son los productos ecológicos, puedes apoyar a una organización dedicada a restaurar la salud de los mares o a preservar la pluvisilva.

» **Reúne a las tropas.** Si estás asociado con muchos negocios exitosos, organízalos para apoyar una causa. Como organizador, a veces puedes tener un mayor impacto invirtiendo menos dinero, aunque, claro, el tiempo y esfuerzo necesarios podrían ser sustanciales.

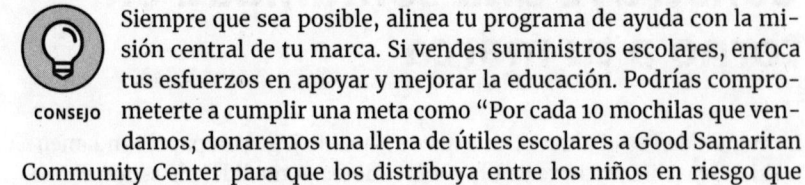

CONSEJO

Siempre que sea posible, alinea tu programa de ayuda con la misión central de tu marca. Si vendes suministros escolares, enfoca tus esfuerzos en apoyar y mejorar la educación. Podrías comprometerte a cumplir una meta como "Por cada 10 mochilas que vendamos, donaremos una llena de útiles escolares a Good Samaritan Community Center para que los distribuya entre los niños en riesgo que asisten a las escuelas locales".

EN ESTE CAPÍTULO

» Promoverás en equipo todas tus propiedades en línea.

» Usarás las redes sociales para enviar tráfico a tu sitio.

» Agregarás la dirección de tu sitio web a todos tus materiales de marketing.

» Aprovecharás el impacto de los influencers.

Capítulo **22**

# Diez maneras de llevar clientes a tu sitio web

Después de todo el esfuerzo y recursos económicos que implica diseñar y construir un sitio web de marca, sería una lástima que nadie lo visitara. Por desgracia, eso suele suceder. Los dueños de negocios pequeños construyen sitios maravillosos y luego se sorprenden porque tienen muy poco o nada de tráfico. Por lo general, el sitio no presenta ningún problema, es solo que la gente no sabe que existe, o lo sabe, pero no le importa.

Tal vez sea irónico, pero la herramienta en la que invertiste tanto para promover tu negocio y marca ahora necesita que la promuevas. Los visitantes no aparecen por arte de magia, necesitas llevarlos hasta ahí. Pero no te preocupes, en este capítulo encontrarás 10 métodos probados para lograrlo.

# Maneja tu sitio web como si fuera la estación central de tu marca

Imagina la llanta de una bicicleta con el buje al centro y los rayos extendiéndose desde el centro hacia el borde. Ahora piensa en tu sitio web de la misma manera, como el centro de tu actividad de marketing vinculado a todas tus otras propiedades en línea: blog, cuentas de redes sociales, comunicados de prensa, artículos, libros blancos, tiendas de comercio electrónico, etcétera. Ahora usarás todas esas propiedades para llevar tráfico hacia el centro de actividad y, además, tendrás la posibilidad de incrementar tu importancia ante buscadores como Google, Bing y DuckDuckGo porque, recuerda que los buscadores consideran que los enlaces externos a un sitio son señal de que este es relevante y ofrece cierto valor.

**RECUERDA**

Asegúrate de que todos tus bienes de branding señalen hacia tu centro de actividad en tu sitio:

» Perfiles de redes sociales.

» Cualquier perfil o página de marca o negocio que abras en plataformas de redes sociales.

» Tu blog.

» Todos los listados de directorios de negocios como los de Yelp.

» Tus tarjetas de presentación.

» Tu firma de correo electrónico (en el sistema de ayuda de tu cliente de correo encontrarás el proceso para activarla).

» Todos los materiales de marketing que envíes, como los comunicados de prensa.

» Todos los contenidos que produzcas o tus contribuciones para otros sitios web o blogs.

Si cuentas con múltiples caminos dirigidos a tu centro de actividad, tu sitio web se convertirá en un blanco más atractivo para los buscadores y aumentarás las probabilidades de ser descubierto.

# Usa la SEO a tu favor

La *optimización para buscadores* o SEO, por sus siglas en inglés, es una técnica para mejorar la clasificación de un sitio en los buscadores y consiste en poblar los contenidos con palabras y frases relevantes. La SEO se usa para generar tráfico orgánico en lugar del tipo de tráfico que producen los anuncios pagados.

Cuando construyas tu sitio, y a medida que agregues contenidos, asegúrate de usar palabras y frases clave relevantes en las siguientes áreas:

>> **Nombre, dirección y etiqueta del título de tu sitio:** la etiqueta del título es un elemento descriptivo que permanece oculto para los usuarios, pero legible para los buscadores.

>> **Descripción meta de tu sitio web:** al igual que la etiqueta del título, la metadescripción está oculta para los visitantes, pero les describe los contenidos y la misión a los buscadores para que puedan indexar tu sitio de la manera adecuada.

>> **Todos los contenidos que publiques en tu sitio:** presentar contenidos interesantes que incluyan palabras y frases clave les permite a los buscadores determinar la relevancia de un sitio o de páginas específicas y arrojar resultados congruentes cuando alguien realiza una búsqueda.

>> **Encabezados o *headings* (de h1 a h6):** los buscadores revisan los títulos y los encabezados de las páginas y buscan información valiosa que describa los contenidos de cada una. Cuando redactes páginas o publicaciones, usa los encabezados para catalogar bloques de contenido.

>> **Imagen alt text:** *alt text* es la descripción en palabras de una imagen. Si un visitante no puede ver la imagen o prefiere que el buscador no la despliegue, de todas formas puede saber qué contiene esta con solo leer el alt text. De igual manera, los buscadores usan esta herramienta para determinar la naturaleza del contenido de las páginas web y las entradas de blogs.

El capítulo 8 contiene más información sobre la SEO.

**ADVERTENCIA** No cometas *keyword stuffing* de forma deliberada, es decir, no llenes tus contenidos y etiquetas meta con palabras y frases clave para manipular el proceso de clasificación del buscador. Se considera que esta técnica es una especie de spam y, por lo tanto, puede traer más desventajas que ventajas. Los buscadores penalizan a los sitios que lo hacen colocándolos en lugares menos prominentes de la lista de resultados o no incluyéndolos.

# Ofrece contenidos frescos, relevantes y valiosos para tu mercado objetivo

A la gente y los buscadores les encanta ver contenidos nuevos que también sean relevantes y valiosos, así que no solo crees un sitio estático donde se acumule más el polvo que los visitantes. Llena tu sitio de forma constante con contenidos provechosos: texto, imágenes, audio y video. Hazlo tan interactivo y multimedios como sea posible. Revisa o elimina los contenidos viejos, y añade algo nuevo por lo menos una vez a la semana.

**CONSEJO**

Una de las maneras más sencillas de mantener tu sitio poblado de contenidos frescos es añadiendo un blog. En la mayoría de los sistemas de administración de contenidos como WordPress, es posible construir una combinación de sitio/blog: basta con añadir una página independiente y etiquetada para la actividad de blogueo. Publicar entradas un par de veces por semana es sencillo, mantiene tu sitio fresco y anima a los visitantes a publicar comentarios que añaden un flujo permanente de contenidos nuevos.

# Promueve tus contenidos en redes sociales

Si logras reunir un grupo de seguidores en cualquier plataforma de redes sociales, puedes usarlo para llevar tráfico a tu sitio. Cada vez que publiques contenidos nuevos en el sitio o el blog, añade un avance en todas tus cuentas de redes sociales donde sea adecuado que aparezca: Facebook, Twitter, Instagram, Reddit, etcétera. Incluye un enlace que lleve al nuevo contenido. En lugar de tener que generar tráfico, lo cual resulta complicado, solo tienes que redirigirlo a tu sitio desde una plataforma en la que ya hay una cantidad interesante de visitas. En el capítulo 13 encontrarás más información sobre cómo promover tu marca en redes sociales.

**RECUERDA**

No olvides que las redes sociales son... sociales. No estamos hablando de un medio de comunicación de negocios, marketing o publicidad, así que, cada vez que publiques contenidos o comentes en las cuentas personales, sé discreto. Si tratas de vender tus productos o servicios de forma constante, vas a perder muchos amigos y seguidores. La gente se une a las redes sociales para conectarse y compartir experiencias con otras personas en un entorno amigable y colectivo. Tu objetivo debería ser enriquecer su experiencia, no tu cuenta bancaria.

# Haz correr la voz a través del correo electrónico

El correo electrónico es una excelente herramienta para llevar tráfico a tu sitio web, pero claro, solo si podemos dar por hecho que cuentas con una respetable lista de direcciones de contactos receptivos. Solo basándonos en las cifras, podría ser mucho más eficaz que las redes sociales porque, por ejemplo, si tienes una lista de 10 000 direcciones, tu mensaje llegará a 10 000 destinatarios y, en cambio, de acuerdo con estadísticas de Instagram de 2021, si tienes 10 000 seguidores en esta plataforma, tu publicación con avance de contenidos (*teaser*) solo les llegará a unos 1 000, o sea, el 10 por ciento.

A continuación te presento tres maneras de usar los mensajes de correo electrónico salientes para llevar tráfico a tu sitio:

>> Incluye la dirección del sitio en la firma de todos los mensajes que envíes. Busca en el sistema de ayuda de tu cliente de correo electrónico las indicaciones para incluir tu firma en tus correos.

>> Cada vez que publiques algo nuevo o interesante en tu sitio, envía una ráfaga de correos electrónicos a todos tus contactos. Incluye avances y un call to action claro. Si publicas una entrada en tu blog, redacta una breve descripción y a continuación incluye un enlace tipo "da clic aquí para leer más" que lleve al destinatario a la página del blog donde publicaste la entrada.

>> Ofrece un incentivo. Podrías ofrecer un descuento en mercancía o una calcomanía de calidad a las primeras 1 000 personas que visiten el sitio y confirmen su visita ingresando su dirección postal y la de correo electrónico.

# Aprovecha las oportunidades de las invitaciones a blogs

El blogueo por invitación es como una calle de doble sentido que suele beneficiar tanto al bloguero invitado como al anfitrión. Velo como los programas de entrevistas en los horarios estelares nocturnos: los invitados interesantes atraen a la audiencia y ayudan a que el programa suba de categoría. Al mismo tiempo, el programa le da al invitado mayor visibilidad o un medio para dar a conocer su más reciente libro o película. Todos ganan, ¿no es cierto? Por si fuera poco, los espectadores también se benefician: nadie pierde.

Tú también puedes aprovechar de dos maneras los beneficios del blogueo por invitación:

» **Invita a un bloguero popular a escribir para tu blog.** Que un bloguero reconocido publique en tu sitio información útil para tus clientes, aumenta la credibilidad del sitio y también puede mejorar tu visibilidad entre los seguidores de tu invitado, en especial si él o ella menciona esta experiencia en *su* blog.

» **Participa como invitado en un blog popular.** Cuando contribuyes con un blog, aumentas tu visibilidad ante la audiencia de tu anfitrión y tienes la oportunidad de causar una impresión favorable de ti como individuo y de tu marca. En la mayoría de los casos, el anfitrión te permitirá poner en su sitio un enlace de vuelta al tuyo, el cual llevará tráfico e incrementará la importancia para los buscadores.

Otra ventaja de tener un bloguero invitado es que él o ella añadirá contenido fresco que no tendrás que crear tú. También puede aumentar la variedad de los contenidos disponibles y hacerla más interesante para la comunidad que sigue tu blog.

# Interactúa con tus visitantes

A menudo, los dueños de negocios pequeños crean blogs excelentes y publican contenidos de gran calidad, pero descuidan el aspecto social y no dan seguimiento a la gente que se toma un momento para comentar las publicaciones. Esto les hace perder la valiosa oportunidad de interactuar con los clientes y prospectos, y lo peor de esta situación es que los visitantes que no reciben respuesta rara vez regresan o recomiendan el sitio.

**RECUERDA** Si vas a invertir en crear un blog y desarrollar contenidos de calidad, también invierte tiempo e interactúa con tus visitantes. Piensa que el blog es como una fiesta y tú eres el anfitrión. Tienes la responsabilidad de pasearte por el lugar y asegurarte de que todos sepan dónde están las bebidas y los alimentos, y que también se lo estén pasando bien. Si ves a alguien que parece perdido, salúdalo, habla con él o ella, ofrécele una bebida, muéstrale el lugar y, de ser posible, preséntale a gente que podría agradarle. No ignores a tus invitados.

# Publica contenidos útiles en Reddit

Reddit se autoproclama "la portada del internet". Es un agregador social de noticias en donde los miembros publican, califican y comentan contenidos en comunidades organizadas de acuerdo con sus intereses. Los miembros reciben una selección minuciosa de las publicaciones más importantes de cada categoría, y luego votan con "pulgares arriba" o "pulgares abajo" dependiendo del valor y la importancia de los contenidos.

Una excelente manera de usar Reddit para llevar tráfico a tu sitio es enviando contenidos de calidad a un *subreddit*, es decir, a una categoría específica, y luego enlazarlos de vuelta a tu sitio. Por ejemplo, si inventaste una taza ecológica y, por cada taza que vendas, plantas un árbol, podrías compartir la información sobre el producto en un subreddit que hable de productos sustentables. Usa esta plataforma de manera adecuada, Reddit puede ser una herramienta muy valiosa para llevar tráfico a tu sitio y extender el alcance de tu marca.

**ADVERTENCIA** Ten cuidado, no exageres con la autopromoción. Si solo hablas de tu marca de una forma descarada o usas Reddit nada más para llevar tráfico a tu sitio, pero no les ofreces nada de valor a sus comunidades, es probable que marquen tus contenidos como spam y suspendan tu cuenta. Por ejemplo, si una publicación promueve un negocio de moda, pero no ofrece nada de valor a los lectores, lo más seguro es que uno de los moderadores la señale.

# Recluta influencers

Un influencer es una persona que tiene la capacidad de afectar las decisiones de compra de otras personas debido a su conocimiento, autoridad o posición. Es más probable, por ejemplo, que compres un enser de cocina recomendado por Martha Stewart que uno recomendado por Eva Mendes, quien ha declarado que respeta demasiado la comida como para pasar tiempo en la cocina destruyéndola.

Los influencers suelen recomendar productos o marcas, pero también puedes usarlos para hacer llegar tráfico a tu sitio o tienda virtual, solo tienes que modificar el call to action.

**CONSEJO** Una manera sencilla y económica de encontrar un influencer es monitoreando tu blog y cuentas de redes sociales hasta encontrar líderes carismáticos a los que puedas acercarte de manera privada para hablar sobre la posibilidad de trabajar en equipo para promover tu producto o servicio. También puedes encontrar influencers profesionales en plataformas como HYPR (https://www.hyprbrands.com) o Heepsy (https://www.heepsy.com). En el capítulo 13 puedes encontrar más información sobre cómo colaborar con influencers.

# Responde preguntas en Quora

Para establecerte como autoridad en un producto o servicio, considera responder preguntas en Quora, una plataforma en la que cualquier persona puede hacer y responder preguntas. Luego puedes enlazar tus respuestas de vuelta a tu sitio o blog para aumentar el tráfico y tu cantidad de seguidores.

Cuando abres una página de perfil profesional en Quora, tienes la oportunidad de incluir el URL de tu sitio web, es decir, la dirección; especificar el mercado que atiende tu negocio; enumerar tus habilidades, y enlazarte a los proyectos o propiedades de redes sociales que desees promover.

**RECUERDA** Sé muy selectivo con las preguntas que respondas. Empieza por explorar la plataforma y busca temas que coincidan con tu área de conocimiento y experiencia. Luego busca preguntas que tengan muchos seguidores, vistas y respuestas o preguntas con calificaciones muy bajas. Me refiero a preguntas con miles de seguidores y más de cientos de miles de visitas desde que fueron publicadas. Necesitas responder preguntas que abran la posibilidad de hacer llegar hordas a tu sitio o blog.

# Dedicatoria

Dedico este libro a Cory, mi socio en los negocios y en la vida. Gracias por inspirarme y trabajar conmigo para volver realidad nuestras ideas.

# Agradecimientos

Se necesita un ejército para publicar un libro, y este no es la excepción. Gracias a la editora senior de adquisiciones de Wiley, Tracy Boggier, por echar a andar este proyecto y elegirme para escribir el libro. Gracias también a Charlotte Kughen, directora de proyecto, y al editor Keir Simpson, por pulir mi prosa y guiar mi texto e ilustraciones a lo largo del proceso de producción. Terminar este libro durante una pandemia, al mismo tiempo que trabajaba en varios proyectos más, habría sido un desafío monumental si no hubiera contado con la ayuda de todos estos profesionales.

Un agradecimiento especial a la editora técnica Sophia Parsa por contribuir con su tiempo, esfuerzo y experiencia en marketing. Sophia fue mucho más allá de lo que el deber manda y no solo revisó el manuscrito en busca de errores técnicos y omisiones: también aportó su experiencia y conocimiento para mejorar y enriquecer el libro en gran medida.

Gracias, Morgan Evans, por hacer esto posible administrando y expandiendo nuestras marcas durante el proceso de escritura.

## Agradecimientos de la editorial

**Editora senior de adquisiciones:** Tracy Boggier
**Editora de proyecto:** Charlotte Kughen
**Editor de copy:** Keir Simpson
**Editora técnica:** Sophia Parsa
**Asistente editorial senior:** Cherie Case
**Editor de producción:** Tamilmani Varadharaj
**Imagen de portada:** © Tiero/iStock/Getty Images